통일신라토기 편년과 활용

통일신라토기
편년과 활용

이동헌 지음

서경문화사

경주 동천동 통일신라왕경 도시유적

경주 석장동고분 통일신라 부가구연편구병

영천 사천리 요지 통일신라토기

경주 석장동 유적 석실분과 화장묘의 중첩   경주 석장동 고분군 61호 화장묘

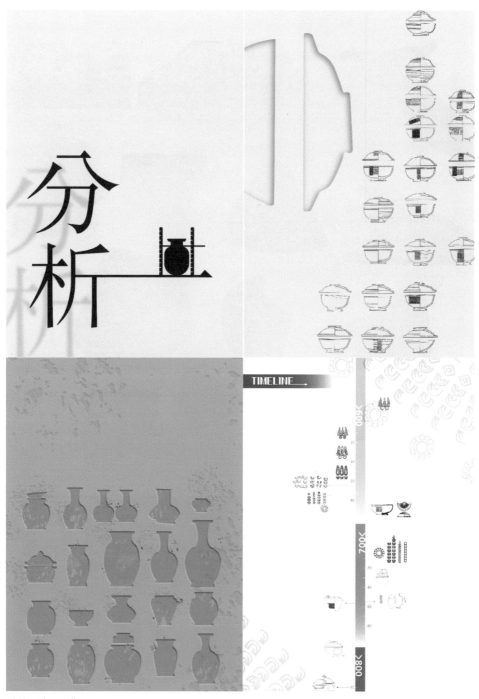

삽화 - 이초원 作

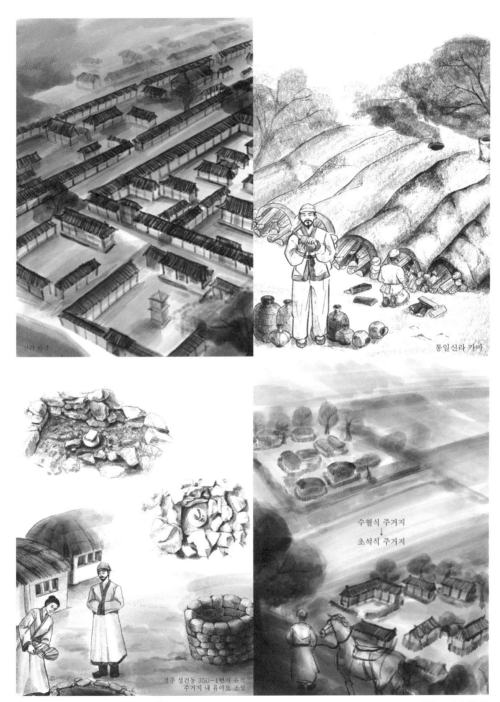

신라 왕경

통일신라 가마

경주 성건동 350-1번지 유적
주거지 내 유아묘 조성

수혈식 주거지
↓
초석식 주거지

삽화 - 이초원 作

서문

근년 세계적 유행병으로 인류의 역사가 크게 바뀌었다. 우리 일상도 물리적 근접성이 빼앗겨 비정상적이고, 많은 것이 무력화되었다. 하지만, 필자에게는 그동안 미뤄왔던 학위논문 작성을 완료할 수 있었던 소중한 기회였다. 야간에 폐쇄된 캠퍼스 도서관 내 박물관은 그야말로 적막 그 자체였다. 주의를 산만하게 하는 요소가 줄었고, 많은 자료를 새롭게 검토할 수 있었다. 그런데 학위논문을 제출한 1년 후 공교롭게도 출간작업은 코로나 확진기간 동안 작성하게 되었다.

이 책은 저자의 학위논문을 크게 수정하지 않고 출간이 진행되었다. 여러 부분에서 부족함이 많다고 생각되지만, 시간 제약과 추후 보완, 증보 등을 핑계로 정리를 마무리하였다.

저자는 학부시절 경주석장동암각화를 처음 발견하고, 선사시대 연구자의 길을 모색한 적도 있었다. 그러나 고고학 연구자 중 대다수는 자기가 처음으로 발굴조사에 참가하여 심혈을 기울였던 유적과 유물에 많은 애정을 드러낸다. 필자도 마찬가지이다. 대학시절 실습생으로 경주 신라왕경 도시유적이나 사찰 발굴조사에 참가하였다. 졸업 이후 본격적으로 경주 동천동 신라왕경유적조사에 참가한 것이 이 책을 발간하게 된 계기인 것 같다.

경주 신라왕경유적에서 무수히 많은 통일신라토기가 출토되었지만, 1990년대 그때까지만 하더라도 토기의 연대와 성격 등 실체를 명확하게 인지하지 못했다. 그 당시 통일신라토기에 대한 국내 전문적인 연구성과는 거의 전무하였다. 늦은 시기의 고고자료 일수록 연구자의 관심도는 비례하였다.

그러나 경주지역 신라왕경 내 대부분 유적이 신라의 삼국통일 이후 조성된 것이 유존되어 있고, 많은 자료가 지금도 보고되고 있다. 대동강 이남 통일신라영역에 해당하는 전국의 고고자료도 다수 축적되고 있다. 이제는 이러한 자료들을 종합적으로 검토하고 그 이면에 숨겨진 고대인의 관념과 행위, 결과물을 올바르게 복원해야 할 필요성이 절박한 시기이다. 결국 필자는 경남 고성 고대 가야지역에서 태어났지만, 신라 경주에서 통일신라토기를 연구하게 되었다.

이 책에 제시된 통일신라토기에 대한 연구는 통일신라의 정치, 사회, 경제 중심지인 경주 신라왕경에서 출토된 토기를 중심으로 언급하고 있다. 주요 기종별 변천상과 실체를 규명하고, 새롭게 마련된 토기 편년 기준을 통해 통일신라 당시인들의 물질문화에 대한 변화 양상을 파악하기 위한 연구이다.

통일신라토기의 종합적인 편년 방법에는 기본적으로 찰스 로버트 다윈의 진화론을 고고학적 유물변천원리에 적용하였다. 이 원리는 생물의 종이 계통적으로 진화하는 것처럼 인류가 만든 유물의 형식도 계통적으로 진화한다는 개념이다. 이것을 통해 고고자료에서 보이는 변이와 다양성에 있어서 무엇이 일어났는가, 어떻게 변화되었는가를 합리적으로 설명할 수 있었다. 통일신라토기의 기형 속성, 문양 속성, 동체 장식문, 제작 기법 등을 시간적 변화 방향성에 따라 속성 및 형식 조열을 시도하였다. 이러한 결과를 유적 층위 및 유구 형성의 선후 및 평행관계를 통해 검증하였다.

옛말에 '耳懸鈴 鼻懸鈴(이현령 비현령)'이란 말이 있듯이 고고자료는 연구자의 보는 관점에 따라 여러 해석이 있을 수 있다. 또한 유리한 쪽으로 취사선택도 가능한 불확실성과 불편한 선택이 많을 수 있기에 최대한 객관성을 기하기 위해 노력하였다.

다음으로 새롭게 구축된 통일신라토기의 편년 결과를 활용하여 토기의 생산과 소비, 통일신라 묘제 변화의 획기, 신라왕경 내 일반 생활가옥의 변화 등을 인식할 수 있었다. 특히 신라왕경 내 실생활 유적에서 우리가 그동안 인식하지 못한 통일신라의 새로운 묘제인 유아묘를 처음으로 검토하였다. 이 무덤은 유물부장과 일정한 매장시설을 갖추었다. 하지만, 일정하게 영역화된 무덤공간이 아닌 왕경 내 실생활 거주지에 마련된 점은 우리의 고정 관념을 깨는 매우 이례적인 현상이다. 이것에 대한 해석으로 통일신라 건물지의 주춧돌 가까이에 매장된 유아묘는 고려~조선시대 문헌 사료에 등장한 민속관련 인주설화와 고고학적 연계성이 크다는 점이 흥미롭게 다가왔다.

이 책의 발간은 저자 혼자만의 노력으로 이루어진 것은 아니다. 많은 분들의 도움이 있었던 성과물이다. 필자가 본격적으로 고고학에 입문할 때부터 지금까지도 안재호 선생님과 김두철 선생님의 많은 은혜를 받아왔다. 무지한 저자에게 고고학의 경외감과 매력을 알게 해주신 안재호 선생님은 고고학의 첫 발걸음부터 어떻게 나아가야 할지를 깨우쳐 주셨다. 박사과정 지도교수 김두철 선생님은 많은 자료들을 다양한 시각에서 세밀히 바라볼 수 있는 안목과 과거를 올바르게 볼 수 있는 방법을 가르쳐 주셨다. 두 분께 깊이 감사드린다. 가르침보다는 필자 노력과 능력의 부족함이 더 많았다.

박사논문의 완성은 석사과정 지도교수 신경철 선생님의 큰 가르침과 격려가 있었다. 마치 볼품없는 원석을 보석으로 바꾸는 학문적 심화력을 길러주셨고, 결과물이 어떠하던 노력과 고민에 대한 진정한 보람을 느끼게 해 주셨다. 학위논문 작성과정에서 임상택 선생님과 양은경, 김용성, 이창희 선생님께서 큰 도움을 주셨다. 서툰 내용과 문맥을 수정해 주셨고, 많은 조언도 있었다.

저자가 이 책에 실린 토기 자료를 실견하고 연구할 수 있도록 많은 분의 도움과 배려가 있었다. 국립박물관의 김유식, 김재열, 이양수, 임재완, 정효은 선생님과 연구소 황인호 선생님은 분주한 업무 속에서도 흔쾌히 귀중한 시간을 할애해 주셨다. 경주화곡리유적의 방대한 출토품에 대한 실견과 연구는 박광열, 최상태 선생님의 큰 도움이 있었다. 전라도지역 토기 자료 관찰과 연구에 도움을 주신 한성욱, 김대환, 권혁주 선생님께도 감사드린다.

국외 자료의 실견과 소중한 자료를 아낌없이 제공해 준 신준, 이현우, 重見泰, 小田裕樹 선생님께도 감사의 말씀을 올린다.

저자의 통일신라토기에 대한 연구 시작은 대학시절 신라왕경, 분황사, 월성해자 등지에 발굴실습을 참여한 계기도 있다. 이 시기에 박재돈, 유홍식, 이상준 선생님께서 많은 도움을 주셨다. 한국문화재재단 근무 시절에는 전공 학업에 많은 배려와 지원을 제공해 주신 김수남, 정훈진 선생님께 감사드린다. 또한 경주북문로유적에서 함께 동고동락하면서 고생해준 최득준 학형께도 신세를 많이 졌다. 이에 감사를 전한다. 울산문화재연구원 근무시절 이수홍, 김경화 선생님께도 도움을 많이 받았다.

학창 시절부터 지금까지도 여전히 많은 학은을 받고 있는 하진호, 차순철, 황창한 선생님과 김현식, 김성태, 박찬문 학형께도 감사드린다. 논문도면 작성에는 분주한 와중에도 박형열 학형의 일조가 있었고, 이순희 사진작가의 도움도 있었다. 감사의 뜻을 전한다. 경주 분황사원지 발굴유적에서 만난 연을 이어 지금도 많은 도움과 격려를 해주신 오승연 선생님께 항상 감사의 마음을 가지고 있다.

전공분야에 대한 지면과 학술대회를 통해 많은 가르침을 주셨던 최병현, 이희준 선생님께도 감사의 말씀을 올린다. 홍보식 선생님께서는 석사과정부터 지금까지 오는 동안 늘 학문적 토론의 상대와 채찍이 되어주셨다. 저자에게는 큰 영광이자 고마움이었다. 제주도에서 함께 유물을 관찰하며, 열정적으로 토론을 나누었던 윤상덕 선생님과의 동학 인연은 잊을 수 없다. 경주 신라왕경과 고분유적에서 최신자료를 접할 수 있도록 많은 배려해주신 변영환 선생님과 김갑도, 박강민, 박종섭, 우하영, 최진녕, 김재열 선생님과 아울러 조성윤, 김권

일 선생님께 감사의 마음을 드린다. 경주에서 가까이 접하며 많은 조언과 격려를 해주신 강봉원, 박홍국 선생님께도 감사를 올린다. 이외에도 학계 많은 선생님의 은혜에 감사드린다. 일일이 기재하지 못한 점이 송구스럽다.

무엇보다도 우리 캠퍼스에서 박사논문 작성의 기회와 여건을 마련해 주신 강현숙, 송은석, 한정호 선생님께 가슴 깊이 감사의 마음을 전한다. 많은 부분에서 부족한 저자에게 든든한 버팀목이 되어 주셨다. 늘 함께 있으면서 고마움을 전하지 못한 노윤성, 이혜정, 강정무 우리 박물관 식구들의 도움과 배려도 이 기회에 감사드린다.

저자의 학업과 이 책을 발간하기까지 응원과 지지를 늘 아끼지 않으신 어머님께 감사드린다. 유일한 안식처인 우리집의 식구 아내 이점남과 딸 이초원은 힘든 연구 여정에 큰 위안이 되어주었다.

끝으로 이 책은 서경문화사 김선경 사장님의 많은 배려와 도움 없이는 출간할 수 없었다. 수고해주신 편집부 김소라님과 함께 두 분에게 마음 깊이 감사를 드린다.

2023년 3월
이 동 헌

목차

contents

1장
서론

신라는 670년경 삼국을 통일한 후, 신라의 영역에 대한 완전한 지배권을 확보하였다. 이후 신라는 영토의 확장, 유민의 융합에 의한 인구의 증가, 농·수공업의 발전과 생산량의 증대에 따른 경제력의 성장을 이루었다. 신라의 정치적 핵심지인 경주 신라왕경을 중심으로 사회, 정치, 경제, 문화가 비약적으로 발전하였다.

이러한 번영을 암시해 주는 물질문화를 우리는 많은 고고자료를 통해 엿볼 수 있다. 이들 중 토기는 식량, 각종 물자의 운송과 저장, 의식 등 당시 실생활과 직접적으로 관련되어 있다. 토기의 소비는 사회적 신분, 권력의 귀천을 떠나서 모든 신라인이 향유할 수 있었던 물질문화이다.

통일신라토기는 삼국시대 신라의 전통적인 토기양식을 그대로 전승하였지만, 전대에 비해 더욱 다양하고, 실용적이며, 기능적인 토기로 제작되었다. 특히 토기에 시문된 신라의 인화문은 가시적이고, 독특한 토기 문양이다. 신라후기[1] 이래 문양의 표현력을 지속적으로 발전시켜 삼국 통일기에 이르러서는 화려한 토기문화를 이룩하였다. 신라는 재래 토기문화의 자체 발전 과정에서 고구려 및 백제, 가야의 토기, 중국 수·당의 도자기와 금속기, 중앙아시아의 문양요소, 불교문화 등을 조화롭게 융화시켜 독자적인 물질문화로 승화시켰다.

한국고고학에서 통일신라토기에 대한 이러한 연구는 그 이전 삼국시대의 토기 연구 성과에 비해 아직은 미미한 수준이다. 이것은 한국고고학에서 연구 시기가 다소 늦은 고고자료

---

1) 이 글에서 신라후기는 문헌 기록의 신라사 시기 구분에서 중고기를 의미한다.

일수록 연구자에게 관심을 받지 못하는 실정과 전혀 무관하지는 않다.

그러나 가장 큰 난점은 고고자료의 취급에 따른 한계성이다. 신라후기 및 통일신라시대 이후는 범위가 명확하게 한정된 무덤이나 건물지에서 일시점에 매장된 일괄유물을 찾기 힘들다. 통일신라토기가 출토되는 신라왕경 내 도시유적의 실생활 유구들은 여러 시기의 유물이 중첩되어 혼재된 경우가 많아 자료의 공반 관계가 명확하지 못하다. 이러한 양상은 묘제도 동일하다. 석실분의 경우, 여러 차례의 추가장과 도굴 등으로 인해 유물들이 원래 위치를 이탈하여 공반성을 상실한 자료가 많다. 화장묘의 기능을 가진 골호의 경우도 출토지가 명확하지 못한 자료가 많다. 또한 통일신라토기의 핵심 원산지인 경주지역에서 토기의 생산체계와 수급관계, 편년 등을 파악해 볼 수 있는 토기 가마에 대한 자료도 아직 부족한 실정이다.

다행히 근년 신라왕경 내 통일신라 실생활유적과 경주 화곡리 생산유적, 경주시내 신라후기~통일신라 고분군, 화장묘 등이 발굴 조사되어 다수의 토기 자료가 확보되었다. 따라서 그동안 실체가 불명확했던 통일신라양식토기의 총체적인 형식 분류와 편년 체계 구축이 어느 정도 가능하게 되었다.

통일신라시대 고고자료를 통한 물질문화의 변화 양상을 파악하기 위해서는 객관적인 편년 기준을 마련해야 할 것이다. 올바른 편년 기준의 정립으로 이루어진 정교한 편년은 향후 통일신라시대 신라왕경, 주거와 묘제의 변화, 생산과 유통, 대외 교섭 등 제반 물질문화의 변화 양상을 올바르게 해석할 수 있게 할 것이기 때문이다.

1. 선행 연구의 쟁점과 검토

인화문토기를 포함한 통일신라 전후 시기의 토기에 대한 전반적인 연구현황은 기존 연구사(崔秉鉉 1992a; 홍보식 2004; 尹相悳 2004)를 통해 체계적으로 정리되었다. 이를 토대로 연구사를 간략히 개관하고, 토기 양식의 설정 문제와 인화문 토기의 출현과 소멸 시기의 논쟁, 최근의 연구 동향 등을 언급하고자 한다.

신라후기 및 통일신라양식토기에 대한 연구사에 대해서 한일병합기~1980년대에는 주로 시대구분에 따른 토기양식의 여러 개념이 제시되었다. 당시 토기 자료 부족에 따른 연구의 한계성으로 토기에 대한 세밀한 분류, 분석 내용이나 조열의 결과를 제시하기보다는 포괄적인 개관으로 토기 변화 양상을 설명하였다.

1980년대 이후에는 경주 월지나 황룡사지 유적의 출토유물을 기준으로 더욱 세분화된 토기 편년연구가 본격적으로 진행되었다. 토기에 시문된 문양을 주요 속성으로 취급하였고, 이를 토기에 대한 시기 구분의 편년 기준으로 활용하였다.

2000년대에 들어서는 경주와 지방의 고분 출토 토기에 대한 세밀한 편년안이 제시되었다. 시기적으로 신라 통일 이전에 해당하는 6~7세기의 신라후기 토기가 주 분석 대상이었다. 이후 본격적인 통일신라시대 토기에 해당할 수 있는 골호, 유개완, 병류 등 특정 기종에 대한 좀 더 세밀한 분석과 편년이 제시되었다.

그동안 토기의 양식 구분이나 명칭, 시기에 대해서 연구자 간에 다양한 견해 차이가 있었다. 신라의 후기양식토기는 후기신라토기, 중기양식토기 등으로 언급되었다. 통일신라양식토기는 신라통일기양식토기, 통일양식토기, 신라왕경양식토기, 후기~말기양식토기 등 다양하게 명명되었다. 근년 신라 횡혈식석실분 축조기인 신라후기 고분문화와 접목되는 후기양식과 이후 통일신라양식을 크게 묶어 신라 후기양식토기로 구분하였다.

후기양식토기에 대한 시간적 범위는 대체로 단각고배의 출현기(6세기 중엽)부터를 시작으로 보고 있다. 이 중 백제 멸망기(660년경)를 기준으로 통일양식의 시작으로 구분하였다. 또는 신라의 삼국통일 직후, 토기에 시문된 전형적인 종장연속문의 출현기(670년경)를 문양 변화의 획기로 파악하고, 통일신라양식토기를 설정하였다.

이후 통일신라 말기에 유행하는 병류와 대호류, 무문양 토기 등을 나말여초양식토기로 인식하고, 통일신라양식토기를 세분한 연구도 있었다. 대체로 8세기 중엽~말을 기점으로 나말여초양식(말기양식)을 설정하였으며, 통일신라토기에 인화문이 쇠퇴하고 주름무늬병, 각진병, 편병 등이 유행하는 시기로 파악하였다.

이 글은 기존 연구 성과에 토대로 신라 후기양식토기와 통일신라양식토기의 형식분류를 통한 편년을 시도하였다. 통일신라양식토기에 대해서는 필자의 편년 시안을 새롭게 추가, 제시하였다. 통일신라양식토기를 세분하는 나말여초양식토기는 아직까지 토기 양상의 실체가 명확하지 않아 이글에는 언급하지 않았다.

1) 시대 구분과 토기 양식의 설정 문제

문헌사료에 입각한다면, 통일신라시대 토기는 시기적으로 삼국통일기(고구려 폐망, 668년) 이후부터 신라가 고려에 항복한 시기(935년)까지 생산된 토기일 것이다. 공간적으로는 신라의 수도 경주를 중심으로 통일신라의 영역인 대동강에서 원산만까지 경계로 한 이남지역에서 생산된 토기가 해당될 것이다. 그러나 이러한 역사적 사실을 고고학적 실물자료를 통해 규명하는 작업은 난해한 문제이며, 고고자료와 역사적 기록이 반드시 연동해야 하는 보장도 없다.

이러한 시대 구분에 대한 인식을 바탕으로 한일병합기 이래 통일신라토기 연구의 큰 쟁점이 있었다. 전자는 신라의 삼국 통일기를 기점으로 이전 신라토기와 이후 통일신라토기를 구분하려는 시도이다. 반면 후자는 신라고분과 신라토기의 변화에 대한 획기가 신라의 삼국통일이라는 역사적 사실과 일치하지 않고, 구분이 모호하기 때문에 신라토기의 구분 명칭 대신에 양식 개념을 설정하자는 연구로 양분된 것이다. 이하는 이러한 토기 양식의 구분이 어떻게 전개되었는지를 살펴보고자 한다.

신라 통일기를 기점으로 신라토기를 시대 구분하려는 첫 시도는 有光敎一(1937)에 의해 이루어졌다. 그는 경주 충효동 석실분의 연대를 통일신라시대로 파악하여, 統一期古墳이라고 구분하였다. 여기에서 출토된 토기를 모두 統一期土器로 규정지었다. 이것은 경주 충효동 석실분의 연대를 통일신라시대 개시기로 파악한 것이다. 경주시내 평지에 있는 적석목곽묘에서 출토된 線刻文土器를 고신라토기, 이후 석실분 출토 및 인화문 골호를 통틀어 통일신라토기로 인식했다. 따라서 1970년대까지만 하여도 신라토기를 고신라토기와 통일신라토기로 구분하는 것이 일반적이었으며, 인화문토기는 모두 통일신라시대 토기로 인식하였다.

1970년대 이후 小田富士雄(1978)은 토기 양식이라는 개념을 처음 제기하였다. 그는 일본에서 출토된 인화문토기와 일본토기의 공반상을 검토하였다. 신라에서 인화문토기의 발생은 6세기 후반~말경까지 소급되는 것으로 파악하였다. 따라서 시대 구분에 서로 일치하지 않아 통일신라토기의 명칭을 新羅統一期樣式으로 대체하였다.

이에 韓炳三(1979)도 통일신라토기란 2세기경~10세기까지의 신라토기 중에서 서기 668년 신라의 삼국통일이라는 역사상의 시대 구분에 의해서 분류된 것은 아닌 것으로 언급하였다. 신라토기 형성에 일대 변혁을 가져온 석실 고분 축조기부터 신라 말까지 쓰인 토기로 지칭하였다.

이러한 신라고분 변천에 대비된 시대 구분론과 토기 양식론의 분위기 속에 金元龍(1985)은 통일신라토기라는 명칭 대신 統一樣式 또는 統一新羅樣式으로 표현하였다. 이에 古新羅土器도 古新羅樣式으로 언급하였다. 이 무렵 신경철(1985)은 김해 예안리고분의 편년 연구를 통해서 횡혈·횡구식석실묘의 유행기를 III기(6세기 후반대~삼국통일기 전후)로 파악하였다. 그리고 시대 구분과는 별도의 개념으로 統一樣式 토기문화기를 설정하였다. 이 토기 양식은 신라·가야양식이라는 토기 문화의 대·소지역색이 없어지고, 공간적으로 한강유역 이남의 한반도 남부 전역에서 토기 문화가 양식적으로 통일된 현상을 보이는 것으로 규정하였다.

토기 양식과 고분 문화의 변화에 대한 대응관계 설정은 崔秉鉉(1987)에 의해 이루어졌다. 당시 일반화되어 가던 통일양식토기의 개념은 편년에 오해를 주는 것으로 생각하였다. 삼국통일이라는 역사적 사건과 무관하게 종래의 古新羅(樣式)토기를 新羅 前期樣式土器로 구분하였다. 그리고 신라후기의 횡혈식 석실분 출현 이후 통일신라시대 말까지의 인화문토기를 포함한 토기군, 즉 통일신라(양식)토기를 新羅 後期樣式土器로 크게 양분하였다. 이러한 양식 구분론으로 경주 고분문화의 구분이 적석목곽묘 축조기의 신라전기 고분문화와 상응하고, 횡혈식 석실분 축조기의 신라후기 고분문화가 적절하게 대응된다고 파악한 것이다. 또한 崔秉鉉(2011)은 신라의 삼국통일이 이루어지는 7세기 중엽이나 그 가까운 시기에 신라토기의 기종을 비롯하여 기형 변천상 양식이나 시기를 구분할 만큼 괄목할만한 변화는 없다고 판단하였다. 인화문토기의 문양 변화는 신라 후기양식토기의 편년에서 상대편년의 분기를 가르는 기준은 될 수 있어도 신라토기의 양식구분이나 시기구분의 기준은 될 수 없다고 파악하였다.

이러한 다양한 토기양식 구분론의 주관적 차이는 신라의 삼국통일이 당시 정치, 사회, 문화, 경제적으로 현격한 변화가 있음에도 불구하고, 시기의 명확한 분기를 위한 고고학적 편년 기준이 부족했던 것에서 기인한다. 물론 토기에 대해서 단순한 인화기법의 유무가 삼국시대와 통일신라시대를 구분하는 데 절대적인 기준이 될 수 없다. 그러나 당시 획기적인 문화변동의 정신적 관념을 토기의 세밀한 기종 분류와 각 기종의 기형 변화, 문양의 변천 과정 속에서 역사적 사회 변동과 연동한 물질자료의 반영 양상을 세밀하게 파악해야 할 필요성이 있다.

이러한 사회적 변화와 밀접하게 연계된 물질자료의 변화양상에 대한 추구는 洪潽植(2001)의 연구에 의해 검토되었다. 기존 통일양식토기는 562년 대가야 멸망을 기점으로 설명되었다. 그러나 대가야 멸망이 물질적 변화에 큰 영향을 준 것은 아니며, 신라가 백제를 멸망시키는 시점(660년)으로 파악하였다. 신라의 삼국통일 후 백제·고구려의 토기생산체제는 붕괴된 것으로 이해하였다. 신라토기 생산체제로 변화되는 과정에서 토기의 기종, 기형, 문양이 변화된 것으로 파악하였다. 대동강 이남의 한반도 전역의 생활, 제사, 분묘, 건축, 종교, 군사유적 등에서 보편화되는 그 변화의 시점인 삼국통일기 무렵의 획기를 통일양식토기의 시작으로 설정한 것이다. 즉 前期樣式土器(5세기) 이후를 後期樣式土器(6세기 초~), 統一樣式土器(660년 이후)로 구분하였다.

홍보식의 통일양식토기는 이후에 전개될 통일신라시대의 토기를 포함하는 양식 구분이다. 그러나 문헌사료를 기준으로 한다면, 그 시점이 역연대상 신라가 삼국통일전쟁을 시작하는 삼국통일 직전(660년)에 해당한다. 이 통일양식토기를 모두 통일신라시대의 토기라고 명명하기는 어렵다. 또한 통일양식토기의 규정에 앞서 아직 통일신라시대 토기 양식의 실체와 기종별 총체적인 편년도 구축되지 않은 시점에서 통일신라 영역 내 토기의 보편적 양상은 아직 인식하기 힘들다.

이러한 홍보식의 통일양식토기 정의에 반해, 重見泰(2004)는 한반도 전역에서 통일양식토기의 균일성을 인식하였다. 양식을 설정하기 전에 중심지인 경주지역 토기양식의 양상을 명확하게 파악할 수 있는 중심적 토기양식이라는 하나의 그룹이 필요하다고 강조했다. 중심적 토기양식은 신라의 중심을 이루는 왕경이라는 공간적 의미를 부여하였다. 통일 후의 토기양식 확산을 고려한 중심적인 양식, 즉 新羅王京樣式의 설정을 제창하였다.

그러나 重見泰의 신라왕경양식 설정도 홍보식의 통일양식토기 개념 설정 문제와 동일 선상에 있다. 신라왕경양식의 중심지인 경주지역에서 토기 양식의 실체가 아직 구체화되지 않은 시점에 신라왕경양식을 설정하는 것은 시기상조이다. 또한 용어 자체의 문제로서 통일신라양식을 신라왕경양식으로 동일시한다면 신라왕경의 성립은 이미 그 이전 시기에 형성되어 있기에 용어 사용 자체의 부적절함이 도출된다.

또한, 통일 후 토기양식의 확산에 관한 문제이다. 경주 신라왕경에서 생산된 토기가 왕경을 벗어나 경주 인근 영천, 포항, 울산지역이나 장거리의 도서 지역을 포함한 전국에서 출토된다면, 그러한 신라왕경양식의 명칭은 경주의 신라 왕경지역에만 국한되는 제한적인 용어이다. 지역 토착계 토기와 융합된 형식의 구분이 필요하며, 토기의 생산·공급지와 수요지가 동일한가도 파악되어야 할 문제이다.

다음으로 山本孝文(2007)은 신라토기 전체를 크게 4개 양식(前期樣式, 中期樣式, 後期樣式, 末期樣式)으로 구분하였다. 각 양식의 세밀한 상대편년이 요구되지만, 이 중 신라후기양식(7세기 전반~8세기)은 인화문토기를 중심으로 한 토기양식(新羅第III樣式)으로 규정하였다. 신라말기양식(8~10세기)은 병류를 주기종으로 하는 나말여초 토기(新羅第IV樣式)로 크게 구분하였다.

尹相悳(2010)은 역사적 사건을 물질문화의 시대 구분 용어로 사용하는 것이 오히려 이 시기 연구에 장애가 될 소지가 있다고 생각하였다. 신라토기의 시기 구분 시안으로 신라 전기양식, 중기양식, 후기양식, 말기양식 등 4시기 구분안을 제시하였다. 여기에서 신라의 삼국통일을 기준으로 본다면, 직전이 중기양식(6세기 중엽~7세기 3/4), 직후에 해당하는 후기양식(7세기 4/4~8세기 말)이 통일신라시대에 속한다. 후기양식은 인화문토기의 본격적인 유행기로 언급하였다. 고배류는 소멸하고, 대부완과 대부병이 주로 확인되는 시기이다. 또한 석실분 축조

축소, 화장관련 골호의 유행 등을 구분 기준으로 설정하였다. 말기양식은 9세기 초에서 통일신라가 멸망하는 10세기 전엽까지 시기로 파악하였다. 주름무늬병과 사면편병, 일면편병 등 각종 병류, 파상종장문이 시문된 대형옹이 유행하는 시기를 기준하였다.

윤상덕의 후기양식 구분 기준에 해당하는 통일신라시대의 토기와 무덤의 변화 양상, 구분 시점 등에 대해 필자도 대체로 동일한 인식을 가지고 있다. 다만, 후기양식과 말기양식에 대한 구체적인 유물의 형식분류와 세부 편년안은 제시되지 않았다. 또한, 통일신라시대라는 역사적 획기가 신라 후기양식의 시작에 포함되어 있어서 고고자료에 대한 시기 구분을 쉽게 이해하기 힘들다.

이상과 같이 시대 구분에 따른 토기 양식에 대하여 신라의 삼국통일 직전과 직후의 토기 양식은 다음과 같이 명명되었다.

신라통일기양식, 통일신라양식, 신라후기양식, 통일양식, 신라왕경양식, 후기양식과 말기양식, 신라중기 및 후기와 말기양식 등이다. 토기 양식 구분의 주관적 차이에 따라 다양한 용어가 등장하게 된 것이다. 이러한 양상은 명확한 분기를 위한 물질문화의 변화에 대한 편년 기준이 부족했던 결과이다. 신라토기 연구의 가장 큰 난점 중 하나는 신라가 삼국을 통일하는 시점, 즉 직전과 직후의 토기 양상이 아직 불확실하다는 점이다.

다음은 아직 토기 양상의 실체가 명확하지 않은 나말여초 토기양식 문제이다. 기존 연구 성과 및 분석 자료의 수량적 부족, 공반 및 일괄 자료 부족 등 연구 자료의 제반 한계성이 수반되었다. 나말여초기는 10세기 초경 통일신라에서 고려로 이행하는 전환기에 해당한다. 그러나 아직 토기의 양상이 명확하지 않아 해당 시기의 연구자들은 대부분은 통일신라 말기에 해당하는 토기 양식의 성립 개념을 더 중시하였다. 나말여초기 양식의 시작 시점을 8세기 초(박순발 2000), 8세기 중엽~후엽(강창화 1999; 최철희 2003; 변영환 2007; 최병현 2011), 9세기 전반(최맹식 1991)을 기준으로 하여 10세기 중반까지로 설정하고 있다.

나말여초기의 특정 기종에 대한 연대관을 처음으로 제시한 최맹식(1991)은 줄무늬병과 덧띠무늬병이 9세기 통일신라시대 토기의 특징을 대변할 수 있다고 판단하였다. 이와 공반한 유물을 검토하여 나말여초기의 대표적 기종으로 취급하였다. 익산 미륵사지의 초창기 건물지인 승방지 기단토의 안정된 층위에서 '大中十二年'銘(858) 파상선각문 대호편과 줄무늬병, 덧띠무늬병 및 1면편병, 4면편병, 편구병 등의 토기류가 출토되었다. 이와 함께 중국 월주요계 해무리굽백자 저부가 공반되었다. 반면에 '大平興國五年'銘(980)의 銘文瓦가 출토된 층위에는 줄무늬병이나 월주요계 자기 등이 확인되지 않으므로 병류의 상한연대를 9세기 전반으로, 하한연대를 10세기 후반으로 설정한 것이다.

이후 나말여초기에 대한 양식적인 개념은 강창화(1999)에 의해 본격적으로 제시되었다. 상기한 최맹식에 의해 9세기 전반 이후로 편년된 병류를 8세기 중반(3기 토기군) 이후 통일신라 후기양식토기로 설정하였다. 장거리 운반과 연관된 병류(사각편병, 일면편병, 주름무늬병, 돌대문병)와 대호류(침선+돌대문대호) 등을 대표적인 기종으로 파악하였다. 이러한 기종의 유행은 영산강유역에서 출발한 것이며, 이 시기에 한반도 전역에서 발견되는 양상의 개념으로 '동일토기문화권의 형성'이라는 용어를 제시하였다.

박순발(2000)은 나말여초기로 상정한 토기 구연 형태를 기준으로 형식분류하였다. 문양, 굽, 저부 등의 제속성을 발생순서배열을 시도하였다. 나말여초토기를 크게 4단계로 구분하여 편년안을 도출하였다.

1단계는 인화문 시문 B기법(宮川禎一)을 기준으로 8세기 초, 2단계는 인화문 시문 C기법(宮川禎一)과 '永泰二年'銘(766) 골호와 공반된 것으로 소개된 토기호, 경주 석장동 동국대학교 구내에서 출토된 골호(이희준 1992) 등을 기준으로 8세기 중엽~9세기 중엽으로 파악하였다.

3단계는 850~900년으로 구분하였다. 인화문 및 밀집파상선문 등이 소멸하고, 다치압인 주름문(주름무늬)과 단순점토대 주름문(덧띠무늬) 등의 새로운 장식기법의 등장을 기준하였다.

마지막 4단계는 주름문의 소멸과 음각단선문의 출현이 해당한다. 문헌기록상 경주 월지의 폐기 시점인 경순왕 5년(931)을 참고하여 대략 900~950년으로 설정하였다.

이후 변영환(2009b)은 보령 진죽리 유적에서 출토된 토기류를 분석하여 나말여초토기의 변천양상 파악을 시도하였다. 진죽리유적의 토기류를 기준으로 총 5단계로 구분하였다. 1단계는 주름문병, 편병 등과 같은 전형적인 나말여초기토기가 아직 등장하지 않은 시기이다. 밀집파상문의 유행과 인화문 시문 B·C수법의 확인, 높은 굽을 가진 토기 유행을 기준으로 8세기 중엽경으로 비정하였다. 1단계의 연대는 '永泰二年'銘(766) 납석제호와 반출된 단경호, 한우물유적에서 출토된 '仍大內'銘 등을 근거로 하였다. 2단계는 보령 진죽리유적 1기와 대응시켰다. 각종 병류 등의 나말여초토기의 출현, 파상종장문 출현, 점토대가 없는 주름문병에 인화문 시문 C수법과 화문 시문 등을 기준하였다. 장도 청해진유적의 토기류와 비교하여 그 연대를 8세기 후엽으로 설정하였다.

3단계는 진죽리유적 2기에 해당하는 것으로 파악하였다. 인화문 소멸과 낮은 굽의 토기류 증가 등을 특징으로 이해하였다. '元和十年'銘(815)의 골호와 경주 석장동 동국대 교내 출토 장골기와 공반된 중국 청자를 근거로 9세기 초로 추정하였다.

4단계는 진죽리유적 3기에 해당하였다. 성주사 출토품과 미륵사지 출토 '大中十二年'銘(858) 대옹과 병류, 중국 월주요계 해무리굽 백자 등을 근거로 9세기 중엽으로 판단하였다. 5

단계는 전체적인 문양과 기형의 해체, 해무리굽 자기와 공반, 한반도 자기의 출현 시점과 관련하여 9세기 후반경을 중심시기로 설정하였다.

상기한 나말여초기에 대한 연구 성과는 그 당시 초보적인 연구단계에서 통일신라말기의 토기 문화 변천양상을 이해하는 데 상당한 진보였다. 이후 최병현(2011)은 변영환의 나말여초 토기 변천 단계를 참고하여 그의 신라후기양식토기 단계(6세기 2/4분기~8세기 중엽)에 후속하는 나말여초양식토기라는 토기 양식을 설정하게 되었다.

그러나 서해안지역 보령 진죽리유적의 분기를 나말여초기 전역에서 출토된 유물에 확대 적용하면서 단계별 토기 내 시기적, 형식적으로 잘 대응하지 않은 유물들이 혼재된 양상이 인지된다. 또한 나말여초기의 동일한 유물군(주름문, 병류)이 편년 체계의 미비로 인해 연구자들에 70~80년의 편년 차이가 발생하기도 하였다. 나말여초기 이전 토기와의 연계성과 각 단계별 계보적인 연결고리도 아직 인식하기 힘들다.

이러한 연구 양상의 동향은 해당 토기 양식의 중심에 있는 경주지역의 통일신라토기 형식에 대한 계보적 연결고리와 토기의 전개 양상 및 변천상이 아직 불분명했던 점에 기인하는 것이라고 판단된다.

2) 인화문 출현과 소멸 시기 문제

통일신라토기는 각종 도질토기, 무문양 및 타날문 토기, 연질 및 와질 토기 등 다양한 토기군으로 형성되어 있다. 하지만 이 시대의 토기 편년은 주로 인화문토기가 취급되었다. 인화문토기의 인화(도장, 스탬프) 기법은 삼국시대에 이미 창안된 것이지만, 과거 연구사에는 '인화문토기=통일신라토기'라는 개념이 성립되어 있었다.

이러한 설정은 최초 有光敎一(1937)에 의해 언급되었다. 경주 평지에 조성된 적석목곽묘의 선각문토기는 고신라토기로 인식하였다. 구릉지역 충효동석실분 출토 인화문토기를 통일신라토기로 구분하여 인화문의 초현기를 통일신라시대로 파악한 것이다. 그러나 이후 小田富士雄(1978)은 일본유적에서 출토된 신라 인화문토기와 공반된 일본토기의 교차연대를 통해서 신라의 인화문 출현이 통일기 이전인 6세기 후반~말경까지 올라가는 것으로 처음 확인하였다.

이후 통일신라토기에 대한 인식의 전환이 요구되었다. 인화문의 출현 시기에 대한 연구 동향은 통일신라 이전에 이미 고안된 것으로 정립되었다. 최병현(1987)은 이를 경주 황룡사 창건기(566년경) 1차 가람 기초관련 유구에서 출토된 신라토기를 통해 인화문토기의 발생이

6세기 중기 또는 후반기 초부터라는 것을 직접적으로 확인하였다. 또한 그 무렵 宮川禎一 (1991)도 日本 福岡縣 宗像市 相原 2호 석실분에서 출토된 인화문 병편을 검토하여 인화문의 출현을 6세기 말로 비정하였다.

이러한 연대관보다 조금 늦은 시기는 홍보식(2001)에 의해 제시되었다. 그는 부산 복천동 65호 횡구식석실묘에서 출토된 유개고배의 개에 나타난 선각 삼각집선문과 컴퍼스 반원점 문의 문양대 구성을 7세기 초로 편년하였다. 그 근거는 이곳 석실묘 1차 매장시에 부장된 中國 靑瓷에 있다. 이와 유사한 기형과 크기를 보이는 中國 河北省 磁縣 買壁村 隨靑瓷窯址에 서 출토된 수대 청자를 비교하였다. 6~7세기 신라가 중국에 遺使한 기록을 참고하여 진평왕 16~35년(596~614)경 중국에서 신라로 이입된 것으로 파악하였다. 중국자기의 부장 시기 과정 을 고려하여 인화문의 발생은 신라 후기양식 제IV양식의 H형식(610~630년)기로 파악하였다.

이러한 홍보식의 편년관에 윤상덕(2010)은 문헌기록에 나타난 공식적인 遺使의 기록을 유 물 편년의 직접적인 근거로 삼는 것은 문제가 있다고 거론하였다. 또한 시기가 좀 더 올라가 는 또 다른 중국청자의 편년 자료를 제시하였다. 즉 東魏代의 中國 河北省 贊皇縣 南邢村 李希宗 夫婦墓에서 출토된 청자완이 복천동 65호 출토품과 규모와 기형 면에서 더 유사하 다고 언급하였다. 이희종의 묘지석 절대연대(501~540년)와 발굴보고서의 부인 崔氏의 추정 사 망연대(북제: 550~557년)를 참조하여 6세기 중엽(중기양식: I a기)으로 연대를 부여하였다. 또한 복 천동 65호묘의 유개식 고배와 더불어 이와 기형과 문양이 유사한 동천동 화장묘 출토품(국립 경주박물관 1994)을 동시기로 파악하였다. 이후 인화문의 발생은 6세기 말(중기양식: IIa기)로 설정 하였으며, 이 연대에 대한 보완자료를 제시하였다. 신라의 북한산성으로 추정되는 아차산성 의 성벽 축조시 유입된 인화문 초현기의 토기를 제시하였다. 성벽 다짐층의 목탄에 대한 연 대측정치(535~640년)와 『三國史記』의 高句麗本紀 第8 嬰陽王 14年條(603)에 북한산성에서 신 라와 고구려가 전투한 기사를 참조하였다. 따라서 인화문 출현은 연구자에 따라 6세기 중기, 6세기 말~7세기 전엽으로 보아 대체로 6세기 말~7세기 초로 파악하고 있으나, 현재 인화문 출현기의 명확한 절대연대자료는 아직 확보되지 못한 상태이다.

다음은 인화문 소멸기에 대한 논쟁이다. 통일신라토기에 인화문 장식이 없어지는 시기에 대한 견해 차이는 연구자 개인의 형식조열이나 상대편년에 어떠한 절대연대자료를 기준 및 대입하는가의 문제이다.

먼저 9세기대 인화문의 소멸 관련 견해를 살펴본다. 경주 황룡사지 경루지(754년)의 1차 건 물지 적심 내부에서 출토된 인화문 외반구연 완은 제작의 하한연대가 754년이라는 절대연 대를 제공한다. 이 완은 직립구연의 속성이나 종장연속문이나 횡장연속문(영락문) 등은 확인되지 않았다. 단일한 합성문이 확인되는 점에서 종장문이 소멸하는 인화문의 퇴화기를 암시하는 자료로 인식하였다.

慶州 傳 閔哀王陵 주변 출토 연결파수부골호는 '元和十年'銘(815)의 명문과 개와 호의 외면에 문양이 시문되지 않은 점이 특징이다. 이를 기준으로 통일신라토기는 9세기 초에 무문화가 진행되고, 인화문의 쇠퇴기에 접어드는 것으로 이해하고 있다(宮川禎一 1991; 변영환 2007; 重見泰 2005; 윤상덕 2010; 최병현 2011; 박미현 2019).

9세기 인화문의 소멸론은 박순발(1988·2000)에 의해서도 제기되었다. 보령 聖住寺址에서 출토된 나말여초기의 토기 자료를 분석하였다. 그 변화양상에 대해 문양 시문기법과 문양의 종류를 기준으로 4단계로 구분하였다.

이 중 3단계에 인화문과 밀집 파상선문이 소멸하고, 단선의 파상선문과 다치구의 압인 주름문, 단순 점토대 주름문 등의 새로운 장식기법의 등장을 9세기 중엽으로 설정하였다. 2단계의 하한 편년기준 유물은 익산 미륵사지 강당지에서 출토된 '大中十二年'(858) 파상선문 대호를 기준하였다.

반면 9세기 초 이후에도 여전히 화려한 인화문이 시문되고 있다는 견해는 경주 석장동 동국대학교 구내에서 출토된 골호(이희준 1992)와 공반유물을 근거로 하고 있다. 이 골호는 내합과 외합으로 구성되어 있다. 내합은 중국 唐의 越州窯系 해무리굽 청자완을 파상선문 단경호의 뚜껑으로 사용하였다. 외합은 동상위에 돌대문이 있는 호와 인화문 보주형 꼭지의 개를 뚜껑으로 이용하였다. 인화문 개에는 퇴화종장연속문, 운문, 합성문 등의 문양이 다수 시문되었다.

공반된 청자 완이 龜正明德(1990)이 분류한 9세기 중엽 전후의 중국 월주요계의 청자에 해당하여 9세기 중엽에도 인화문이 화려하게 시문되었다고 판단하였다(이희준 1992; 홍보식 2004). 그러나 공반된 골장기의 구성품들이 일괄유물의 관점에서 모두 동시기에 제작되었는가 하는 문제가 있다. 즉 이 성과는 인화문 개의 구경에 맞추어 外壺의 구경부를 깨어 재사용한 점이 확인되었고, 중국 청자의 재가공흔도 확인되어 실연대 설정에는 문제가 있는 것이다. 따라서 돌대문 평저호와 파상선각문의 단경호, 보주형꼭지의 인화문 개에 대한 형식의 평행관계 성립 문제 등을 재검토해 볼 필요성이 있다.

한편 홍보식(2005)은 인화문 연결고리유개호는 김천 갈항사지 삼층석탑 출토의 청동사리용기(758년경)를 토제로 모방한 것으로 판단했다. 8세기 후반에 창출하여 9세기 전반의 늦은 시기 이후 인화문 성형기를 거쳐 9세기 말 이후에는 쇠퇴하는 것으로 파악했다. 그리고 대구 동화사 비로암 삼층석탑 사리구에서 출토된 '咸通四年'銘(863) 납석제 사리호에 선각된 운문,

연화문, 국화문이 있는 점을 근거로 9세기 중엽의 인화문토기도 이와 동일한 양상일 것으로 파악하였다. 이것을 기준으로 통일신라토기가 9세기 이전 인화문토기와 이후의 무문양토기로 양분되는 이분법적 개념이 성립될 수 없다고 판단하였다. 그러나 인화문토기가 가지고 있는 문양은 당시 문화관념이 토기에 표출되어 가장 가시적인 주속성이며, 시간성이 내재되어 있다. 이에 반해 그의 성과에는 문양의 종류와 변화가 새로운 기준 속에서 어떤 양상으로 접목되고 연결, 변화되었는가에 대한 구체적인 언급은 없었다. 또한, 일반적으로 납석제 용기는 9세기에 크게 유행하였다. 사리구용 이외도 일반 실생활용으로 신라왕경유적에서 출토되었다. 다만 일상생활용기인 토기의 형식변화와 사리구의 석제품의 형식변화가 동일하게 진행된다는 보장은 없다. 재질이 다른 고고자료에서 단순 형태의 유사함으로 그 시기를 결정하는 것은 주의가 필요하다고 생각된다. 토기와 석제품, 청동기를 동일한 형식으로 취급한다면, 토기의 제작 공인과 납석제, 금속사리기의 제작 공인이 서로 동일한가, 이를 증명할 수 있는가에 대한 의문이 든다.

예컨대 개인 및 일반인 화장묘에 사용된 토제 연결파수부골호에는 화장된 인골이 매납되지만, 석탑의 사리공에서 출토되는 납석제사리호에는 일반인의 화장과 차이가 있는 진신사리가 안치된다. 일반 토기를 제작한 공인과 석탑사리기를 제작한 특수 공인은 서로 신분 차이도 크며, 특수 신분의 특수한 기물은 실견하기도 힘들다. 토기와 석제품은 별도로 종분류하여 동일한 계열의 유물 분류를 통해 형식 조열하는 것이 타당하다고 생각된다.

3) 최근 연구 동향

최근 통일신라토기를 대상으로 편년 및 특정 기종 연구가 진행되었다. 통일신라토기를 포함한 신라 후기양식토기에 대한 최근 편년연구는 최병현(2011)에 의해 진행되었다. 그는 과거 신라 인화문토기의 성립과정을 시론적으로 고찰한 논고(최병현 1987)를 보완하였다. 경주지역 출토품을 중심으로 경주 신라 후기양식토기(6세기 2/4분기~8세기 중엽)에 한정하여 편년안을 종합하였다. 기존 삼국통일기 이전의 6~7세기 토기에 한정된 편년 연구를 확대하였고, 유개합(완)과 편구형 병을 추가하여 8세기대 편년을 보강하였다. 8세기 후엽~고려 초까지는 앞서 언급한 변영환(2007)의 나말여초토기 연구를 토대로 하였다. 주름무늬 병, 장동호, 동체를 눌러 각진 편호, 각호 등 다수의 새로운 기종 출현과 인화문의 소멸이 골자이다. 이와 더불어 연동하는 고분문화의 양상을 신라고분의 소멸기로 파악하여 나말여초양식토기라는 명칭을 설정하였다.

신라 후기양식토기의 편년은 새로운 기종의 출현과 기형의 변화를 기준으로 총 4기(1~4)로 구분하였다. 또한 각 분기를 소기(a~d)로 세분하여 총 13단계(1a~4c단계)를 설정하였다. 먼저 분기의 대구분은 주로 문양의 변화를 기준으로 하였다. 1기는 인화문 출현(6세기 전반기~) 이전, 2기는 인화문 시문기(6세기 후반의 중기), 삼각문과 각종 원문류 유행, 수적형문 출현(7세기 전반기), 3기는 원문류의 흩어찍기 문양대 구성(7세기 전반의 늦은 시기), 연속마제형문의 문양대 구성(7세기 후반~), 4기는 외반구연 유개합 출현 및 각종 종장연속문 유행(7세기 후반의 후기~8세기 중엽), 인화문의 퇴조 및 무문화 진행(8세기 중엽)으로 설정하였다.

각 분기의 소기별 주요 특징에 대해서 1a단계는 단각고배류의 출현과 1c단계에 후기형장경호의 등장이 있었다. 2a단계에 인화문 기법과 대부편구형 병의 출현이 특징적이고, 2c와 2d단계는 수적형문의 시문 유행기에 해당하였다. 3a단계는 단일문의 밀집시문 유행기이며, 3c단계에 단위문이 말각방형화된 마제형종장문이 출현하였다. 4a단계에 외반구연합이 등장하였다. 4c단계에 파상종장문이 유행하였으나, 인화문의 쇠퇴기에 접어들었고, 신라 후기양식토기의 마지막 단계로 설정하였다.

이상의 편년안은 3a기부터 문양을 제1속성으로 중시하였고, 문양 변화를 근거로 기형 변화를 기술하였다. 기형 변화는 일부 기종에 한해 뚜렷이 관찰되지만, 다양성이 크고 그 변화가 단절적이지 않다. 또한 신라의 통일기 이전은 다양한 기종에 대한 형식분류가 체계적으로 진행되었지만, 통일기 이후에는 특정 기종(유개합)에 한정된 자료의 한계성이 있었다.[2]

이후 통일신라토기 관련 연구는 자료의 한계성으로 인해 총체적인 기종별 토기 분석보다는 자료의 확보가 다소 용이한 특정 기종에 한정된 연구가 세밀하게 진행되었다.

박주영(2014)은 무덤뿐만 아니라 경주 신라왕경지역 실생활유적에서도 출토 빈도수가 높은 부가구연병을 기종 선택하였다. 6세기 중엽 이전~8세기 초까지 출현 과정과 변천 양상을 설명하였다. 부가구연병은 6세기 후엽에 단순 구연의 평저병에서 황남대총 북분의 黑褐釉兩耳瓶과 같은 중국 자기의 영향으로 초현한 것으로 언급하였다. 이후 장경화와 편구화가 진행되었으며, 총 변화단계를 총 11기로 구분하였다. 이후 9세기경에는 중, 소형의 부가구연병이 소형의 편구세경병, 주름무늬병으로 대체된 것으로 파악하였다.

---

2) 인화문 출현기 이후를 기준으로 연구자별 문양 기준 편년안을 정리하면 다음 <표 1>과 같다.

<표 1> 신라후기 및 통일신라양식토기의 편년 비교

연대	홍보식(2002)	윤상덕(2010)	최병현(2011)	이동헌
500	(후기양식) I 양식 부가구연장경호 출현	(전기양식)	(신라전기)	
	II양식 무투창고배 출현 합 출현	IVb기	(신라후기) 1a기 후기형유개합 출현	
550			1b기 단각고배B 출현	
	III양식 대각 단각화	(중기양식) I a기 단각고배 출현	1c기 후기형장경호 출현	
	III양식, G형식 선각 삼각집선문, 컴퍼스문 유행	I b기 대부직구호 편구화	2a기 인화문 출현 대부병 출현	
600	IV양식 H형식 인화문 출현 부가구연병 출현	IIa기 인화문 출현 대부병 출현	2b기 편구형병 장경화 후기형 장경호 편구화	(신라후기양식)
625	I형식 인화문유행	IIb기 부가구연장경호 소멸	2c기 수적형문 출현 굴절형 유개합 출현	0단계 선각문유행, 인화문 출현(혼용기) 부가구연편구병 출현
650		IIIa기 수적형문 출현	2d기 고배류 퇴화	I 단계 인화문 본격 유행, 파수부호 출현
			3a기 밀집시문	II 단계 수적형문 유행 제형 단경호 출현
	(통일양식) J형식 개의 내구연화 수적형문, 전면시문	IIIb기 전면시문 초기형 종장문 출현	3b기 종장문 출현	III단계 밀집시문 유행, 제형 단경호 출현
675	K형식 연속마제형문 유행	(후기양식) I a기 U저형 종장연속문 유행	3c기 밀각방향 종장문 유행	(통일신라양식1기) IV단계 종장문 i 류 출현
			4a기 외반구연합 출현	V 단계 종장문 ii 류 유행 부가구연편구병 장경화
700		대부완, 대부병 유행	4b기 유개합 高臺化	(통일신라양식2기) VI단계 종장문iii류 유행 고배의 대부완화, 장경편구호소멸 외반구연완, 연결파수부골호 출현
725		화려한 인화문	4c기 종장파상문 출현 인화문 쇠퇴 무문양 토기 출현	VII단계 종장문iv류 유행 직구호 출현, 세장경병 출현
		석실묘, 화장묘 발전기	(나말여초)	VIII단계 파상종장문유행 연결파수부골호 보주형꼭지 유행
775			주름무늬병 유행	(통일신라양식3기) IX단계 종장문 쇠퇴기, 무문화
800		(말기양식) 무문화	장동호 유행 편호, 각호 유행	X단계 파상선각문, 무문양 유행 단경호의 장동화 시작
		인화문 시문 감소		(통일신라양식4기) XI단계 무문양, 골호 개신 수평화
850		각종 병류 유행		XII단계 단경호의 장경화 동체 장식문 흔적기관화
		대형 옹류 유행		
900		화장묘 쇠퇴기		
950				
1000				

박주영은 기존 병류에 대한 형식 연구를 토대로 좀 더 세밀한 속성 및 형식 분류를 시도하였다. 병의 계열을 새롭게 분리 및 연결하여 계보 및 변화 양상을 객관적으로 제시한 점은 의의가 크다. 다만, 삼국시대 이래 신라토기에서 확인되는 크기에 따른 정형성을 인식하지 못했다. 크기별 형식 분류를 통한 변화 양상 파악보다는 소형에서 대형으로 단순 변화한 것으로 이해하였다. 통일신라 부가구연병이 문양과 기형 변화가 가장 뚜렷해지는 8세기 초 이후의 양상은 언급되지 않았다.

한편 근년 박미현(2019·2021)은 토기 병류에 대한 기존 연구의 보완으로 경주 신라왕경지역 출토 토기병에 대한 전수 조사를 실시하였다. 유형별로 분류한 후 시간적 속성인 문양과 준일괄유물의 검토를 통해 삼국~통일신라시대 병 전체의 변천 양상을 파악하였다. 병의 변화 단계는 총 5단계로 구분하였다. 1단계(6세기 전엽~중엽)~5단계(8세기 후엽~9세기 이후)의 분기를 통해 병은 삼국시대에 부장품으로 주로 사용되었고, 통일신라시대에는 주용도가 일상생활 용품으로 전환된 것으로 언급하였다. 기형 속성 중 동체의 편구도는 후대로 갈수록 점점 편구도가 커져 편구화로 진행되는 것으로 파악하였다. 특히 인화문과 병의 변화는 서로 크게 연동하는 것으로 이해하였다. 2단계(6세기 후엽~7세기 전엽)에 원문, 수적형문 등의 초현기 인화문이 시문되었다. 이후 4단계(8세기 전엽~중엽)를 화려한 인화문 시문의 최절정기로 보았다. 5단계에 인화문이 쇠퇴하고 각종 편병이 주로 유행하는 것으로 결론지었다. 삼국~통일신라시대 다양한 병들을 총망라하여 계측에 의한 객관적 기형 분류, 문양 속성의 순서 배열을 시도하였다. 공반 유물을 통해 병의 존속기간을 검토하여 단계별 특징과 전개 양상을 모색한 점은 아직 실체가 없었던 통일신라시대 토기 연구에 일조하는 바가 크다. 다만, 병의 분류는 동체 형태를 기준으로 진행하였지만, 기종의 분류에 따른 세밀한 계열(계통) 분리가 필요하다. 계보가 다른 다양한 기종이 혼재되어 있어서 그 변화 양상을 쉽게 구분하기 힘들다.

2. 연구의 목적과 방법

앞서 통일신라토기에 대한 기존 연구 성과를 검토하여 그 쟁점과 문제점을 확인하였다. 특정 기종 및 시기에 한정되었던 기존 연구에서 탈피하여 그 동안 실체가 명확하지 않았던 통일신라토기의 총체적인 형식 분류와 편년안 구축이 필요하다.

통일신라토기의 편년연구는 대부분 문양을 제1속성으로 중시하여 문양을 기준으로 토기를 분류하였고, 그 변화 양상을 모색하였다. 그러나 문양을 토대로 세밀한 기종의 계열 분리 작업은 아직 진행되지 않았다. 계통(계보)에 따른 동일 기종을 분류하고, 상호 간의 유연관계를 모색할 필요성이 있다.

기존 연구는 편년 기준에 대한 명확한 시간적 방향성 설정과 평행관계에 대한 검토가 이루어지지 않아 연구자별로 형식의 선후 관계가 정반대인 결과도 초래되었다. 따라서 고고자료에 대한 객관적인 시간적 기준 마련을 통해 통일신라의 물질문화 변화 양상을 검토하는 것이 이 연구의 주목적이다.

이글에 제시된 고고자료 중 토기의 분석대상은 신라후기 및 통일신라토기를 편년 단위로써 활용하였다. 1차적으로 토기 속성 중 문양을 유효한 편년 기준으로 설정하였다. 이러한 시간적 기준을 통해 통일신라토기를 시간적 방향성에 따라 형식학적으로 조열하였다. 이후 이 결과를 유적의 층위 및 형식 변화의 선후관계, 제작기법 및 유구의 공반 관계 등으로 변화의 방향성을 점검하였다. 최종적으로 연대추정자료를 대입하여 토기양식의 편년안을 도출하였다.

통일신라토기에 형식학적인 연구 방법의 적용은 유효성이 크다. 주어진 일정한 공간에서 출토된 유물의 기형과 문양의 평행관계를 통해 형식을 시간적 방향성에 따라 조열하는 것은 객관적인 편년 기준 설정 작업이다. 이를 층위 및 공반 관계를 통한 선후관계를 재검증하는 일련의 작업은 향후 통일신라토기에 대한 표지적인 형식 설정과 문화 변천 양상을 이해하는 데 실효성이 크다.

이 글에서 언급하는 형식학적 연구는 기본적으로 O. Montelius의 형식학적 방법과 형식학적인 연구 등 고전적 형식학의 기본 원리에 대한 검토와 적용을 의미한다. 고고자료를 분류하는 형식학의 광의적 의미도 일부 포함한다.

형식의 정의와 관련하여 먼저 형식은 기종의 단순 분류, 즉 형태에 따른 形式이 있다. 또한 서로 구분지어 조열된 속성들의 결합체로의 型式으로 구분할 수 있다. 이 글에는 주로 후자의 型式 개념에 대한 접근이다. 型式은 유물을 제작한 사람들의 관념이나 전체적인 틀, 규범이나 개념의 집합체와 체제이다. 집단의 패러다임이 유물에 표출, 디자인된 것으로 이해하고자 한다. 이러한 型式의 집합체는 양식으로 규정한다.

유물의 형식이 잘 선별되거나 구별되어 시간적 방향성이나 공간적 속성, 사회·문화적 속성이 모두 양호하게 나타난다면 아주 이상적일 것이다. 그러나 유물의 다양성을 인식하지 못하거나, 주관적인 범주적 판단에 따른 형식 설정의 문제점이 다수 노출되기도 한다. 고고 자료의 설명과 해석에 대해서 객관적이고 타당한 시간의 방향성 설정, 시간적 위치, 편년 체계 등이 구축된다면 고대 문화상을 올바르게 나열하고 복원할 수 있을 것이다.

통일신라토기 연구는 삼국시대 토기 연구성과와 달리 아직 미미한 수준이다. 1980년대 이후 본격적으로 형식학을 적용한 통일신라토기의 상대편년 연구가 진행되었다. 기존 형식학을 기초한 통일신라토기의 상대편년 연구는 이 시대 토기의 표지적인 유물로 인식된 인화문토기를 대상으로 형식을 설정하였다.

토기를 상대 서열화하여 편년을 시도한 연구(崔秉鉉 1987 · 2011; 鄭吉子 1989; 宮川禎一 1993; 洪潽植 2001 · 2005; 重見泰 2012)와 순서배열법(李熙濬 1983)을 이용하여 상대편년을 시행한 연구(朴淳發 1998; 尹相惠 2001; 國立慶州文化財研究所 2002; 박미현 2019)가 있었다. 근년에는 특종 기형의 속성 배열에 의한 형식을 설정하고, 이를 형식학적 속성분석법(安在晧 2006)을 통해 상대편년을 시행한 연구(박주영 2014) 등으로 크게 구분할 수 있다.

이러한 연구 방법의 흐름은 형식학에서 순서배열법, 형식학적 속성분석법 등으로 이행되었다. 형식학의 문제점인 다소 주관적인 유물의 단순 분류에서 검증단계를 거쳐 보완하는 양상으로 이행되었다.

고대 토기가 제작된 시점이나 사용되었던 시간적 위치를 연구하기 위해서 어떠한 분석 도구와 장치를 사용할 것인가, 또한 어떻게 분석할 것인가는 개별 연구자의 주관에 전적으로 달려 있다. 하지만 기존 이 시대별 토기 연구에 형식학의 적용과 형식 설정은 다소 주관적이고, 편의적인 단순 분류를 통해 이루어진 면을 전적으로 부정할 수 없다. 또한 형식학적 속성분석법(安在晧 2006 · 2016)과 순서배열법의 상대편년 연구 방법(金斗喆 2015 · 2017), 양자를 놓고 보다 나은 유효성에 대해 진지한 논쟁도 진행되었다. 고고자료를 다루는 양자의 상대편년방법은 객관성 추구와 검증을 위해 모두 합리적인 논리와 전제를 가진 연구 방법이라고 생각된다.

이 글의 주 분석 대상인 통일신라토기는 출토 유구의 특성상 명확한 일괄 유물이나 공반유물이 적다. 다행히 인화문토기류는 동일 개체 내에서 형식이나 속성의 공반을 확인하거나 타 개체 내 동일 형식 및 속성의 공반을 점검해서 형식학적 상대 조열을 확인할 수 있다.

O. Montelius가 창안한 형식학적 방법[3]에 입각한다면 유물을 1차 형식별로 늘어놓는 단

---

3) 18세기 전반 유럽은 스웨덴 박물학자 C. V. Linne의 분류학에 의해 모든 생물에 대한 분류체계와 위계구조가 개괄적으로 제시되었다. 이러한 분류학의 전통 속에서 20세기 초 고고학계에서 스웨덴 O. Montelius에 의해 유물 분류에 대한 형식학적 방법의 이론이 완성되었다. 1세기가 지난 현재까지도 그 기본 원리는 유물 분류에 중요한 개념으로써 여전히 적용되고 있다.

계인 형식학적 배열(형식계열, 형식조열)은 하나의 시안이고 가설이다. 2차는 이를 증명하고 검증하는 단계이며, 시간적 평행관계를 확인하는 측면은 실효성이 높다.

형식학적 연구는 시간적 경과를 파악할 수 있는 유물 상호 간의 상대연대결정법으로 유물의 변화를 체계적으로 가시화할 수 있는 장점이 있다. 고고자료의 시대적 변천을 가시적으로 이해하고, 선후관계에 따른 물질문화의 변화 양상을 객관적으로 해석할 수 있다. 또한 그 변화의 이유를 설명할 수 있다는 점과 우리가 추구하는 시간적, 공간적인 지표를 설정할 수 있다는 점이다.

이 글에는 신라후기 및 통일신라양식토기를 형식학적 방법에 입각하여 기형을 속성분석하였다. 편년 기준을 설정하기 위하여 개와 완의 공반관계를 활용할 수 있는 인화문유개완을 우선적으로 기종 선택하였다. 기형 속성 조열을 통해 문양을 서열화하였고, 조열된 문양의 편년 기준을 이용하여 편년 단위로써 타기종을 형식배열하였다. 형식을 나열한 것이지만, 편년 기준에 입각하여 편년 단위(토기 형식)를 순서배열한 것이다.

통일신라양식토기의 주요 속성에는 인화문, 장식문, 기형 속성 등이 있다. 속성 변천에 대한 시간적 방향성 설정과 변화의 이유를 적용하고 해석할 수 있었던 이론적 근거는 다윈의 진화론이다. 형식학의 창시자인 O. Montelius는 1859년 다윈이 발간했던 『種의 起源』[4]을 통해 진화론의 제개념을 고고학의 유물변천원리에 적용하였다. 즉 생물의 種이 계통적으로 진화하는 것처럼 인공물의 형식도 계통적으로 진화한다는 개념이다. 인간에 의해 제작된 유물도 가장 간단한 元형식에서 복잡한 형식으로 변화되는 현상이 있음을 유물 분류에 적용하였다. 결국 O. Montelius의 형식학적 방법은 유물의 형식 조열 기준과 형식 변화의 이유를 설명하는 도구로써, 그 현상을 초래하는 주요 메커니즘으로 진화론을 선택한 것이다.

근래 한국고고학에서 다윈 진화 고고학에 대한 연구와 진화론의 개념들을 적용한 사례가 늘어나고 있다(성춘택 2003). 그 이유는 고고학에서 중시하는 시간의 경과에 따른 고고자료의 복잡성, 다양성의 기원과 변화를 설명할 수 있는 과학적 이론이기 때문이다. 고고자료에서 보이는 변이와 다양성을 통해 무엇이 일어났는가와 어떻게 일어났는지를 합리적으로 설명할 수 있기 때문이다.

---

4) 식물, 동물을 비롯한 모든 유기체의 기원과 발달에 관해 모든 생물이 궁극적으로 하나의 공동 조상을 가지고 계보적으로 진화해 왔다. 이후 한 종안에 변이가 있고, 오직 유전을 통해서 후손에게 전해지며, 자연선택이 유존 여부를 결정한다는 것이 진화론의 골자이다(찰스 다윈 · 홍성표 2007).

고고자료는 비록 무기체에 해당하지만, 인간 즉 제작자를 매개로 한 인간의 관념(형식)의 표상이다. 유물 제작 속에는 이전의 형태가 반영된다. 형질이 복제되면서 변이가 발생하듯이 변이의 생성과 시간의 흐름에 따라 그 과정에서 유물군의 변화가 생기는 것으로 이해할 수 있다. 엄밀히 따지자면 유물이 새롭게 제작되는 것, 이 점이 진화에 해당한다고 볼 수 있는 것이다.

결론적으로 고고유물의 기원과 발달에 대해서 진화론의 핵심 골자를 적용한다면 모든 유물은 하나의 계통(공동 조상)을 가지고, 기종들이 계보적으로 변천되었다. 형식을 통해서 후대에 전해지고, 제작자와 사회규범에 따라 제작 여부가 결정된다고 해석할 수 있다.

통일신라토기에 확인되는 문양의 단순→복잡→단순의 변천 개념이나 문양의 출현→발전→정점→퇴화→소멸, 문양의 분화, 유용한 문양의 선택적인 존속, 불리한 문양의 쇠퇴와 소멸, 기형의 흔적 기관화 등 문양과 기형 변화의 제개념을 진화론을 통해 이해할 수 있다. 또한 고고자료를 형식 조열하여 올바른 형식을 설정하기 위해서는 기종의 크기에 따른 분류와 계통성 확인을 통한 기종의 세밀한 계열 분리(종분류)가 중요하다.

이 글은 상기한 연구방법을 통해 도출된 신라후기 및 통일신라양식토기의 편년 기준과 편년 단위를 이용한다. 토기의 생산과 소비 측면에서 신라왕경지역과 지방에서 생산된 신라후기 및 통일신라양식토기의 생산 유적에 대해서 생산 유구를 살펴보고, 가마의 구조 변화와 생산 체제를 파악하고자 한다. 다음으로 묘제의 변화 획기와 전환 양상을 검토할 것이다. 또한 통일신라양식토기를 부장품으로 사용한 새로운 묘제도 인식할 수 있을 것이다. 새롭게 마련된 편년 기준으로 통일신라양식토기의 수급지인 왕경지역에 일반 주거의 형태 변화를 검토할 것이다.

또한, 대외 교섭 측면에서 통일신라토기와 중국 당도자를 비교하여 나당 교류 양상을 검토해 볼 것이다. 신라 토기가 확인되지 않은 중국지역과는 달리 다수의 토기가 확인되는 일본지역의 자료를 비교할 것이다.

본 연구의 대상과 범위에 대해서 분석 대상 토기의 출토지는 경주지역이 중심이다. 신라전기양식토기도 지역별로 차이가 있듯이 신라 후기양식토기나 통일신라양식토기도 지역 양식의 존재를 인식할 수 있다. 그러나 현재 연구단계에서 토기 양식의 중심지인 경주지역 토기도 실체가 아직 불명확한 데다가 타지역 분포 토기들과 함께 분류한다면 중심양식 토기의 형식 분류와 조열, 방향성 설정에 혼동을 초래할 수 있기 때문에 경주지역 무덤 및 생활유적 출토 토기에 한정하였다. 일부 형식의 결손이 있는 부분은 경주 인접 지역의 유적 출토품을 함께 분류하였다. 영천, 울산, 포항, 경산 등은 통일신라양식토기의 양상이 경주와 거의 동일하며, 이는 전기양식토기에 대해서도 같은 양상을 보인다.

연구대상의 시간적 범위는 인화문 출현기, 신라의 삼국 통일기, 인화문 소멸기까지를 대상으로 할 것이다. 이후 통일신라 말기양식인 나말여초기의 토기상 규명 등은 현 연구단계에서 자료의 한계성이 있으므로 후일로 미루고자 한다.

신라 후기양식토기는 경주 방내리고분, 사라리고분, 월산리고분, 손곡동 · 물천리고분, 인왕동고분, 율동고분 등의 출토자료가 분석 대상이다. 통일신라양식토기는 경주 방내리, 조전리 고분, 황성동 고분, 용강동 고분, 동천동고분, 충효동고분 출토유물과 신라왕경지역 내 실생활유적 출토유물이 분석 자료이다.

1부 ——

편년의 수립

分析

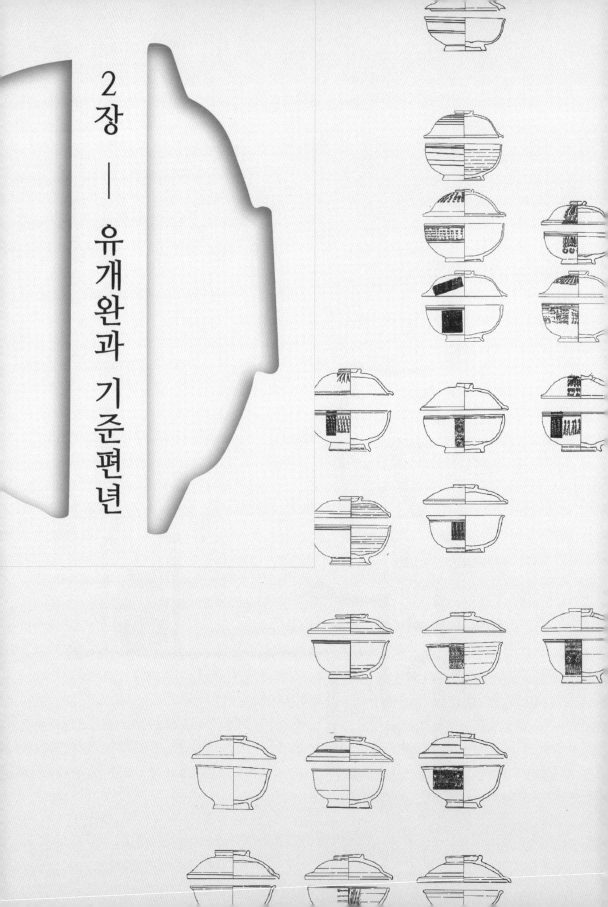

2장
―
유개완과 기준편년

2장
유개완과 기준 편년

1. 유개완의 분석

　7~9세기대 신라토기는 당시 문화의 번영에 걸맞게 기종과 문양의 다양성이 매우 큰 점이 특징적이다. 이 중 인화문토기는 신라후기 및 통일신라양식토기를 대표한다. 이러한 토기군의 총체적인 상대 서열과 평행관계, 편년 체계를 구축하기 위해서는 객관적인 편년 기준이 필요하다. 토기의 시간적 경과에 따른 변화 양상을 파악하기 위한 토대로써 인화문 유개완이란 특종 기종을 1차적인 분석 대상으로 선정하였다.

　인화문 유개완은 인화문토기의 생산과 수요에 대한 핵심지인 경주 신라왕경지역에서 실생활 용기로 가장 많이 출토되었다. 그뿐만 아니라 당시 무덤의 부장용, 장골기로 사용되었기 때문에 양적 안정성과 분석 대상의 유효성이 있다. 이 기종은 盌에 뚜껑이 있는 盒(set)으로 구성되었다. 세부 기종 선택은 환상꼭지를 가진 개와 굽이 있는 완으로 구성된 기형을 동일 계열로 선정하여 분석 대상으로 삼았다.

1) 유개완의 크기 분류

　<도 1>은 신라왕경(국립경주문화재연구소 2002)유적에서 개별적으로 출토된 개와 완의 구경과 기고를 동시에 비교한 산점도이다. 이 결과에 따르면 개와 완이 기고가 증가하면 구경이 증

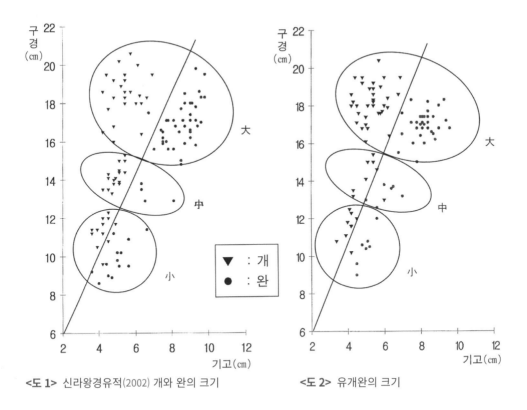

<도 1> 신라왕경유적(2002) 개와 완의 크기   <도 2> 유개완의 크기

가하는 양의 상관관계가 있음을 확인할 수 있다. 그리고 크기 면에서 소형, 중형, 대형의 3개 그룹으로 구분할 수 있다.

    <도 2>는 경주지역에서 출토된 유개완의 개와 완을 set에서 각각 분리하여 구경과 기고를 비교한 것이다. 미세한 차이는 보이지만 <도 1>의 결과와 거의 동일하다. 이러한 결과는 개별적으로 출토된 개, 완과 합으로 출토된 유개완의 크기 양상이 유사하다. 구경과 기고의 증감에 따라 서로 상관성을 가지며, 소형, 중형, 대형으로 크기가 대별된다. 유개완의 크기 비교에서는 일정한 정형성이 보이며, 전형적인 의미에서 분석 대상인 유개완을 전형유개완으로 상정하였다.

    전형유개완의 크기는 다음 <표 2>와 같이 정리할 수 있다.

<표 2> 전형유개완의 크기

단위: cm	개		완	
	구경	기고	구경	기고
소형	9.5~13 이하	3~5	8~12 이하	3~7
중형	13 이상~15.5 미만	4~6	12 이상~14.5 이하	6~8.5
대형	15.5 이상~21 이하	4~7	14.5 이상~20 이하	6~10

2) 유개완의 속성 분석

유개완의 속성에는 크게 기형과 문양이 있다. 기형 속성에는 개와 완의 형태에 따른 개별 속성이 있다. 개의 꼭지, 신부, 구연형태이며, 완은 구연, 신부, 굽형태가 이에 해당한다. 문양에 관련된 속성으로는 문양의 종류와 문양을 토기에 시문하는 방법에 관련된 문양시문수법과 시문구 문양제작기법이 있다.

(1) 기형 분석

개의 구연형태에 대해서는 내구연이 형식학적으로 시간성을 가지고 점차 흔적기관으로 되어 단일구연으로 변화한다는 가정을 둔 기존 분류(崔秉鉉 1992b; 尹相悳 2001)[5]가 있었다. 대체로 기존 연구의 개나 완의 기형변화는 개는 내구연(안턱)의 유무에 의해 분류되었다. 완은 구연의 직립에서 외반으로의 변화를 상정한 것이다.

이 글에서도 기존 연구를 토대로 개와 완의 기형에 있어 구연 형태를 제1속성으로 간주하였다. 형식학적으로 더욱 세분화하여 비계량적인 분류를 시도하였다. 이러한 1차 분류 후에는 2차적으로 유개완의 개와 완 구연조합을 통한 그 상관관계를 검토하였다. 그리고 개와 완의 조합관계에서 확인된 변화 양상을 토대로 나머지 부수적인 속성인 개의 꼭지와 개신의 변화, 완의 굽변화를 점검하고자 한다.

① 개의 구연속성

유개완의 개 구연속성에 대한 특징을 요약 정리하면 다음과 같다.

---

5) 崔秉鉉의 안턱식 뚜껑 입술 ⑤, ⑥, ⑦은 본 글의 개구연 속성 3, 4, 6에 해당하며, 윤상덕의 입자형 뚜껑 드림형태 2, 3, 4는 3, 4, 6에 각각 해당한다.

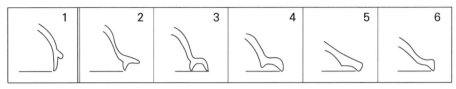

<도 3> 유개완의 개 구연속성

속성1 : 기존 卜자형(尹相悳 2001)으로 분류된 구연으로 개신은 반구형에 가까움.

속성2 : 외구연이 수평적으로 돌출, 내구연이 수직으로 외구연보다 길게 내려와 입면상 내구연이 보이는 것, 개신은 八자형으로 주로 개신 중위에서 단이 지는 형태.

속성3 : 내구연, 외구연의 돌출도가 크며, 대칭적 배치되고, 개신은 반타원형.

속성4 : 내구연의 돌출도가 외구연에 비해 낮고, 비대칭적 배치, 구연 사이의 홈 깊이도 낮아지며, 개신은 반타원형.

속성5 : 내구연의 돌출도가 현저하게 낮아지고, 흔적만 남음, 개신의 형태가 납작해짐, 속성4와 6의 과도기적 양상.

속성6 : 단일구연, 개신의 형태는 납작한 반타원형.

<도 3>의 개 속성1에서 6으로의 이행을 가정한다면 형식학적으로 볼 때 속성1의 외구연(외턱)이 시간 변화에 따라 수평으로 길어진다. 다음 단계에 외구연이 내구연과 형태적으로 동일하고, 차츰 내구연이 퇴화되어 흔적기관으로 된다.

이러한 과도기적 양상을 거쳐 결국 내구연은 소멸하게 되는데 이는 형식학적 전개와 시간적 방향성에서 별 무리가 없는 것이다. 다만 속성1에서 2로의 이행에는 구연과 개신의 형태에 있어 기형의 현저한 변화가 있고, 속성1을 가진 개는 완의 뚜껑보다 고배류와의 조합이 더 많다. 따라서 속성1과 2 사이에는 개의 과도기적 기형이 추가될 가능성과 계열 자체가 분리될 가능성이 있다.

② 완의 구연속성

유개완의 완 구연속성에 대한 특징을 간략히 정리하면 다음과 같다.

속성 I : 신부와 구연이 전체적으로 직립하고 단부가 둥근 형태.

속성 II : 구연단 내면이 약한 경사가 생기며, 단부의 폭이 좁아지거나 약하게 돌출, 속성

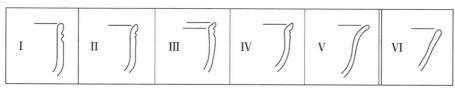

<도 4> 유개완의 완 구연속성

Ⅰ과 Ⅲ의 과도기적 양상.

   속성Ⅲ : 구연단 내면에 강한 경사나 단이 형성, 단 사이에 침선 형성.

   속성Ⅳ : 구연단 내면에 경사진 단이 약해지고 단부에서 약하게 외반, 속성Ⅲ과 Ⅴ의 과도기적 양상.

   속성Ⅴ : 신부와 구연이 전반적으로 외반.

   속성Ⅵ : 외경구연.

   형식학적으로 완 구연의 시간적 방향성에 따른 변화를 <도 4>의 속성Ⅰ→Ⅴ의 이행으로 상정하였다. 완의 직립구연에서 단계별로 과도기적인 형태를 거쳐 구연이 외반된다. 이에 따라 구경이 넓어지는 양상을 인지할 수 있다. 또한 개의 속성2→6으로의 이행을 완과의 조합관계에서 확인하였다. 개의 이탈을 방지하기 위한 기능적인 측면과도 연동할 수 있으므로 이러한 속성의 전개는 시간적 방향성으로 인정할 수 있다.

   그러나 완의 구연형태는 개의 구연에도 엿볼 수 있듯이 속성Ⅴ→Ⅵ으로의 이행에는 기형의 현저한 차이로 인해 세부 계열 차이나 기종의 분리가 있을 수 있다.

   ③ 속성조열의 상관관계

   유개완은 개와 완의 조합에서 이루어지는 set관계에 있기 때문에 개와 완의 개별 속성은 공반 속성으로 상정할 수 있다. 이 개념은 하나의 토기면에 2종 이상의 속성이 공존하여 속성 간의 선후관계와 동시성을 검토하는 것(郭種喆 1988)과 동일한 것이다. 여기에서는 앞에서 검토한 2개의 속성을 서로 대칭되게 종·횡으로 나열하여 속성의 조합 양상을 파악하였다.

   <도 5>의 결과에 의하면, 2개의 속성조열을 통한 해당 속성의 조합관계가 연속성을 보이며 계단식으로 하강하는 경향성을 확인할 수 있다. 조합관계에서 다양한 기형의 조합상은 인정된다. 그러나 개별속성의 나열단계에서 이미 제시한 바 있는 형식학적인 방향성이 유개

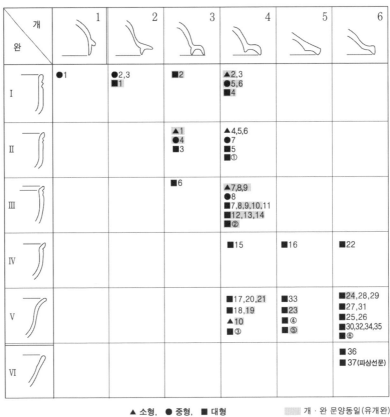

완 \\ 개	1	2	3	4	5	6
I	●1	●2,3 ■1	■2	▲2,3 ●5,6 ■4		
II			▲1 ●4 ■3	▲4,5,6 ●7 ■5 ■①		
III			■6	▲7,8,9 ●8 ■7,8,9,10,11 ■12,13,14 ■②		
IV				■15	■16	■22
V			■17,20,21 ■18,19 ▲10 ■③	■33 ■23 ■④ ■⑤		■24,28,29 ■27,31 ■25,26 ■30,32,34,35 ■⑥
VI						■36 ■37(파상선문)

▲ 소형,　● 중형,　■ 대형　　　　　 개·완 문양동일(유개완)

<도 5> 유개완의 구연 속성 공반관계

완의 속성조합 관계를 통해서도 확인할 수 있다.

　완구연 속성Ⅰ은 개구연 속성5와 6과는 조합되지 않았다. 속성6은 속성Ⅰ~Ⅲ과는 조합되지 않는다. 해당 형식의 빈도수를 따져 보면 완구연 속성Ⅰ→Ⅲ으로 나열이 진행됨에 따라 속성3의 조합을 거쳐 속성4와의 조합이 급증하였다. 속성Ⅳ→Ⅴ의 나열에서도 속성 4, 5, 6의 조합 빈도수가 증가하였다. 최종적으로 Ⅵ6식의 조합만이 확인된다. 유개완에서 추출한 2개의 속성조합은 개별속성의 시간적 방향성에 위배되지 않으면서 서로 상관되기 때문에 이러한 속성조열의 결과가 타당함을 암시한다.

　기형의 존속기간에 대해서 완구연 속성Ⅰ은 개구연 속성1~4까지 다양하게 조합되었다. 특히 개의 속성4는 완의 속성Ⅰ~Ⅴ까지 폭넓게 조합하였다. 이것은 각각의 속성으로 이루어진 형식이 세부적으로는 단절적이지 않고 연속적이며, 한 형식의 존속기간이 상당히 길게 내려올 수 있다는 점을 시사하는 것이다.

이와 같은 각 형식의 단계를 시간적 방향성에 맞게 크게 4개의 그룹으로 구분하면 다음과 같다.

A군 : Ⅰ1, Ⅰ2, Ⅰ3, Ⅰ4
B군 : Ⅱ3, Ⅱ4, Ⅲ3, Ⅲ4
C군 : Ⅳ4, Ⅳ5, Ⅴ4, Ⅴ5
D군 : Ⅳ6, Ⅴ6, Ⅵ6

각 4개의 그룹은 형식학적인 속성조열의 상관을 통해 A군→D군의 시간적 방향성이 설정될 수 있다. 즉 속성조열된 개구연 속성을 1→6으로 나열하고, 완구연 속성을 Ⅰ→Ⅵ으로 나열하여 그 공반관계를 확인해 보았을 때 이른 시기로 배치된 속성은 이른 속성끼리 조합하고, 늦은 시기로 배치된 속성은 늦은 속성끼리 조합하면 개와 완의 기형은 서로 平行關係에 있다.

또한 기형의 속성조합 관계를 형식학적 속성분석법(안재호 2006)에 따라 단절적으로 구분하면 아래와 같이 11단위의 구분으로 세분이 가능하다.

Ⅰ1→Ⅰ2→Ⅰ3→{Ⅰ4, Ⅱ3}→{Ⅱ4, Ⅲ3}→Ⅲ4→Ⅳ4→{Ⅳ5, Ⅴ4}→{Ⅳ6, Ⅴ5}→Ⅴ6→Ⅵ6

④ 속성 조합의 타당성과 시간적 방향성 검토

유개완의 기형 속성조합에 대한 타당성은 형식학적인 변천 관계에 그 유효성이 상정된다. 그러나 석실묘에서 출토되는 유개완의 경우 추가장에 의해 set관계가 흐트러질 수 있고, 건물지에서 매납되어 출토되는 유개완 역시 후대 건물지의 중복, 교란 등으로 인해 上·下 유물의 조합은 의미를 잃게 되는 경우가 있다. 또한 유개완을 사용하던 당시에도 완의 구경과 개의 구경이 비슷하다면 그것이 별개의 유물이든, 시기 차이가 있는 유물이든, 상·하 유물의 전용 가능성은 배제할 수 없다.

따라서 유개완의 속성조합에 따른 타당성의 검토는 조합하는 개와 완의 문양이 서로 동일한 유개완을 정합관계에 있는 것으로 취급할 때 해당 속성의 조합은 명확한 set관계에 있는 것이다.

<도 5>의 결과에 유개완의 정합관계를 정리해 보면 <표 3>과 같다.

<표 3> 유개완의 속성정합에 따른 공반관계

완 \ 개	2	3	4	5	6
I	○	○	○		
II		○	?		
III		?	○		
V			○	○	○

유개완의 속성조합에 있어 세부적으로 I1식과 II4식, III3식, IV 4~6식, VI6식에서 아직 정합관계가 확인되지 않은 점도 있다. 그러나 각 형식별로 빈도수가 높은 것에는 정합이 모두 확인되고 있고, 주로 과도기적 속성에 부정합이 확인되는 경향이 크다. 또한 정합관계가 확인된 형식도 속성조열의 순서대로 방향성을 보이고 있다.

이러한 정합 관계에 의해 유개완의 속성 조합단계인 A군, B군, C군, D군 모두의 정합을 찾을 수 있기 때문에 형식학적으로 A군→D군으로 시간적 방향성을 설정할 수 있다. 또한 여기에서 문양을 통한 시간적 변화의 경향성을 미리 점검해 보면 유개완의 첫 번째 형식인 I 1식에 삼각집선문이 시문되어 지고, 마지막 VI6식에는 무문완과 인화문이 아닌 침선문계의 파상선문이 확인된다. 일반적으로 삼각집선문을 이른 시기로 봄으로써 A군→D군으로의 시간적 방향성을 생각하는 것이 타당하다.

(2) 문양 시문구 분석

인화문토기는 글자 그대로 인화문이 시문된 토기이다. 외관상 명확하게 들어나는 문양이 가시적인 속성이 될 수 있고, 주속성이다. 토기 문양은 시간적 변화를 가장 현저하게 반영하는 속성이며, 이는 고고학에서 일반적인 개념이라고 할 수 있다. 또한 기존 인화문토기 연구에 대해서도 대부분 문양을 제1속성으로 간주하였고, 형식학적인 조열을 통한 토기의 편년기준으로 활용하였다.

인화문토기는 문양의 다양성으로 인해 외관상 난해하고 복잡해 보이지만 단위문의 형태와 시문수법에 의한 문양 형태변화와의 관계를 파악해 보면 실제로 명확한 변천과정 속에 정형성과 일정한 규칙성이 있었던 것으로 생각된다.

이 글에서도 인화문토기의 문양을 주요속성으로 간주하고, 형식학적 문양 변화에 입각하여 문양을 분류하였다. 문양분류에 앞서 문양시문방법에 따른 시문구 문양시문수법과 문양제작에 따른 시문구 문양제작기법에 대해 검토하였다.

① 시문구 문양시문수법

인화문토기 유개완의 문양시문수법을 파악하기 위해서는 우선적으로 문양을 어떤 방법으로 시문했는가를 이해할 필요성이 있다. 문양시문수법은 토기에 시문된 문양 형태에 따른 분류이지만, 이러한 문양시문수법이 어떠한 방법으로 행해졌는가가 중요하다. 즉, 토기를 성형한 후 토기에 문양을 시문할 시점에는 어떠한 방법으로 시문한 것인가의 문제이다.

인화문 개에서 문양시문방법에 대한 복원은 기존에 2가지의 방법이 제시된 바 있다. <도 6>은 회전대 내지 성형대를 이용한 시문구의 회전시문방법(白井克也 1995)이며, <도 7>은 개를 손으로 직접 회전시켜 시문하는 수동시문방법(重見泰 2005)을 묘사한 것이다.

그런데 인화문토기에 이러한 시문방법을 유추해 볼 수 있는 실마리가 있다. 즉 개나 완의 내면에 자주 확인되는 조흔과 지두흔이 해당한다. 조흔은 손톱 끝부분이 접촉되어 토기의 내면에 그 흔적이 남은 것인데 인화문 개와 완에서 모두 확인된다. 지두흔은 손가락의 측면이 접촉한 흔적으로 지두흔 하부에 조흔이 함께 확인되는 경우도 있다. 주로 완의 내면에서 확인된다.

이들을 토기의 성형과정에서 생긴 접촉흔으로 생각해 볼 수 있다. 그러나 문양 시문으로 생긴 조흔과 지두흔은 주로 신부 내면에 횡으로 열을 지어 가고, 회전력으로 인해 일률적으로 돌아가는 양상이다. 또한 조흔이 시문된 토기의 외면에는 시문된 문양의 간격과 병행하며, 대체로 인화문이 시문된 토기면의 반대편 내면에서 확인된다. 또한 인화문이 시문되지 않은 무문의 개와 완에는 조흔이 확인이 되지 않는다.

따라서 이러한 조흔과 지두흔을 인화문 시문행위 시에 형성된 반시문 흔적으로 개념화할

<도 6> 인화문 개의 문양시문방법1
(白井克也 1995에서 인용)

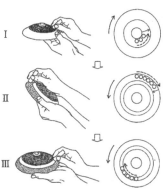

<도 7> 인화문 개의 문양시문방법2
(重見泰 2005에서 인용)

수 있다. 즉 인화문 시문과정에서 도공의 손톱에 의해 찍힌 흔적으로 판단해 볼 수 있는 것이다. 이러한 조흔과 지두흔, 문양과의 위치를 고려하여 인화문 완의 시문과정을 복원해 보면 <도 8>과 같다.

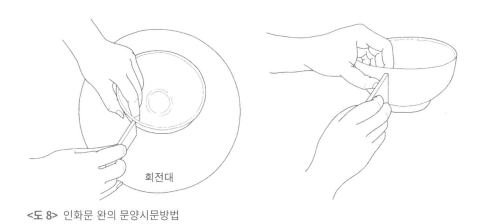

<도 8> 인화문 완의 문양시문방법

조흔이 확인되는 완의 경우, 토기를 성형한 후 얼마간 건조시킨 다음 시문 회전대 및 성형대에서 토기를 정치하여 토기내면을 한 손으로 지탱하고 다른 손으로는 시문구를 사용하여 토기외면을 시문했을 가능성을 유추해 볼 수 있다. 이러한 지두흔과 조흔은 인화문토기의 회전대 시문방법을 복원해 볼 수 있는 중요한 요소로 파악된다. 물론 수동시문과의 병용을 고려할 수 있지만, 시문의 효율성을 따진다면 회전대 시문방법이 문양시문의 신속성을 더 가속화시킬 수 있는 방법이다. 또한 이러한 시문의 가속화는 결국 후술한 시문구의 문양시문수법인 지그재그수법(C수법)을 초래한 것이다.

인화문토기에서 문양의 시문수법은 토기의 편년과 변천을 이해하는 데 표지적인 속성으로 취급되었다. 이러한 속성은 宮川禎一(1988b)에 의해 체계화되었고, 시문수법 즉 <도 9>의 A, B, C수법은 인화문토기의 획기를 파악하는데 중요한 위치를 차지하였다.

최근 이러한 인화문 토기 시문방식에 대해 重見泰는 宮川禎一의 A→B→C수법의 변화는 A, C수법이 병존하기 때문에 시문수법의 순차적 변화는 모순이 있음을 지적하고 A, B수법은 원칙적으로 동일한 수법이기에 A+B→C수법(重見泰 2004)을 제시하였다. 그리고 시문수법을 외견상 보이는 추상적인 개념으로 파악하고 A, B, C수법을 A, B, C표현이라는 분류명칭을 제시하였다. 문양시문수법의 세밀한 관찰을 통해 기존 편견에 문제점을 제시한 것은 큰 성과이다.

이러한 주장은 <도 9>의 A-2를 참고하여 종장문 말단이 어긋나게 시문되는 것이 B수법에 해당하므로 A와 B수법은 동일개념에 속하며, 분리될 수 없다는 점이 발단이 된다. 그러나 A, B수법이 동일하다면 시문작업에서 A수법으로 세밀하고 정교하게 찍은 종장문(A-1)과 완전하게 B수법으로 시문한

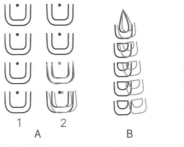

<도 9> 시문구 문양시문수법

종장문(B)은 세부 단위문의 변화에 따라 연동하고 있기 때문에 A수법과 B수법은 각기 인정할 수 있다. 또한, <도 9>의 A-2는 원래 A수법에 속하며, 비의도성에 따른 문양의 어긋남에 의해 생기는 시문 형태로 파악된다. 즉 문양시문 시 시문구면은 직선적이지만 기면은 곡선적이기 때문에 A수법을 의도하고 시문하더라도 A-2와 같은 문양이 시문되는 것이다. 시문수법에서 의도성과 비의도성의 시문은 구분되어야 할 것이다. 세밀하고 정교한 시문수법은 의도성에 기인되었다. 비의도성이 내재될 수 있는 신속한 시문수법은 당연히 시기적으로 늦은 수법일 것이다.

세밀하고 정교하게 제작된 시문구에는 주로 의도적인 A수법이 압도적으로 많다. 이는 시문구의 제작시간이 긴 만큼 문양시문도 정교하게 할 의도인 것이다. 그러나 시문구의 문양이 퇴화되고 제작이 용이한 만큼 시문수법의 혼재가 오고 더욱 신속한 시문으로 이행하는 것이다.

또한 이러한 문제는 시문방법의 차이, 즉 손으로 직접 토기를 잡고 시문을 행하는 수동시문인가, 회전대에 의한 시문방식인가의 문제와도 직결된다.

회전대에 의해 <도 8>과 같이 종장문을 신속하게 시문하면 <도 9>의 A-2와 같은 종장연속문의 말단부가 약간 옆으로 겹쳐지는 상황이 자연스럽게 나온다. 이것은 기면의 경사와 회전시문에 의해 비의도적으로 시문 일부가 어긋나는 것이다. 또한, 의도적인 B수법으로 이행하는 시문기법상의 과도기적인 양상이다. 따라서 A+B수법의 혼재는 B수법의 과도기이며, B+C수법은 C수법의 과도기적인 양상으로 이해할 수 있다.

유개완의 시문수법을 검토해 보면 각 수법은 순차적으로 병존하면서 변천해 나간다. 또한 오히려 A수법이 짧은 시기에 사용된 것으로 나타나고, 그 다음으로 B수법이, 후기에는 대부분 C수법이 확인된다.

시문수법과 관련한 여러 견해에 따른 혼선은 한 개체의 토기에 A, B, C의 어떤 시문수법이 정확하게 사용되었는지, 또 시문수법이 서로 공존하고 있음에도 불구하고 이러한 변화가

타당한 것인지 등의 시문수법에 대한 진위 여부만을 가리는 것에 그 원인을 찾을 수 있다.

시문수법의 변화에 대한 핵심은 시문수법이 어떤 이유에서 변화를 초래하게 되었는가가 더 중요한 관건이라고 생각된다. 즉 시문수법의 차이는 동일문양을 다르게 표현하는 방식의 차이가 아니고, 당시 사회적 여건과 고려하여 토기제작에 따른 시간성과 효율성에 관여된 문제로 접근해야 할 것이다. 결국 이러한 시문수법의 변화는 시문의 신속성과 토기 제작의 효율성에 연관되어 정교한 문양을 시문하기보다는 토기제작의 신속성에 기인된 퇴화과정으로의 변화라는 관점에서 인화문 시문수법을 이해하려 한다.

② 시문구 문양제작기법

인화문토기는 인화문이 시문된 토기이지만, 문양의 시문방법면에서는 문양을 양각으로 새긴 印과 같은 시문구를 이용하여 기면에 찍어 음각효과를 낸 음각문 토기이다.

전술했듯이 인화문 토기의 문양시문수법(A·B·C수법)은 문양단위문의 변화를 초래한 원인이며, 시문의 신속성과 효율성에 기인하는 것으로 파악했다. 시문구 문양제작기법 또한 이와 연동하여 시문구 면에 문양을 정교하고 세밀한 양각으로 새기는 단계에서 문양제작의 신속성과 효율적인 방법이 가미되어 문양제작기법의 변화가 생긴다. 이러한 과정 속에 문양의 퇴화가 뒤따르지만, 실제로는 문양의 시문구 제작기법의 퇴화이다.

따라서 문양시문수법이 주요 시간적 속성으로써 인화문토기의 변천과정을 이해하는 데 중요한 역할을 담당하고 있듯이 문양제작기법 또한 인화문토기의 변화를 포괄적으로 이해할 수 있는 속성으로 판단된다. 기존 문양시문수법은 종장문에 국한되어 단순적이고 단편적인 문양변화를 인식할 수 밖에 없었지만, 문양제작기법은 이러한 종장문과 함께 단일문류에도 적용될 수 있는 개념이다.

시문구 문양제작기법이란 토기에 문양을 시문하기 위해 시문구에 문양을 새기는 방법이다.

이것은 3가지의 종류로 개념화할 수 있다. 표현할 문양을 세밀하게 돌출시킨 양각기법(A′)과 반대로 시문구의 넓은 면에 표현할 문양을 凹자형으로 새긴 다음 그 주변을 전부 제거해 버리는 음각기법(B′), 문양의 퇴화와 관련하여 문양을 단순하게 표현하는 선각화기법(C′)이 있다.

<도 10>은 시문구 문양제작기법을 모식화한 것이다. 우선 시문구 문양제작기법을 이해하기 위해서는 시문구에 의한 문양의 시문원리를 파악해 볼 필요가 있다.

<도 10-a>는 양각기법으로 새긴 시문구면을 묘사한 것이다. 시문구면에 돌출된 문양은 양각부에 해당되며, 반대로 凹部가 음각부가 된다. 이러한 양각문 시문구를 토기면에 찍으

면 음각효과 <도 10-b>가 나타난다. 따라서 인화문 토기는 음각문 토기이다. 또한 실측 도면상에 주로 표현되는 문양의 탁본은 먹물이 닿이는 黑色部가 시문구의 음각부가 되며, 白色部가 실제로 시문구의 양각, 즉 문양의 돌출부가 되는 것이다.[6)]

이러한 개념을 갖고 문양의 세부 단위문에 접근해 보고자 한다. 인화문토기의 변천과정에 대해서 초기 단계에는 대부분 시문구의 문양이 양각이며, 세밀한 문양이 많다. 양각 기법(A')으로 문양을 시문하기 위해서는 시문구면의 문양을 세밀하고 정교하게 새겨 내야 한다. 그만큼 문양시문구의 제작시간은 길어지며, 기술적인

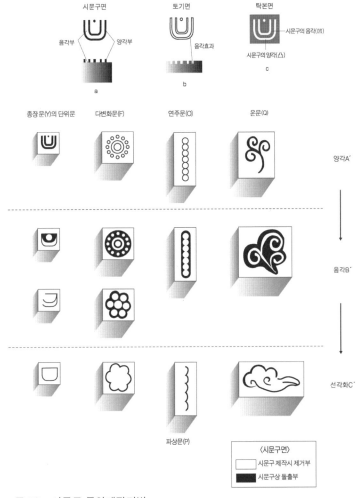

<도 10> 시문구 문양제작기법

면에서 전문성이 필요하다. 다음 단계의 시문구 문양제작은 정교함보다는 오히려 효율성을 추구한다. 즉 시문구의 문양표현에 대해서 문양의 모티브는 그대로 유지하나, 문양을 간편하게 새기기 위한 방안으로 음각기법(B')이 활용된다. 이 방법은 표현하고자 하는 문양을 먼

---

6) 유물실측도에 문양을 실측할 때는 이러한 개념에 입각해 문양을 표현해야 할 것이다. 즉 문양이 양각, 음각인가, 또는 문양의 실측대상은 토기 면의 음각부를 실측한 것인가, 아니면 시문구의 문양을 복원해서 시문구 면을 실측할 것인가를 구분할 필요성이 있다.

저 음각하고 그 주변을 모두 제거하여 단위문양을 만든다. 문양의 정교함은 떨어지지만, 양각기법보다 더욱 진보적이며 효율적인 시문구의 제작기법이다.

음각기법에 토기제작의 가속성이 다시 추가된다면 결국 시문구의 문양제작은 단순화되고, 간략화된다는 개념이 바로 선각화기법(C')이다. 이 기법은 원칙적으로는 양각이지만, 형식학적인 문양의 퇴화개념에 입각한 것이다.[7]

따라서 이러한 시문구 제작기법이 문양시문수법과의 상관을 고려한다면 정교하게 제작된 문양일수록 토기 면에 시문할 때도 세밀하게 시문하는 것이다. 문양을 간략하게 제작한 것은 그만큼 시문 시에도 신속하게 처리해 버리는 것이다.

이러한 개념에서 시문구의 문양제작기법과 시문수법은 서로 연동하여 변화하였다. 그 이유는 시문의 신속성, 곧 토기제작의 신속성에 연관된다.

(3) 문양 분류

문양의 분류에 따른 개별 문양 명칭은 연구자마다 주간적인 차이가 있다. 본 글에서는 가능한 문양 명칭에서 혼동을 피하고, 인화문토기의 문양에서 체계적인 분류가 행해진 <도 11>의 문양분류(宮川禎一 1988)를 기본적으로 따르고자 한다. 그러나 일부 문양에서 문양의 시문 원리와 구성, 문양의 변천 등에 입각하여 필자 나름대로 문양에 대한 새로운 개념을 적용하여 재분류하고자 한다. 또한 본 글에서 다루고 있는 기종인 유개완의 문양만으로

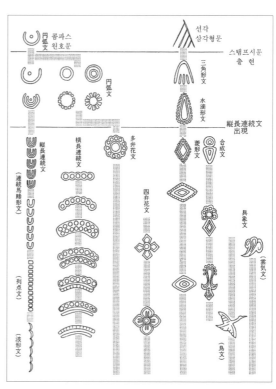

<도 11> 문양의 분류와 계통(宮川禎一 1988b에서 변용)

---

7) 시문구 문양제작기법에서 선각화기법(C')은 퇴화된 문양이 흔적기관화되어 주로 외곽선만 표현되는 양상을 개념화한 것이다. 그러나 원칙적으로 선각은 음각의 용어이나, 시문구의 문양은 퇴화된 양각 문양이다.

인화문의 종류와 변천을 이해하기는 부족함이 있기에 경주지역에서 개별 출토된 개와 완 문양을 보조자료로 활용하고자 한다.

① 합성일체형의 개념

합성일체형은 토기에 문양을 시문할 때 2개의 시문구로 2종류의 문양을 시문한 단계에서 시문의 효율성과 신속성을 추구하기 위해 1시문구에 2개 이상의 문양을 동시에 새겨 한번에 시문하기 위해 고안된 합성문양 형태이다. 이러한 양상은 1시문구 내에서도 확인할 수 있는데 개별단위문이 서로 분리되어 있다가 후에는 서로 연속적으로 연결되어 일체형이 되는 것이다. 이렇게 문양단위문의 합성일체는 모두 시문구의 문양제작시간을 단축시키기 위한 방법에서 기인된 것으로 개념화할 수 있다. 이렇게 시문구 수를 2개에서 1개로 줄이는 양상<도 12-1>은 다변화문의 경우 중앙의 원점문과 그 주위를 돌아가는 소형 원문 2개의 시문구 구성에서 후에는 시문구 하나에 문양을 일체화하여 한 번의 시문으로 전체문양을 완성하여 다변화문(다판화문)이

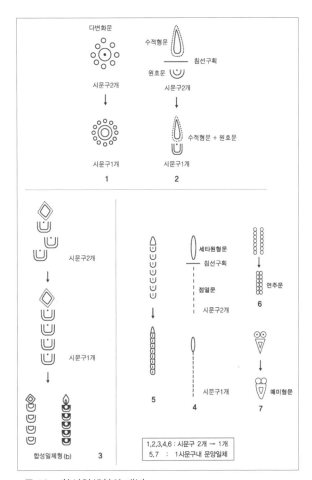

<도 12> 합성일체형의 개념

된다. 또한 수적형문과 원호문류<도 12-2>가 침선구획에 따라 개별적으로 시문되다가 시문구 1개에 2종류의 문양이 한번에 시문되는 것에서 확인할 수 있다.

이러한 개념은 종장문에서도 확인할 수 있는데 종장문의 시문 전 단계인 밀집시문에서 종장문으로 전환 역시 합성일체의 개념<도 12-3>이며, 타원형문과 점열문의 합성<도 12-4>, 2열의 종장연주문이 단일문의 형태인 연주문으로 변화<도 12-6> 역시 이러한 범주에 속한다고 할 수 있다. 1시문구 내에서 확인할 수 있는 합성일체형의 개념은 종장문의 단위문이 서

로 분리되어 있다가 연결되는 양상<도 12-5>에서 찾을 수 있고, 단일문류인 매미형문<도 12-7>에서도 확인된다.

② 문양의 종류

문양의 종류는 종장문과 호선문, 합성일체형의 개념을 적용하고, 기존 문양 분류를 토대로 분류하고자 한다. 인화문 유개완에 시문된 문양의 종류는 문양의 크기와 변천, 문양대 구성 원리에 따라 일련의 그룹으로 구분할 수 있다. 즉 문양의 종류는 다음 3가지의 그룹으로 개념화할 수 있다. 단일문(단)과 종장문(종), 호선문(호)이 이에 해당한다.

宮川禎一(1988b)의 문양 분류와 비교하면 기존 종장연속문은 종장문에 해당하며, 수평상 횡장연속문은 종장문의 시문원리인 수평종장문에 속한다. 또한 호선상 횡장연속문은 호선문에 해당한다.

단일문(단)은 문양의 크기가 작고 개별적이며, 독립적인 문양이다. 단일문은 2아류로 구분할 수 있다. 단일문 1류(단1)는 주로 삼각집선문과 원문류, 수적형문, 다변화문, 능형문 등의 기하학적 문양으로 구성되어 있고, 단일문 2류(단2)는 합성문, 매미형문, 단일연주문, 사변화문, 운문, 조문 등 대체로 형상적인 표현의 문양이 많다.

종장문(종)은 시문구에 새겨진 문양이 동일한 단위문으로 반복되거나 길이가 길게 나타나는 문양이다. 종장문은 시문원리에 따라 수직종장문(종Y)과 수평종장문(종X), 사종장문(종V)으로 구분한다.

종장문의 종류는 기존 마제형문류와 연주문, 점열문, 세타원형문, 파상문 등이 해당한다. 기존 마제형문류와 연주문은 단위문의 형태상 단일문 1류(단1)의 원문류에서 파생되어 형성된 것으로 파악되며, 원문류의 종류에 따라 다양하게 나타난다. 따라서 이들 그룹을 종ⅰ, 종ⅱ, 종ⅲ, 종ⅳ로 각각 구분한다. 또한 합성일체형의 개념에 따라 종장문을 세분하면, 단일형의 종장문(ⓐ), 합성일체형의 종장문(ⓑ)으로 각각 구분된다.

기존 수평상 횡장연속문은 종장문에 포함되며, 시문원리에 따른 구분으로 수평종장문(종X)으로 분류한다. 수평종장문의 종류는 종장문의 세부 단위문과 동일하다.

호선문(호)은 수평종장문이 호선상으로 변화하여 영락문 구성을 이룬 것으로 판단되므로 그 단위문의 종류는 대부분 연주문과 선문, 점열문(거치문) 등으로 구성되어 있다.

3개의 그룹에 해당하는 세부 문양은 다양한 종류를 가지고 있지만, 결국 각 그룹의 개별 문양을 단독, 합성, 전용 등의 시문행위에 따라 일정한 규칙성을 갖고 유개완의 문양대가 구성된다. 인화문 유개완의 문양 종류를 3그룹으로 구분하여 간략하게 정리하면 다음과 같다.

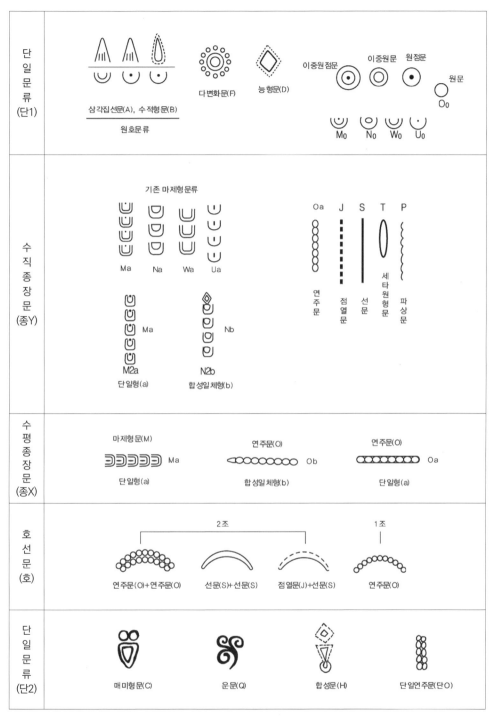

단일문류(단1)	원호문류 삼각집선문(A), 수적형문(B) 다변화문(F) 능형문(D) 이중원점문 이중원문 원점문 원문 O₀ M₀ N₀ W₀ U₀
수직종장문(종Y)	기존 마제형문류 Ma Na Wa Ua M2a N2b 단일형(a) 합성일체형(b) Oa J S T P 연주문 점열문 선문 세타원형문 파상문
수평종장문(종X)	마제형문(M) Ma 단일형(a) 연주문(O) Ob 합성일체형(b) 연주문(O) Oa 단일형(a)
호선문(호)	2조 연주문(O)+연주문(O) 선문(S)+선문(S) 점열문(J)+선문(S) 1조 연주문(O)
단일문류(단2)	매미형문(C) 운문(Q) 합성문(H) 단일연주문(단O)

<도 13> 문양의 종류(모식도)

<표 4> 문양의 종류와 구분(탁본)

	삼각집선문+원호문 구성	단일문 구성
단일문류 (단1)	A/Uo, B/U, B+M	Mo, D, F
단일문류 (단2)	H, I, C	단o, K, Q
수직종장문 (종Y)	Ma, Nb, Ua	J2, S, O
수평종장문 (종X)	종X	T, P
호선문 (호)	호	

단일문(단) - 1류(단1) : 삼각집선문(A), 수적형문(B)＋이중반원문(W0), 반원점문(U0), 다변화
문(F0, F1), 수적형문(B), 이중원점문(M0), 이중원문(W0, N0), 원문(O0),
능형문(D), 합성문(Hb1), 매미형문(C1) 등

2류(단2) : 다변화문(F2~F5), 합성문(Hb2~Hb5, I), 매미형문(C2~C5), 단일연주문(단
O), 사변화문(K), 운문(Q) 등

종장문(종) - 종류에 따른 구분
종 i , 종 ii, 종 iii, 종 iv - 마제형문류(M, N, W, U), 연주문(O)
- 단일형(a), 합성일체형(b)
파상문(P), 점열문(J), 선문(S), 세타원형문(T) 등
- 시문원리에 따른 구분
수직종장문(종Y)
수평종장문(종X) : 기존 수평상 횡장연속문
종장문(종)+단일문(다변화문, 원문류, 합성문) 구성

호선문(호) - 호선문(연주문, 점열문, 선문 등)＋연결문(단일문 2류) = 영락문 구성

또한 상기의 문양 종류를 모식화하여 표현한 것이 <도 13>이며, 문양의 종류와 구분을 탁
본으로 제시한 것이 <표 4>이다.

가. 종장문(종)의 분류

종장문의 기원은 원문류의 개별 단위문 1개가 새겨진 시문구로 토기 면에 전면적으로 시
문하는 밀집시문 단계에서 찾아볼 수 있다. 그리고 밀집시문은 단일문1류(단1)의 원문류를 밀
집 시문한 것이기 때문에 단일문의 종류에 따라 종장문의 종류를 파악해 볼 수 있다. 즉 <도
14>를 참고하면 기존의 마제형종장문(M~U) 중 M은 이중원점문에서, N과 W는 이중원문, U
는 원점문, 연주문(O)은 원문에서 파생된 것으로 유추해 볼 수 있다.

종장문은 단일문(원문류, 반원문류)의 밀집시문 단계에서 효과적이고 신속하게 시문하기 위해
창안된 획기적인 문양이다. 또한, 다른 시각에서 살펴보면 하나의 시문구 내 문양을 1열로
새겨 여러 개의 개별 문양을 한 번에 시문한 것이며, 이는 시문구상의 큰 변화이기도 하다.
시문의 효율성에 근거하여 원문류의 단일문 시문→원문류의 밀집시문→종장문의 출현을 상
정한다면 종장문의 출현기에 해당하는 문양은 형식학적인 변화를 고려해 볼 때 당연히 원문

류에 가까운 문양이 해당될 것이다.

이러한 개념으로 밀집시문 단계의 문양 단위문과 종장문의 단위문을 관찰해 보면 밀집시문의 단일문은 그 단위문이 대부분 원문과 반원문류가 주류이나 종장문의 단위문은 외곽선이 U자형의 말각방형화된 문양이 주류이다. 문양시문의 효율성에 따른 문양의 변화를 타진한다면 원문류→반원문류→U자형의 종장문으로 변화가 상정된다.

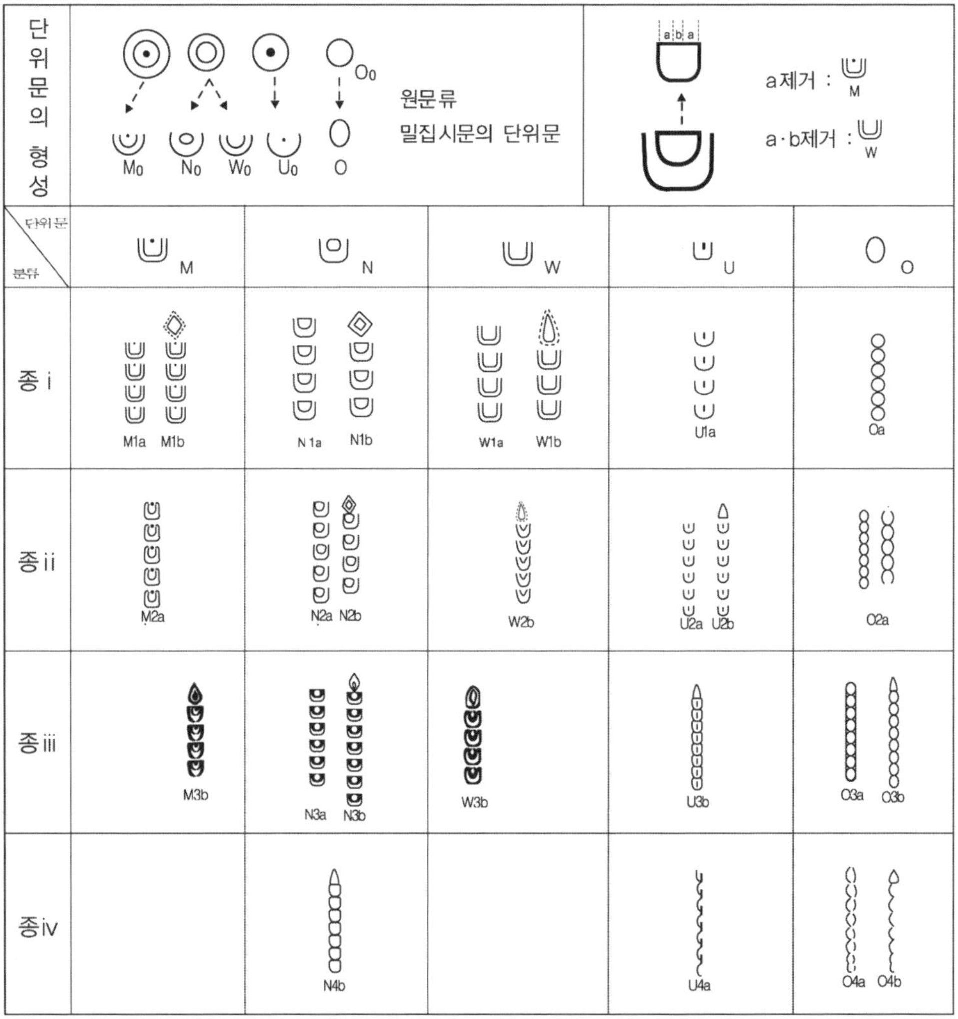

단위문의 형성
O0
원문류
밀집시문의 단위문
M0 N0 W0 U0 O
a b a
a제거 : M
a·b제거 : W
단위문
분류
M
N
W
U
O
종 i
M1a M1b
N 1a N1b
W1a W1b
U1a
Oa
종 ii
M2a
N2a N2b
W2b
U2a U2b
O2a
종 iii
M3b
N3a N3b
W3b
U3b
O3a O3b
종 iv
N4b
U4a
O4a O4b

수직종 장문(종Y) a : 단일형
b : 합성일체형

<도 14> 종장문(종)의 분류

따라서 단위문의 외곽이 정연하고 세밀한 U자형을 보이고, 단위문의 크기가 큰 것을 종장문 i 류로 구분하고자 한다.

종장문 i 류의 구분은 밀집시문단계인 원문류의 종류에 따라 M1, N1, W1, U1, O1로 분류하고자 한다. 이들 중 연주문(O)을 제외한 기존 마제형문류(M1, N1, W1, U1)는 단위문의 연속수가 대부분 3~5개 정도로 길이가 짧게 나타난다.

N의 단위문은 시문구상에서 U자형의 외호선 내부에 말각방형에 가까운 내선을 양각한 것이다. 따라서 여기에서 내선의 상변에 해당하는 부분 중 가운데 b를 남겨두고 a를 제거하면 단위문M이 되고, a, b를 모두 제거하게 되면 단위문W의 시문구가 완성되는 것이다. 어떤 이유에서 다양한 문양을 사용하였는지는 미지수이지만 동시기 문양의 다양성은 시문구의 문양제작과정 복원을 통해 유추해 볼 수 있는 것이다.

종장문 i 류는 종장문의 선두문에 타문양이 결합된 합성일체형의 개념에 따라 단일형(a)과 합성일체형(b)으로 각각 세분된다.

종장문 i 류의 합성일체형은 선두문에 주로 기하학적인 문양이 공반되며, 능형문, 수적형문, 원문류, 합성문이 주류이다. 특히 선두문은 동일 시문구 내의 문양대에서 하부에 연속된 단위문과 개별적으로 분리되는 것이 주류이다.

종장문 ii 류의 분류이다. 이들 문양을 형식학적 변화에 입각하여 분류 기준을 상정한다면 정연하고 세밀한 i 류의 문양들이 한 단계 퇴화된 양상을 보이는 것이다. 즉 단위문의 크기가 축소되고, 수가 길어지며, 외곽선과 내호선의 변화가 생긴다. 주로 내·외선의 상변이 모두 합쳐지는 경향으로 점진적인 변화를 보이고(M2, W2, N2), 이들 단위문의 내호선은 대체로 정연하지 못하다.

또한, 이것은 시문구의 문양제작기법에서 세밀하고 정교하게 문양을 양각하는 종장문 i 류와 비교된다. 문양의 모티브는 잃지 않고 시문구상에 문양을 편리하게 효율적으로 새기는 음각적인 방법으로 나아가는 것이다.

단위문 U2와 O2를 살펴보면 내·외선의 형태는 그대로 유지하되 i 류에 비해 단위문의 크기가 축소되고, 수는 길어진다.

종장문 ii 류는 문양시문수법에서 B수법의 문양이 다수 확인된다. 이러한 문양과 시문수법의 변화는 종장문 i 류와 iii 류의 과도기적인 양상을 보이는 것으로 이해할 수 있다.

종장문 ii 류에도 선두문의 형태에 따라 단일형(a)과 합성일체형(b)으로 세분된다. 종장문 ii 류의 합성일체형에서 그 선두문은 i 류의 합성일체형과 비교하면 기하학적인 문양의 정형성에서 한 단계 퇴화된 양상을 보인다. 선두문이 주로 하부 연속문과 접합되는 경향성이 확인된다.

종장문iii류는 단위문 M3, W3, N3의 문양 모티브는 내 · 외호선의 상변이 모두 연결된 음각문으로 구분된다.

단위문 U3와 O3의 경우는 1시문구 내 문양 단위문이 서로 연결되어 일체화된 것과 완전히 음각문으로 나타난 것 등이 있다.

종장문iii류 또한 선두문의 형태에 따라 단일형(ⓐ)과 합성일체형(ⓑ)으로 구분할 수 있다. 합성일체형(ⓑ)의 선두문은 종장문 i , ii류 합성일체형의 선두문이 주로 능형과 같은 기하학적 문양 요소를 보이는 점과 달리 보주형을 보이고 있는 것이 특징이다.

종장문iii류는 형식학적 관점에서 시문구에 문양을 효율적으로 제작할 수 있는 음각문양이 주류를 이룬다. 즉 세밀한 양각문보다 문양의 모티브를 유지하고, 신속하게 문양을 제작할 수 있는 음각문이 대다수이다. 이러한 양상은 시문구의 문양제작기법 양각문→음각문으로의 전향에 따른 문양의 형식학적인 퇴화현상이다.

문양의 시문수법 또한 시문구상 문양 제작의 신속성과 연동하여 시문의 신속성에 관련된 B · C수법이 공존한다.

종장문iv류는 단위문의 내선 표현이 희미해지거나 없어지며, 외곽호선의 문양모티브만 표현한 것으로 분류할 수 있다. 단위문의 종류인 M, N, W의 구분이 모호해지고, U4와 O4의 경우 내선의 잔존 여부와 호선상의 외곽선을 통해 일부 문양의 분류가 가능하다.

형식학적인 관점에서 이러한 문양 분류의 기준을 세밀하고 정교한 문양이 퇴화되어 간략화된 것으로 파악해 본다면 종장문iv류는 종장문의 퇴화형으로 간주할 수 있는 것이다. 또한 종장문 i ~iii류에서 합성일체형이 확인되듯이 종장문iv류에도 단일형(ⓐ)과 합성일체형(ⓑ)이 확인되므로 문양의 계열이 종장문 i ~iii류와 연계될 수 있음을 알 수 있다.

종장문iv류의 시문수법은 대부분 문양의 퇴화를 가속화시킨 C수법이 확인된다. 또한 시문구의 문양제작기법은 단순히 문양의 외곽선만 표현하는 선각화기법(C')이 진행된다.

이상 종장문 i ~iv류는 문양의 개별 단위문의 형태(M, N, W, U, O)에 따라 각각 4그룹으로 분류한 것이다.

결론적으로, 각각의 그룹에는 다양한 문양(M, N, W, U, O)이 존재하며, 이들은 각각 거의 동시기에 다양하게 시문된 것으로 판단된다. 또한 동일계열상에서 개별적으로 형식학적인 변화과정을 거친 것으로 파악된다.

점열문(J)은 단위문의 형태가 다양하게 나타나지만 크게 2그룹으로 구분하고자 한다. 즉 단위문인 점열이 방형이나 장방형으로 정형성이 보이는 것(J1)과 단위문의 형태가 삼각형, 타원형, 부정형 등으로 확인되는 것(J2)이 있다. 점열문은 타 문양과의 공반관계를 고려해 볼 때 문양의 존속기간이 상당히 길게 나타나는 문양이다<도 30> 참조.

선문(S)은 문양을 단순한 선으로 표현한 것이다. 이것을 문양의 시문구상에서 복원해 보면 양각으로 돌출된 단선으로 표현된 문양이다. 선문은 점열문의 시문 유행기에 다수 확인되는데 이를 형식학적 관점에서 접근해 보면, 점열문(J1)의 문양 시문구가 돌출된 양각의 단선문양에 점열을 새긴 것이므로 점열을 새기지 않고 그대로 토기 면에 시문하면 선문(S)이 시문되는 것이다. 그러므로 점열문 시문유행기에 선문이 출현되었을 가능성이 높다.

파상문(P)은 시문구상의 돌출부가 파상으로 길게 연속된 종장문을 토기 면에 찍은 것이다. 일반적으로 다치구에 의해 토기에 그어서 시문한 침선계 파상문과는 구별된다. 파상문은 세부적으로 단위문의 형태에 따라 호선상, 거치상, 요철상으로 구분이 가능하지만 일괄적으로 대별하고자 한다<도 30> 참조.

형식학적인 관점에서 퇴화된 종장문 iv류와 거치상의 점열문에서 그 계열을 상정해 볼 수 있으며, 종장문 변천에서 최종적인 퇴화형이다.

파상문은 주로 C수법에 의해 시문되며, 시문구 문양제작기법상 선각화(C')된 문양이다.

나. 다변화문(F)의 분류

다변화문[8]은 꽃의 꽃잎(소원문)과 그 내부의 암술과 수술 표현(이중원문)을 형상화한 것인데 원문류 주위로 꽃잎이 전체적으로 돌아가게 표현하였다.

다변화문은 종장문 출현 이전에 삼각집선문, 수적형문, 원호문 구성의 시문단계에도 확인되고 있다. 꽃잎과 내부 원문이 2개의 시문구에 의해 시문된 것에서 합성일체형의 개념에 따라 1개의 시문구에 전체 화문 구성이 형성된 것으로 이해된다.

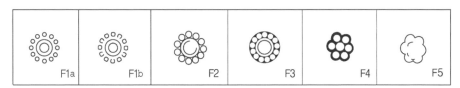

<도 15> 다변화문의 종류

---

8) 다변화문(다판화문, 多瓣花文)에는 꽃잎의 표현이 원문과 점열문인 것에 따라 2종류로 분류된다. 본 글에서는 꽃잎의 표현이 원호문인 것을 분석 대상으로 한다.

종장문 시문단계에서는 종장문 아래에 대체로 시문되나 그 상부에도 공반되어 시문되기도 한다.

종장문+다변화문 문양대의 구성은 유개완의 완과 개에서 종장문을 시문하게 되면 그 아래나 위의 나머지 부분은 종장문 시문이 어렵다. 즉 토기 면의 만곡도가 커지기 때문에 기면에 효율적으로 배치할 수 있는 단일문류인 다변화문을 채택한 것이다. 이러한 종장문+다변화문 구성은 서로 공반되어 지속적으로 시문되기 때문에 다변화문의 변화는 종장연속문의 변화와 연동할 것이다. 따라서 이러한 전제를 바탕으로 형식학적 변천원리에 입각하여 다변화문의 분류를 시도하였다.

다변화문의 분류는 세밀하고 정교한 문양에서 퇴화되고, 문양의 모티브만 남은 것으로 방향성을 설정하여 다음과 같이 분류하였다.

F1a : 꽃잎의 형태가 원형에 가깝고 내부 이중원문의 표현이 세밀함, 양각.

F1b : F1a의 형태와 유사하나, 꽃잎의 형태가 말각방형에 가까워짐, 양각.

F2 : 꽃잎의 형태가 말각방형에 가깝고, 이중원문 주위에 분리 또는 밀착되거나 서로 연결됨, 양각+음각.

F3 : 꽃잎이 연주문 형태로 서로 연결, 내부 원문이 1개이거나 없어짐, 음각.

F4 : 꽃잎과 내부 원문의 구분 모호, 크기가 서로 유사, 크기가 크짐, 음각.

F5 : 화문의 외곽선이 강조, 내부 원문표현도 미약, 꽃잎크기의 확대, 선각화.

<표 5> 다변화문(F)과 종장문(Y)의 공반관계

종 F	종 i	종 ii	종 iii	종 iv	P	단2
F1a	○					
F1b	○	○				
F2		○	○			
F3		○	○	○	○	
F4				?	○	○
F5				○	○	○

<표 5>는 종장문과 공반 시문되는 다변화문의 상관관계를 통해 다변화문의 변화가 종장문과 어떻게 연동하여 변화하는지는 검토하기 위해 작성한 속성상관표이다. 속성을 추출한 유물은 경주지역 출토 유개완과 개별 출토의 개와 완을 검토 대상으로 하였다. 또한 상기했듯이 존속기간이 긴 점열문의 경우는 다변화문과 공반하여 장기간 타문양과 공반하기 때문에 표에는 명시하지 않았다.

<표 5>의 결과에 의하면 종장문의 단위문 변화에 따라 다변화문도 이와 연관하여 변천해 나가는 것을 알 수 있었다. 즉 세밀하고 정교하며, 기하학적인 다변화문(F1)은 문양의 세부가

서로 일체화된 음각적인 요소의 문양으로 변화하며(F3), 문양의 퇴화기에는 화문의 모티브만 남게 되는 양상(F5)을 인지할 수 있다. 그리고 이것은 종장문의 변화와도 상관됨을 알 수 있다.

다. 수평종장문(종X)과 호선문(호)의 분류

기존의 수평상 횡장문은 종장문의 수직시문에서 수평시문(X)으로 전용한 것이기 때문에 수평종장문으로 분류하였다. 수평종장문은 유개완에서는 드물게 확인된다. 종장문의 출현기에 이미 종장문을 수평문으로 전용했을 가능성이 있는 것이다<도 30>.

호선상의 횡장문은 기존 수평상 횡장문의 변이에 의해 생긴 것이므로 별도의 구분 명칭인 호선문으로 분류하였다. 수평으로 연속되는 호선문 사이에 단일문류(단2)를 연결문으로 시문하여 영락문 효과를 내었다. 이것은 인화문토기의 문양변천에서 획기적인 것이다.

호선문(호)의 단위문 형태를 관찰해 보면 대부분 종장문의 개별 단위문 형태인 연주문(O)과 점열문 및 거치문(J), 선문(S)과 유사하게 구성되어 있다. 주로 이중으로 중첩되거나 3중으로 나타난다. 따라서 호선문(호)은 이 단계에 시문되는 종장문인 연주문, 점열문, 선문을 호선상으로 변화시킨 것이다.

<도 16>은 호선문 중에서 출현 빈도수가 가장 높은 2조 호선으로 구성된 호선문의 개별 단위문을 분류한 것이다. 개별단위문의 배열을 종장문의 연주문(O), 점열문(J), 선문(S) 순서로 호선문의 단위문을 대응시키면 6종의 호선문(OO~SS)으로 구분된다. 그리고 이렇게 분류된 단위문을 1개체의 토기 내 공반된 종장문(N3, 점열문, 선문, 파상문)과 배열하여 그 상관을 <표 6>으로 정리하였다. 속성 추출은 경주지역 출토 유개완과 개별 출토 개와 완 외 타 기종에서 확

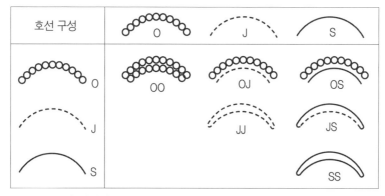

<도 16> 호선문(호)의 분류

〈표 6〉 호선문(호)과 종장문의 상관

호＼종	종iii (N3)	J2	S	P
OO		○	○	
OJ		○	○	
OS		○	○	○
O		○	○	○
JJ		○	○	○
JS	○	○	○	○
SS		○	○	○

인이 가능한 2조의 호선문을 대상으로 하였다. 그 결과, 호선문 대부분은 점열문, 선문, 파상문과 조합을 이룬다. 다만 JS의 경우 종장문(종iii)의 마제형문류 N3와 극소수로 조합하고, OO와 OJ의 경우 파상문과는 조합하지 않는다.

이러한 결과는 호선문이 점열문과 선문, 파상문의 종장문 유행기에 공반하여 시문된 것이며, 장기간의 유행보다는 제한적이고 특정 시기에 시문된 것으로 파악해 볼 수 있다.

다만 호선문의 출현기는 종장문(종iii)의 마제형문류 N3와 공반하고 있기 때문에 수평종장문이 확인되는 종장문(종iii) O3시문단계의 늦은 시기(종iii~종iv)에 호선문으로 전환되어 출현했을 가능성이 크다.

그리고 호선문의 개별단위문 차이는 시간성을 크게 반영하는 것은 아니며, 시간성의 반영은 호선문의 유행기가 지나고 퇴화기에 2조→1조의 호선으로 퇴화되어 시문되었다.

라. 단일문류

A. 매미형문(C)

매미형문(蟬文)은 단일문 2류에 속하며, 합성문의 일종이다. 주로 문양의 상부에 원문이 2~3개가 형성되어 있고, 그 하부에 역삼각형의 문양이 결합되어 있어서 형태 면에서 매미형에 가깝다. 매미형문은 고대 중국의 殷代 및 周代에 제작된 청동기에서 자주 확인되는데 불멸과 부활을 상징하는 문양이다.

이러한 고대 중국의 문양과 인화

· 문양흑색부:시문구상 돌출부

〈도 17〉 매미형문(C)의 분류

문토기에 시문된 문양 간에 직접적인 관련성은 확인할 수 없지만 형태 면에서 매미형의 모티브가 유사하다.

본 글에서 다루는 전형 유개완에 매미형문은 현재 확인되지 않고 있으나, 경주지역에서 개별 출토된 개와 완에서 다수 확인되기 때문에 여기에서는 그러한 유물을 대상으로 매미형문의 분류와 문양 변천에 대해 언급하고자 한다. 또한, 타 문양과의 공반관계를 통해 유개완의 전체 문양변화에 대응시키고자 한다.

매미형문의 형태는 대체로 다양하게 나타난다. 형식학적 측면에서 크게 5형태로 구분할 수 있는데 <도 17>을 참고하면 매미형의 단위문이 세밀하고 추상적인 幾何文 형태인 양각 문양에서 구상적이고 퇴화형태인 음각, 선각화 문양으로 시간적 방향성을 가정하고 배열할 수 있다.

문양의 분류는 다음과 같다.

C1 : 문양이 원, 점, 선의 조합에 의한 기하학적 문양구성, 세부문양이 서로 분리.
C2 : 상부원문이 서로 밀착, 하부 역삼각형문은 말각형태.
C3 : 세부문양이 서로 연결되고, 세밀하지 못함.
C4 : 세부문양이 서로 연결되거나 음각적인 요소 가미, 구상적인 형태.
C5 : 상부 원문의 수가 증가, 매미형의 모티브만 잔존, 세부문양의 퇴화.

상기의 형식학적인 방향성을 가정하고 분류한 매미형문은 동일토기 내 공반된 문양과의 상관을 통해 그 변화를 확인할 수 있다.

<표 7>은 종장문(종), 호선문(호)과 매미형문을 종·횡으로 나열시켜 작성한 상관표이다. 각 속성을 확인할 수 있는 기종은 개와 완에 한정하고, 공반된 종장문(종) 중 점열문의 경우 C3부터 상관을 가지고 있으나, 존속기간이 긴 장기속성으로 판단되므로 상관표에 명시하지

<표 7> 매미형문(C)과 종장문(종), 호선문(호)의 공반

C \ 종	종 i	종 ii	종 iii	호	종 iv
C1	M1				
C2		N2			
C3			N3		
C4			N3	○	
C5				○	O4, N4

않았다. 이 결과에 따르면 자료의 수가 적어 단절적인 면이 있지만, 속성조열된 방향성과 상관성이 관찰된다. 또한, 분석표에는 명시되어 있지 않지만 타 기종에서도 매미형문 C4, C5가 주로 늦은 시기에 나타나는 종장문류(종iv), 파상문(P) 등과 조합되는 경향성도 확인된다.

B. 雲文(Q)

운문[9]은 글자 그대로 구름모양을 형상화시킨 무늬를 의미한다. 구름은 고려시대의 장생불사를 표상한 십장생에 포함되어 자연숭배의 대상으로 취급되었으며, 구름이 있는 곳이 곧 하늘로서 천상계를 상징하는 문양이다. 이러한 맥락에서 통일신라 인화문토기에서 조문과 운문이 자주 조합되어 시문되는 경우나 암막새의 드림부 문양, 塼, 범종, 사리구 등을 비롯하여 각종 불교 미술품에서 불상이나 비천상과 공반하여 장식문양으로 자주 출현하는 것이 당시 종교적 관념이 물질문화에 표현된 것은 아닐까 생각된다.

운문은 삼국시대에 이미 고분벽화나 칠기 등에서 회화적 성격을 띤 구름으로 표현되었다. 이러한 운문은 중국으로부터 영향을 받은 것으로 이해하는 것이 일반적인 시각이다. 즉 漢의 운문에서 연유된 것으로 보는 怪雲文은 덩굴과 같은 줄기 마디마디에 鳥頭形이라 부르는 渦形突起가 무수히 달려 있고, 육조 영향인 S자형 곡선 덩굴의 복잡한 당초문 형식이 있다(林永周 1983).

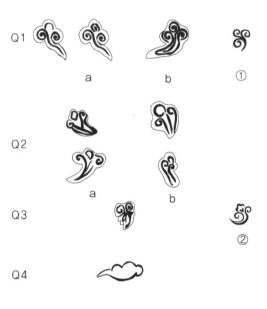

· 문양흑색부:시문구상 돌출부

<도 18> 운문(Q)의 분류

통일신라시대에 확인되는 운문은 이전 시대에 비해 다소 독립적으로 출현하고, 운문의 출현 및 성행기에는 운두와 운미가 다소 정형화된 형태를 보이는 점이 특징이다.

본 글에서 언급하고 있는 인화문 유개완에 시문된 운문은 소수이다. 개별적으로 출토된 개와 완에서 자주 시문되며, 타 기종에서도 다수 확인된다. 인화문의 경우 운문은 문양 편년에서 중요한 위치를 차지하기 때문에 이러한 자료들을 병용하여 분석하였다.

인화문토기에 운문과 조합하는 종장문은 마제형문류(N3), 점열문(J2b), 선문(S), 수평종장문(종X), 파상문(P) 등이 해당

---

9) 宮川禎一(1988b)은 이 글에서 다루는 운문에 대해서 구체적인 형상을 가진 문양이란 뜻으로 구상문의 범주에 넣어 운기문으로 분류했다.

하며, 단일문류(단2), 호선문의 연결문으로 시문되기도 한다. 이들 중 다양하게 나타나는 운문의 형태적 변화를 관찰하기 위해서 존속기간이 짧고, 단절적인 변화를 보이는 문양을 선택적으로 추출하여 운문의 변화양상을 파악하였다.

우선 운문의 분류에 대해서 형태와 종류가 다양하게 나타나지만 운문 또한 형식학적 변천 원리를 기준으로 정형화된 운문에서 퇴화되어 문양의 모티브만 잔존하는 것으로 그 방향성을 가정할 수 있다.

<도 18>은 이러한 기준으로 운문을 4개의 그룹(Q1~Q4)으로 구분한 것이다. 또한 4개의 그룹 속에 아류(a, b)로서 운문을 세분류하였다.

Q1류 : 운두와 운미의 구분이 명확함, 운두 3개는 균형적임, 음각문.
Q2류 : 운두의 수가 3개이나 비정형, 운두가 비대칭적, 운미의 표현이 약함, 음각문.
Q3류 : 운두의 수가 2~4개, 운두와 운미의 구분 및 아류 a, b구분 모호, 음각문, 문양 전반적인 퇴화와 내선이 복잡해짐.
Q4류 : 운문의 퇴화, 내부 표현이 소멸하거나 흔적화(선각화).
a : 음각문, 대칭적인 운두(당초문)사이에 이형문(보주형문)이 결합된 것(팔메트형).
b : 음각문, 운두 3개와 운미로 균형적으로 구성, 운두 3개가 각각 동일한 당초문 형태를 보이고 있는 것(당초형).

<표 8>을 참고하면 운문은 종장문 및 단일문과 연동하여 상관을 가지고 변화한다.

경주지역 출토의 개와 완에 있어 그 구연형태와 운문을 비교한다면 개구연 4식에 Q1, Q2류가 시문되어 있고, 본 글 대형유개완 19(도 31)의 6식 개구연에 Q4류가 확인된

<표 8> 운문(Q)과 종장문(종), 호선문(호), 단일문류(단2)의 공반(○은 a · b형의 미구분 운문)

Q \ 종, 호, 단2	종iii (N3, O3)	종iv/ J2b/호	P	단2
Q1	a, b	a, b		
Q2	a, b	a, b	a, b	a, b
Q3		○	b	a
Q4				○

다. 그리고 완에 있어 구연 III식부터 운문이 확인되는데, 그 형태는 Q2이고, 구연 V식에서 Q3과 Q4가 확인되는 상관성을 보인다. 따라서 형식학적 측면과 유개완의 기형조합에 따른 방향성을 고려한다면, 운문 Q1→Q4의 변화는 시간적인 방향성에 기인한 것으로 판단할 수 있다.

문양과의 조합상으로 볼 때 운문의 출현은 현재 자료로써 종장문(N3)iii류부터 확인되며,

인화문 쇠퇴기인 단일문(단2) 시문 시기까지 존속하고 있다. 운문과의 조합을 통해 종장문 중 종iv류(O4), J2b(합성일체형 점열문)와 수평종장문(종X)는 각각 병행관계에 있는 문양으로 유추된다.

한편 운문의 출현과 퇴화의 변천과정 속에 시문 형태가 매우 특징적이고 정교하며 예리한 운문이 확인되는데, 그 예는 <도 18>의 운문 ①과 ②이다. 운두와 운미가 명확하고, 문양제작기법상 모두 양각이다. 문양 형태 면에는 운문의 모티브가 ①은 당초문형 운문 아류 b와 동일하며, ②는 팔메트형으로 a류에 포함할 수 있을 것이다.

<표 9> 문양과 시문구 문양제작기법의 상관

Q \ 종, 단	종iii (N3, O3)	종iv/ J2b/호	P	단2
Q1	B´, A´(Q①)	B´		
Q2	B´	B´	B´, A´(Q②)	B´
Q3		B´	B´	B´
Q4				C´

운문의 출현기와 성행기에 나타나는 운문은 대부분 음각기법에 의해 문양이 제작된다. 그런데 이 2종류의 문양은 기존 운문의 흐름과는 전혀 다른 이질적인 요소를 가지고 있다. <표 9>를 참조하면, Q1 중 종iii(N3)과 조합되는 운문 대부분이 음각(B´)이고, 운문①(Q①)은 양각(A´)이다. 또한, 운문의 퇴화단계인 Q2 중 파상문(P)과 조합되는 운문은 대부분 음각(B´)이다. 그런데 운문②(Q②)는 파상문(P)과 조합하고 있으나 양각(A´)이며, 한 개체의 토기 면에서 퇴화된 운문 Q2와 공반하고 있다.

따라서 양각기법의 시문구를 사용한 운문①, ②는 당시 운문시문의 유행기에 있던 것과는 전혀 다른 이질적인 요소로 파악된다. 이렇게 문양의 변천에 역행되고 새로운 요소를 이해하기 위해서는 외부문화의 영향을 고려하지 않을 수 없다.

즉 운문①, ②는 재래의 운문 시문기(Q1~Q2)에 새로운 신요소의 문양이 외부에서 유입된 것으로 파악하고 싶다. 특히 운문②의 경우 중국 당대 도자에 나타나는, 찍은 운문과 거의 동일한 운문이 확인되고 있다(李東憲 2008a)<도 84> 참조.

통일신라시대에 활발했던 대외관계를 고려해 볼 때 이 운문은 기존 인화문토기의 변천과정 속에 새롭고 특징적인 양상을 보이므로 외부에서 유입된 것으로 유추된다.

C. 단일연주문(단O)

대부분의 인화문이 시간의 흐름에 따라 형식학적인 형태 변화의 과정을 거친다. 이 단일연주문 또한 어느 특정 시기에 갑자기 출현한 것은 아니다. 시문구의 전용과 합성일체의 개념에 따라 문양이 변천하여 하나의 특정 문양이 발생한 것이다. 즉 단일연주문은 종장연주문(O)이 수평종장문으로 전용되어 시문되는 것과 동일한 개념에서 파악해 볼 필요가 있다.

본 글 대형유개완 9(도 31)의 개를 살펴보면 합성일체종장문(O3b)을 수평으로 시문하고 있다. 그런데 수평종장문 상부에 서로 직교되게 2개의 종장문을 나란히 간격 시문하여 배치한 문양구성을 확인할 수 있다. 종장문은 일반적으로 문양구성에서 횡대의 밀집시문으로 사용되는 것이지만, 이 경우는 1개의 종장문 시문구로 다양한 문양원칙을 만들고 있다. 따라서 여기서 다루고자 하는 연주문은 종장문이 단일연주문(단O)로 전용된 것이며, 2개씩 한 쌍으로 간격시문된 종장연주문(O)이 결국은 시문구상에 개별 단위문이 서로 합성 일체화되어 단일연주문(단O)으로 변이된 것으로 판단된다.

이러한 단일연주문(단O3)은 대형유개완 18(부록·표 8)에서 확인할 수 있다. 그리고 경주지역에서 개별적으로 출토된 개와 완에서 단일연주문이 다수 확인되고 있으므로 여기에서는 이러한 자료와 함께 단일연주문에 대해 살펴보고자 한다.

단일연주문을 합성일체개념과 형식학적인 문양변천원리에 입각해서 종류를 분류하면 다음 <도 19>와 같다.

단O1 : 2열로 구분, 수평종장문의 전용, 개별 단위문의 분리, 양각문.
단O2 : 단위문 일체화, 종장연주문(O3)의 전용, 단위문 세장, 양각+음각문.
단O3-1 : 2열의 일체화, 2열의 중앙부 분리, 양각+음각.
단O3-2 : 완전한 일체형, 음각기법 증대.

단O1~단O2는 종장문 내지 수평횡장문을 전용하여, 단일연주문으로 시문한 것이며, 단O3은 단일연주문으로서 정형화된 것이다.

이렇게 분류된 단일연주문을 유개완의 구연형태와의 상관을 살펴보면 우선 본 글의 대형유개완 18에서 단O3-2가 V식 완에 시문되어 있고, 경주지역에서 출토된 개별 완에서도 대부분 V식완에 단O2, 단O3이 확인된다.

또한, 개는 구연형태 3에서 단O1이 확인되며, 다음 순차적으로 구연형태 4, 5, 6에 단O2, 단O3이 확인되고 있다.

다음은 단일연주문(단O)을 한 개체의 토기 내 공반 시문된 종장문과의 상관을 검토해 보고자 한다.

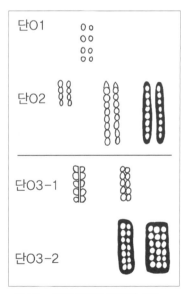

<도 19> 단일 연주문(단O)의 분류

<표 10> 단일연주문(단O)과 종장문(종)의 공반

단O \ 종	종ii	종iii	J2	종iv	P
단O1	?	○			
단O2	○	○	○		
단O3-1	○	○	○		
단O3-2	○	○	○		

<표 10>은 단일연주문과 종장문의 공반을 검토한 표이다. 종장문은 마제형문류(M, N, W)와 점열문(J2)이 해당된다. 조합관계가 연속적이고 단절적이지 않지만 단일연주문은 종장문ii에서 종장문iii까지 한시적으로 유행하여 비교적 단기간에 문양의 변이가 형성된 것으로 판단된다.

특히 단O3의 경우는 종장문(종iii)의 N3b와 조합되는 빈도수가 상당히 높고, 종장문iv류 및 파상문(P)과는 조합되지 않기 때문에 종장문iii류의 시문 유행기, 즉 특정시기에 종장문과 함께 시문된 문양으로 파악해 볼 수 있다.

D. 합성문류(H, I)

합성문은 2개 이상의 문양이 서로 결합되어 형성된 단일문류이다. 그 종류는 문양의 형태에 따라 다양하게 나타난다. 주로 능형문, 삼각형문, 타원형문, 원형문 등이 결합되어 기하학적인 형상으로 표현된다. 또한, 이들은 대부분 종장문의 상부나 하부에 시문되어 종장문+합성문의 문양대를 구성한다. 일부 합성문은 종장문의 출현기에 같이 나타나서 종장문과 동일한 문양의 변천과정을 보이기도 하지만 특정 시기에만 시문되는 합성문도 있다.

Hb 1

Hb 2

Hb 3

Hb 4

Hb 5

<도 20> 합성문(Hb)의 분류

합성문(Ha, Hb)은 개별적으로 문양의 변이가 있다. 그러나 단위문의 형태상 서로 유사성이 있고, 단위문의 수에 따른 차이로 동일계열의 문양으로 파악하고자 한다. 이는 종장문에서 파악한 바 있는 합성일체형의 개념을 적용한다면 합성문(H)은 아류이므로 단일형(Ha), 합성일체형(Hb)으로 분류가 가능하다.

여기에서는 단위문의 수가 3개인 합성문(Hb)만을 대상으로 문양의 분류를 행하고, 타 문양과의 공반관계를 통한 상관을 파악하였다.

합성문(Hb)도 형식학적인 문양의 변화에 입각해서 분류할 수 있다. 즉 <도 20>을 참고하면 기하학적 문양, 양각문, 음각문, 퇴화문의 순서로 나열할 수 있는데 이는 앞서 분석한 바 있는 매미형문의 분류와도 상통한다.

합성문(Hb)의 분류에 따른 기준을 요약하면 아래와 같다.

Hb1 : 선두문과 하부문의 분리, 선두문은 이중 능형문이며, 하부문은 이중의 삼각형문과 원문의 합성, 주로 원, 선, 점열로 이루어진 도형적, 기하학적 요소가 강함, 양각문.

Hb2 : 선두문과 하부문 연결, 문양의 단위가 점 · 선문으로 구성, 내선의 퇴화(기하학적 요소 잔존).

Hb3 : 선두문의 퇴화(보주형), 내선의 퇴화(선두문과 하부문의 구분가능, 양각+음각문).

Hb4 : 선두문과 하부문의 일체화, 내선 퇴화, 문양단위문 구분이 모호, 음각문, 문양의 간략화.

Hb5 : 단위문 외곽선 위주의 퇴화형, 음각, 선각화.

다음은 형식학적 변화를 기준으로 분류된 합성문(Hb)을 1개체의 토기 내 공반된 문양과의 관계를 통해 그 상관을 살펴보고자 한다. 분석 대상유물은 본 글의 유개완과 경주지역에서 개별 출토된 개와 완으로 한정하였다.

<표 11>은 합성문(Hb)과 종장문(종)이 1개체의 토기에서 공반되어 시문된 것을 상관표로 정리한 것이다. 형식학적인 문양 변천원리에 따라 나열된 각각의 문양들이 대체로 평행관계를 가지고 계단상으로 상관되는 양상을 확인할 수 있다. Hb3와 종장문iii류, Hb3와 종장문

<표 11> 합성문(Hb)과 종장문(종)의 공반관계

H \ 단, 종	단1	종 i	종 ii	종 iii	종 iv	단2
Hb1	○	M1				
Hb2		N1	N2			
Hb3			M2	N3	?	
Hb4				?	N4	
Hb5						○

iv류의 조합관계에 있어 결손자료가 있지만 분류상 이른 시기에 둔 Hb1은 이른 시기의 종장문 i 류인 M1과 조합한다. 늦은 시기에 둔 Hb4는 종장문iv류인, N4와 조합하기 때문에 종으로 나열된 Hb1~4와 종 i ~iv류(N, M)는 서로 평행관계에 있음을 알 수 있다. Hb5는 단일문 2류의 시문 유행기, 즉 시기적으로 늦은 기형에 합성문만이 단독으로 시문되어 나타난다.

E. 사변화문(K)

사변화문(사판화문, 四瓣花文)은 꽃잎을 표현한 문양의 수가 4개로 제한되는 화문이다. 원문 주위로 다수의 꽃잎이 돌아가는 다변화문과는 달리 문양의 구성과 출현 시기에서 차이가 있다. 다변화문은 종장문 출현 이전에 나타나서 종장문이 유행하는 시기에 종장문과 자

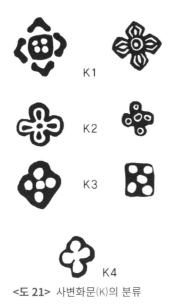

<도 21> 사변화문(K)의 분류

주 공반하여 시문된다. 그러나 사변화문은 주로 호선문의 유행기에 시문되며, 호선문 사이의 연결문으로 사용되어 영락문과 같은 구성을 이룬다. 사변화문이 시문된 토기는 인화문 골호에서 자주 확인할 수 있는데 본 글의 유개완에서도 시문되어 있다. 대형 유개완 21(부록·표 8)의 경우는 종장점열문과 공반되고 있고, 대형 유개완 10, 14(도 31)에는 호선문의 연결문으로 시문되고 있다. 또한 대형유개완 32(부록·표 8)의 경우는 당초문 형태의 단일문과 사변화문이 上·下로 배치되어 시문되어 있다.

여기에서는 호선문의 연결문으로 사용된 사변화문에 한해 분류를 행하고 사변화문이 시문된 기종은 유개완과 개별적으로 출토된 유물로 제한하였다.

사변화문은 꽃잎의 형태와 문양의 시문구 제작기법 차이에 따라 <도 21>과 같이 크게 4류로 분류할 수 있다. 또한 문양의 분류기준을 간략하게 정리하면 아래와 같다.

K1류 : 꽃잎의 말단부가 뾰족하게 처리되어 능형과 보주형에 가까움, 4개의 꽃잎과 내부 문양이 명확하게 구분, 주로 음각문이나 양각문 요소가 잔존.

K2류 : 꽃잎의 말단부가 타원형의 호선으로 처리, 내부 문양의 단순화, 음각문.

K3류 : 꽃잎과 내부 문양이 유사하며, 그 구분이 모호해짐, 전체 문양형태가 방형에 가까움, 음각문.

K4류 : 문양의 꽃잎만 단순하게 처리, 문양의 외곽만 표현, 음각+선각화문.

상기의 분류도 문양의 형식학적 변화를 고려한다면 시문구 제작기법에 따라 양각문, 음각문→선각화문으로 방향성을 설정할 수 있고, 꽃잎의 형태에 따라 능형→보주형, 호선형→음각의 소원문으로 방향성을 가정해 볼 수 있다. 사변화문의 타 문양과의 공반관계는 사변화문이 호선문의 연결문으로 사용되기 때문에 호선문과 동일한 양상을 보이고 있다. 즉 점열문(J2)과 파상문(P) 시문시기에 호선문과 함께 유행한다.

다만 인화문 개의 기형에 따라 사변화문의 세부문양이 차이를 보이는데 구연 5형에 K1류가 확인되고, 구연 6형에 K3류가 시문되며, 종장문이 쇠퇴된 단일문 시문 유행기에 K4류가 확인된다. 따라서 사변화문(K1~K4)의 분류도 시간성에 따른 서열로 상정해 볼 수 있다.

2. 유개완의 기형과 문양 변화

앞서 제시된 바 있는 유개완의 기형 속성 조합관계에서 그 기형 변화는 유개완 I 1식→V 6식으로의 방향성을 설정하였다. 이러한 방향성은 유개완의 개와 완 구연의 공반관계에 따라 서로 평행관계가 있음을 알 수 있었다. 또한, 형식학적인 유물 변천원리에 입각한 제속성의 분류를 일부 출토 위치가 명확하고 선후관계를 알 수 있는 자료를 활용하여 그 타당성을 검증해 보았다.

그리고 문양은 개별 문양을 분류하여 진화론적인 관점과 형식학적인 변화를 토대로 그 계열을 분리하여 문양을 분류하였다. 이러한 문양분류를 동일개체의 토기 내 공반관계를 참고하여 서열화하였다.

여기에서는 앞서 분류된 유개완의 기형 변화를 개와 완의 조합관계, 즉 기형변화의 연결고리에 따라 차례로 종으로 나열하고, 문양은 개별문양의 서열화를 통해 얻어진 결과를 토대로 횡으로 배열하였다.

순서배열법(이희준 1983)에 입각한다면 종축에 단위(유구, 유물)가 배치되고 횡축으로 기준(속성)이 배치되는 것이 일반적이지만 본 글에는 이 시기 유구의 특성상 개별유구의 일괄유물을 얻기 힘든 실정이므로 종축에 유개완의 형식(구연속성조합)을 시간적 방향성에 따라 나열하였고, 횡축으로 제1속성으로 간주한 문양을 배치하였다. 그리고 속성의 조합관계는 해당속성을 가진 유개완을 직접 대비하여 발생순서배열을 시도하였다. 이러한 분석방법은 개별유물 자체를 편년하는 것이지만, 속성분석법과 순서배열법을 모두 적용한 것이다.

<표 12>의 결과를 살펴보면 기형 속성의 변화에 따라 문양 속성과의 조합관계에 대해서도 개별 유물의 시간적 방향성을 확인할 수 있고, 이러한 유물의 배열을 통해서 문양의 발생순서를 파악해 볼 수 있다.

1) 기형의 변화

먼저 유개완의 기형 조합은 다양하게 조합되는데 완의 구연속성 변화보다는 개의 구연속성이 변화가 더 빠르게 전개된다. 그러나 유개완 V 6식 조합단계에 오면 그 변화가 약하며, 출토 빈도수와 문양과의 상관을 통해 볼 때 그 존속기간이 다소 길게 나타난다. 이른 형식에는 문양변화와 연동하여 기형조합의 변화가 다양하게 나타나는 반면에 V6식의 조합단계에

<표 12> 유개완의 기형조합을 통한 제속성의 상관(△소형, ○중형, □대형 / 白色 : 개, 黑色 : 완)

문양 / 기형	A(B)	단1류 (B)	밀집시문 (단1)	B + 단1(M1)	종 i	종 ii	종 iii	종 iv	S	종X	호	P	단2류	J1	J2	무문	종장문 시문 수법			시문구 문양제작 기법			단계		
	단1류																						기형	문양	
I 1	○1	●1																		A′			1	1	I
I 2	○2 ○3 □■1	●2 ●3																		A′			2		
I 3			□■2																	A′			3	2	
II 3			○●4		△▲1(M1a)												A			A′			4		II
I 4				■3	□■4(W1a) ●5(W1a) □3(W1a)	○5(W2a) ○●6(W2a) △▲2(W2a) ▲3(O2a)								△3			A	B		A′					
II 4						△▲5(W2a) ▲4(N2b) □5(N2b)	△6(N3b) ▲6(U3b) ●7(N3b) ■5(N3b) □①(U3a) ■①(N3b)							△4	○7		A	B		A′	B′		5		III
III 3						□6(N2b)	■6(M3b)											B	C		B′				
III 4		□■②				□7(N2a) □■9(U2b)	△▲8(N3b) □■8(N3b) ■7(N3b) □■10(N3b) ■11(N3b)	○●8(N4b) □■12(N4a)	□■14					△▲7 ▲9 □11 □②	△9 □■13		A	B	C	A′	B′	C′	6	1	IV
IV 4							■15(U3b)								□15			B			B′	C′	7		
IV 5							□■16(N3b)			□16(O3)								B	C		B′	C′	8		
V 4						□17(N2b)	△▲10(W3b) ■17(N3b) □■19(U3a) □③	■20(N4b) □18(N3b)							■18 □■21	□20		B	C		B′	C′		2	
IV 6									□22		□■22								C			C′	9		V
V 5								□■23(M4b)			■④				□④ □■⑤			B	C		B′	C′			
V 6									□25		□■25				□■24 □25				C		B′	C′	10		
V 6									□26		□26	■26 ■27 ■28 □29			□27 □28 ■29				C			C′	10		VI
V 6											□30 □⑥	■30 □31	■32 ■⑥		□32	■31			C		B′	C′	10		VII
V 6								■35(O4b)					□34 ■35		□33	■33 ■34 □35						C′	10		
VI 6													□36			■36						C′	11		

는 문양의 변화와는 대조적인 양상을 보인다. 이러한 양상은 유개완V6식이 단일구연과 외반구연이라는 기형의 정합성과 유용성에 따른 기형조합의 정체성으로 파악해 볼 수 있다.

본 글의 전형유개완은 기형의 크기 면에서 소형, 중형, 대형으로 구분된다. 그러나 크기의 차이에 따라 특별한 의미를 두고 별도의 시문을 행하거나 시기의 차이를 보이는 것은 아니다. 소형의 경우 시문면적이 좁기 때문에 문양대의 범위가 제한적이다.

소형~대형 유개완은 동일 계열로 출현하여 시문 또한 동시에 이루어진다. 현재까지의 자료를 검토해 볼 때 소형 유개완은 V4식까지 확인되나 개별적으로 출토된 개와 완을 비교해 보면 종장문이 쇠퇴되고, 단일문만을 시문하는 단일문 유행기까지 확인될 가능성이 있다. 다만 중형유개완의 경우 III4식 이후로는 확인되지 않기 때문에 중형→대형유개완으로 전환되었을 가능성이 크다.

결론적으로 유개완은 소형, 중형, 대형으로 구분되나, 그 문양은 기형의 크기에 상관없이 시문된다는 점에서 각각 평행하게 변천했을 것으로 판단된다. 뿐만 아니라 유개완과 기종이 완전히 다른 토기에도 문양을 통하여 평행관계가 성립될 수 있다는 해석이 가능하다.

이러한 유개완의 세부적인 크기의 정형성과 차이는 당시 중앙집권적 사회의 토기제작에 따른 規範化된 틀이 있었을 것이며, 또한 유개완의 크기별로 그 용도 차이가 있었던 것으로 추정된다.

유개완의 구연속성조열과 문양속성 간의 상관관계에서 얻어진 결과를 통해서 기타 속성들의 변화를 대략적으로 점검해 보면, 우선 유개완의 개는 대형개에서 구연속성1→6으로 변화함에 따라 꼭지구경이 현저하게 크며, 개신의 형태는 중형과 대형 개에 한해 八자형→반타원형→납작한 반타원형으로 변화가 상정된다. 또한 구연 5~6의 개 신부에 투공이 주로 확인된다.

유개완의 완은 구연형태변화에 따라 굽도 현저한 차이를 보이는데 구연속성이 I→V로 변화함에 따라 굽고가 높아지며, 구경도 커진다. 굽의 형태변화도 짧게 돌출된 굽의 내측에 단이 진 형태에서 길게 내려와 외반하거나, 외경, 직립하는 양상을 보인다.

유개완 I 1→V6식으로 기형변화에 따라 토기의 소성 차이에도 구별되는데 대체로 회흑색의 도질소성에서 소성도가 낮아진 회황, 회백색의 와질소성으로 변화하며, 기면의 마연조정도 다수 확인된다.

2) 문양의 변화

유개완의 전반적인 문양 변천은 삼각집선문과 수적형문, 원호문류 등의 주로 단순하고 기하학적인 문양이 시문되다가, 점차 기면 전체에 시문되는 밀집단일문의 문양대를 구성한다. 다음 단계에는 일렬로 통일된 다양한 수직종장문이 성행하며, 이들은 각각 개별적인 변화 과정을 밟는다.

종장문의 시문 원리에 따른 수평종장문(종X)은 수직종장문(종Y)이 발생한 후에 등장하고, 호선문(호)으로 변화하여 장기간 존속한다.

순서배열상 말기에 이르면 다양하던 종장문은 소멸되기 시작하고, 종장문은 퇴화되어 파상문(P)이 출현하여 성행한다. 결국 인화문 유개완의 초기에 시문되던 원칙인 단일문 시문이 다시 유행하게 된다.

최종 단계에는 인화문의 소멸 현상을 유추할 수 있는 무문양 토기가 기형과 문양 변화와 연결되어 출현 빈도수가 증가하는 것을 알 수 있다. 무문의 유개완은 대부분 V6식에서 찾아볼 수 있다.

앞서 살펴본 바와 같이 V6식의 유개완은 기형 특징상 그 존속기간이 길다. 그러나 문양은 다양하게 시문되는데 주로 점열문(J2), 선문(S), 호선문(호), 파상문(P), 단일문류(단2) 등이 확인된다. 1개체의 유개완에 개와 완이 각각 다른 문양을 가진 것을 통해 그 공반양상을 파악해 보면 <표 13>과 같이 정리된다. 여기에 모든 속성과 공반되는 장기속성 점열문(J2)을 제외하면 선문→호선문→파상문→단일문 2류 시문→무문으로 시간적 서열이 단절적으로 표현된다. 이 결과를 토대로 <표 12>의 횡축 문양배열이 이루어졌고, V6식의 문양을 서열화하였다.

한편 문양의 변화를 초래한 시문 수법의 경우 각 수법의 공존과 혼용은 인정되지만 서로 계기성을 갖고 A수법에서 C수법으로 변화하는 경향성이 인식된다. 시문구 문양제작기법 또한 시문수법과 연동하여 변화하며, 시문수법이 선행해서 변화함에 따라 문양제작기법이 후속하여 전환됨을 알 수 있다. 이러한 양상은 시문수법에 의해서 문양제작기법이 변화하는 것으로 유추해 볼 수 있다.

<표 13> V6식 대형 유개완의 문양 공반관계

	S	호	P	단2	무문
S		○	○		
호			○	○	
P				○	○
단2					○
무문					

(1) 종장문의 변천

유개완의 문양은 기존 일반적인 인식과는 달리 문양의 종류와 형태가 다양하게 나타난다. 이러한 문양은 개별적인 계열을 가지고 변천하며, 그 변천 과정은 단선적인 것이 아니라 다분히 연속적이며 계기적인 변화 과정을 거친다.

<표 14>는 이러한 변화 과정을 단편적으로 엿볼 수 있는 결과이다. 이것에 따라 일부 종장문의 변화 과정이 정리되며, 개와 완의 조합에서 한 단계 이른 시기와 늦은 시기 문양이 조합하여 서로 상관을 가지면서 계단상으로 변화하고 있다. 즉, 이른 시기로 위치된 문양과 다음 시기에 해당하는 문양이 유개완의 개와 완의 조합에서 공존하는데, 이들은 과도기를 거쳐 그 다음 단계 문양으로 전환되는 양상을 보인다.

<표 14> 유개완의 구연조합에 따른 종장문의 상관

단1, 종 유개완	수적형문+ 원호문	종 i	종 ii	종 iii	종 iv	J2
I 4	■3	□3(W1)				
I 4		●5(W1)	○5(W2)			
II 4			□5(N2)	■5(N3)		
III3, III4			□6(N2) □7(N2)	■6(M3) ■7(N3)		
V 4					□18(N4)	■18

결과적으로 유개완의 기형조합인 I 4식→V 4식으로의 전환에 따라 문양의 단계별 변화 양상은 수적형문+원호문 구성→종장문 W1→종장문 W1, W2→N2, N3→N4, 점열문(J2) 순으로 나타난다. 이러한 종장문의 변화를 단절적으로 정리하면, 종 i 류(W1)→종 ii 류(W2)→종 iii류(N3)→종iv류(N4)→J2 순으로 방향성을 설정할 수 있다.

따라서 앞서 분류된 바 있는 종장문류 i ~iv류(M, W, N, U, O)를 유개완의 기형과 문양의 상관을 통해 얻어진 결과를 토대로 경주지역에 개별 출토된 개와 완의 기형과 문양을 고려해 보았을 때 단계별 정리는 <도 22>와 같다.

상기했듯이 종장문의 기원은 밀집 시문단계에서 찾아볼 수 있다. 유개완의 기형과 문양의

<도 22> 종장문류 ⅰ~ⅳ의 단계별 변화(문양축소비율: 1/2.5)

[추가문양 N1: 북문로(1064), 황성동524-1(도20-1) / U1: 황룡사지동편S1E1(245) / M2: 안압지(삽도19), 경주박물관부지(도90-1) / U2: 재매정지(도62-5) / O2: 경주박물관부지(도119-1) / W3: 북문로(385), 황룡사지동편S1E1(105) / U4: 북문로 (1396) / O4: 황룡사지동편S1E1(258, 231)]

※ N2, W2, U2, M3, N3, W3, U3의 일부 종장문은 선두문과 하부연속문 일부만 제시됨

상관을 통해 단일문류 밀집시문→종장문으로의 변화가 인정되며, 밀집시문은 단일문류(단1)를 밀집시문한 것이기 때문에 단일문류의 종류에 따라 종장문의 종류를 파악할 수 있다. 즉 <도 22>의 기존 마제형문류 중 M은 이중원점문에서, N과 W는 이중원문, U는 원점문, O는 원문에서 파생된 것으로 유추해 볼 수 있다.

종장문은 단일문(원호문류)의 밀집 시문단계에서 효과적인 시문방법에 의해 창안된 획기적인 시문문양이다. 다른 시각에서 살펴보면, 하나의 시문구 내 문양을 1열로 새겨 여러 개의 단위문을 한 번에 시문한 것이며, 이는 시문구상의 큰 변화이기도 하다.

<도 23>의 모식도를 참고하면 이렇게 형성된 종장문(종 i)의 단위문(M1)은 종장문(종 ii)의 2단계에 들어서면 M2, N2, W2에서 단위문의 변화가 생긴다. 즉 내·외호선의 상변이 모두 합쳐지는 경향으로 점진적인 변화가 생긴다. 이것은 세밀하고 정교하게 문양을 양각하는 단계(종 i)에서 문양의 모티브는 잃지 않고 시문구상에 문양을 편리하게 효율적으로 새기는 음각적인 방법으로 나아가는 것이다.

종장문(종iii) 3단계에는 단위문 N3와 같이 시문구상의 음각문양으로 전향되어 내·외호선이 모두 연결되어 버린다. 그리고 최종적으로 종장문(종iv) 4단계에는 내선의 표현이 희미해지거나 없어지며, 외곽호선의 문양 모티브만 표현하는 양상으로 변화하는 것으로 판단된다.

이러한 변화는 가시적으로는 문양의 퇴화이지만 시문구의 문양제작이라는 측면에서 보면 문양 제작의 신속성, 시문의 신속성에서 기인된 것으로 유추된다.

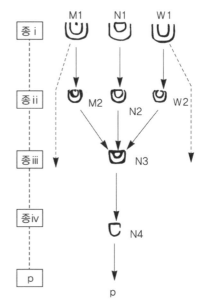

<도 23> 종장문류 i ~iv의 단위문 변천

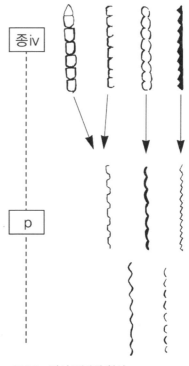

<도 24> 파상문(P)의 형성

물론 이러한 종장문의 변화가 단절적으로 명확하게 변하지 않고, 서로 공존하기도 하며, 기존 단계의 문양 요소가 지속적으로 사용되는 경향이 있다. 그러나 전반적인 단위문의 변화는 종장문 i 류→종장문iv류로 이행되는 것으로 판단된다.

이러한 시문구의 문양 변화는 종장문의 퇴화기에 해당하는 종장문iv류의 단계를 거쳐 더욱 가속화되어 결국 <도 24>과 같이 파상문(P, 파상종장문)이라는 단순한 문양으로 남게 된다. 따라서 파상문은 종장문의 모티브만 남아 퇴화된 것이며, 이러한 개념은 형식학적 측면에서는 문양의 흔적퇴화개념에 해당한다.

(2) 점열문의 검토

점열문(J)의 경우 기존 인식과는 달리 초기의 종장문 시문단계에서부터 확인되며, 무문화 단계까지 존속 기간이 상당히 긴 장기속성에 해당한다. 물론 점열문(도 30)도 세부적으로 단위문의 변화를 거친다. 개별 단위문의 형태상 방형이나 장방형 등의 정형성을 가지고 서로 일정하게 분리된 양각의 점열문(J1)에서 시문구 면에 거치상으로 점열의 일부만 제거한 음각적인 점열문이나 개별 단위문이 부정형으로 퇴화된 점열문(J2), 선문과 점열문이 결합하여 선각화된 것으로 변화도 상정된다. 그러나 향후 토기의 문양을 통해 시간적 서열을 검토할 때 점열문의 유무만으로 인화문토기의 시간적 경과를 이해하기는 어려울 것이다.

이와 같은 점은 점열문이 통일신라시대의 인화문 유행기에 등장하는 것으로 인식되어 왔지만, 실제 이와 유사한 모티브의 점열문은 삼국시대 고분유물에서 확인되고 있어 훨씬 이전부터 개별적인 계열을 가지고 시문되어 왔을 가능성이 농후하다.

3) 유개완의 변화 단계 설정

이상과 같이 유개완의 형식변화에 대한 결과에 유개완의 주요 속성인 문양을 대응시키고, 기형과 문양의 변천 양상을 살펴보았다. 이제 발생순서배열법에 입각하여 유개완의 변천 단계를 설정하고자 한다.

유개완의 구연 상관을 통해 얻어진 결과에 따르면, 조합된 형식의 빈도수에 따라 단계적인 변화가 관찰되나, 다양한 조합 관계를 확인할 수 있다. 이러한 점은 당시 기종의 다양성을 암시하며, 기형만으로 유개완의 시간적 경과를 파악하기는 부족하다.

유개완의 구연 상관을 통해 얻어진 조합은 다음과 같이 크게 4그룹으로 대별하여 파악된다.

A군 : Ⅰ1, Ⅰ2, Ⅰ3, Ⅰ4

B군 : Ⅱ3, Ⅱ4, Ⅲ3, Ⅲ4

C군 : Ⅳ4, Ⅳ5, Ⅴ4, Ⅴ5

D군 : Ⅳ6, Ⅴ6, Ⅵ6

또한, 기형의 속성 조합관계를 단절적으로 구분하면 아래와 같이 11단계로 세분할 수 있다.

Ⅰ1→Ⅰ2→Ⅰ3→{Ⅰ4, Ⅱ3}→{Ⅱ4, Ⅲ3}→Ⅲ4→Ⅳ4→{Ⅳ5, Ⅴ4}→{Ⅳ6, Ⅴ5}→Ⅴ6→Ⅵ6

현재까지 출토된 유개완의 조합 관계를 통해 완과 개의 구연형태를 상기의 결과에 따라 개별적으로 구분하면 아래와 같이 정리된다.

A군 : Ⅰ ↔ 1, 2, 3, 4

B군 : Ⅰ, Ⅱ, Ⅲ ↔ 3, 4

C군 : Ⅳ, Ⅴ ↔ 4, 5

D군 : Ⅳ, Ⅴ, Ⅵ ↔ 6

이것은 유개완의 기형조합을 통한 결과이므로 단위 유구내 공반되어 출현할 수 있는 개별적인 개와 완의 구연형태를 보여주는 것이다.

그런데 기형보다는 문양이 한층 더 단절적이고 세부적인 변화를 보이고 있기 때문에 단계 설정, 즉 획기를 세분하는 도구로서의 문양과 이와 관련된 세부속성의 변화를 기준으로 두고자 한다.

기형의 변화를 비롯하여 문양은 단순 변화보다는 연속적이며, 점진적인 변화 양상을 보인다. 그러나 문양은 가시적인 주요 속성이고, 단순히 장식적인 면만을 나타내지 않기 때문에 유물군의 변화 단계 설정에서 제1속성으로 파악하고자 한다.

상기의 기형조합에 따른 단계에서 문양의 변화를 적용한다면 7단계로 구분할 수 있다. 또한 개별 단위문과 문양대의 현저한 변화를 토대로 Ⅰ, Ⅳ단계를 각각 세분하여 소단계를 설정할 수 있다. 이와 같은 유개완의 단계 설정 기준을 간략히 정리하면 아래와 같다.

A군-Ⅰ단계-Ⅰ1, Ⅰ2 : 삼각집선문⒜+원호문구성, 문양제작기법 A′
(Ⅰ-1단계), 기형(1, 2단계)

Ⅰ3 : 밀집시문 (Ⅰ-2단계), 기형(3단계)

B군-II단계- II3 : 종장문 i 류 출현 및 유행, 종장문 시문수법 A

　　　　　　　　　문양제작기법 A'

　　　　　　I 4 : 종장문 ii 류 출현, 점열문(J1), 종장문 시문수법 B 출현

　　　　　　　　　기형(4단계)

B군-III단계- II4, III3 : 종장문 ii 류의 유행, 문양제작기법 B'출현,

　　　　　　　　　시문수법 C 출현, 기형(5단계)

B군-IV단계- III4, IV4, IV5 : 종장문 iii 류(N3) 유행, 종장문 iv 류 출현,

　　　　　　　　　선문(S) 출현, 문양제작기법 B'유행, C'출현

　　　　　　　　　운문(Q) 출현 (IV-1단계), 기형(6, 7, 8단계)

　　　　　　V 4 : [단일연주문(단O), 합성문(H) + 종장문] 문양대 구성 유행

　　　　　　　　　(IV-2단계), 기형(8단계)

C군-V 단계- IV6, V 5, V 6 : 종장문(Y)의 쇠퇴, 호선문(호) 유행, 사변화문(K),

　　　　　　　　　세타원형문(T) 유형, 종장문 C수법 유행(B수법 소멸),

　　　　　　　　　종장문 문양제작기법 C'유행, 기형(9, 10단계)

C군-VI단계- V 6 : 파상문(P) 및 시문수법 C 유행(10단계)

D군-VII단계- V 6 : 단일문(단2) 시문 유행, 무문화

　　　　　　VI6 : 선각 파상선문 출현, 무문화(10, 11단계)

　　VIII단계- 무문 유개완(V6, VI6), 선각 파성선문 유행, 무문 유행

　　다음으로 유개완의 구연 속성 조합관계를 단절적으로 구분하면 11단계로 세분할 수 있었고, 문양의 변화를 최종 서열화하여 단계를 재설정하면 총 10단계로 구분할 수 있다. 이러한 결과를 후술할 타기종의 편년 기준으로 활용하고자 한다.

3. 속성 변화 검증과 편년 기준 설정

　　앞서 경주지역에서 출토된 인화문 유개완이란 특정기종을 대상으로 뚜껑(이하 개)과 완 구

연 속성의 공반 관계를 검토하여 유개완의 형식 변화를 1차 서열화하였다. 개의 구연속성 조열은 형식학적 연구의 흔적퇴화개념을 적용하여 순서를 정한 것이며, 형식학적 흔적기관의 확인으로 형식학 배열을 자체적으로 증명할 수 있는 방법이다.

개의 구연은 기능적으로 내구연(안턱)이 있는 것(1식)에서 점진적으로 퇴화되어 기능을 잃어 버려 흔적기관화가 되며(5식), 이후 내구연이 소멸하여 단일구연으로 된 것(6식)으로 최종 배열하였다. 형식학적 의미에서 흔적기관이 소멸된 것(後)은 아직 기능을 유지하고 있는 형식(先)보다는 배열에서 후출하는 형식이기에 개의 구연 배열은 시간적 방향성에 맞게 조열된 것이다. 또한, 이러한 결과에 따라 1식→6식 구연의 변화에 따라 개의 신부도 반구형→八자형→반타원형→납작한 반타원형으로 연동해서 변화하는 양상을 인식할 수 있었다.

다음으로 완은 구연 형태가 직립(I식)에서 외반(V식)으로의 변화로 상정하였다. 구연이 전체적으로 직립하고, 단부가 둥근 형태에서 구연단에 경사나 단이 형성되고(II~IV식), 신부와 구연이 전반적으로 외반되며(V식), 최종적으로 외반에서 탈피되어 외경(VI식)으로 이행되는 것으로 배열하였다.

이후 형식학적인 방향성을 가진 2개의 속성조열이 시간성을 가지며 서로 평행관계가 형성될 수 있는지를 검토하였다. 유개완은 개와 완의 조합에서 이루어지는 세트(공반) 관계에 있으므로 개와 완의 구연 속성을 서로 대칭되게 종, 횡으로 나열하여 그 상관관계를 확인하였다. 2개의 속성조열을 통한 해당 속성의 조합관계가 연속성을 보이며, 계단상으로 하강하는 경향성을 확인할 수 있다. 즉 앞쪽(이른 시기)에 배치된 개구연 속성과 완구연 속성끼리 서로 조합되었고, 늦게 배치된 개구연 속성과 완구연 속성끼리 공반되는 점을 확인할 수 있었다. 또한 개와 완의 문양이 서로 동일한 유개완의 정합관계도 모두 상관을 보이므로 개와 완의 속성조열은 상호 평행관계가 형성되며, 개별속성의 시간적 방향성도 그 타당성이 인정되는 것이다.

그러나 유개완의 기형 존속기간에서 완구연 속성 I은 개구연 속성1~4까지, 개구연 속성 4는 완의 속성 I~V까지 폭넓게 조합되고 있는 점에서 각각의 속성으로 이루어진 형식은 세부적으로 단절적이지 않고 연속적이며, 한 형식의 존속기간이 상당히 길게 이어질 수 있다는 점도 유추해 볼 수 있다.

앞서 살펴본 O. Montelius의 형식학적 방법에서 형식학적 배열을 검증하는 방법(田中琢 1978; 李熙濬 1983; 崔盛洛 1984)에는 형식학적 흔적기관의 확인, 일괄유물, 공반관계, 층위관계 검토 등이 제시된 바 있다. 따라서 유개완의 형식조열에 대한 검증은 상기했듯이 흔적기관(개의 내구연 유무), 공반관계(개와 완의 세트관계), 일괄유물(동일문양 확인) 등이 제시된 것이다.

1) 유구 선후관계

　다음은 유적 내 유구의 선후관계에 따른 유물 출토 정황을 통해 유물 형식변화의 방향성을 찾아볼 수 있다. 특히 이러한 방법은 일괄유물을 구하기 힘든 건물지 유적 조사에서도 적용이 가능하다. 해당 건물지 유구와 한정된 범위에서 건물지 조성과 함께 일시에 매납된 것으로 간주할 수 있는 유물 중에는 다행히 진단구가 있다. 이와 관련된 유적은 경주 월성 외곽지역에서 가장 크기가 큰 계림북편 건물지(國立慶州文化財研究所·慶州市 2009)의 사례를 들고자 한다<도 25-上>.

　이 건물지는 당초 1차 조사시에 북쪽 중앙부에 위치한 동서향의 1호 건물지를 중심으로 좌우에 회랑식 건물지를 각각 3동씩 남북 일직선상에 배치하였다. 그 건물지 바깥으로 동서에 각각 5호와 10호 건물지들이 조성되었다. 전체가 하나의 단위 유적으로 월성과 밀접한 관계에 있는 중요 건물지로 인식되었다.

　이곳 2차 발굴조사에는 계림북편 건물지의 남편에 한정해서 조사하였다. 1호 건물지와 대칭되는 남쪽에 장방형의 건물지 2동(13호, 14호)이 동서향으로 대칭 배치된 것을 확인하였다. 13호, 14호 건물지 상부 사이 공간에는 주변 건물지와 방향축과 성격이 약간 다른 담장형 석렬유구가 조성된 것을 발견하였다. 남동쪽 말단부에는 계림북편 건물지의 방향축과는 차이가 보이나 남쪽 월성의 성벽과 동일방향으로 조성된 15호 건물지가 확인되었다.

　이곳 건물지별로 진단구가 각각 출토되었다. 먼저 15호 건물지의 진단구로 사용된 인화문유개완은 내외구연 개(3식)와 직립구연(Ⅱ식) 완으로 조합된 형식이다. 개와 완에 동일한 점열 종장문(A수법)이 시문되었다. 다음 10호 건물지의 인화문유개완은 내외구연(4식) 개와 직립구연(Ⅲ식) 완으로 조합된 형식으로 약간 퇴화된 마제형종장문(B수법)이 시문되었다. 마지막으로 담장형 석렬유구에는 5개의 유개호가 일렬로 매납되어 확인되었다. 모두 단일구연(6식)의 파상종장문(C수법)이 시문된 인화문 개를 진단구로 사용하였다.

　계림북편 건물지는 건물지의 방향축과 성격 등으로 건물지 조성의 선후관계를 명확하게 확인할 수 있다. 월성 외곽의 수혈식 해자가 메워지기 시작하면서 성벽과 동일방향으로 15호 건물지가 조성되었다. 이후 남북-동서 대칭의 북편건물지(10호 건물지 포함), 담장형 석렬유구 순서로 조성되었다.

　따라서 건물지별 진단구의 토기 형식변화도 개 구연속성 3식→6식으로 이행을 검증할 수 있다. 아울러 마제형종장문→파상종장문의 문양변화와 종장문의 시문수법(A→C)의 시간적 변화를 인식할 수 있다.

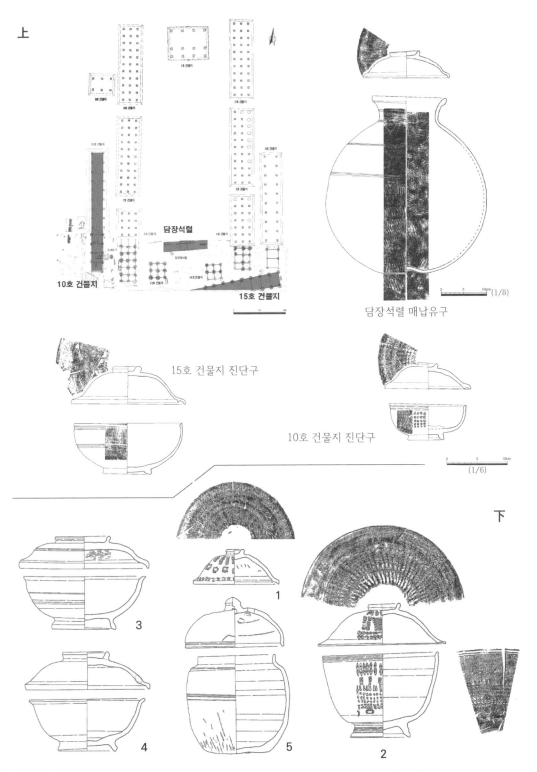

上

10호 건물지

담장석렬

15호 건물지

담장석렬 매납유구

(1/8)

15호 건물지 진단구

10호 건물지 진단구

(1/6)

下

1

2

3

4

5

<도 25> 경주 계림북편 건물지의 진단구(上) 및 황성동 906-5번지 석실분의 통일신라토기(下)

다른 방편으로 유구 내 유물 출토정황을 통한 선후관계의 확인도 가능하다. 경주 황성동 906-5번지의 통일신라 석실분(國立慶州文化財研究所·慶州市 2005)에서 출토된 유개완을 통해 구연 속성의 변화를 검증할 수 있다<도 25-下>.

먼저 석실 내부는 연도 입구에서 출토된 인화문 개(도 25下-1)가 있다. 이 개는 내구연이 약간 퇴화된 구연속성(4식)에 해당하였다. 문양은 7세기 후반의 마제형종장문+다변화문으로 구성되었다. 다음으로 석실 외부에는 호석 주변과 호석 보강토에 골호로 매납된 유물들이 있다. 이 토기들의 세부적인 출토 양상을 정리하면 다음과 같다.

구지표 면에서 마제형종장문iii류와 다변화문이 촘촘하게 시문된 유개발(도 25-下-2)이 출토되었다. 상석받침기초석(도 25-下-3) 및 호석 보강토(도 25-下-4)에서 무문양의 단일구연(6식) 개와 외반구연(V식) 완으로 구성된 유개완이 확인되었다. 호석 보강토 상부 퇴적층에서 무문양의 유개호(도 25-下-5)가 출토되었다.

유물의 출토 정황(선후관계)을 통해 이 토기들을 시간적 방향성에 따라 서열화하면 다음과 같다.

석실분 최후 매장시 유입된 인화문 개(도 25-下-1)→구지표면 매납 인화문 유개발(도 25-下-2)→이후 호석 보강토 매납 무문 유개완(도 25-下-4)→호석 보강토 상부 퇴적층 매납 무문 유개호(도 25-下-5)의 순서로 정리된다.

결론적으로 인화문 시문→무문의 시간적 변화와 연동하여 개의 속성 4식→6식, 완구연 속성 V식이 서로 평행관계가 있으며, 이러한 변화의 방향성 설정이 타당함을 검증할 수 있다.

2) 기형 속성과 문양 층위 상관

(1) 기형 속성의 층위 상관

다음으로 기형 속성 변화의 검증으로 층위 관계를 통해 검토하고자 한다. 경주 화곡리생산유적(聖林文化財研究院 2012a)의 자연수로에서 층위별로 퇴적된 유물 양상을 검토한다. 이곳 자연수로에는 주변 공방지에서 생산된 삼국~통일신라시대 토기들이 명확한 층위를 가지고 폐기된 양상을 보인다. 지층누중의 법칙을 토대로 하층에서 상층으로 퇴적된 수로의 단위별 폐기층이 시간적 경과를 순차적으로 보여줄 수 있다면, 퇴적된 특정 토기의 기형과 문양의 변화에 대한 방향성을 층위를 통해 검증할 수 있는 것이다.

경주 화곡리 생산유적에서 출토된 토기의 기형과 문양 변화를 파악하기 위해서는 우선 층위별 유물의 분포양상을 파악하여 기종을 분류해야 한다. 이것을 지층누중의 법칙에 따라 층위별로 동일기종을 서열화해야 할 것이다. 또한 기종의 속성 변화를 추출하여 층위 형성의 선후관계에 따른 기종의 기형과 문양 변화를 파악해야 한다. 그러나 여기서는 화곡리 자연수로의 층위를 통해서 앞서 살펴본 인화문유개완의 기형과 문양 변화의 방향성을 검증하고자 한다.

화곡리 유적에서 조사된 유구 중 토기류의 출토 빈도가 가장 높은 것은 자연수로 1과 자연수로 2가 해당한다. 이 자연수로는 주변 공방지에서 생산된 유물들이 명확한 층위를 가지고 내부로 폐기되었다. 그런데 수로 내 폐기된 유물을 엄격하게 층위별로 분류작업을 시행해도 일괄성이 보장된 토기 가마의 소성실이나 회구부의 층위 유물과는 차이가 있다. 수로 자체가 溝와 같은 의미를 두고 있으므로 유물의 일괄성과 폐기의 동시성 파악에는 여러 가지 변수가 따를 수 있다. 따라서 하층에서 상층으로 퇴적된 각 수로의 단위별 폐기층이 시간적 경과를 순차적으로 보여줄 수 있는지를 먼저 검증하는 작업이 필요하다.

이 유적의 자연수로에서 출토된 토기의 기종 중에 출토 비율이 가장 높고, 수로 개별 단위층에 모두 분포하고 있는 것으로 개와 완이 있다. 앞서 살펴본 인화문 전형유개완은 개와 완이 세트 관계에 있다. 그러나 화곡리 유적의 자연수로에는 세트로 출토된 유개완이 아닌 개별적으로 출토된 개와 완이 대다수를 차지한다. 따라서 개와 완을 별도로 추출하여 층위별로 기형의 변화 양상을 검토한다.

우선 A~D구역으로 구분하여 각 구역의 둑 층위에 따라 전면적으로 발굴조사가 실시된 자연수로 1에서 수습된 유물을 검토하고자 한다.

<표 15>는 자연수로 1에서 추출한 개와 완의 구연속성에 대한 층위별 분포양상이다. 횡축상단에는 개와 완의 구연속성을 비계량적으로 도식화하여 나열하였다. 종축 좌단은 둑 (A-D)의 上層(V·VI)~下層(IX)을 나타낸 것이다. 각 구연속성의 나열은 앞서 속성 조열의 결과에 따라 배열된 것이다.

개의 구연은 형식학적으로 내구연(안턱)이 있는 것(古)에서 점진적으로 퇴화되어 소멸되는 것(新)으로 배열되었다. 1식(古)→6식(新) 구연의 변화에 따라 개의 신부도 반구형(古)→八자형→반타원형→ 납작한 반타원형(新) 변화로 연동하였다.

완은 구연의 직립(古)에서 외반(新)으로의 변화를 상정한 것이다. I~III식의 직립 구연을 가진 완은 주로 구연단부에 침선 2줄과 낮은 굽이 많다. IV식 이하는 외반으로 이행되는 구연단에 침선이 줄고 굽이 높아지는 것이 특징이다. 최말기의 VI식은 외반에서 탈피되어 외경으로 이행된 것이다.

우선 자연수로 1에서 개 구연의 층위별 분포양상을 파악한다. A둑의 가장 상층인 V·VI

<표 15> 자연수로1 층위와 개·완 구연 속성 상관

개구연

둑	층위	총수	6	5	4	3	2	1
A	V	6	6/100					
A	VI	17	17/100					
B	V·VI	17	14/82.3	1	2			
B	VII	31	26	5				
B	VIII	16	13	3				
B	IX	94	75/79.7	17/18	2			
C	V·VI	5	5/100					
C	VII	5	4		1			
C	VIII	43	33/58.5	10/23.2				
C	IX	82	48/58.5	25/29.2	2			
D	V·VI							
D	VII	6	4		1	1		
D	VIII	26	23/88.4	2/7.6	1			
D	IX	91	74/81.3	13/14.2	3/3.2	1		

완구연

둑	층위	총수	VI	V	IV	III	II	I
A	V	17	1	16/94.1				
A	VI	52	5/9.6	44/84.6	3/5.7			
B	V·VI	34	3	29/85.2	2			
B	VII	42	1	28/66.6	13/30.9	1		
B	VIII	10		10/100				
B	IX	76		49/64.4	20/26.3	4/5.2	3	
C	V·VI	8		5	3			
C	VII	6		4	2			
C	VIII	67	2	43/64.1	16/23.8	6		
C	IX	80		58/72.5	15/18.7	6/7.5	1	
D	V·VI	2			1		1	
D	VII	14	1	9/64.2	3	1		
D	VIII	39	1	25/64.1	8/20.5	4	1	
D	IX	155	2	83/53.5	60/38.7	10/6.4		

빈도수/출토율(%)

층에서 6식 단일구연이 확인되었다. B둑의 V·VI층에도 6식이 82.3%, C둑의 V·VI층도 개체수는 낮지만, 모두 6식이 출토되었다. 각 둑의 V·VI층은 다른 하층에 비해 속성의 분포가 매우 단절적이다. 개의 속성 혼재가 없는 것으로 이해할 수 있다. 각 둑의 V·VI층 이하에도 6식이 대다수를 차지하였다. 특히 최하층인 IX층에는 둑 마다 유물의 개체수가 많아도 6식이 차지하는 비율은 58.5~88.4%로 상당히 높게 차지했다. 6식에 이어 순차적으로 5식의 비율이 가장 높고, 3~4식은 소수 확인되었다.

그리고 D둑에서 확인된 3식 2점 이외에 다수의 둑에서 1~3식이 확인되지 않았다. 이로 인해 개구연의 속성 변화가 짧은 것으로 이해되며, 주로 늦은 시기의 속성이 분포하고 있는 것을 확인할 수 있다. V·VI층을 제외한 B~D둑의 VII~IX층은 속성의 분포가 서로 상응한 양상

이다. 속성 분포에 따른 시기적인 범위가 단기간에 해당한다는 점을 유추해 볼 수 있다.

다음으로 완 구연속성의 횡축 나열에 따른 종축의 층위별 분포양상을 살펴본다. 대체로 완 구연속성의 분포양상도 개 속성과 일맥상통하는 결과이다.

A~D둑의 전체 층위에서 가장 높은 빈도수를 보이는 속성은 V식 외반구연이다. 각 둑의 하층으로 갈수록 IV식이 다음으로 빈도가 높다. 각 둑의 IX층에는 V식→IV식→III식이 순차적으로 빈도 차이가 줄어들면서 확인되었다. 이것은 각각의 속성 변화가 계기적으로 연결되어 분포한다는 의미이다.

A둑의 VI층에는 최말기의 속성인 외경구연(VI식)이 빈도수가 높다. 동시에 모든 둑에서 V식 다음에 VI식이 소수 분포하였다. 이것은 V식 이후 전개될, 늦은 속성의 출현과 점진적인 연결 양상으로 이해되었다.

자연수로 1의 개와 완 구연속성 분포양상은 층위별로 개의 6식 단일구연과 완의 V식 외반구연(新式)의 빈도수가 가장 높게 나타났고, 1~3식 개구연과 I~II식 완구연(古式)은 소수만 확인되었다.

A둑의 V·VI층은 개 6식과 완 V식 구연만의 단순 분포층에 해당하였다. B~D둑의 모든 층에서 구연 6식과 V식의 비율이 가장 높았다. 하층으로 갈수록 점진적인 속성의 출현을 엿볼 수 있었다.

B~D둑의 기형 속성 분포 양상은 층위에 포함된 기형 속성들의 변화가 시간성이 짧다는 의미이다. 각 층위별 유물들이 시기적으로 서로 가까이 있다고 추론되며, 특정 유물의 속성 나열이 층위의 상·하층에 따라 상관이 있음을 알 수 있다.

상기한 자연수로 1의 개와 완 속성 분포양상을 토대로 이제 자연수로 2를 살펴보기로 한다. 자연수로 2는 자연수로 1과는 달리 전면 조사가 시행되지 않았다. 3개 구역(A~C)에 설치된 둑을 기준으로 3개의 Pit를 넣어 층위별로 조사가 시행되었다. 자연수로 2는 1차~3차 물 흐름에 따라 삼국시대 토기도 다량 혼재되어 있었다. 유물의 혼재가 심한 B Pit는 분석에서 제외하였다. 각 층위별 개와 완을 추출하여 층위와 토기 속성의 상관을 분석하고자 한다.

<표 16>은 자연수로 1에서 이행한 방법과 동일하게 개와 완 구연속성을 횡축 상단에 배열하였다. 자연수로 2의 Pit별 층위를 좌단에 나열하여 속성의 분포와 층위별 상관을 검토한 것이다.

우선 개의 6식 단일구연은 Apit의 최상층에 해당하는 V층부터 하층인 XII층까지만 확인되었다. XI~XII층에는 4~5식이 확인되어 XIV층까지 나타났고, 1~2식은 확인되지 않았다.

Apit의 X~XIV층은 Cpit의 X~XIV층과 연동하는 것으로 이해되었다. Cpit XIV층을 기준

<표 16> 자연수로2 층위와 개·완 구연 속성 상관

개구연 pit	층위	총수	6	5	4	3	2	1	완구연 pit	층위	총수	VI	V	IV	III	II	I
A	V	1	1						A	V	3		2	1			
	VI	19	17/89.4	1	1					VI	25	1	22/88	2			
	VIII	3	3							VIII	1		1				
	IX	2	2							IX	2			1	1		
	X	3	3							X	3		3				
	XI	9	1	1	5	2				XI	16		2	1	5/31.2	6/37.5	2
	XII	14	2	6/42.8	5/35.7	1				XII	9		2	1	5	1	
	XIII	6			4	2				XIII	2					1	1
	XIV	4			3	1											
	XVI	4			3/75	1											
C	X	4		2	2				C	X	7		2	2	3		
	XI	6	4	2						XI	7	1	1	3	2		
	XII-1	12		3	9/75					XII-1	6			1	5/83.3		
	XIII	21	2	5	10/47.6	4				XIII	22			3	5	12/54.5	2
	XIV	8			6/75	1		1/12.5		XIV	6			1	4	1	

으로 볼 때 개 구연의 조열에서 가장 오래된 古式의 속성인 1식이 확인되었다. 물론 분석된 유물이 양적으로 부족한 점도 있다. 하지만 시간적으로 고식에 해당하는 1식은 가장 이른 시기의 하층과 조합하였다. 新式에 해당하는 5~6식은 가장 늦은 시기인 상층과 상관이 있었다.

다음으로 완의 층위별 양상이다. 완의 구연 속성은 개와 유사한 양상을 보였다. Apit에는 주로 V~IV식이 V층에서 XII층까지 분포하였다. XI~XII층의 속성분포는 I~III식이 확인되며, I식은 하층인 XIII층까지 나타났다. Cpit의 XIII층에서 III식의 출토 비율이 높다. 따라서 완 구연속성도 개와 동일하게 新式은 시간적으로 후행하는 上層에 확인되며, 古式은 오랜된 下層에 나타났다.

층위 상에서 출토 양상이 단절적이지 않고 연속적이다. 층위와 속성의 조합관계가 연속성을 보이면서 계단상으로 나타나는 경향은 층위의 시간적 방향성에 위배 되지 않는다. 즉 개와 완 구연의 속성 조열이 타당한 결과를 보이는 것을 층위를 통해서 확인할 수 있다.

자연수로 1과 자연수로 2에는 일부 유물의 혼재도 있다. 하지만 특정 기종의 속성 변화가 층위와 연동되었고, 시간성을 반영할 수 있다고 판단되었다. 이제는 층위별로 인화문토기를 추출하여 문양을 분류하고 문양의 변화양상을 도출해 본다.

(2) 문양의 층위 상관

① 문양 분류

화곡리 유적의 자연수로 1에서 인화문토기류는 전체 토기류 1,825점 중 926점(50%)이 출토되었다. 자연수로 2는 전체 토기류 1,131점 중 인화문토기가 405점(36%)을 차지하였다.

화곡리 출토 인화문토기의 문양 변화를 파악하기 위해서는 인화문토기 1,331점의 기종을 모두 분류하여 동일계열의 기종을 한데 묶어 형식 조열을 시도해야 할 것이다. 세분된 기종을 다시 층위별로 구분하여 상·하층에 따른 기종별 문양의 분류와 변화양상을 도출해야 한다. 그러나 화곡리 유적에서 출토된 인화문토기는 다양한 기종으로 출토되었지만, 대부분 개와 완류에 국한되었다. 세분된 기종을 층위별로 연결하기에는 자료의 결손과 시간적 제약이 많다. 향후 이러한 분석 작업은 타 유적 출토품과 함께 비교와 검토가 필요하다.

앞서 진행된 개와 완의 층위별 속성 조열을 통해 확인된 형식 배열이 경주지역 출토 유개완의 기형변화와 동일한 양상을 확인하였다. 이제 앞서 살펴본 인화문유개완의 문양 분류와 화곡리 유적의 자연수로에서 층위별로 검출된 인화문 토기의 문양을 비교할 것이다. 먼저 화곡리유적 출토 인화문 개와 완, 병류, 호류 등의 문양을 우선적으로 분류하고자 한다<표 17>.

화곡리 출토 토기류에 시문된 인화문의 종류는 매우 다양하지만, 시문구에 새겨진 문양의 세부 단위를 기준으로 크게 단일문류과 종장문류, 호선문류 3그룹으로 간략하게 구분되었다.

먼저 단일문류는 문양의 크기가 작고 개별적이며, 주로 독립 시문되었다. 앞서 살펴 보았지만, 인화문의 변천 과정상 초기에는 시문구에 문양이 양각(A′기법)으로 처리된 기하학문이 주이다. 후기에는 문양이 음각(B′기법)으로 처리되거나 퇴화된 선각화풍(C′기법)의 주로 象形文이 주로 시문되었다.

단일문은 3아류(단일문 1~3류)로 세분되었다. 단일문 1류는 삼각집선문, 원문류(이중원문, 이중

<표 17> 화곡리 출토 인화문의 분류

		1류
단일문류		

		종장문류			파상문류
종장문류	1류			선문 세타원형문 점열문 거치점열문	
	2류				
	3류				
	4류			파상문류	

	호선문류		연주+연주문 연주+점열(거치)문 연주+선문
호선문류			

	2류	3류
단일문류	다변화문 사변화문 운 문 조 문 매 미 문 초 목 문 능 형 문 합 성 문	다변화문 사변화문 운 문 조 문 매 미 문 능 형 문

반원문, 이중반원점문, 반원점문, 수적형문, 점열원문), 양각의 **다변화문**(다판화문), 능형문 등이 해당하였
다. 단일문 2류는 음각의 鋸齒圓文, 다변화문, 사변화문(사판화문), 雲文, 鳥文, 蟬文, 草木文,
단일연주문, 합성문, 人面文, 동물문 등으로 분류되었다. 단일문 3류는 2류의 모티브를 가진
퇴화형이다. 이과 함께 복합변형문, 선각화 문양 등으로 분류되었다.

단일문 1류는 주로 문양대 구성에 따라 토기 면의 침선 구획과 함께 2종 이상이 공반 시문
된 것이다. 단독으로 간격을 두고 시문되었다. 기면에 여백이 많은 경우와 단독문으로 토기
면을 빽빽하게 처리하는 밀집시문도 확인되었다. 단일문 2~3류는 주로 종장문이나 호선문
등과 동반 시문되었다. 그러나 단일문만 단독으로 간격 시문된 것도 다수 확인되었다.

종장문은 시문구에 새겨진 단위 문양이 연속적으로 반복되거나 길이가 길게 나타나는 문
양이다. 종장문의 시문 원리는 여러 경우가 있다. 정치된 기면에 수직으로 밀집되게 시문한
것이 다수이다. 단일문의 간격시문과 유사하게 여백을 많이 남기는 시문 양상도 확인되었다.
종장문을 수평으로 시문한 것도 있다. 종장문을 ××형으로 문양을 연결시켜 마치 그물망형
으로 시문한 것도 있다.

화곡리 유적에서 주로 확인되는 종장문은 초기 인화문인 원문류(◎, ◉)를 모티브로 한 마
제형문류와 연주문이 있다. 이외 세장타원형문, 선문, 파상문 등이 확인되었다. 특히 마제형
종장문류(종장문1~4류)[10]는 초기에는 마제형 단위문(U)이 정형하고 세밀한 양각이 많다(종장문1
류). 후기로 갈수록 단위문이 흐트러지거나, 밀착되며(종장문2류), 시문구의 문양 제작은 음각효
과(종장문3류)가 많아진다. 단위문의 외곽 모티브만 남은 것(종장문4류)으로 분류되었다.

호선문은 수평상의 종장문이 호선상으로 곡선화된 것이다. 주로 단일문(합성문)과 조합하
여 영락문 구성을 이룬다. 호선문의 세부 단위는 연주문, 선문, 점열문(거치문) 등이 1줄~3줄로
처리되었다.

화곡리유적의 인화문토기는 상기 3그룹의 문양이 단독으로 시문되었다. 또는 서로 동반
시문되어 복잡한 문양대 구성도 확인되었다. 토기의 크기에 따라 문양대 구성은 차이를 보였
다. 대형 병은 8단 시문까지도 확인되며, 개와 완은 3단 정도로 시문되었다.

화곡리 유적에서 출토된 토기는 발굴보고서에 의하면 5세기에서 9~10세기까지의 토기가
혼재되어 있다. 여기서는 후술할 통일신라양식토기에 입각하여 마제형종장문 출현기 이후
를 주로 검토하였다.

---

10) 앞서 살펴본 인화문유개완의 종장문 i ~iv류는 화곡리유적 출토 토기류의 종장문1류~4류와 동일
   문양이다. 편의상 화곡리 유적 출토 토기 문양을 구분하기 위해 기호를 달리하였다.

② 층위 상관

앞서 인화문 개와 완의 구연속성을 층위별로 검토하여 속성조열이 층위별로 상관이 있음을 확인하였다. 이러한 결과를 토대로 다음은 개별 층위에서 출토된 인화문토기의 문양이 상·하층의 층위에 따라 어떠한 변화양상을 보이는지 검토한다.

개별 개와 완에 시문된 문양을 구연 속성과 대비시켜 그 상관도 검토해야 한다. 하지만 기형 속성이 층위별 상관에서 단절적이지 않았고, 연속적인 변화양상을 보이고 있었다. 따라서 시간성이 명확한 층위별로 화곡리유적 토기의 전체 문양 속성이 어떠한 양상으로 분포하고 층위별 변화 양상은 어떠한지를 살펴본다. 또한, 앞서 언급한 인화문유개완의 문양에 대한 시간적 방향성을 검증한다.

먼저 층위별 구연속성의 상관이 구식은 구식끼리, 신식은 신식끼리 계단식 조합 양상을 엿볼 수 있었던 자연수로 2에서 층위별 개와 완의 문양 상관이 어떠한지를 우선 살펴본다.

<표 18> 좌단에는 자연수로 2의 A~Cpit 층위를 종합해서 상층에서 하층으로 배열하였다. 상단은 인화문 유개완의 문양 서열을 토대로 가장 늦은 시기의 문양속성을 좌단 가까이 놓았다. 순차적으로 이른 시기의 문양 속성을 우단으로 배치하였다.

화곡리유적 출토 개와 완의 문양 배열은 신라의 삼국통일기 이후에 자주 확인되는 마제형문류(종장문1~4류)부터 마제형문의 퇴화형인 파상종장문 순서이다. 다음으

<표 18> 자연수로2(A~Cpit) 층위와 개·완 문양상관

	무문	단일문	호선문(단독)	파상종장문	종4	종3	종2	종1	점열문		
									C	B	A
V											
VI											
VIII											
IX											
X											
XI											
XII XII-1											
XIII											
XIV											
XVI											
XVII											
XVIII											
XIX											

로 마제형종장문의 후행으로 파악되는 호선문이 있다. 이후 종장문이 생략되고 기면에 여백이 많은 단일문류의 단독시문 형태와 문양이 없는 것으로 방향성을 둔 것이다.

표 상단의 순서는 상·하층위와 연동성을 비교하기 위해 역으로 나열하였다. 문양 중 점열문은 문양의 계열에서 분리하여 최우단에 별도 배치하였다.

점열문은 시문수법에 따라 시문구를 좌우로 움직이지 않고 하나씩 찍어 나간 것(A수법), 시문구 상단부를 기점으로 시문구를 좌우로 비낀 것(B수법), B수법을 연속해서 지그재그로 시문한 것(C수법)으로 구분하여 역순으로 배치하였다.

시문수법의 혼재도 있었지만, A+B수법의 혼재는 B수법으로, B+C수법의 혼재는 C수법으로 간주하였다.

이제 문양의 층위별 분포양상(표 18)을 살펴보자. 화곡리 출토 개와 완의 문양 중 무문은 최상층인 V~XIII층까지 확인되나, VI층 Apit에서 대다수 확인되었다. 다음으로 나열된 단일문과 단독 호선문, 파상종장문은 V층에서 확인되지 않았다. VI~XIII층에 모두 분포하였고, VI층에서 단일문의 출토율이 다소 높았다. 다음 IX층에서 순차적으로 종장문 4류가 확인되었고, XVI층까지 분포하였다. 종장문 3류는 4류와 함께 IX층에서 확인되어 XVII층까지 나타났다. 종장문 2류는 3류보다 한층 아래 X층에서 시작되어 최하층인 XIX층까지 분포하였다. 마지막으로 배열된 종장문 1류는 2류보다 두 개층 아래 XII층부터 확인되어 XIV층까지만 확인되었다.

문양과 층위의 상관을 간략하게 정리하면 VI층을 경계로 V층에는 무문과 점열문(C수법)이 확인되는 단순 분포양상을 보였다. 단일문과 단독호선문, 파상종장문은 VI~XIII층에서 모두 확인되었다. 이것은 단절적인 변화보다는 문양의 상호 동 시기성을 암시할 수 있다. 다만 단독호선문은 파상종장문에 비해 상층인 XII층부터 확인되므로 시기적으로 약간 늦게 출현하는 것으로 이해된다.

종장문류는 상호 연속성을 보이면서 하층으로 갈수록 단절적으로 종장문 4류→1류 순서로 나타나지만, 종장문 1류 개체에 결손도 일부 확인되었다. 점열문의 시문수법은 그 변화양상이 연속적이지만, 상층에서 하층으로 갈수록 C→A수법이 점진적으로 확인되었다.

종합하면 자연수로 2에서 확인된 인화문은 토기의 개체수가 적고 개체의 결손, 유물의 일부 혼재도 확인되었다. 하지만 층위를 기준으로 무문(新)→단일문, 단독호선문, 파상종장문, 종장문 4류→종장문 3류→종장문 2류, 1류(古) 순서로 1차 나열된 문양 변화의 방향성은 시간성 변화와 상관성이 있게 조열된 결과임을 층위별 문양 분포양상을 통해 검증하였다.

자연수로 2에서 출토된 개와 완의 인화문에 대한 검토 결과를 토대로 다음 자연수로 1에

<표 19> 자연수로1의 층위와 개·완 문양 상관

구분	문양	무문	단일문	호선문	파상종장문	종4
V·VI	A	○	○			
	B	○	○	○		
	C	○	○	○		
VII	B	○	○	○		
	C	○	○	○	○	
	D	○	○	○		
VIII	B	○	○	○	○	○
	C	○	○	○	○	○
	D	○	○	○	○	○
IX	B	○	○	○	○	○
	C	○	○	○	○	○
	D	○	○	○	○	○

서 확인된 개와 완의 층위별 문양 분포양상을 살펴본다.

<표 19>는 자연수로 1의 A~D둑 층위를 모두 종합한 것이다. 횡축 상단의 문양은 자연수로 2의 문양배열을 적용하였다. 유물이 확인되지 않은 층은 제외하였으며, 출현 빈도를 생략하여 문양의 유무를 단순하게 모식화하였다.

앞서 살펴본 자연수로 2는 개와 완 층위별 상관에서 구연속성의 분포가 적고 단절적이며, 단기적인 양상이다. 이와 비교한다면 자연수로 1의 층위별 문양 상관도 상응한 양상을 확인하였다. 문양의 종류가 다양하지 않았고, 대부분 층위에서 횡축으로 나열된 문양들에 한정해서 분포하였다.

무문과 단일문은 모든 층위에 분포하였고, 호선문은 V·VI층의 A둑에는 확인되지 않았다. 파상종장문은 VII~IX층의 모든 둑에서 확인되었다. 종장문 4류는 VIII층과 IX층에만 나타났다. 이러한 분포양상이 단조롭지만, 자연수로 1의 층위와 문양의 상관을 통해 상층에서 하층으로 갈수록 무문, 단일문, 호선문→파상종장문→종장문 4류 순서로 출현 빈도가 낮아진 경향성을 인식할 수 있었다.

그러면 이제 개와 완의 층위별 문양 상관을 기초로 <표 20>을 통해 자연수로 1의 전체 층위와 기종에 상관없이 모든 문양의 상관을 검토하고자 한다.

횡축 좌측 말단에 인화문이 아닌 파상선각문을 추가하였다. 무문, 단일문, 호선문(단독, 복합), 파상종장문, 마제형문류(종장문 4류~1류) 순서로 나열하였다. 호선문(단독)은 기면에 여백이 많은 호선문 단독 시문과 종장문이 없는 호선문+단일문 구성을 의미한다. 파상선각문은 전체 층위에서 양적 빈도수가 낮다. 최상층인 V·VI층에서 출현빈도가 가장 높고, VIII층까지 확인되었다. 무문양(무문) 토기는 전체 층위에서 일관성 있게 출토율이 가장 높다. 무문양 다음으로 단일문 시문이 빈도가 높다. 무문은 V·VI층에서 출토율(89.2%, 91.8%)이 가장 높다. 하층으로 갈수록 출토율이 점차 낮아지는 경향을 보였다. 이와 반대로 단일문 시문은 A둑 V층에서 1점만 확인되었지만, 하층인 IX층에서 최대의 출토율(34.1%)이 나타났다.

단독 호선문은 Ⅴ·Ⅵ층에서 미약하게 확인되었다. A둑 Ⅴ·Ⅵ층에는 출토수가 없고, 하층인 Ⅸ층에서 출토율의 최대치(19.2%)를 보였다. 복합 호선문은 Ⅶ층에서 1점만 확인되었고, 주로 Ⅷ층과 Ⅸ층에서 출토율이 높다. 파상종장문은 대다수가 Ⅶ~Ⅸ층에만 분포하였고, 최하층인 Ⅸ층에서 출토율(19.8%)이 가장 높다. 종장문 4류는 Ⅷ~Ⅸ층에서 극소수의 출토율을 확인하였다. 이외 종장문에 해당하는 합성점열문은 Ⅶ~Ⅸ층에만 분포하였고, Ⅷ층에 선문, Ⅸ층에서 종장세타원문이 확인되었다.

따라서 문양속성 조열과 출토율, 층위의 상관을 종합하면 가장 늦은 시기부터 파상선각문(舊)→단일문→단독 호선문→(복합 호선문, 파상종장문)→(종장문 4류, 합성점열문, 선문, 종장세타원형문)(新)으로 배열할 수 있다. 무문은 전체층위에서 모두 분포하고 있으므로 상기 배열에서 제외될 수

<표 20> 자연수로1의 층위와 전체 문양 상관

구분			파상선각문	무문	단일문	호선문(단독)	호선문(복합)	파상종장문	종4
층위	둑	총수	빈도수/출토율(%)						
Ⅴ	A	65	6 / 9.2	58 / 89.2	1 / 1.5				
Ⅵ	A	160	7 / 4.3	147 / 91.8	6 / 3.7				
Ⅴ·Ⅵ	B	97	5 / 5.1	83 / 85.5	5	3		1	
Ⅴ·Ⅵ	C	23	1	14	4	4			
Ⅴ·Ⅵ	D	9		7	1			1	
Ⅶ	B	146	3	90 / 61.6	29 / 19.8	12 / 8.2	1 / 0.6	11 / 7.5	
Ⅶ	C	19		12	5	1		1	
Ⅶ	D	29	1	14	10	3			
Ⅷ	B	75	3	41 / 54.6	16		4	8	1 / 1.3
Ⅷ	C	175	2 / 1.1	77 / 44	53 / 30.2	21 / 12	5	15 / 8.5	2
Ⅷ	D	113		39	27	13	19 / 16.8	12	3
Ⅸ	B	212		78 / 36.7	52 / 24.5	24 / 11.3	10	42 / 19.8	6 / 2.8
Ⅸ	C	234		50 / 21.3	80 / 34.1	45 / 19.2	19 / 8.1	40 / 17	
Ⅸ	D	337		131 / 38.8	114 / 33.8	34 / 10	17 / 5	41 / 12.1	

도 있다. 그러나 A둑 Ⅴ·Ⅵ층에서 무문의 출토율이 가장 높기 때문에 그은 파상선각문→무문→단일문 순서로 조율이 가능하다.

추가로 표에서는 제외되었지만 Ⅶ~Ⅸ층에는 파상종장문과 함께 타원형문의 선두문과 합성 일체화된 점열문, 선문, 종장타원형문 등도 출현빈도가 높다. 전반적으로 자연수로 1은 자연수로 2에 비해 층위를 통한 문양의 전개과정이 짧다. 존속 시기가 장기적인 문양변화보다는 단기성을 내포하고 있는 것이다.

③ 층위로 본 문양 변화

화곡리유적에서 출토된 인화문토기는 기존 경주 왕경지역의 건물지나 무덤 등에서 출토된 것과 동일한 문양을 가지거나, 유사한 토기가 많다. 주로 황룡사지, 월지, 황룡사지 동편 왕경지구, 동천동 왕경유적에서 동일 시문구로 찍은 문양도 확인되었다.

화곡리유적의 인화문토기는 종장문과 호선문을 비롯한 단일문류를 혼용하여 다양하고 화려한 문양대를 구성하였다. 이곳 인화문토기가 명확하게 일시점의 일괄성을 가지는 유구에서 출토되지는 않았다. 하지만 순차적으로 퇴적된 층위별 유물이기에 층위별 검토를 통해서 문양의 계기적인 변화를 엿볼 수 있었다.

화곡리 출토 통일신라토기의 문양 변화는 앞서 특정 기종의 속성과 문양을 층위와 대비시켜 그 상관을 검토한 결과, 대체로 문양의 변화는 경주지역에서 출토된 토기들과 상응한 결과를 보이고 있었다. 문양의 분포가 층위별 계기적인 시간의 연결고리를 형성하지 않은 토기군은 대부분 삼국시대의 토기류에 해당되었다. 어떤 경로에 의해 유입된 것인지는 명확하지 않으나, 자연수로 1과 2에 포함된 인화문토기의 주류는 대부분 통일신라시대의 토기이다. 따라서 화곡리 출토 인화문토기의 문양 변화는 앞서 살펴본 인화문유개완의 문양 변천을 토대로 통일신라시대를 중심으로 정리하고자 한다.

우선 자연수로 2에서 출토된 인화문토기는 마제형 종장문류가 속성과 층위의 연결고리를 가지면서 분포하기 시작했다. 마제형 종장문 출현 이전기(삼국 통일기 직전)의 문양도 하층에서 소수 확인되었다. 하층(Apit-XIII~XIV층)에서 종장문 1류와 함께 출토된 토기의 문양은 주로 기하학문이 많다. 침선으로 분리된 수적형문과 반원점문의 문양대를 구성한 것과 수적형문과 이중원문의 밀집시문 등 마제형 종장문의 출현 이전 문양들도 다수 출토되었다<도 26>.

단일문 1류를 한 개씩 찍어 밀집 시문한 것에서 삼국 통일기 이후에 주로 유행한 원문류(◎, ◉)의 모티브를 가진 1열 3개 이상의 정형(마제형, U) 종장문 1류가 확인되었다. 종장문 2류는 문양 단위문이 정연하고 세밀한 1류의 문양들이 한 단계 퇴화된 문양이다. 단위문의 크기가 축소되고, 수가 길어진 것이다. 단위문의 내외 호선의 상변이 모두 합쳐지거나 선대의 정렬된 문양에 비해 다소 흐트러지고 점진적 경향을 보이는 종장문이다. 화곡리유적에는 종장문류가 층위별로 연결되어 확인되었다. 주로 U형 호선 내부에 단선이 있는 마제형 종장문류(U2식)가 다수 확인되었다.

다음으로 종장문 3류가 계기적으로 출현하였다. 3류는 문양의 단위문이 서로 연결되는 경향을 보인다. 화곡리유적에서 선대의 능형문이 선두문으로 합성된 연주종장문과 음각형태의 연주종장문(O3식), U형 호선 내부에 단선이 있는 마제형 종장문류(U3식)가 다수 확인되었다. 이후 문양 변화는 종장문의 퇴화가 시작되었다. 종장문 3류의 단위문 내선이 퇴화되기 시작하여 외곽호선의 문양 모티브만 표현된 종장문 4류가 뒤늦게 순차적으로 나타났다.

종장문 4류는 문양 시문구를 기준으로 단위문의 퇴화가 진행된 것이지만, 타 문양과 동반 시문되어 복합 문양을 보이기도 한다. 종장문 4류의 시문기에는 종장 합성점열문과 종장 세타원형문도 시문되었고, 호선문이 시문되기 시작하였다. 종장문 4류는 종장문 3류와 파상종장문 사이의 과도기적 문양으로 이해할 수 있다. 이후에는 종장문의 최종 퇴화문인 파상종장문이 크게 유행하였다<도 26-종장문 1~4류 시문기 참조>.

화곡리 자연수로 1에서 출토된 인화문은 종장문 4류부터 확인되었다. 파상종장문이 주류이며, 파상문 유행 시기에 기면의 여백이 많은 단일문류도 함께 유행하였다. 파상문은 형식학적으로 종장문의 단위문이 흔적기관화된 것이다. 즉 외곽형태의 모티브만 남아 퇴화되었다. 문양 단위문은 쇠퇴되었지만, 병류나 호류에서 호선문, 단일문 2류 등과 조합되어 기면 전체를 최대 8단으로 장식하는 화려한 문양대가 다수 확인되었다. 주로 자연수로 1의 VII~IX층에서 출토된 인화문토기가 파상종장문 유행기에 해당한다.

화곡리유적 자연수로1의 문양 양상 I 단계(도 27)[11]는 앞서 검토한 인화문유개완의 문양 변화 단계 중 VI단계(파상종장문, 시문 C수법 유행기)와 상응한다.

화곡리 유적 자연수로 1에는 파상종장문 유행기에 무문양의 토기가 다수 확인되었다. 무문양 토기는 경주지역 출토 인화문유개완의 경우, 마제형 종장문 3류의 유행 시기부터 확인되었다. 무문양 토기는 인화문 쇠퇴기에 갑자기 유행한 것은 아니며, 이전 이른 시기부터 토기의 용도에 따라 무문양 처리되었을 가능성이 크다<표 12 참조>.

파상종장문의 유행이 지나면 종장문의 소멸기가 나타난다. 동반 시문되었던 호선문과 단일문 2류는 여전히 존속하여 시문되었다. 이 소멸기의 파상종장문은 형식학적으로 단위 선문이 끊어진 것이 많다. 또한, 단일문류와 유사하게 기면에 여백을 많이 두고 간격 시문한 것도 확인되었다. 파상종장문을 그물망 모양으로 여백을 많이 둔 문양대(도 28-846, 870)도 나타났다. 이후 토기 면 전체를 횡·종대로 채우던 종장문은 소멸되기 시작하였다. 기면에 여백을 많이 남기게 되며, 결국 단일문류만 시문된 토기가 잔존하게 되었다.

---

11) 경주 화곡리 유적 자연수로1 토기와 문양 양상 I 단계(도 27)에 제시된 인화문토기류는 파상종장문, 星文, 다변화문(다판화문) 등 문양들이 기종을 달리하면서 동일하게 시문되었다. 기종은 다르지만, 동일 문양을 통해 모두 공반 관계가 성립되므로 문양을 통한 일괄유물로 취급할 수 있다.

마제형 종장문 출현 이전기

종장문 1류 시문기

종장문 2류 시문기

종장문 3류 시문기

종장문 4류 시문기

<도 26> 화곡리 출토 종장문 1~4류 시문기 문양 양상(1/5)

<도 27> 자연수로1 토기와 문양 양상(I 단계, 1/5)

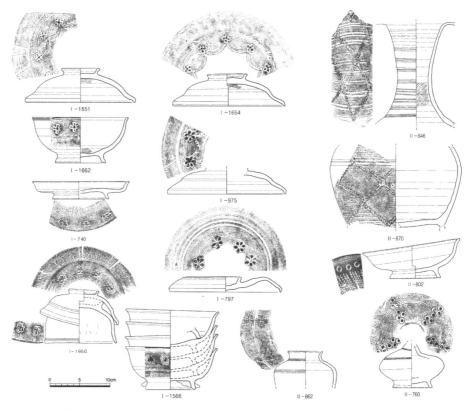

<도 28> 자연수로1 토기와 문양 양상(Ⅱ단계, 1/5)

화곡리유적 자연수로1의 문양 양상 Ⅱ단계(도 28)는 인화문유개완의 문양 변화 단계 중 Ⅶ단계(단일문 유행기, 종장문 쇠퇴기)의 양상과 동일하다.

자연수로 1에서 인화문 소멸기의 양상을 잘 반영해 주고 있는 층위는 A둑 Ⅴ·Ⅵ층이다. 이 층에서 유일하게 확인되는 인화문토기는 종장연속문이 아닌 단일문류 구성이 소수 잔존하였다. 인화문의 문양 전개과정상 주로 후기에 유행했던 단일문류를 2~3류로 분류되었다.

자연수로 1의 Ⅴ·Ⅵ층에서 확인된 단일문류와 파상종장문이 공반되지 않은 단일문류를 단일문 3류로 분류할 수 있다. 문양 퇴화와 관련하여 문양을 단순히 외곽만 표현한 선각화 문양이 다수이다. 형식학적으로 이전 시기의 문양 모티브를 잃고 복합, 이형화된 단일문류(운문, 다변화문류, 사변화문류, 鋸齒圓文類 등)는 이후 전개될 무문단계까지 이어지는 것으로 생각된다.

인화문토기의 무문화 경향성은 자연수로1의 A둑 Ⅴ·Ⅵ층에서 명확하게 인식되었다. 이후 인화문이 아닌 다치구나 단치구를 사용하여 그은 파상선각문이 유행하기 시작하였다. 자연수로1의 층위별 문양 양상을 살펴보면 무문양 토기는 모든 층위에서 다수 확인되었다. 이 양상은 인화문 성행기에 해당하는 파상종장문 유행기도 무문양 토기를 다량 생산했다는 의미이다. 즉 무문양 토기는 지속적으로 사용하였고, 무문양 유행기에 이르러 기면에 인화문을 더 이상 시문하지 않은 것이다.

화곡리유적 자연수로1의 문양 양상의 III단계(도 29)는 인화문유개완의 문양 변화 단계 중 최후 VIII단계(단일문 유행기, 종장문 쇠퇴기)의 양상과 동일하다.

이상과 같이 인화문유개완의 기형 조열을 통한 문양의 시간적 변화 양상을 1차적으로 파악하였다. 이러한 기형 조열의 시간적 방향성을 유구 중첩 선후관계와 지층누중의 법칙에 따른 층위관계를 통해 기형과 문양의 형식 조열을 재차 검증하였다. 인화문유개완의 문양 변화에 따른 시간적 방향성 설정이 타당함을 알 수 있었다.

3) 문양 편년 기준 설정

상기한 유개완의 구연 속성 조합관계를 단절적으로 구분하면 11단계로 세분되었다. 문양의 변화를 최종 서열화하여 단계를 설정하면 10단계로 구분되었다.

각 단계별 문양의 특징을 종합적으로 요약 정리하면 아래와 같다 <도 30>.[12]

- Ⅰ단계 : 삼각집선문(A)+원호문구성, 인화문 유행기
- Ⅱ단계 : 수적형문 유행기, 삼각집선문(A)+수적형문 구성
- Ⅲ단계 : 단일문 1류 밀집시문, 유사종장문 및 초기 종장문 시문
- Ⅳ단계 : 종장문 i 류 출현, 종장문 시문수법 A, 다변화문 1류
- Ⅴ단계 : 종장문 ii류 출현, 점열문(J1), 종장문 시문수법 B 출현, 다변화문 2류
- Ⅵ단계 : 종장문 iii류(N3) 유행, 종장문 시문수법 C 출현, 다변화문 3류, 수평종장문 유행, 운문 출현
- Ⅶ단계 : 종장문 iv류(종장문 퇴화기), 호선문(호) 유행, 사변화문(K), 다변화문 4류, 세타원형문, 각종 호선문 유행, 운문 및 각종 단일문류 2류

---

12) 후술하지만, 이 글에서 신라후기와 통일신라양식토기의 시작은 인화문의 출현 이후가 기준이며, Ⅰ단계에 해당한다. -Ⅰ단계(선각문유행기)와 0단계(선각문과 인화문 혼용기)는 편의상 역으로 단계명을 부여하였다.

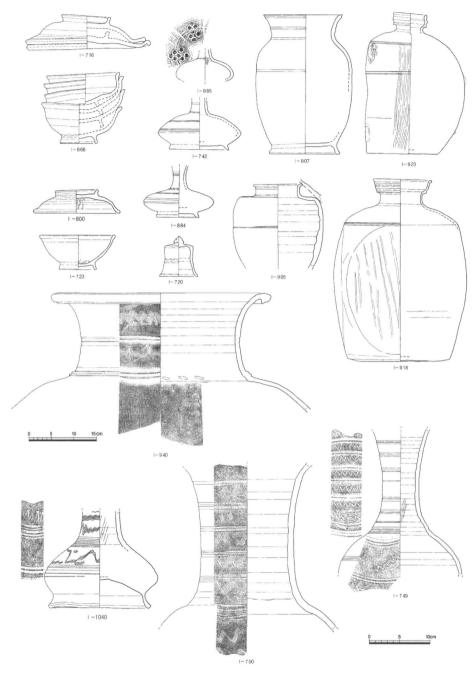

<도 29> 자연수로1 토기와 문양 양상(III단계, 1/5)

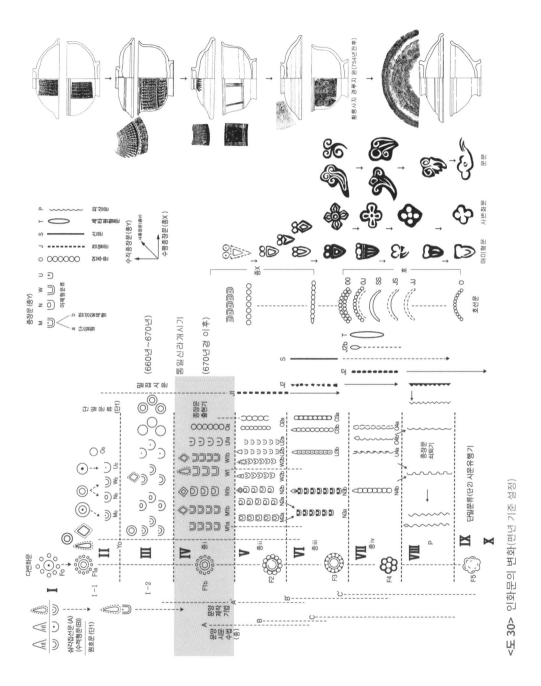

<도 30> 인화문의 변화(편년 기준 설정)

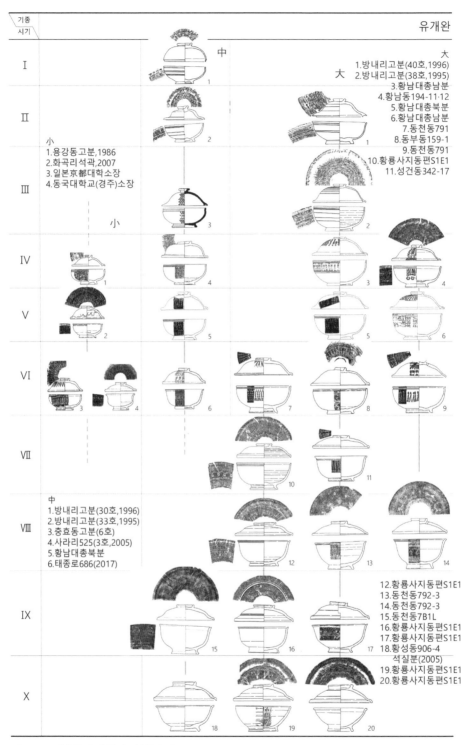

표 안의 텍스트:

大
1.방내리고분(40호,1996)
2.방내리고분(38호,1995)
3.황남대총남분
4.황남동194-11·12
5.황남대총북분
6.황남대총남분
7.동천동791
8.동부동159-1
9.동천동791
10.황룡사지동편S1E1
11.성건동342-17

小
1.용강동고분,1986
2.화곡리석곽,2007
3.일본京都대학소장
4.동국대학교(경주)소장

中
1.방내리고분(30호,1996)
2.방내리고분(33호,1995)
3.충효동고분(6호)
4.사라리525(3호,2005)
5.황남대총북분
6.태종로686(2017)

12.황룡사지동편S1E1
13.동천동792-3
14.동천동792-3
15.동천동7B1L
16.황룡사지동편S1E1
17.황룡사지동편S1E1
18.황성동906-4
석실분(2005)
19.황룡사지동편S1E1
20.황룡사지동편S1E1

<도 31> 인화문 유개완의 변화(1/10)

- Ⅷ단계 : 파상종장문 유행, 호선문, 단일문류 2류 유행, 종장문 시문수법 C 유행
- Ⅸ단계 : 종장문의 퇴화 및 소멸기, 단일문 3류 간격 단순 시문, 무문화 진행
- Ⅹ단계 : 인화문 소멸기, 파상선각문 및 무문 유행

앞서 살펴본 인화문 유개완은 환상꼭지와 굽이 있는 기종을 전형으로 선정하였다. 크기에 따라 소·중·대형로 구분이 가능하였다. 구경을 기준으로 소형은 개 9.5~13cm 이하, 완 8~12cm 이하, 중형은 개 13cm 이상~15.5cm 미만, 완 12cm 이상~14.5cm 이하, 대형은 개 15.5cm 이상~21cm 이하, 완 14.5~20cm 이하로 분류하였다.

상기 문양을 기준으로 유개완의 변화양상을 총 10단계(Ⅰ~Ⅹ)로 설정하였다.

각 단계의 주요 기형 변화를 간략하게 정리하면 아래와 같다<도 31>.

- Ⅰ단계는 卜자형 구연을 가진 반구형 개가 존속하였고, 직립구연 완과 공반하였다.
- Ⅱ단계에 八자형으로 개신부 하단이 굴절된 중형과 대형 개가 확인되었다.
- Ⅲ~Ⅵ단계에 개신의 형태는 반타원형이 유행하며, 외반구연의 완이 출현하였다.
- Ⅶ~Ⅸ단계는 대형이 다수이다. 단일구연 개와 외반구연 완의 조합이 전형적이다. 개의 환상꼭지경와 완의 굽경이 확대되었다. 개신은 납작한 반타원형으로 변화하였다.
- Ⅹ단계는 외반구연완에서 탈피된 외경의 구연완이 출현하였다.

3장 —
제기종의 편년

3장
제기종의 편년

앞서 살펴본 유개완의 기형 조열을 통해 문양의 시간적 변화 양상을 파악해 보았다. 이제는 이러한 문양의 서열 관계를 토대로 유개완 이외 타기종의 편년 기준으로 환원한다. 문양 변화를 기준으로 각 기종의 기형 속성을 조열하여 단계별 변화 양상을 파악하고자 한다.

1. 기종별 형식 조열과 변화

기종별 분석 순서는 신라후기양식(삼국시대 말기)에서 통일신라시대까지 지속적으로 존속했던 기종을 먼저 제시하였다. 통일신라시대에 본격적으로 출현하여 유행한 신종은 후에 언급하였다. 토기의 기능적인 면에서 장기적인 정치와 저장의 안정성을 가지는 대각(굽)이 부착된 것을 전형으로 분류하였다. 기종명에서 '臺附'는 생략하였다.

1) 고배

고배는 구연부가 한번 꺾여서 외경하는 것에 한정하였다. 고배 계열의 아종이고, 가야의 외절구연을 가진 고배[13]와 형태적 유사성이 보인다. 일반적으로 대부완(홍보식 2003), 무개식

---

13) 외절구연고배는 대체로 4세기 후반~5세기 전반대에 금관가야의 영역으로 이해되고 있는 지역에

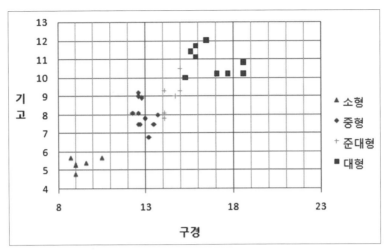
<도 32> 고배의 크기 비교

고배(윤상덕 2010; 최병현 2011), 고배(重見泰 2012) 등으로 분류되었던 기종이다.

　형태적으로 6세기대 고배의 전통을 이어 온 아류 기종이며, 통일신라시대까지 존속하였다. 경주지역 석곽묘, 석실분 등의 무덤 부장품으로 사용되었다. 궁궐지, 주요 사찰 등을 포함하여 신라왕경 내 실생활 건물지에서 진단구, 생활용기 등으로 소비되었던 기종이다.

　이 글의 고배는 구연부에 뚜껑받이가 없는 무개식고배류에 해당하지만, 뚜껑이 사용된 것이 확인되므로 고배로 총칭하였다.

　무개식고배류는 여기에 제시된 고배 이외도 구연부가 직립하는 직립구연식(도 33-a, d, e), 구연부가 외경하는 외경구연식(도 33-b), 파수의 흔적퇴화기관으로 보이는 耳附高杯(耳附盌)(도 33-c) 등으로 기종을 더 세분할 수 있다. 이들은 고배와 같은 아종으로 세분되어 개별적으로 존속한 것으로 이해되었다.

　이부고배의 경우도 삼국시대에 출현하여 통일신라시대 인화문 유행기에 지속적으로 사용되었다.

(1) 크기 구분

　외절구연형 고배의 크기는 산점도를 통해서 소형, 중형, 대형으로 일정하게 그룹으로 구

서 한정적으로 출토되었다. 고배 지역성의 상징적인 유물로 파악하고 있다.

분되었다.

기고의 증가에 따라 구경이 증가하는 상관이 확인되었다. 대형을 더욱 세분한다면, 중형과 대형의 중간 크기로 준대형을 추가적으로 세분할 수 있다.

구경은 11.0cm를 경계로 소형(8.7~10.5cm), 중형(11.4~13.7cm)을 분류할 수 있다. 14.0cm를 기준으로 준대형(14.1~15cm), 15cm 이상 대형(15.3~18.6cm)으로 구분이 가능하다.[14]

기고와 구경 크기에 따른 소, 중, 대형 분류에 따라 상대적으로 각경의 크기도 연동되었다.

(2) 기형 변화

고배는 인화문 출현기에서 쇠퇴기까지 모두 확인되나, 소형의 경우는 통일신라시대 이후에 본격 확인되었다.

종장문ⅱ기까지는 대체로 삼국시대 梯形의 대각을 가진 무개식고배의 전통(전형)을 유지하고 있었다. 그 이후에 신부가 다소 얕아지고, 대각의 높이가 약간씩 낮아지며, 대각이 나팔상으로 벌어지는 대부완의 기형 범주에 더욱 유사했다.

고배의 세부 속성은 변화의 민감도가 매우 높다. 우선 구연부의 경우, 인화문 출현기 전후(Ⅰ단계)에는 단부가 뾰족하게 외경되면서 예리하게 마무리되었다. 고배가 대부완화되는 종장문ⅲ기(Ⅵ단계)에 구연 단부는 두텁고 둥글거나, 각진 형태로 변화되었다.

신부의 변화는 Ⅴ단계(종장문ⅱ기)까지는 대체로 삼국시대 제형의 대각을 가진 무개식고배의 전통을 유지하고 있었다.

Ⅵ단계 이후에는 신부가 다소 얕아지고, 대각의 높이가 약간씩 축소되었다. 대각이 나팔상으로 벌어지는 대부완의 기형 범주로 변화하였다. Ⅵ단계부터 침선이나 돌선으로 신부외면을 구획하거나 장식한 것이 현저하게 줄어들었다.

고배는 대각에서 현저한 변화가 관찰되었다. 대각의 분할형태와 투창형태의 변화가 특징적이다. 0단계(선각+컴퍼스문, 인화문혼용기)는 이단구획 상하단 장방형투창이며, Ⅰ~Ⅱ단계는 이단구획 상단 방형투창이다. Ⅴ단계는 이단구획 상단 원공에서 Ⅵ단계에 일단구획 원공으로 변화하였다.

종장문ⅰ기(Ⅳ단계)에 삼각형 투창이 이례적으로 확인되며, 특히 종장문ⅳ(Ⅶ단계)기 이후는

---

14) 이러한 크기 분류의 기준은 기존 연구의 무개식고배 분석에 대해서 무개식고배의 소, 중, 대형의 기준 크기 수치(윤상덕 2010)와 유사한 결과로 인지된다.

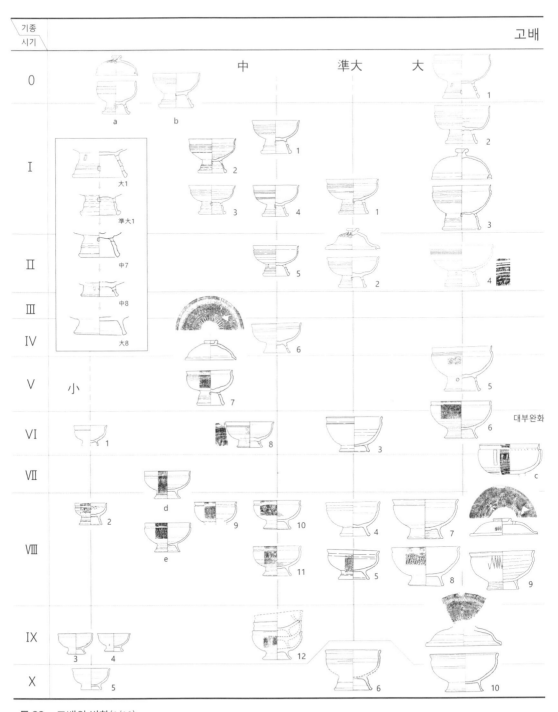

<도 33> 고배의 변화(1/10)

고배의 대각에 투공은 거의 보이지 않는다. 대각 투창형태의 단절적인 변화는 크게 장방형 →방형→원공→무투공으로 정리된다.

대각 단부도 종장문 i 류를 기점으로 둥근 형태에서 각진 형태로 변화를 확인할 수 있다. 특히 파상종장문 유행기(VIII단계)의 고배는 상기했듯이 가야양식토기의 외절구연고배와 형태 상 매우 유사하다.

2) 단경호

단경호는 명칭상 짧은 구경부를 가진 호이다. 후기에는 형식 변천을 통해 구경부의 장경 화가 진행되므로 장경호라는 기종명도 합당할 수 있다. 그러나 하나의 기종이 동일 계열 속 에서 변천된 것이고, 명칭상 혼동을 피하기 위해 단경호로 총칭하였다.

이 글에 제시된 단경호는 구경부가 외반하며, 높이가 6.0cm 이하의 단경에 해당한다. 호 의 구경은 동최대경과 비교해서 폭이 좁고, 견부가 있다. 대각(굽)이 부착된 호에 한정하여 분 류하였다.

형태 속성의 수치상 견기부폭(목저경) 대 동최대경의 비율을 따져 보았을 때 0.5 이상의 호 (박미현 2019)에 해당하였다. 견부가 없는 옹류(발형토기-최병현 2011)나 장경편구호, 장경호, 단경 구형호와는 구분되었다.

단경호에 대한 기존 연구는 전무한 편이다. 8~10세기 전반까지로 편년된 중소형의 다양 한 호 분류(김석기 2013)와 7~9세기의 소형 대부단경호(이동헌 2019b)의 분류에 이 글의 단경호가 일부 포함되었다.

단경호는 뚜껑을 가진 유개호로 사용되었지만, 대부분 단독으로 확인되었다. 주로 석곽 묘와 석실분의 무덤부장품으로서 특정 시기까지 한정적으로 매납되었다. 통일신라시대에 이르러 화장묘의 골호로서 단독으로 자주 출토되었다. 실생활유적에는 신라왕경 내 동궁과 월지, 천관사지, 재매정지 등 왕실관련 격이 높은 주요 건물지부터 일반 소규모 건물지까지 출토지가 다양하게 확인되었다. 특히 건물지 유적 중 우물 내부에서 단경호가 다수 확인된 점은 그 주용도를 추측해 볼 수 있다. 간헐적으로 건물지의 진단구 내지 저장 용기로서 출토 되기도 하였다.

(1) 크기 구분

단경호의 크기는 구경과 기고의 비율 차이를 통해 소형, 중형, 대형, 특대형으로 구분할 수 있다. 기형 수치 중 일부 범위가 중첩되는 양상도 확인되었다. 소형은 기고 9.6~12.6cm, 구경 6.3~9.9cm, 중형은 기고 12.6~18.3cm, 구경 8.1~10.9cm, 대형은 기고 15.6~24.3cm, 구경 10.2~12.6cm, 특대형은 기고 18.9~27.3cm, 구경 12.0~14.7cm의 크기로 분류되었다.

기형의 크기 수치 중 중형과 대형에서 일부 중첩되는 양상을 보였다. 이것은 단경호가 후대에 장경 및 장동화로 변화하는 것에서 그 이유를 찾을 수 있다. 단경호 형식 변천의 종점에 해당하는 大22는 기고 면에서 특대형의 범위에 속한다. 구경과 동경에서 대형에 속하는 점이 상기 이유를 잘 대변해 준다.

(2) 기형 변화

단경호는 문양 변화와 연동하여 기형 속성의 변화가 매우 다양하게 이루어졌다. 당시 어떤 특정 규범, 규격에 따라 소, 중, 대, 특대형의 크기별로 제작되었다. 대체로 동일한 계보적 단계를 거쳐 명료한 변천이 있었다.

단경호는 문양의 서열화에 따라 기형 속성에서 구연 단부와 구경부, 동체부, 굽 형태, 동체부의 장식문 등의 많은 변화가 인지되었다.

우선 구연단부는 삼각형으로 각진 형태(a식)와 원형으로 둥근 형태(b식), 방형으로 각진 형태(c식), 단부에 홈이 있는 형태(d식)로 세분되었다.

인화문 출현기(Ⅰ단계)에는 a식, b식, c식이 다양하게 사용되었다. Ⅴ단계(종장문ii기) 이후로

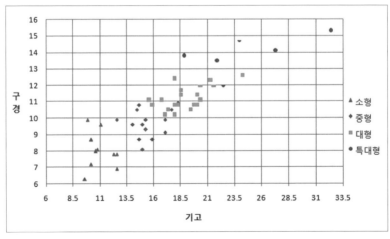

<도 34> 단경호의 크기 비교

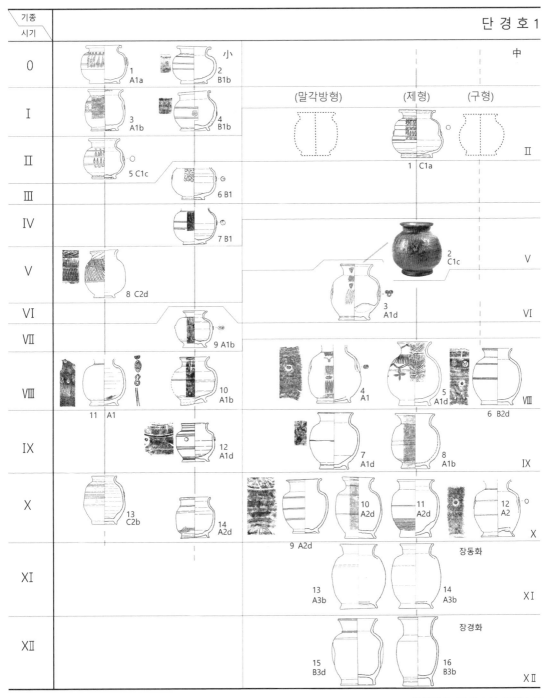

＜도 35＞ 단경호의 변화1(소형, 중형, 1/10)　　　　　　　※유물번호+동체속성+구연속성

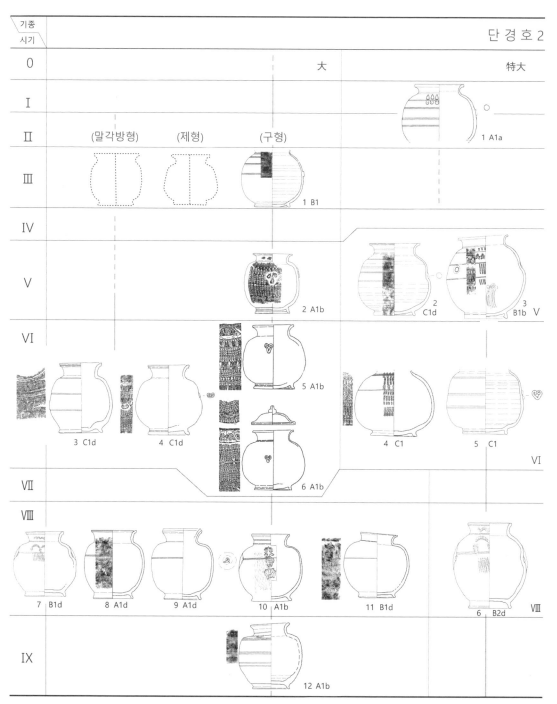

기종 / **시기**

단 경 호 2

<도 36> 단경호의 변화2(대형, 특대형, 1/10)　　　　　　　　　※유물번호+동체속성+구연속성

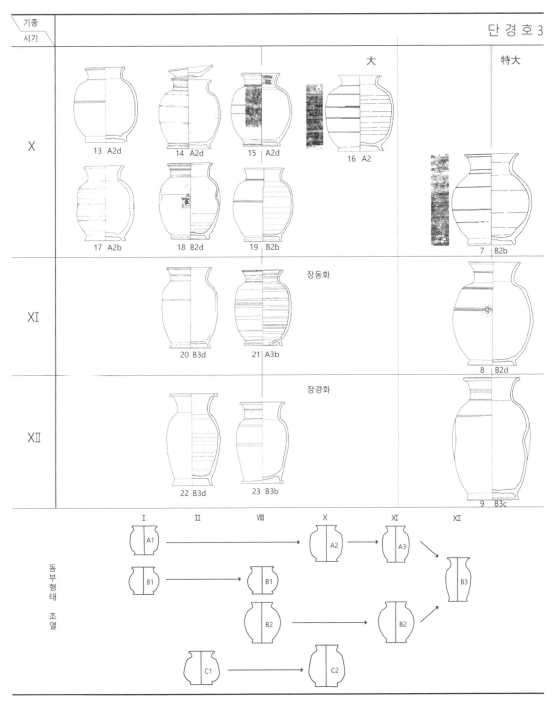

<도 37> 단경호의 변화3(대형, 특대형, 1/10)　　　　　　　　※유물번호+동체속성+구연속성

대부분 b식과 d식으로 구연단부 형태가 정형화된 양상을 보인다. 이러한 양상은 VI단계의 대형 단경호, V단계의 특대형 단경호 구연부가 특징적이다.

단경호의 구경부는 크기별, 시기별로 모두 외반되는 점이 특징적이다. 초기의 단경에서 중형의 VIII단계 이후 장동화가 나타나며, XI단계에서 정형화된다. 장동화와 연계되어 X단계에 소형, 중형, 대형, 특대형의 장경화가 본격적으로 확인되며, XII단계에서 극대화된다.

동체부는 형태별로 말각방형(A1), 장방형(A2), 세장방형(A3)의 방형계열로 구분되었다. 또한 구형(B1), 타원형(B2), 세타원형(B3)의 원형계열이 있었다. 제형(C1), 종장제형(C2)의 사다리꼴 모양 계열로 세분되었다. A~C식은 동체부를 기준으로 동일 계열 단경호의 아분류에 해당하였다. 조열은 A~C식 모두 장동화로 진행되는 시간적 방향성이 동일하였다<도 37>.

동체부의 변화는 소형을 참고한다면, 0단계(선각 삼각집선문과 인화문의 혼용기)에는 횡장방형, 횡타원형의 속성을 보였다. Ⅰ단계(인화문의 본격 시문기)에는 말각방형(A1), 구형(B1)으로 변화하였다. 이후 Ⅱ단계(수적형문 유행기)에는 원형 점토를 동체부 중위에 장식하였고, 사다리꼴 모양 (梯形, C1)의 동체부를 가진 단경호가 소형, 중형에서 초현하였다. 대형은 VI단계(종장문ⅲ기), 특대형은 Ⅴ단계(종장문ⅱ기)에서 C식 동체부 단경호가 확인되었다.

제형 동체부의 단경호는 후기 동체부의 장동화와 관련하여 VI단계까지 존속하였다. 이후 VIII단계(파상종장문 유행기)에는 동체부가 중형과 대형에서 말각방형(A1)과 구형(B1)으로 정형화되었다. 특대형에서 타원형(B2)화된 것이 확인되었다. X단계에 이르러 단경호는 전체적으로 장동화가 진행되어 크기별 장방형(A2)이 특징적으로 유행하였다. XI단계의 세장방형(A3)을 거쳐 XII단계는 동체부의 세타원형화(B3)가 극대화되었다. 크기별 단경호의 동체부는 장경화와 연동하여 대부분 유선형에 가깝게 동체 형태가 통일되었다. 동체부의 전체적인 변화 획기를 각 단계별로 간략하게 정리하면 아래와 같다.

Ⅰ : 小-말각방형(A1), 구형(B1)
Ⅱ : 말각방형(A1), 구형(B1), 제형(C1)
VIII : 말각방형(A1), 구형(B1), 타원형(B2)
Ⅹ : 장방형(A2), 타원형(B2), 종장제형(C2)
XI : 세장방형(A3), 타원형(B2)
XII : 세타원형(B3)

단경호에서 확인되는 장식문은 크게 궐수문, 리본형문(૪), 이형문(꽈배기형문), 원형점토문 (圓形耳, 원형꼭지) 등이 부착되었다. 궐수문의 경우는 고사리문이 말리는 방향에 따라 내향형

ⓐ, 외향형ⓑ으로 세분할 수 있다.

장식문에 대한 내용은 후술할 상대편년과 평행관계 확인에서 타기종에서 확인된 장식문과 함께 종합적으로 검토하고자 한다.

3) 파수부호

파수부호는 굽(대각)이 있고, 동체부 중상위에 파수가 한 개 부착된 호이다. 파수는 궐수문과 유사하게 단부가 안쪽으로 말린 형태가 전형이다. 삼국시대 적석목곽묘에서 출토되는 연질의 궐수문 파수부 평저옹이나 지금의 옹기 약탕기와도 형태상 유사하다. 파수부호는 뚜껑을 가진 유개호도 다수 확인되었다. 파수가 없거나, 굽이 없는 평저의 비전형 호류도 확인되었다. 무파수호(中4, 大5)의 경우, 동체부 형태가 파수부호와 동일한 계열에 있는 것으로 판단되어 분석에 포함시켰다. 타기종과 비교해서 파수부호는 출토량이 적어 자료의 양적 한계성이 있으나, 소, 중, 대형의 크기 분류와 형식조열이 가능하다.

파수부호의 기존 연구는 경주 소금강산 내 동천동 고분군에 위치한 표암일원 광임전에서 확인된 화장묘를 소개한 것이 유일하다(金鎬詳 2003). 화장묘의 골호로 사용된 파수부호를 집대성한 연구이다. 파수부호는 화장묘의 골호로 사용된 것 이외도 신라왕경 내 통일신라시대 건물지의 진단구 및 저장용 매납유물로써 다수 소비되었다. 인화문 출현기의 파수부호는 주로 석실묘의 부장품으로 사용되었다.

(1) 크기 구분

파수부호의 크기는 확인된 개체수가 한정적이지만, 소형, 중형, 대형, 특대형으로 구분이 가능하다. 소형과 중형은 기고와 동최대경의 비교로 분류할 수 있다. 기고 10cm를 기준으로 소형(9.3cm)과 중형(12.6~14.2cm), 동최대경 12cm를 기준으로 소형(11.1cm), 중형(12.6~14.2cm)으로 구분할 수 있다. 기고와 동최대경 15cm 이상을 기준으로 중형과 대형(기고 15~19.2cm, 동최대경 15.6~19.5cm)으로 분리할 수 있다. 다만 특대형은 구경(20cm)과 동최대경(39.2cm)을 대비했을 때 대형 파수부호와 현저한 차이를 보여 별도로 분류하였다.

인화문 초현기(I단계)부터 소형과 중형이 확인되었다. 대형은 인화문 밀집시문기(III단계)에 보이며, 특대형은 파상종장문 유행기(VIII단계)에 확인되었다. VIII단계 이후의 파수부호는 아직 확인되지 않으므로 단종되었을 가능성도 있다.

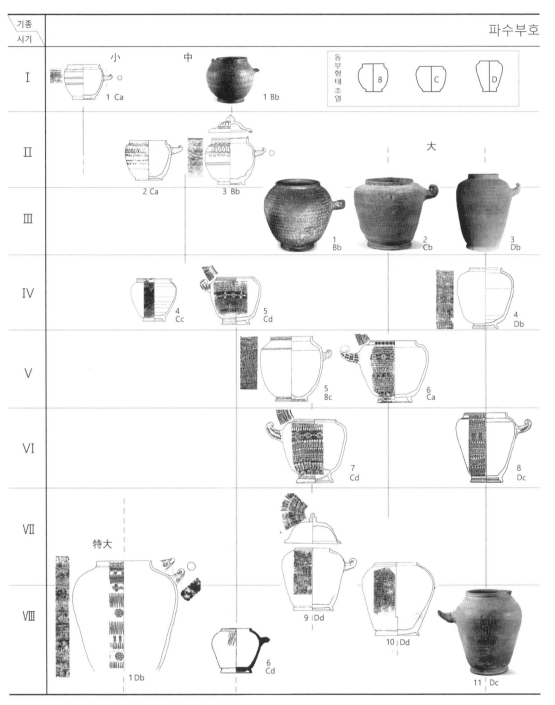

<도 38> 파수부호의 변화(1/10)   ※유물번호+동체속성+구연속성

(2) 기형 변화

파수부호는 문양 변화에 따라 기형 변화양상을 8단계로 조열해 볼 수 있다.

우선 구연형태는 다양성과 연속성도 있지만, 총 4식(a~d)으로 구분할 수 있으며, 이를 간략하게 정리하면 아래와 같다.

구연 a식 : 구연 내만 후 직립, 단부 뾰족하게 처리
　　 b식 : 구연 직립, 단부 둥글게 처리
　　 c식 : 구연 짧게 직립 후 단부 외반
　　 d식 : 견 단부에서 둥글게 마감(구연부 생략)

구연 형태는 I ~III단계에 a식, b식이 다수 확인되며, a식은 V단계 이후로는 확인되지 않았다. IV단계에 c식과 d식이 출현하고, VIII단계로 내려가면 d식의 구연이 유행하나, 특대형에서 아직 b식 구연이 존속하였다. 대체로 구연형태의 변화는 a식, b식→c식, d식으로 시간적 방향성이 확인된다.

동체부는 3개의 형태 속성(B~D식)으로 분류된다. 구형(B), 사다리꼴 모양과 비교하여 역제형(C), 종장역제형(D)으로 세분되었다.

파수부호의 동체부 속성들 중 역제형(C식)은 소형에 한해 초기 인화문 시문기에 출현하여 전 시기에 걸쳐서 지속적으로 사용된 것으로 판단되었다. 중형에서만 보이는 구형(B식)의 경우, 수적형문 유행기(II단계) 이후로는 확인되지 않는 점에서 단기간 한정적으로 제작되었을 가능성이 있다.

대형 파수부호는 밀집시문 유행기(III단계)에 확인이 가능하다. 동체부 형태는 소형과 중형에서 보이는 역제형(C식)과 더불어 역제형 계열에서 분화된 형태로 보이는 종장역제형(D식)이 개별적으로 변천되었다.

대형의 역제형 파수부호는 VIII단계에서 이르러 동체부가 장동화가 진행되어 종장역제형(D식)으로 변화하였다.

파수의 단부가 결실(中1, 中6, 大9, 大10)된 것이 많으나, 파수의 형태도 시기별로 약간의 변화가 인지된다. 초기 I, II단계에는 대체로 파수가 단순적인 것이 많다. 파수가 수평적으로 뻗어 나가서 파수의 단부에서 뾰족하게 돌출 처리되거나, 약간 말린 형태이다. III단계 이후는 파수가 상부를 향해 약간 들린다. 단부는 궐수문과 같이 말림 정도가 강해지며, 파수에 인화문이 장식되기 시작하였다. 이후 VIII단계에는 파수의 퇴화양상이 진행되고, 단부에서 단순화되어 좁게 말렸다.

4) 부가구연편구병

부가구연편구병은 기존 연구성과를 참조하면 대략 6세기 후반대에 구경이 짧고, 동체가 구형에 가까운 평저병에서 계보를 가지고 초현하였다. 그 배경에 대해서는 자체발생설, 백제 토기, 중국자기 또는 금속기 영향설 등이 다양하게 제시된 바 있다. 기종의 명칭은 부가구연 장경호(홍보식 2003·2007b)에 포함시키거나 대부병(윤상덕 2010), 편구형 병류(최병현 2011), 부가구 연병(박주영 2014), 편구동병(박미현 2019) 등 다양하게 분류하였다.

이 글에서 부가구연편구병은 구연부의 전체적인 형태가 ㄴ자형을 보이는 것이다. 구연 단부가 밖으로 수평적 또는 경사지게 만곡하다가 다시 추가적으로 직립 내지 외경되어 마감되는 형태이다. 동체부는 완전한 구형이 아닌 편구동[15]을 가진 병으로 정의하였다.

부가구연편구병은 무덤유구 중 주로 석곽묘, 석실분의 부장품으로 다량 소비되었다. 후술하지만, 이례적으로 유아묘의 단독 부장 유물로 사용된 것이 있다. 신라왕경 내 실생활 일반 건물지나 사찰, 공방지, 왕실관련 주요 건물지 등에서 확인되었다. 건물지 관련 유구 중에는 우물에서 출토 빈도수가 높으며, 수혈유구, 구 등에서 다수 출토되었다. 대체로 7세기 말~8세기 초 이후에는 무덤용 부장품보다는 주로 실생활용품으로 소비되는 점이 특징적이다.

(1) 크기 구분

부가구연편구병은 크기 분류에서 소형, 중형, 대형, 특대형 4종으로 구분할 수 있다. 앞서 살펴본 단경호와 파수부호의 크기와도 동일한 정형성을 보인다. 중형이 출토 빈도수가 가장 많으며, 경주의 주변 지역에도 중형이 가장 많다.

부가구연편구병은 기형 구조상 경부의 결실 자료가 많기 때문에 전체 기고와 구경, 경부고 등을 파악할 수 있는 완형의 개체수는 한정적이다. 부가구연편구병의 크기에 대한 여러 속성 중 분석 자료의 활용성을 극대화한다면, 동최대경(X축) : 동고(Y축), 동최대경(X축) : 견기부폭(Y축)의 대비가 양호한 분류 결과를 나타낼 수 있다. 즉 X값이 증가함에 따라 Y값도 증가하는 강한 양의 상관관계를 보이며, 크기에 따른 분류를 4종으로 명확하게 구분할 수 있다.

<도 39>를 참고한다면, 동최대경을 소형과 중형은 12cm 이상, 중형과 대형은 21cm 이

---

15) 편구동은 동체고 14cm 이하, 동체비(동최대경/동체고) 1.0cm 이상의 범위에 한정된다. 이러한 구분 기준은 박미현(2019)의 병 동체형태 구분에서 편구동과 종장동의 분류기준과 동일한 분석결과이다.

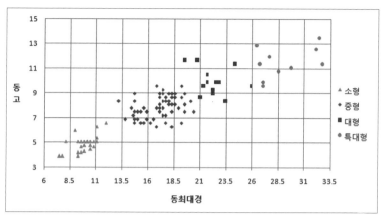

<도 39> 부가구연편구병의 크기 비교

상, 대형과 특대형은 26cm 이상으로 분류할 수 있다. 다만 예외적으로 대형1과 대형2<도 43>는 동최대경의 수치가 중형에 포함될 수 있다. 그러나 이 병들은 0단계(선각문+스탬프 혼용기)의 구형 동체부를 가진 기형으로 동체부의 높이를 고려한다면, 중형그룹과는 확연이 구별된다.

구경과 기고에 대해서도 일부 중첩되는 크기가 있지만, 아래와 같이 분류되어 일정한 크기의 정형성을 파악해 볼 수 있다.

소형(구경 4.2~7.5cm, 기고 7.2~15.4cm)

중형(구경 7.8~12.6cm, 기고 11.4~16.8cm)

대형(구경 10.2~16.8cm, 기고 16.8~22.5cm)

특대형(구경 18.6~24.0cm, 기고 25.5~36.6cm)

(2) 기형 변화

부가구연의 분류는 가장 개체수가 많은 중형을 기준으로 구연의 형태에 따라 3개(a~c식)로 대별되었다. 침선 내지 돌선의 유무 등으로 더욱 세분할 수 있다. 이를 간략하게 요약하면 아래와 같다.

a : 구연 ㄴ형으로 가깝게 강하게 단선적으로 각짐, 구연 외면 침선 無

b1 : 구연 ㄴ형으로 완만하게 꺾임, 구연단부 외면 침선

b2 : 구연 ㄴ형으로 강하게 꺾임, 구연단부 외면 침선, 부가구연의 전형

b3 : 구연 ㄴ형이 수평적으로 벌어짐, 구연단부 외경

b4 : 부가구연 단부가 퇴화되어 짧아짐

c1 : 구연 깔대기형, 호선상 반전, 구연단부 외면 침선 無

c2 : 구연 깔대기형, 호선상 반전, 구연단부 외면 침선 有

인화문 초현기에 부가구연의 속성 a식, b1식, c1식을 가진 편구병이 신기종으로 출현하였다. 삼각집선문 및 원문류 등 인화문을 본격적으로 사용하는 시기(Ⅰ단계)에는 b1식과 c1식, c2식 부가구연이 다양하게 사용되었다. 수적형문 유행기(Ⅱ단계)에 b1식과 c2식이 확인되었다. 밀집시문기(Ⅲ단계)에는 a식과 c식 계열의 속성은 사라지고, ㄴ형의 부가구연(b2식)으로 정형화되었다. 이후 구연b식의 계열은 2→4식으로 형식변화가 진행되었다. 파상종장문 유행기(Ⅷ단계)까지 b3식이 확인되며, 무문 및 파상선각문기(Ⅹ단계)에 구연 b4식으로 퇴화되었다. 이러한 양상은 부가된 구연의 흔적기관화로 인식해 볼 수 있다.

동체부의 형태변화는 크게 구형→타원형→편구형(바둑알형)→주판알형으로 시간적 방향성을 설정할 수 있다. 이러한 양상은 소, 중, 대, 특대형 모두 대체로 동일하게 변천되었다. 크기가 작은 소형의 경우는 중형과 대형에 비해 정형성이 다소 떨어졌다. 개체수가 가장 많은 중형을 기준으로 동체부의 형태 속성을 세부적으로 분류(A~G식)하면 아래와 같이 정리할 수 있다<도 42>.

A : 전체적인 형태가 구형에 가깝고, 견부가 수평적이며, 동최대경이 상위에 위치

B : 좌우대칭적인 타원형

C : 납작하게 편구화가 시작, 동최대경이 호선상으로 각짐

D : 바둑알과 유사하게 편구화의 극대, 견부가 쳐지고, 비수평적, 경사가 강함
    동최대경이 중위에 위치

E : 동최대경이 약간 각지고, 하위에 위치

F : 동하위가 낮아져, 강하게 납작해지고, 삼각형으로 각짐

G : 동최대경이 각지고, 마름모형(주판알)과 형태 유사

인화문 초현기(Ⅰ단계)에는 선대의 속성이 다양하게 사용되나, 대체로 타원형(B식)이 다수를 차지하였다. Ⅲ~Ⅴ단계에서 편구형의 정형성이 확인되었다. 파상종장문 유행기(Ⅷ단계)에서

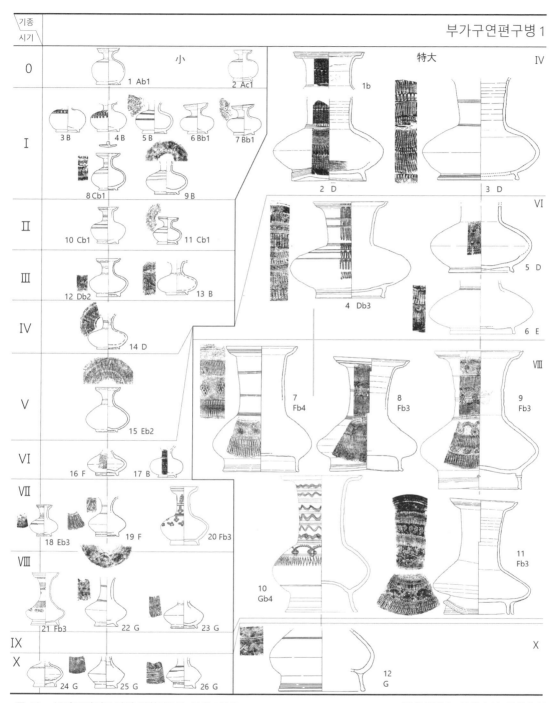

<도 40> 부가구연편구병의 변화1(소형, 특대, 1/10)

※유물번호+동체속성+구연속성

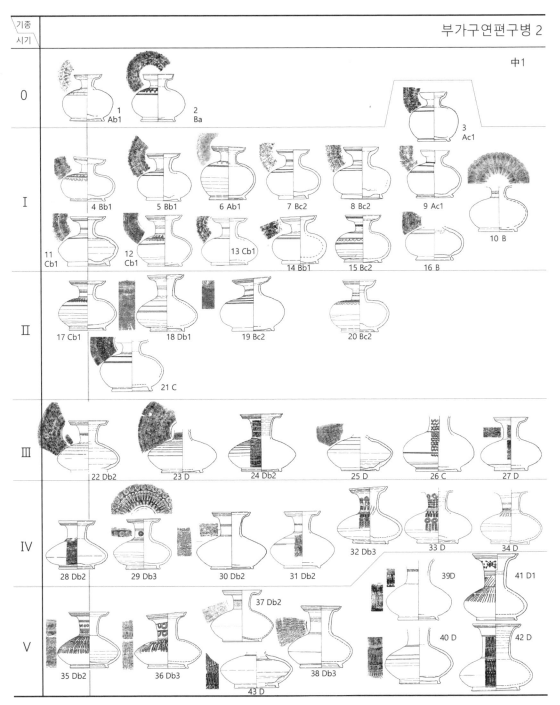

＜도 41＞ ＜도 41＞ 부가구연편구병의 변화2(중형, 1/10)　　　　　※유물번호+동체속성+구연속성

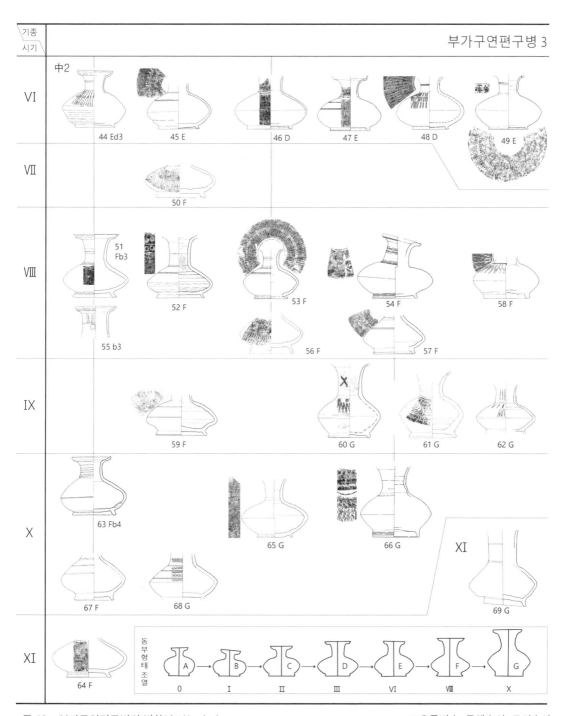

<도 42> 부가구연편구병의 변화3(중형, 1/10)

※유물번호+동체속성+구연속성

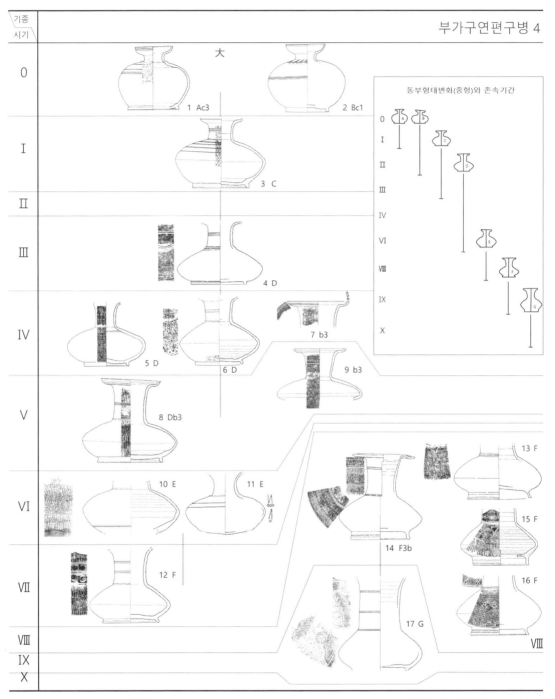

<도 43> 부가구연편구병의 변화4(대형, 1/10)

※유물번호+동체속성+구연속성

삼각형으로 동최대경이 각이 지는 점이 특징적이다. 이러한 양상은 X단계에 이르러 소, 중, 대형 모두 마름모형(G식)으로 동일하게 형식 변천하였다.

굽(대각)의 형태 변화는 편구병의 크기별로 대동소이하게 변화하였다. 다양성도 있지만, 전반적인 속성 변화의 방향성을 간략하게 언급하면 아래와 같다.

낮은 굽→높은 굽
굽단부 : 삼각형으로 짧게 외경→둥글거나 네모형으로 길게 직립

5) 장경편구호

일반적으로 호류는 구연, 경부와 동체부 등의 형태에 따라 다양한 세분류가 가능하다. 장경편구호는 기존 대부장경호[16]로 인식되어 온 기종이다. 경부와 동체부의 형태에 따라 매우 다양하게 나타난다. 장경편구호와 유사한 기종으로 대부장경호를 비롯한 단경구형호, 부가구연편구호, 부가구연장경호 등이 있다. 이 호류는 기형의 세부 형태에서 약간의 차이가 있다. 대부장경호는 경부의 구경과 경고가 장경편구호의 것보다 폭이 더 넓고 크다. 단경구형호는 장경편구호와 비교하여 경고는 낮다. 구경은 넓고, 동체부가 구형에 가까운 점이 특징적이다<도 45>.

이 글에서 장경편구호와 단경구형호의 구분은 우선 구경부에서 구경비(구경고/기고)가 0.3 이상을 장경으로 분류하고 0.3 미만을 단경으로 구분하였다. 단경구형호는 구경비가 모두 0.3 미만에 포함되었다.[17] 동체부 편구형와 구형의 구분은 동체부의 편구도(동경/동고)를 나타내는 동체비를 기준하였다. 동체비 1.8 이상을 편구호, 1.8 미만을 구형호로 분류하였다.

부가구연편구호 및 부가구연장경호는 동체 형태는 일반 편구호나 장경호와 유사하다. 구연부의 형태가 현저한 차이를 보이며, 이 호들도 개별적으로 계보를 가지고 형식 변천한 것으로 추정된다. 부가구연편구호의 경우, 확인된 개체수가 적다. 편구상의 동체부 크기로 조열하면 구연부가 외경 및 퇴화된 양상으로 시간적 방향성을 유추할 수 있다. 이들은 인화문 초현기(Ⅰ단계)와 Ⅶ단계에 해당되었다<도 45>.

---

16) 최병현(2011)은 장경편구호를 신라 후기양식토기 2d기에 해당하는 후기형 장경호로 분류하고 있다.
17) 장경편구호의 경고(경부 높이)는 3.6~9.0cm의 범위에 있다. 단경구형호의 경고는 소형과 대형이 3cm 이하에 해당하여 크기의 차이를 쉽게 인식할 수 있다. 중형의 경우는 장경편구호의 최소 경고 크기(3.6cm)와 중첩되므로 구경비(구경고/기고)로 장경과 단경을 구분하였다.

부가구연장경호는 대각이 퇴화되어 낮은 굽으로 대체되었다. 파상종장문 유행기(Ⅷ단계)에도 지속적으로 사용된 것으로 판단된다. 단경구형호는 선각문 및 컴퍼스문류(-Ⅰ단계) 유행기에 출현하며, Ⅱ단계 이후로는 확인되지 않았다.

장경편구호는 현존 자료를 볼 때 인화문 출현 이전인 선각문 유행기(-Ⅰ단계)에 출현하여 신라의 삼국통일 직후에 소멸한 기종으로 판단된다. 장경편구호의 소비 양상은 신라왕경 내 우물에서 출토된 中2(재매정지)를 제외한다면, 대부분 석실분의 부장품으로 사용되었다. 또한 종장문ⅱ류의 유행기인 Ⅴ단계 이후의 장경편구호는 확인되지 않았다. 석실분의 소멸이나 화장묘 유행 등 묘제 및 장법의 변화와 연동하여 타 기종으로 대체되었을 가능성이 있다.

(1) 크기 구분

장경편구호는 구경의 크기가 증가함에 따라 동경도 상관을 가지고 커지는 일정한 정형성을 보였다. 장경편구호의 크기 분류는 산점도를 참고하면, 구경에서 미세한 차이를 보이지만, 구경과 동경의 비교를 통해 소형, 중형, 대형으로 구분하였다.

장경편구호의 크기- 소형(구경 6.6~8.1cm, 동경 10.2~11.1cm)

중형(구경 8.4~9.9cm, 동경 11.7~14.4cm)

대형(구경 10.2~12.8cm, 동경 15.9~18.9cm)

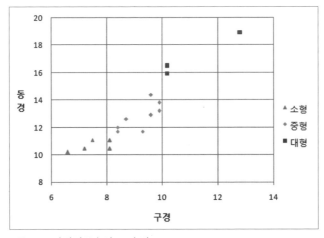

<도 44> 장경편구호의 크기 비교

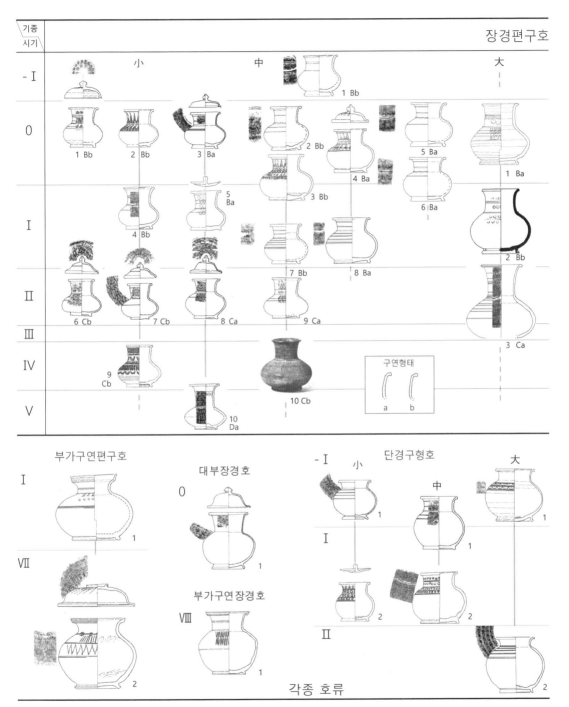

<도 45> 장경편구호와 각종 호류의 변화(1/10)

※유물번호+동체속성+구경부속성

(2) 기형 변화

소형~대형의 장경편구호는 구연형태에 따라 각각 2종으로 세분되었다. 구연 단부를 기준으로 삼각형과 유사하게 각진 형태(a식)와 원형으로 둥근 형태(b식)로 구분되었다. 이들은 동일 계열에서 크기별로 각각 형식 변화한다. 즉 a식 구연의 편구호는 개체수가 많은 소형을 기준으로 본다면, 시기적으로 늦을수록 구경부의 외반 정도가 큰 것으로 변화하였다.

장경편구호의 최종 존속기인 V단계(종장문ii류 유행기)에는 크게 만곡해서 외반되는 점(小10)이 특징적이다. 이전 단계에 강하게 돌출된 견기부의 돌대는 확인되지 않았다. 동체부의 형태는 선각문유행기~I단계에 장타원형(B)이다. II단계에 각진 편구형(C), III단계에 바둑알 단면과 같이 강하게 편구화(D)되었다. 이러한 동체의 전반적인 변화 양상은 상기한 부가구연 편구병과도 유사하였다.

한편 구연단이 둥글게 처리된 b식 구연의 편구호는 a식 구연 호와는 약간의 차이를 보였다. 구경부가 전체적으로 외반된 것에서 IV단계에 이르면 구연단에서 짧게 외반되는 것으로 변천하였다.

6) 직구호

이 글에 분석된 직구호는 통일신라시대에 이르러 처음 출현하였다. 8세기대 본격적으로 유행한 신종 호류이다. 뚜껑을 갖춘 유개호로 사용된 것이 전형적이나 단독으로 소비된 것도 있다. 직구호의 동체부는 동일 단계의 단경호와 서로 유사점이 많다. 동체부의 형식 변화도 상응하였다. 말기에 진행된 단경호의 장동화 양상도 직구호에서 동일하게 확인되었다. 직구호의 구연부는 유사 타기종의 구연부와 비교해서 짧게 직립되어 마감된 점이 특징적이다.

짧게 직립된 구연부의 전통은 삼국시대 석실분 부장품으로 사용된 대부직구호와 유사성이 있다<도 46>. 먼저 적석목곽묘(5세기 말~6세기 초)에서 출토된 궐수문장식과 요철문이 있는 대부호(도 46-1)는 내경 구연부에서 차이를 보이는 타기종이다. 주로 선각의 삼각집선문 및 원문 유행기(-I단계)의 토기류와 공반되었다.

투창이 있는 대각을 가진 직구호(도 46-2, 3)는 통일신라시대 직구호와 구연형태에 대해서 서로 유사하다. 다만, 동체 형태가 편구형을 보이는 점이 큰 차이이다. 이 직구의 편구호는 개별 기종으로 개열 분리가 가능하였고, 삼국시대부터 개별적인 계보를 갖고 변천되었다. 이후 통일신라시대까지 존속한 일본천리대학소장품(도 46-4)과 같이 투창이 없는 대각을 가진 직구호로서 확인되었다. 문양(종장문iii류+다변화문, 운문)으로 볼 때 VI단계에 해당한다. 다음 늦

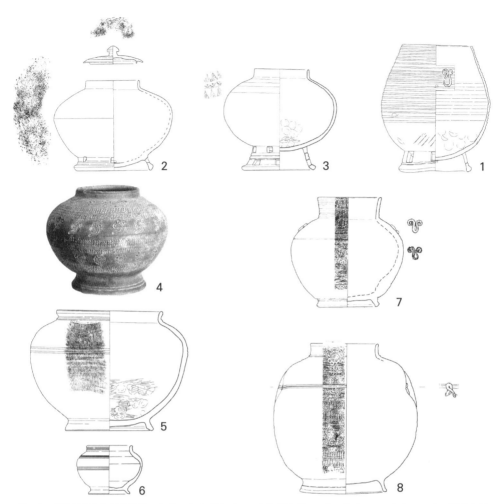

<도 46> 각종 직구호의 분류(1: 울산송정동복합유적, 2: 방내리(한빛), 3: 경주 황성동 590번지, 4: 日本天里參考館, 5: 경주 천관사지(3차), 6: 신라왕경(S1E1), 7: 경주 탑동 640-4, 8: 경주석장동고분-특대2, 1/6)

은 시기로 조열된 직구 편구호는 대각이 낮아지고, 구연부가 외경하였다(도 46-5). 크기별 차이가 있지만 무문화가 진행되는 방향(도 46-6)으로 최종 조열이 가능하다.

　외경 대부호(도 46-7)는 편구형 동체를 가진 직구호와 비교하여 동체 형태는 동일하나, 구경부가 차이를 보였다. 장식문(궐수문b)은 내경 구연의 대부호(도 46-1)와 동일한 계열로 판단되었다. 구경부에서 차이를 보이는 또 다른 아종이며, 통일신라시대 토기의 다양성을 의미한다.

이 글 분석 대상의 통일신라 직구호(도 46-8)는 초현기에 구연부가 짧게 직립된 점이 특징적이다. 형식의 변천과정에서 외반 내지 외경도 확인되었다. 구연부는 파수부호와 유사하고, 동체부는 단경호와 유사하므로 계열이 다른 타기종과 구별하기 위해서 직구호로 명명하였다.[18]

직구호는 신라왕경 내 실생활 유적에서 대부분 출토되었다. 특히 우물에서 출토 빈도가 높기 때문에 식수 등 액체를 보관한 용기로 사용되었을 것이다. 대형 유개직구호의 경우, 신라왕경 내 건물지 유적에서 진단구로 매납된 것이 있다. 또한 무덤과 관련하여 화장묘의 골호로서 석실분 내 후대 추가된 직구호(特大1)가 있다. 반면 단독으로 일정한 매장시설 내부에 매납된 유개직구호(特大2)가 있다<도 48>.

(1) 크기 구분

직구호의 크기는 산점도를 참고하면, 기고와 동경의 비율로써 소형, 중형, 대형, 특대형으로 정형성이 있게 구분되었다. 굽이 결실되어 전체 기고를 알 수 없는 자료도 활용하면 동고와 동경의 비율을 통해서도 동일하게 크기 4종의 구분이 이루어진다. 직구호의 구경과 각경도 크기별로 크기가 증가하지만, 크기 구분에서 일부가 중첩되고, 일률적이지 않다.

직구호의 크기 구분에 따른 주요 속성은 기고와 동경이다. 우선 기고 10cm를 기준으로 소형과 중형이 분류되었다. 기고 15cm를 기점으로 중형과 대형, 기고 20cm를 기준으로 대형과 특대형으로 구분하였다.[19] 동고는 소형과 중형은 8cm, 중형과 대형은 12cm, 대형과 특대형은 16cm를 기준으로 분류하였다. 직구호의 기고와 동경은 단위별 4~5cm 정도의 증가를 통해 크기 차이가 보이는 정형성이 있다.

직구호의 크기- 소형(기고 7.2~9.3cm, 동고 5.1~8.1cm)

중형(기고 11.4~14.8cm, 동고 8.4~12.3cm)

---

18) 직구호는 단경호와 경부 높이(경고) 비교에서 서로 구별된다. 단경호보다 짧게 마감되는 구연부를 가진 직구호는 소형, 중형의 경고는 1.5cm 이하, 대형은 1.8cm 이하, 특대형은 3cm 이하의 범위에 한정되었다. 단경호 경고는 소형, 중형은 1.5cm 이상, 대형은 2.1cm 이상, 특대형은 3cm 이상의 범위에 포함되며, 경고를 통해 기종을 분리할 수 있다.

19) 기고 속성만으로 크기 구분을 시도할 경우, 중형의 늦은 단계에 진행된 장동화로 인해 직구호의 출현기 대형과의 기고가 유사해져 중형과 대형을 혼동할 수 있다. 기고와 동경 속성을 함께 비교할 필요성이 있다.

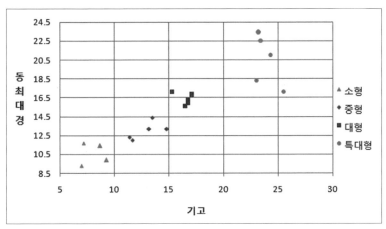

<도 47> 직구호의 크기 비교

대형(기고 15.3~17.1cm, 동고 12.6~16.0cm)

특대형(기고 23.2~25.5cm, 동고 16.8~21.9cm)

(2) 기형 변화

직구호는 인화문의 변천단계에서 세장경병과 함께 파상종장문 유행기(Ⅷ단계)에 등장해서 크게 유행하였다. 문양 변화에 따른 기형의 주요 시간적 속성은 구연과 동체 형태이다.

우선 구연 형태는 동체부 속성과는 달리 다양성이 강하다. 삼국시대 유개 대부직구호는 대부분 직립구연의 형태를 보였다. 통일신라시대 Ⅷ단계의 직구호는 직립구연(a식)과 더불어 단부외반(b식)이 다수 확인되었으며, 외경구연(c식)이 출현하였다. Ⅸ~Ⅺ단계에는 중형~특대형에서 a식은 확인되지 않았다. b식이 다수 나타났고, c식은 지속적으로 소량 확인되었다. 구연 형태의 변화는 다양성이 인지되지만, 전반적인 변화의 큰 흐름은 직립구연에서 외반구연이다.

다만, 소형 직구호(도 48-小2~小6)는 예외적으로 Ⅸ~Ⅹ단계까지 직립구연이 확인되었고, 크기별 연동성이 다소 낮다고 하겠다. 이러한 양상은 강하게 각진 동체 형태에도 확인되기 때문에 여기서 다루는 직구호와는 계열 차이가 있을 가능성이 있다.

다음은 직구호의 단계별 변화 양상이 가장 뚜렷한 것은 동체 형태의 변화이다. 파상종장문 유행기(Ⅷ단계)에는 소형~특대형 말각방형(A)이 절대적으로 많다. Ⅸ단계에는 동체부의 최

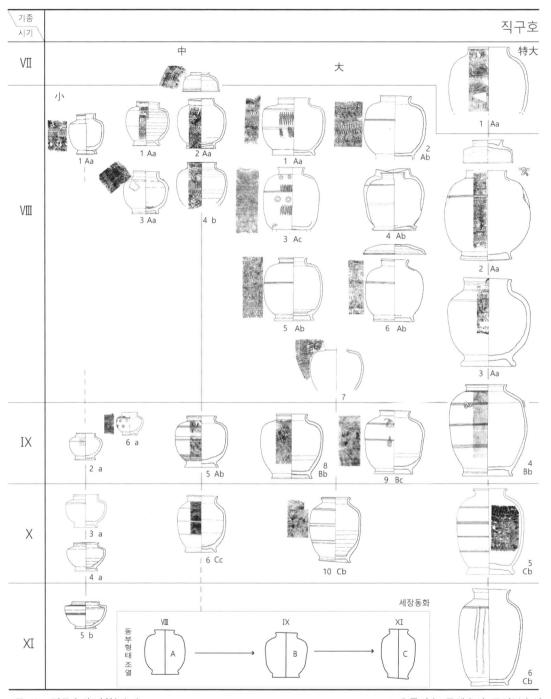

<도 48> 직구호의 변화(1/10)　　　　　　　　　　　※유물번호+동체속성+구연부속성

종 형식 변화인 장동화와 연동하여 말각방형의 동체 하단(각기부) 폭이 줄어든 역제형(B)이 출현하기 시작하였다. 이후 X단계에는 장동화가 가속화되어 세장한 역제형(C)으로 변화하였고, XI단계에서 직구호가 완전히 세장동의 외반구연호로 형식 변화되었다.

상기한 바 있듯이 IX~XI단계의 소형 직구호는 구연 속성과 같이 동체 속성의 변화도 중형~특대형과 비교하면 연동성이 낮다. 즉 동체부의 장동화와는 달리 강하게 각진 편구화의 변화로 조열되기 때문에 소형에 한해서 계보가 완전히 다른 기종일 가능성과 또 다른 직구호로 분화되었을 가능성도 상정된다.

후술하지만, 직구호의 기면에 가미된 문양은 인화문 이외에 주로 단경호에서 다수 확인되는 장식문(융대문)이 기종을 달리하면서 나타났다. 파상종장문 유행기(VIII단계)의 화장묘 골호로 사용된 유개직구호(特大2)에는 리본형문(ʔ)이 확인되었다. 동일 단계의 단경호에서 확인된 장식문과 거의 유사하다. 이러한 장식문은 IX단계 직구호(特大4)에도 확인되며, 리본형문과는 계열이 다른 퇴화형의 궐수문이 부착되었다<도 54>.

X단계에는 중형, 대형, 특대형의 동체 외면에 3~4조의 침선 분할이 다수 이루어진다. XI단계의 직구호(特大6)는 동체부가 세장동화되고, 종마연 기법이 나타났다.

7) 연결파수부골호

연결파수부골호는 통일신라시대에 출현한 신종이다. 기존 골호, 연결고리골호, 연결파수부호, 연결고리유개호(홍보식 2005) 등 다양한 골호의 명칭이 제시되었다. 이 글 분석대상인 골호의 명칭은 타 기종에도 골호로 사용된 것도 있기 때문에 연결파수(고리)가 있는 골호를 기준하였다. 분석 가능한 개체수가 적어 무굽호, 무파수호도 일부 포함하였다. 연결파수부골호의 전형은 개에 꼭지 부착, 개와 호를 연결하는 파수 부착, 굽이 부착된 것을 의미한다. 비전형은 전형의 연결파수부유개골호 내부에 안치된 것이 많다. 소형의 종장방형 및 횡장방형 골호 내부에도 극소형의 평저유개호를 안치하여 최대 3중합으로 구성된 골호도 확인되었다.

통일신라 연결파수부골호는 장골기의 외용기로 주로 사용되었다. 뚜껑이 이탈하지 않도록 연결파수(고리)가 부착된 것이 특징적이다. 이 연결파수는 뚜껑과 호의 연결고리에 상하로 구멍을 뚫고, 구멍에 철선 또는 끈을 관통시켜 뚜껑과 호를 결박해서 사용하였다.

연결파수부골호는 그 출처가 명확한 자료가 드물지만, 연결파수의 부착과 기형의 특성상 화장묘의 용기로 대부분 사용하였다. 출토지가 보고된 골호 중 경주 화곡리 화장묘(韓道植 2009)의 경우가 있다. 석함의 내호로 사용된 전형 연결파수부유개호(A-小15)에서 인골이 잔존해 있었다.

소형의 종장방형(A) 골호는 대형의 종장방형 골호의 내호로 사용되었다. 소형의 횡장방형(B) 골호는 대형 횡장방형 골호의 내호로서 사용되는 것이 하나의 세트로 최적화된 것이다. 그러나 상기했듯이 횡장방형 골호의 내호로서 종장방형 골호가 사용된 것도 확인되었다. 소형 종장방형 골호가 중형 횡장방형 골호의 내호로 사용된 것은 경주 현곡면 나원리에서 출토된 전형 연결파수부 유개호(A-小14, 도록-국립경주박물관 2002)에서 확인되었다. 경주 배동 삼릉 출토 전형의 횡장방형 연결파수부유개호(B-中7, 강경숙 2000) 내부에는 종장방형(A)의 중국자기 유개호가 공반되었다. 조합된 기형 양상이 서로 유사하다.

이상과 같이 내·외호의 조합으로 구성된 유개호 이외도 상기한 경주 화곡리 화장묘와 같이 석함 내부에 연결파수부유개호를 단독으로 안치한 것도 보인다. 그러나 원화10년명 연결파수부유개호(A-中2)와 경주 황성동 906-5번지 석실분의 평저 무파수 유개호(A-小17)와 같이 석실 외부에 단독으로 매납된 것도 있다.

(1) 크기 구분

연결파수부골호의 분류는 우선 호의 동체부 형태를 기준으로 대분류가 가능하였다. 동체부는 종장방형(A)과 횡장방형(B)으로 구분하였다. 다음 소분류로써 골호의 크기에 따라 골호 A, B 각각 소형, 중형, 대형으로 분류할 수 있었다. 이렇게 소분류된 골호는 다시 개의 꼭지 4가지 형태에 따라 아분류가 가능하였다. 탑의 형태인 보륜형(①), 둥근 굽과 유사한 환형(②), 소형 항아리 모양인 호형(③), 삼각형의 보주형(④) 꼭지를 부착한 유개호로 세분할 수 있었다 <도 49>.

골호는 기형 분류 조합상 총 24개의 형식으로 구분할 수 있다. 그러나 골호A에서 중형은 호형 꼭지의 유개호에 한해 현존하였다. 대형에서 환형 꼭지의 유개호는 아직 확인되지 않았다. 골호B에서 소형은 환형과 보주형, 중형은 보륜형이 확인되지 않았다. 대형은 환형의 꼭지를 가진 유개호만 확인되었다.

상기한 종장방형(A)과 횡장방형(B) 골호의 대분류는 호의 동체 형태에 따른 분류이다. 종장방형의 골호는 연결파수부골호 외호 내부나 석함 내부에 단독으로 매납되어 골호의 내호 기능을 하는 것이 많다. 이러한 기능적인 측면에서 동체부가 2종류로 구분되어 제작된 것이다.

종장방형은 전체적으로 장방형의 형태이다. 동최대경에 비해 기고가 높은 기형이며, 횡장방형은 이와 정반대이다. 이러한 형태를 수치상으로 분류하면, 동체비(기고 : 동경의 비율)를 통해 종장방형(0.70~1.65)과 횡장방형(0.55~0.68)[20]으로 구분할 수 있었다.

다음 소형, 중형, 대형의 크기에 따른 소분류는 결손자료가 많지만, 호의 동최대경(동경)과 굽경를 기준으로 아래와 같이 구분 가능하였다.

종장방형 호(A)- 소형(동경 11.4~21.0cm, 굽경 11.4~12.9cm)

중형(동경 24~24.6cm, 굽경 17.4~18cm)

대형(동경 31.8~33cm, 굽경 23.4~27.6cm)

횡장방형 호(B)- 소형(동경 21.6~28.8cm, 굽경 16.2~16.8cm)

중형(동경 31.4~37.8cm, 굽경 25.7~31.8cm)

대형(동경 40.8cm~, 굽경 33.6cm)

(2) 기형 변화

현재까지 확인된 연결파수부골호의 전형과 비전형 자료를 종합해 보면 전형의 연결파수부 유개골호는 종장문ⅲ류 유행기(Ⅵ단계)부터 본격적으로 출현하였다. 무파수의 유개골호는 이것보다는 한 단계 이른 종장문ⅱ류 유행기(Ⅴ단계)에서 나타난다. 이후 종장방형(A)의 골호는 개신부의 납작하게 수평화되는 양상을 통해 Ⅺ단계를 구분할 수 있었다. 횡장방형(B)의 골호도 Ⅺ단계까지 형식 변천의 과정을 파악할 수 있었다.

골호의 문양을 기준으로 개별 기형 속성의 가시적인 변화를 파악해 보면, 우선 골호의 개 꼭지를 들 수 있다.

개 꼭지는 종장문ⅱ~ⅲ기(Ⅴ~Ⅵ단계)에 환형, 보륜형 꼭지가 확인되었다. Ⅶ단계에서 4종의 꼭지가 모두 사용되었다. 전형 골호의 경우, 보륜형이 확인되지 않고, 호형 꼭지가 부착된 골호가 다수 확인되었다.

파상종장문 유행기(Ⅷ단계)에 접어들면 환형 꼭지가 일부 존속하지만, 보주형 꼭지의 선호도가 현저하게 높게 나타났다. 보주형 꼭지는 삼국시대에 발형의 유개합 등에서 이미 확인되었다. 통일신라시대 파상종장문 유행기 이후로 보주형 꼭지가 다수 출현하는 점은 꼭지의

---

[20] 동체비가 1 이하는 도형 비율상 엄격하게 횡장방형에 해당한다. 그러나 종장방형은 횡장방형 골호와 비교한다면 동최대경이 소, 중, 대형 크기별로 현저하게 작다. 또한 굽의 높이를 감안한다면 전체적으로 기고에 비해 동최대경이 작은 형태이므로 동체비 0.7 이상을 종장방형의 골호로 분류하였다.

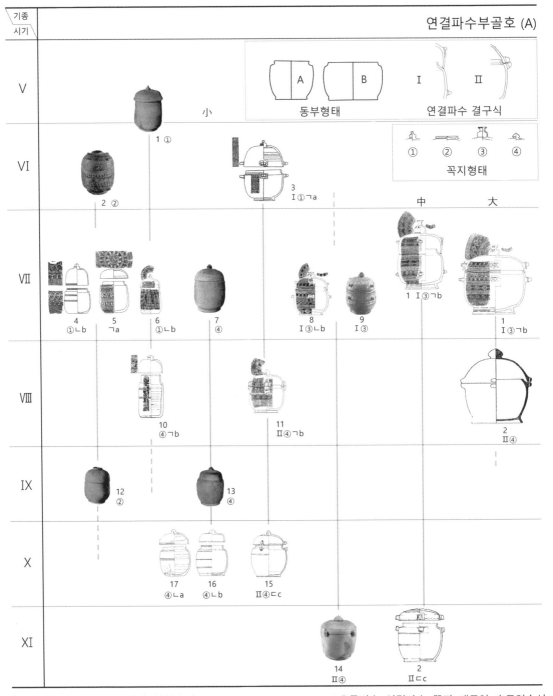

<도 49> 연결파수부골호(A)의 변화(1/10)　　　　※유물번호+연결파수+꼭지+개구연+호구연속성

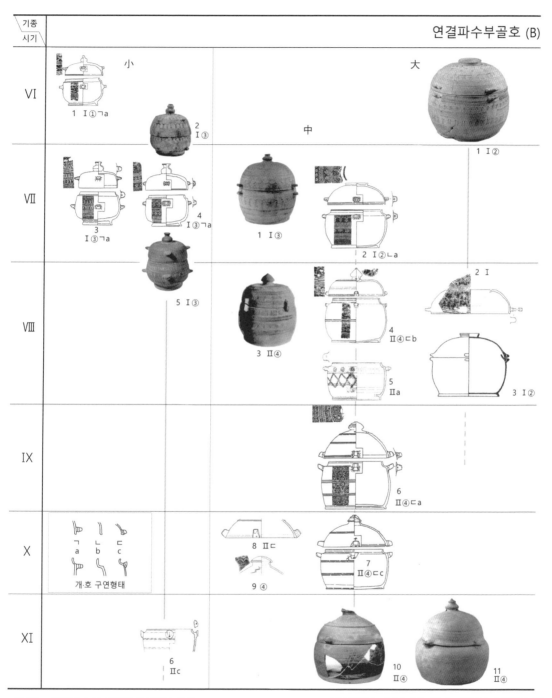

기종 시기	연결파수부골호 (B)		
VI	小 1 I①ㄱa 2 I③	大 中 1 I②	
VII	3 I③ㄱa 4 I③ㄱa	1 I③ 2 I②ㄴa	
VIII	5 I③	3 II④ 4 II④ㄷb 5 IIa	2 I 3 I②
IX		6 II④ㄷa	
X	ㄱ ㄴ ㄷ a b c 개·호 구연형태	8 IIㄷ 9 ④	7 II④ㄷc
XI	6 IIc	10 II④	11 II④

<도 50> 연결파수부골호(B)의 변화(1/10)　　　　　　※유물번호+연결파수+꼭지+개구연+호구연속성

형식 변화에 의해 변형된 것은 아니다. 보주형 꼭지의 유행이 매우 높았던 결과이다.

전형의 연결파수부 유개호에 한정한다면, Ⅷ단계에 해당하는 보주형은 세모형에 가깝다. 이후 인화문이 쇠퇴한 Ⅹ단계의 무문기에 접어들면, 종장방형의 소형과 횡장방형의 중형에서 보주형 꼭지 외면에 다수의 돌선이 확인되는 양상을 보인다. 보주형 꼭지 속성 자체의 형식 변화에 따른 시간적 방향성이 뚜렷하게 인식되었다.

개의 꼭지 변화와 함께 개의 구연부 변화도 파악되었다. 유개골호의 개 구연 형태는 다양하게 나타나지만, 크게 3개의 속성(ㄱ~ㄷ식)으로 구분하였다<도 50>.

ㄱ : 단부는 둥글거나 편평, 뾰족하지만, 구연이 전체적으로 직립 하강

ㄴ : 단부에서 뾰족하게 외반

ㄷ : 단부가 삼각형으로 각짐

연결파수부골호의 출현기(Ⅵ단계)는 개의 구연이 모두 ㄱ식이며, 종장문iv류 및 호선문 유행기(Ⅶ단계)에 ㄱ식, ㄴ식이 혼용되었다. 파상종장문 유행기(Ⅷ단계)에 중형에서 ㄷ식이 확인되었다. 이후 무문 유행기(Ⅹ단계)에 이르러 비전형의 소형 유개골호에 ㄴ식이 일부 존속했지만, 대부분 ㄷ식으로 변화되었다.

골호는 개의 여러 속성 변화와 연동하여 구연부 형태와 파수의 부착 위치 변화가 뚜렷하다. 우선 호의 구연부 형태는 비전형 골호에서 속성의 다양성이 크게 나타났다. 전형 연결파수부골호의 경우는 호의 구연 속성 변화가 비교적 뚜렷하게 관찰되었다. 골호의 구연형태는 크게 3개의 속성(a~c식)로 구분할 수 있었다<도 50>.

a : 내경 후 직립, 단부 둥근 형태

b : 내경 후 직립, 단부 뾰족

c : 내경 후 짧게 외반

전형 골호의 출현기이며, 문양 변천의 Ⅵ단계에 종장방형(A)과 횡장방형(B)의 소형에서 각각 a식이 나타났다. Ⅶ단계에서 전형 A식의 중형과 대형은 b식 구연이 대부분 확인되었지만, a식은 여전히 존속해서 Ⅸ단계까지 나타났다. 그러나 무문 유행기(Ⅹ단계)가 되면 전형의 경우는 모두 c식으로 변천되었다.

연결파수부 유개골호에서 시간적 방향성이 가장 명료한 속성은 파수부의 부착 위치이다. 종장방형(A), 횡장방형(B)의 골호와 소형~대형의 크기별로 개와 호에 부착된 상하 파수부의 간격이 획일적이지 않았다. Ⅵ~Ⅶ단계에 상하로 이격된 파수(ⅰ식)가 파상종장문 유행기(Ⅷ단

계)로 내려가면 대부분 개와 호의 파수가 밀착된 형태(II식)로 확인되었다. 이러한 파수의 속성은 XI단계까지 지속적으로 사용되었다.

8) 세장경병

세장경병은 장경편구호와 부가구연편구병의 구경부와는 달리 구경의 형태가 세장하다. 동체 형태가 편구형이 아닌 종장형[21]을 보이고, 저부에 굽이 부착된 병으로 정의하였다. 세장경병은 현존 자료를 참고하면, 통일신라시대 VIII단계에 크게 유행한 변종으로 판단되었다. 이후 형식 변천을 그쳐서 XI단계에 존속하였다. 특히 VIII단계 이후의 세장경병은 계보적으로 선대 0~III단계의 세장경병(도 52)의 속성 일부와 연관성이 엿보이며, 외래 기종(중국도자)의 영향도 배제할 수 없다.

세장경병의 소비 양상은 0~III단계에는 신라왕경지역 내 주요 사찰과 건물지에서 소량으로 확인되었으나, 대부분 석실묘의 부장품으로 출토되었다. 그러나 파상종장문 유행기(VIII단계)에 새롭게 출현하는 세장경병의 경우, 이후 XI단계까지 무덤의 부장품으로 사용되지 않고, 주로 신라왕경 내 건물지, 우물 등에서 실생활 용기로 활용되었다.

(1) 크기 구분

세장경병의 크기는 기고, 동최대경(동경), 동고의 비교를 통해 소형, 중형, 대형으로 구분되었다. 기고의 경우, 세장한 경부가 부착된 기형으로 인해 후대 경부가 결실된 자료가 많아 전체 기고를 비교할 수 있는 자료가 적다. 그러나 잔존 완형을 대상으로 기고를 살펴보면, 소형은 기고 18.3~20.4cm, 중형은 24.6~31.5cm, 대형은 잔존 최대 기고가 39.9cm에 달한다. 대체로 기고 21cm 이상이 중형에 해당하며, 기고 32cm 이상이 대형에 속하나, 중형과 대형의 크기 차이가 매우 크다.

잔존 경부에 비해 동체부는 비교적 온전한 자료가 많았다. 병의 크기 비교는 동고와 동경의 비율이 소형, 중형, 대형의 구분에서 유효하다. 산점도를 참고한다면, 동고 11cm 이상을 경계로 소형과 대형의 구분이 가능하였다. 동최대경 19cm 이상이 대형으로 분류되었다. 다

---

21) 박미현(2019)은 신라 병의 속성 분류에 통해서 동체를 편구동과 종장동으로 크게 구분하였다. 구경은 단경과 장경으로 분류하였다. 이 글의 세장경은 종장동을 가진 장경병의 기종 분류에 동일하게 포함되었다.

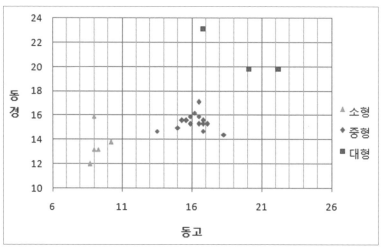

<도 51> 세장경병의 크기 비교

만, 大4의 경우, 동경(16.8cm)이 중형에 포함되나, 동고(23.1cm)에서 큰 차이를 보이므로 동고
와 동경의 비율을 통해 대형으로 분류되었다. 세장경병의 동고와 동경의 크기 범위를 정리하
면 아래와 같다.

　　　세장경병의 크기- 소형(동경 12~15.9cm, 동고 8.7~10.2cm)
　　　　　　　　　　　　 중형(동경 13.8~17.1cm, 동고 13.5~18.3cm)
　　　　　　　　　　　　 대형(동경 19.8~24.0cm, 동고 19.8~23.1cm)

(2) 기형 변화

　세장경병의 경우도 문양의 변화와 연동하여 기형의 여러 속성 변화가 인지되며, 시간 변
화에 민감한 속성도 확인되었다. 대체로 동체부의 변화가 가장 뚜렷하였다. 결실 자료가 많
지만, 구연부 변화의 방향성도 예측 가능하였고, 전반적인 굽의 변화 양상도 인식되었다.

　우선 세장경병의 동체부에 대해서 소형은 동체가 대부분 편구동의 형태를 보이고 있었
다. 반면 중형과 대형은 종장동이 특징적이다. 이러한 양상은 소형 장경병이 삼국시대 선각
문(삼각집선문, 컴퍼스문) 시문기에 초현했지만, 인화문 밀집시문기(III단계)에서 늦어도 IV단계(삼국
통일기)까지 존속하였다. 이후 단계부터는 소멸하였고, 파상종장문 유행기(VIII단계)에 또다시 변
이된 종장동을 가진 중형과 대형으로 출현하였다. 인화문 시문의 절정기인 VIII단계에 소형의

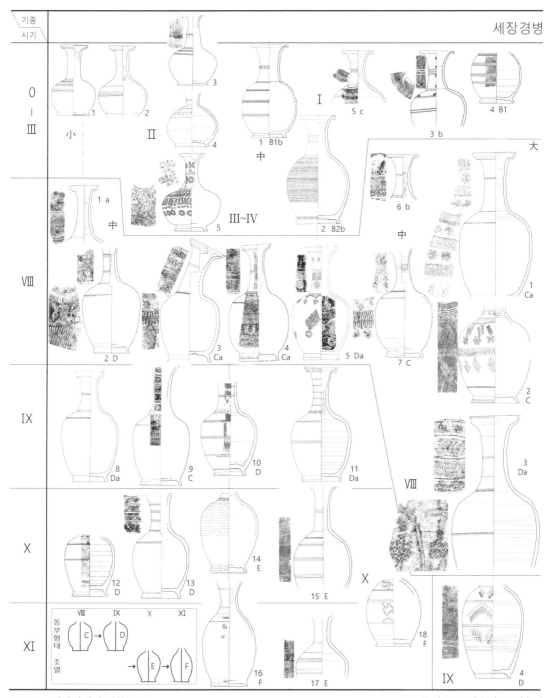

<도 52> 세장경병의 변화(1/10)

※유물번호+동체속성+구연속성

세장경병은 확인되지 않았다. 중형과 대형의 세장경병이 크게 유행하고, 이후 늦은 시기까지 변천되었다.

소형 세장경병의 동체부 변화는 상기 검토한 부가구연편구병의 동체 변화와 동일 양상을 보이는 점이 특징적이다. 초기 단계의 선각문 유행기 편구동은 동최대경이 중상위에서 있으나, 수적형문 유행기(II단계)에 하위로 처진 편구동으로 변화되었다. 이후 III단계에는 장타원형의 편구동으로 변천되는 것으로 조열이 가능하다. 초기 중형의 경우는 소형의 동체부 변화와 연동하지 않으며, 이것은 계열 차이에 기인된 것이다.

중형의 동체부 변화는 초기 선각문 유행기에 소형과 다소 차이를 보이는 구형에 가까운 형태(B1)이다. 이후 장타원형(B2)으로 변화한 것으로 조열되었다. 그러나 이후 단계와 연속성을 갖는 장경병은 확인되지 않았다. 공백기를 지나 인화문 시문의 절정기인 파상종장문 유행기(VIII단계)에는 중형과 대형의 동체부가 말각방형에 가까운 형태(C)의 전형적인 세장경병이 다수 출현 및 유행했다. 이러한 동체 변화는 파상종장문 유행기(VIII단계)에 단경호와 직구호의 동체부와 유사한 공통성을 보인다.

특히 중형 세장경병의 경우, VIII단계에 속하는 말각방형의 동체는 다음 IX단계로 내려가면 견기부보다 각기부의 폭이 다소 좁아지는 세장한 역제형에 가까운 형태(D)로 점진적 변화하였다. X단계는 동체의 어깨 부분이 하부로 처지고 유선형으로(E) 변화되었다. 이후 XI단계에는 볼링의 핀과 같이 어깨가 강하게 처지고 견기부의 구분이 약한 유선형으로 연속성을 갖고 변천되었다. 이와 연동하여 동체부 외면에 형성된 침선 구획도 VIII단계보다 IX, X단계로 갈수록 점점 증가하는 양상도 인지되었다<도 52>.

다음은 세장경병은 구연 형태의 종류와 변화이다. 구연 형태는 3개의 형태(a~c식)로 분류되며, 아래와 같이 분류되었다.

a : 단부가 ㄴ형의 부가구연형
b : 단부의 단면이 삼각형과 유사, 뾰족하게 말린 형태
c : 구연이 수평적으로 외경, 단부 단순형

소형 세장경병의 구연부는 초기 선각문 시문기에 a식이 확인되었다(小1, 2). 인화문 초현기에 중형 세장경병의 구연에서 b식과 c식이 모두 확인되었다. 이후 파상종장문 유행기(VIII단계)의 세장경병은 대부분 부가구연형(a식)이 전형적으로 다수를 차지하였고, b식의 구연도 확인되었다. a식 구연의 자체 변천은 IX단계 중형의 구연 형태를 참고한다면, ㄴ형 부가구연의 꺾임 정도가 약해지는 것으로 변화의 방향성을 설정할 수 있었다.

Ⅷ단계에 유행하는 중형과 대형의 장경병에 대해서 그 구연형태 a식은 소형의 구연 a식에서 계보를 찾을 수 있었다. 동체부는 0~Ⅰ단계에 해당하는 중형의 동체(B1, B2)와 관련성이 있다.

2. 상대 편년과 평행 관계

1) 토기의 단계별 변화 양상

이상과 같이 신라후기 및 통일신라양식토기에 대해서 인화문이 시문된 것에서 무문양 토기로의 이행이라는 시간적 방향성이 설정되었다. 이를 기준으로 토기의 단계별 변화 양상을 간략히 요약해서 종합하면 아래와 같다.

　Ⅰ단계 : 삼각집선문(A)+원호문구성, 인화문 유행기
　　　　　고배: 대각 이단구획 상하단 장방형 투창→이단구획 상단 방형투창
　　　　　단경호: 소형은 말각방형, 구형의 동체,
　　　　　파수부호의 출현, 부가구연편구병의 타원형 동체 유행

　Ⅱ단계 : 수적형문 유행기, 삼각집선문(A)+수적형문 구성
　　　　　고배: 이단구획 상단 방형투창 지속, 제형동체의 단경호 출현
　　　　　부가구연편구병의 구연 ㄴ형(b1) 출현, 각진 편구형 동체의 장경편구호

　Ⅲ단계 : 단일문 밀집시문, 유사종장문 및 초기 종장문 시문
　　　　　파수부호 동체의 정형화(구형, 역제형, 종장역제형)
　　　　　부가구연편구병의 구연 ㄴ형(b2)과 편구형 동체의 정형화

　Ⅳ단계 : 종장문 i 류 출현, 종장문 시문수법 A, 다변화문 1류
　　　　　고배대각의 단부 원형, 구형의 파수부호 소멸, 장경편구호의 구연 외반強

　Ⅴ단계 : 종장문 ii 류 출현, 점열문(J1), 종장문 시문수법 B 출현, 다변화문 2류
　　　　　고배: 이단구획 상단 원공 투창
　　　　　단경호: 구연 b, d식 정형화, 부가구연편구병의 장경화

VI단계 : 종장문iii류(N3) 유행, 종장문 시문수법 C 출현, 다변화문 3류,
　　　　수평종장문 유행, 운문 출현
　　　　단일구연 개, 외반구연완 초현, 고배: 일단구획 원공 투창
　　　　고배의 대부완화 진행
　　　　장경편구호 소멸, 연결파수부 골호 등장 및 삼각형의 각진 개구연 단부

VII단계 : 종장문iv류(종장문 퇴화기), 호선문(호) 유행, 사변화문(K),
　　　　다변화문 4류, 세타원형문, 각종 호선문, 운문 및 단일문류 유행
　　　　고배 대각 무투공, 제형 동체의 단경호 소멸, 부가구연편구병의 동체부 각짐
　　　　파수부호의 종장역제형, 직구호 출현, 세장경병 초현, 연결파수부 골호 유행

VIII단계 : 파상종장문 유행, 호선문, 종장문 시문수법 C 유행
　　　　단경호: 중형과 대형의 동체부 말각방형, 구형이 정형화, 리본 장식문 유행
　　　　직구호 유행, 세장경병 유행, 연결파수부골호의 보주형 꼭지 개 유행
　　　　연결파수부골호의 파수 간 부착 유행

IX단계 : 종장문의 쇠퇴 및 소멸기, 단일문 간격 단순 시문, 무문화 진행
　　　　세장방형, 타원형 동체 단경호 유행, 직구호의 구연 외반화

X 단계 : 인화문 소멸기, 파상선각문 및 무문 유행
　　　　단경호의 장동화 시작, 동체 장식문-궐수문 소멸, 리본문 퇴화
　　　　세장경병 동체의 유선형화

XI단계 : 무문
　　　　단경호의 장동화 본격 진행, 동체부 종마연 기법, 다치구 긁기
　　　　골호 개신의 수평화

XII단계 : 무문
　　　　단경호의 장경화, 장식문의 소멸(흔적퇴화기관화, 무장식 기면압흔)
　　　　파수부호 동체의 정형화(구형, 역제형, 종장역제형)
　　　　부가구연편구병의 구연 ㄴ형(b2)과 편구형 동체의 정형화

2) 타 기종 층위 및 평행 관계

(1) 층위 관계

이 글에서 분석된 유개완 이외 타기종도 층위 관계를 통해서 유물 형식변화의 방향성을 찾아볼 수 있다. 경주 화곡리 생산유적에서 출토된 연결파수부골호와 세장경병을 검토한다.

우선 연결파수부골호는 기형과 문양의 상관 관계를 파악한 기존 형식학적인 연구가 있다. 호의 속성 중 시간적 변화에 민감한 속성은 연결파수의 부착 위치(결구식)에 있다. 이것의 부착 위치에 따라 개와 신부를 조합할 때 거리가 떨어져 있는 형태(I식: 도 49 참조)에서 함께 포개질 때 간격이 없어져 거의 합쳐지는 형태(II식: 도 49 참조)로 변화를 상정한 분류(宮川禎一 1989)가 있었다. 이와 정반대의 변화를 상정한 분류(홍보식 2005)도 있었다.

전자는 연결파수부의 부착 위치가 I→II식의 변화가 시간적 방향성을 가지는 것으로 파악하였다. 이와 연동해서 I식의 연결파수부 유개호는 개의 꼭지가 주로 호 축소형 부착, 종장연속문(점열문) 유행→II식의 연결파수부 유개호는 개의 꼭지에 보주형 꼭지의 부착, 파상문의 종장연속문 유행으로 변화하는 것으로 이해하였다.

필자 또한 구고(李東憲 2008a)에서 연결파수부의 부착위치가 I→II식의 시간적 변화가 타당하다고 판단하였다. 이러한 근거 중 하나는 연결파수부골호(B-中4, 도 53)와 경주 성동동 386-6번지 유적 출토 인화문 외반구연 완(도53-1)의 문양구성과 변천이 동일 문양의 공반으로 서로 평행관계가 확인되었다. 문양을 통한 2기종의 기형 변천을 유추할 수 있는 것이다.

또한, 연결파수부 I→II식의 변화에 따라 I식의 골호(A-中1, 도 53)에는 호형 꼭지 개, 수평종장문, 퇴화된 마제형 종장문 확인(VII단계)→II식의 골호(B-中4, 도 53)는 보주형 꼭지 개, 호선문, 파상종장문 유행(VIII단계)으로 기형과 문양의 형식 변화에 대한 시간적 순서를 상정할 수 있다.

이러한 기준으로 볼 때 연결파수부골호는 통일신라양식토기 VII~VIII단계에 호선문(영락문), 운문, 조문, 파상종장문, 점열종장문, 화문 등의 인화문이 화려하게 시문된 것으로 판단된다. 이후 9세기 초에는 경주 전민애왕릉 인접 출토 '元和十年'銘(815) 무문양의 연결파수부골호(국립경주박물관 1985, A-中2, 도 53)와 중국자기가 공반된 경주 배동 삼릉 출토 무문양의 연결파수부골호(강경숙 2000, B-中7, 도 53)와 같이 문양이 대부분 사라지고, 연결파수부의 위치도 서로 접합된 것이 유행하는 것으로 이해되었다.

한편 연결파수부골호의 형식 설정과 변화에 대해 상기한 모든 기형과 문양의 변화를 전자와 정반대로 설정한 견해도 있다(홍보식 2005). 연결파수부골호를 개와 호의 형태와 문양의 유무 및 구성을 통해 총 5형식(Ⅰ~Ⅴ형식)으로 설정하였다. 호의 동체 형식 변화를 종장방형→횡장방형→합형으로 상정했다. 연결파수의 위치는 개와 호 부착 시 간격이 없는 것(Ⅱ식)→간격이 큰 것(Ⅰ식)으로 조열하였다. 문양은 무문→유문으로 변화를 주요한 형식변화로 결론지었다.

그리고 형식의 편년에 대해서 기존 연결파수부골호의 가장 늦은 시기의 형식인 815년명 무문양의 유개호와 경주 배동 삼릉 출토(9세기 전반)를 가장 선행 형식으로 설정하였다. 통일신라 석탑에서 출토된 절대연대를 알 수 있는 납석제 사리용기의 동체변화(8세기 종장방형→9세기 전반 횡장방형→9세기 후반 합형)가 연결파수부골호의 동체 형식변화와 연동한다고 판단하였다. 마지막 Ⅴ형식으로 설정한 인화문이 가장 화려한 합형 유개호(A-中1)의 시기를 9세기 후반대로 판단하였다.

결국 여기에서 동일한 통일신라토기(A-中1)를 두고 형식 설정에 따른 방향성의 차이에 따라 골호의 편년이 8세기 전엽(전자) 또는 9세기 후반(후자)으로 견해가 달라질 수 있는 것이다.

형식 설정이나 배열을 하나의 가설로 판단한다면, 그 시간적 방향성을 확정하기 위해서는 객관적인 검증이 필요하다고 생각된다. 그러나 앞서 언급했지만, 연결파수부골호는 기형 및 자체 문양의 변화, 타 기종의 문양 변화와 평행관계를 통해 형식변화의 시간적 순서가 1차적으로 검증되었다. 그럼 이제는 유적에서 출토된 유물의 층위관계를 통해 속성의 선후관계를 점검해 보기로 한다.

상기한 바 있는 경주화곡리생산유적의 자연수로에서 출토된 유물은 지층누중의 법칙에 따라 하층에서 화려하게 시문된 인화문토기가 확인되었다. 늦은 시기에 퇴적된 상층으로 갈수록 토기의 문양이 소멸되는 양상을 확인할 수 있었다. 특히 이곳 자연수로1의 최상층(Ⅴ·Ⅵ층)에서 무문양의 연결파수부골호의 개(B-中8, 도 53)가 확인되었다. 하층(Ⅷ층)에서 화려하게 시문된 인화문 연결파수부골호의 개(B-大2, 도 53)가 출토되었다. 하층 출토 골호의 개는 호선문(영락문 구성), 지그재그 C수법의 파상종장문, 星文(별모양의 단일문), 합성문 등이 시문되었다. 연결파수의 위치도 개의 구연 단부에서 떨어져 간격이 있는 형태이다. 반면에 상층 출토 개에는 문양이 없고, 연결파수의 위치도 개의 구연 단부에서 간격이 없이 서로 밀착된 형식이 확인되었다.

층위 상관을 통해 골호 속성 변화에 따른 시간적 방향성은 하층에서 파상종장문, 연결파수부의 구연단부 이격(Ⅰ식, 舊)→상층에 무문양, 연결파수부의 구연단부 부착(Ⅱ식, 新)이다. 이것은 층위를 통해 속성의 선후관계를 검증할 수 있는 것이다.

하층 출토 유개호의 星文은 인화문 성행기의 타 기종인 유개완의 개, 완이나, 병류, 호류 등에도 자주 확인되며, 파상종장문 유행기(통일신라양식토기 Ⅷ단계, 8세기 중엽)에 유행한 단일문으로 인식된다<도 27>.

이 하층 출토 골호의 개(B-大2)와 동일한 시기에 제작된 것으로 판단되는 예는 국립경주박물관 소장품1(B-中2, 도 53)이 있다. 이 연결파수부골호는 기형에 대해서 화곡리 하층 골호의 개(B-大2)와 비교하면 개 구연 형태와 연결파수부의 위치와 형태가 서로 동일하다. 이 골호의 개와 호(B-中2)는 문양이 서로 동일하고, 정합 관계에 있다. 호선문, 점열문, 파상종장문, 화문류, 동물문이 시문되었다. 이 중에는 화곡리 하층 출토 골호 개(B-大2)의 호선문과 파상종장문이 서로 동일하다. 또한 이 호의 개에 시문된 동물문은 화곡리유적의 동일 하층(Ⅷ층)에서 출토된 단일구연의 개(도 53-2)에도 확인되므로 모두 파상종장문 유행기(Ⅷ단계)에 제작된 것으로 유추된다.

한편 화곡리 자연수로1의 최상층(Ⅴ·Ⅵ층)에서 출토된 무문의 연결파수부골호 개(B-中8, 도 53)는 구연형태가 국립경주박물관 소장품2(B-中6, 도 53)인 인화문 연결파수부골호와 동일계열로 판단된다. 문양이 시문된 소장품2보다 늦은 단계에 무문의 연결파수부골호의 개(B-中8)를 조열할 수 있다.

또한, Ⅴ·Ⅵ층 출토 무문의 유개호(B-中8)는 앞서 살펴본 9세기 전반대의 중국자기가 공반된 경주 배동 삼릉출토 연결파수부골호(B-中7)와 815년명 무문양 골호(A-中2)의 개 구연과 연결파수부의 위치가 서로 유사하다. 이들은 시기적으로 비슷한 시기에 제작되었음을 유추해 볼 수 있다.

이상과 같이 연결파수부골호의 기형과 문양의 평행관계를 통해 시간적 방향성 설정을 1차적으로 검증하였다. 지층누중의 법칙에 따른 유적의 상층과 하층의 시간적 선후관계를 통해 골호 속성 변화의 방향성 설정을 재차 검증할 수 있었다.

이 글에서 논의한 통일신라양식토기의 편년 기준인 단계별 문양 변화에 따라 연결파수부 결구식은 Ⅰ식→Ⅱ식의 시간적 방향성을 가지며, 파상종장문이 유행하는 Ⅷ단계에 결구식의 큰 변화가 확인되었다.

한편 층위 검증을 통한 토기 속성의 선후관계 파악은 앞서 제시된 세장경병을 통해서도 확인이 가능하다<도 52>. 경주화곡리생산유적의 하층인 Ⅸ층과 Ⅷ층에서 Ⅷ~Ⅸ단계의 세장경병(中2~4, 7) 동체 속성(C, D)→상층 Ⅵ층에서 Ⅹ단계의 세장경병(中14) 동체 속성(E)→상층 Ⅴ·Ⅵ층에서 Ⅺ단계의 세장경병(中16) 동체 속성(F)을 가진 세장경병이 출토되었다.

세장경병의 형식조열은 문양의 편년 기준을 통해 이미 1차 나열된 것이지만, 2차적으로 유물 출토 상·하층의 층위관계를 통해서도 세장경병의 동체 속성의 변화가 말각방형(C)→유선상의 보링핀형(F)로 변화하는 방향성을 검증할 수 있다.

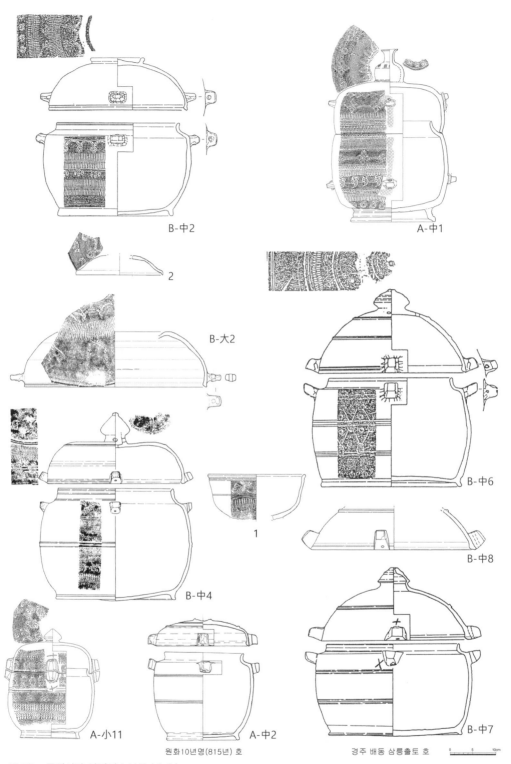

B-中2

A-中1

2

B-大2

B-中6

1

B-中8

B-中4

A-小11

원화10년명(815년) 호

A-中2

B-中7

경주 배동 삼릉출토 호

0 5 10cm

<도 53> 통일신라 연결파수부골호(1/8)

(2) 장식문의 평행 관계

앞서 살펴본 단경호와 직구호에서 확인된 장식문은 인화문과 같이 도장을 사용하여 찍은 것은 아니다. 중국자기의 첩화문이나 융기문과 같이 동체부 기벽 외면에 띠상으로 부착하여 장식적인 요소를 가미한 것이다. 삼국시대 고분에서 주로 출토된 평저단경호, 옹류, 대부단경호, 대부직구호 등 토기류에서 확인되며, 이후 통일신라시대까지 지속적으로 토기 외면에 장식되었다.

장식문은 이 글 분석대상 토기 중 단경호와 직구호의 특정기종에 한해서 확인되었다. 단

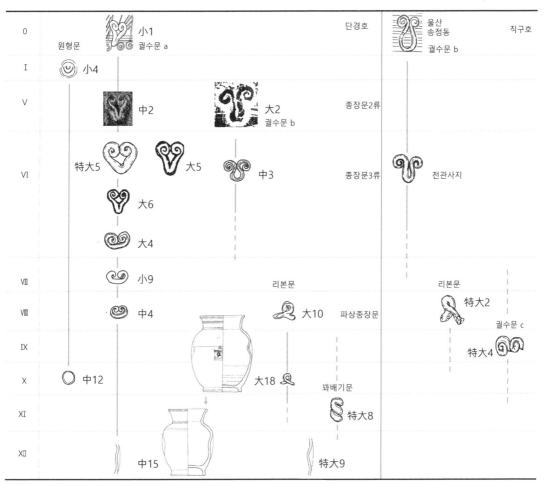

<도 54> 호류의 동체 장식문 변화(1/3)

경호와 직구호에서 보이는 장식문은 궐수문(고사리문), 리본형문(ℓ), 이형문(꽈배기형문), 원형점토문(圓形耳, 원형꼭지) 등이 부착되었다<도 54>.

이 중 궐수문은 가야토기에도 확인되며, 고사리문이 말리는 방향에 따라 내향형(a), 외향형(b)으로 세분할 수 있다.

궐수문a는 인화문 문양 변천상 선각 삼각집선문과 찍은 원문류의 혼용기(0단계)부터 확인되었다. 이후 V단계(종장문ⅱ기)에 좌우대칭적인 하트형으로 정형화되었다. Ⅵ단계(종장문ⅲ기)에는 궐수문이 타원형으로 변화되었다. 늦은 시기로 갈수록 궐수의 말림 정도가 점점 약해져 문양의 퇴화가 진행되었다. 파상종장문 유행기 이후로는 확인되지 않았다.

궐수문b는 V~Ⅵ단계에 걸쳐 확인되었으며, 문양의 신부가 점점 짧아지는 변화가 보였다. 이후 Ⅷ단계(파상종장문 유행기)에는 궐수문이 리본형문으로 대체되었다.

리본문은 X단계에 소형 및 단순화되었다. Ⅻ단계에 장식문이 소멸하고, 장식문이 없는 기면압흔이 잔존하였다. 이러한 무장식의 기면압흔은 기면 굴곡의 수평화로 인해 확인이 가능하다. 일종의 문양 퇴화 현상이며, 속성의 흔적기관화로 인식할 수 있고, 장식문도 인화문과 동일하게 형식학적으로 발전→퇴화→소멸(흔적기관화)하는 평행관계가 확인된다.

Ⅵ단계에 단경호와 직구호의 궐수문b는 서로 동일형식이다. 파상종장문의 유행기(Ⅷ단계)에 '東宮衙'명 단경호(도 36-大10)와 직구호(特大2)의 리본문이 동일형식이다. 이것은 동일한 방향성을 가진 기형의 형식변천 과정 속에서 동일 단계의 2기종에서 동일한 장식문이 확인된 것이다. 동일한 장식문도 동일문양의 공반과 같은 의미로 상호 평행관계가 연결된다.

궐수문에 비해 단순한 구조의 원형 점토문은 Ⅰ단계부터 X단계까지 지속적으로 단경호의 동체부에 부착되었다. 형식학적으로 유용한 장식 문양이 선택적으로 장기 유행 및 존속한 것으로 이해된다.

(3) 토기 정면기법의 평행관계

앞서 살펴본 단경호와 직구호의 장식문을 통한 형식 변천의 상호 평행관계 확인은 토기의 정면기법을 통해서도 검증이 가능하다. 인화문 소멸기에 해당하는 통일신라양식토기의 X, XI단계는 무문양이 주류이나, 이전 스탬프문이 파상선각문으로 대체되어 단조로운 문양이 일부 존속하였다<도 55>.

X단계의 편구병(中68)과 세장경병(中18)은 기형의 개별 변천과정 속에 동일한 파상선각문이 확인되었다. 또한, 동일 유적(포항 원동 2지구 유적 2008) 내 동일 유구(우물 1호)에서 공반되어 서

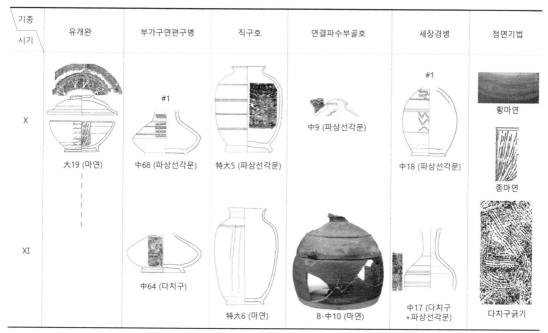

기종 시기	유개완	부가구연편구병	직구호	연결파수부골호	세장경병	정면기법
X	大19 (마연)	#1 中68 (파상선각문)	特大5 (파상선각문)	中9 (파상선각문)	#1 中18 (파상선각문)	횡마연 종마연
XI	中64 (다치구)		特大6 (마연)	B-中10 (마연)	中17 (다치구 +파상선각문)	다치구긁기

<도 55> 토기정면기법의 평행관계(1/10)

로 평행관계가 성립된다.

　이러한 방법으로 특정 시기에 토기의 기면에서 확인되는 동일한 정면 기법을 통해서 기형의 형식 조열에 대한 평행관계를 살펴볼 수 있다. X, XI단계의 무문양 토기에 주로 확인되는 정면기법은 횡, 종마연 기법과 다치구 긁기가 있다. 마연기법은 깎기흔과 유사하나, 도구를 이용하여 기면 일부를 긁은 듯이 문질렀다. 다치구 긁기는 목판이나 대칼 등의 도구 단부를 이용하여 정면 및 문양 효과를 가미한 것이다.

　이러한 정면기법은 통일신라양식토기의 변화 단계 중 VIII단계(단경호 大10)에서 초현하나, 대부분 X, XI단계부터 확인되며, 이전 단계에서는 거의 관찰되지 않는다. 따라서 특정 시기(XI단계)에 직구호(特大6)와 횡장방형 연결파수부골호(B-中10)에서 확인되는 동일한 마연정면기법을 통해 형식조열의 평행관계를 확인할 수 있다.

　편구병(中64)과 세장경병(中17)에서 확인되는 다치구긁기는 통일신라양식토기의 가장 늦은 XI단계부터 초현하였다. 이것은 2기종의 형식조열에 대한 평행관계를 토기정면기법으로 확인할 수 있는 것이다.

다치구긁기는 일반적으로 통일신라시대 말기에 나타나고, 이후 고려시대에 존속하여 유행하였다. 이러한 양상은 고려 초기 석곽묘에서 청자와 공반된 토기 편병(경상북도문화재연구원 2016)에 다치구 긁기 기법이 확인되는 점을 통해 이해할 수 있다.

이상과 같이 통일신라양식토기의 X, XI단계(8세기 말~9세기 초)에 본격적으로 확인되는 통일신라의 토기제작기법은 횡, 종마연 기법과 다치구 긁기가 특징적이다.

특히 마연기법은 단단한 도구를 사용하여 기면 일부를 문질러서 장식 및 기벽 보강 효과를 내는 暗文(梁時恩 2003)과 유사하다.

이 암문은 고구려토기의 특징적인 정면 및 문양 시문 기법이다. 한강유역 출토 니질태토의 흑색이나 회색 계통의 고구려토기에서 다수 확인되었다. 통일신라양식토기와의 시기적인 차이를 고려한다면, 고구려계토기 문화를 흡수한 남북국시대 발해토기와의 관련성을 상정할 수 있다. 이에 대해서는 추후 세밀한 비교와 검토가 필요할 것이다.

600

20

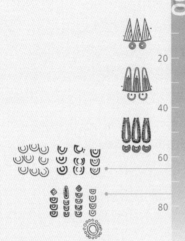

40

60

80

700

20

40

60

80

18

800

15

4장

역연대론

1. 인화문토기와 통일신라 개시기

문헌기록상 7세기 전반경의 신라는 국제적으로 불리한 정황 속에 중국의 唐과 군사동맹 (648년)을 체결하였다. 이후 나당연합군을 결성하여 삼국통일의 기반을 마련하였다. 삼국통일 전쟁의 시작으로 백제의 부여 사비성이 함락되면서 義慈王 20년(660)에 백제는 멸망하게 되었다. 연이어 淵蓋蘇文의 사망 후 지배층의 정권쟁탈전으로 국론이 분열된 고구려는 평양성이 함락됨으로써 寶臧王 27년(668)에 패망되었다.

이 시기의 신라는 당과 연합하여 삼국의 통일을 이룩하게 된다. 이후 신라는 고구려와 백제의 유민을 적극적으로 포섭하여 당의 세력을 추출(676년)함으로써 신라 영역에 대한 완전한 지배권을 확보하게 된다.

신라의 삼국통일 후에는 영토 확장과 유민 융합에 따른 인구 증가, 사회 안정화를 통한 문화의 번영은 신라사의 획기적인 변혁이다. 문헌사료를 기준으로 살펴볼 때 백제와 고구려가 멸망하는 시기인 660~670년경은 신라의 통일전쟁기, 즉 통일신라로 이행되는 전환기이다. 670년경 이후는 통일신라의 개시기에 해당한다고 할 수 있다.

종래의 고고학적 연구성과에 의하면, 삼국시대 말경의 전환기를 거쳐 통일신라 개시기의 고고자료를 토대로 그 시간적 획기를 설정하는 데는 어려움이 따랐다. 이는 신라 특정 묘제의 장기 존속과 변화의 정체성, 토기 연대관의 다양성, 편년 기준 자료의 희귀성 등에 기인된 것이다.

역사적 사회 변동이 반드시 고고자료의 변화와 연동해야 한다는 보장은 없다. 그러나 고대 어느 한 시점의 물질 문화가 지역 차이를 무시하고 특정 시기에 특징적인 공통성을 보인다고 가정하자. 이러한 양상을 초래한 역사적 배경을 고고학적으로 추정해 보는 시도는 역사고고학의 진보를 위해서도 고무적인 일이다.

이 장의 주요 목적은 통일신라양식토기의 총체적인 편년 작업에 앞서 문헌사료의 기록을 토대로 한 고고자료의 분석을 통해 삼국시대와 통일신라시대의 분기점을 찾아보자는 초보적인 시도이다.

삼국시대 백제유적이 분포하는 부여지역에 역사적인 문헌기록을 적용해 본다. 서기 660년경 이후 유입된 신라 문물인 통일신라양식 인화문토기를 재검토할 것이다. 이와 아울러 인화문토기 수급의 핵심지인 경주지역에서 출토된 토기를 逆으로 비교한다. 또한, 부여와 경주지역에서 벗어나 경기도 지역에 유입된 신라토기도 함께 살펴본다. 최종적으로 통일신라시대로 이행되는 전환기와 개시기 인화문토기의 양상에 대해 간접적으로 유추하겠다.

1) 전환기의 기존 편년 검토

(1) 토기 편년관과 문헌상 시대 구분의 대응관계

앞서 검토했듯이 신라의 삼국통일 직전과 직후의 토기 양식은 신라통일기양식, 통일신라양식, 신라후기양식, 통일양식, 신라중기~후기양식 등이 있었다. 토기 양식 구분의 주관적 차이에 따라 다양한 용어가 등장하게 되었다. 이러한 양상은 신라의 삼국통일이 당시 정치, 사회, 문화, 경제적인 측면에서의 현격한 변화가 있었다. 그럼에도 불구하고, 고고학적으로 시기의 명확한 분기를 위한 편년 기준이 부족했다.

그러면 기왕의 인화문토기의 편년연구를 통해서 시대 구분이 어떻게 진행되었는지 살펴보고자 한다. 인화문토기의 편년관은 기존 연구사(홍보식 2004)에 체계적으로 소개된 바 있다. 이 장의 취지와 성격상 문헌사료에 입각하여 신라의 삼국통일 전후를 기점으로 해당 연구자의 단계, 형식, 양식 설정에 대한 편년 근거와 특징에 대해 간략히 요약해 보겠다.

崔秉鉉(1987)은 신라후기양식토기를 6단계로 구분하였다.

3단계-삼각집선문 소멸, 국화형 화판문(수적형문)+원문류 시문 : 6세기 말
4단계-원문류의 밀집시문 : 7세기 초

5단계-원문류의 소형화, 抹角方形化(종장연속마제형문), 연주화형문(다변화문),
　　능형화판문(능형문) 등 시문 : 7세기 전반
6단계-원문류의 말각방형화, 국화문, 종열연주문, 지그재그식 점선문(점열문)
　　시문 : 7세기 중엽→삼국통일기 이전

崔秉鉉은 문헌기록상 진흥왕 15년(553)에 창건된 황룡사지의 발굴조사를 통해서 출토된 토기를 신라후기양식토기의 편년 근간으로 활용하였다. 또한 황룡사지 동금당의 1차 축조 연대를 9층목탑이 조성된 시기, 즉 선덕왕 14년(645)에 기준을 두었다. 동금당 1차 건물지의 기단 구축토에서 출토된 인화문토기의 하한연대를 7세기 중엽(6단계)으로 설정하였다. 따라서 崔秉鉉의 편년관에 입각한다면 종장연속마제형문의 출현은 삼국통일기 이전으로 파악된다.

宮川禎一(1988 · 1993)은 인화문토기의 문양 구성과 시문 수법의 변천에 따라 10단계로 구분하였다.

1a식-인화문의 출현(6세기 후엽)
1b식-인화문의 보급, 수적형문, 원문류의 全面시문 : 7세기 전반
2a식-문양의 혁신, 종장연속문 출현, 다변화문, 능형문, 합성문의 출현,
　　A시문 수법 : 7세기 중엽(7세기 후반의 전기)
2b식-종장연속문, 횡장연속문 출현 : 7세기 후엽(7세기 후반의 후기)→삼국 통일기

宮川禎一은 인화문토기의 문양을 중심으로 6세기 후엽에서 9세기 전엽까지 시기를 문양 변천원리에 따라 6식 10단계로 상대편년을 시도하였다. 이중에 1b식의 수적형문은 일본 고분출토품과 비교하여 7세기 전엽을 문양 성행기로 파악하였다. 문무왕 14년(674)에 조성된 월지 출토의 인화문토기가 주로 종장연속문 출현 이후의 토기로 보았다. 日本 大阪府 南河內郡 美原町 所在의 太井遺蹟에서 출토된 盒(7세기 후반 제작)에 종장연속문이 시문되어 있는 점을 근거로 종장연속문의 출현을 7세기 중엽으로 설정하였다. 따라서 宮川禎一의 편년관에 따르면 종장연속문의 출현은 7세기 후반의 전기(650~675년)에 해당되었다. 종장연속문은 삼국통일 직전과 직후에 고안되어 신라의 삼국통일 이후에 성행한 것으로 이해된다.

洪潽植(2003, 2007b)은 후기양식토기를 제Ⅰ~제Ⅳ양식으로 구분하였다. 그 아류로 A~I형식으로 세분하였다.

통일양식토기는 제Ⅰ양식이 있으며, 그 아류형식으로 J, K형식으로 구분

후기양식토기 제Ⅳ양식 Ⅰ형식-찍은 삼각집선문+원점문, 국화문: 630~650년

통일양식토기 제Ⅰ양식 J형식-수적형문, 單齒의 반원점문 전면시문: 650~670년

K형식-연속마제형문, 수적형문+원점문, 국화문

680~700년→삼국 통일기 이후

洪潽植의 후기양식토기 제Ⅳ양식 Ⅰ형식에 대한 절대연대 설정은 경주 황성동 석실분(524-1번지) 출토 인화문토기에 기준을 두었다. 이 석실분에서 출토된 土俑의 服飾은 中國의 唐 복식과 문헌기록의 비교를 통해 649~664년이라는 절대연대가 도출(國立慶州博物館·慶州市 1993)되었다. 토용과 같은 시기에 매납된, 찍은 삼각집선문과 원문류의 인화문토기를 7세기 2/4분기로 설정하였다.

통일양식토기의 시작인 제Ⅰ양식 J형식은 경주 월지 축조(674년) 이전에 매납된 유개호에서 개원통보(상한연대 621년)가 공반되었다. 유개호의 개에 수적형문이 시문되어 있으므로 이 문양의 고안 시기를 660년 백제멸망시점 직전으로 파악하였다. 이러한 근거로 660년에 신라 문물이 백제지역으로 유입된 것으로 판단되는 정림사지연지유적과 부소산성 출토품에서 원점문, 연속마제형문과 함께 수적형문이 시문되고 있는 점을 고려하였다. 통일양식토기의 제Ⅰ양식 K형식은 경주 월지에서 주류로 출토된 인화문토기가 해당되었다. 또한 토기 폐기의 상한연대인 7세기 말로 보고 있는 일본 鴻臚館 출토의 연속마제형문 개를 7세기 4/4분기의 역연대자료로 제시하였다. 따라서 洪潽植의 편년관에 의하면, J형식 말기에서 K형식이 신라의 삼국통일기에 해당하며, 통일신라시대 이후가 연속마제형문의 성행기로 유추된다.

尹相悳(2010)은 신라토기를 전기양식, 중기양식, 후기양식, 말기양식으로 구분하였다. 중기양식(6세기 중엽~7세기3/4)은 Ⅰ~Ⅲ기로 구분하고, Ⅲ기를 Ⅲa기, Ⅲb기로 세분하였다.

Ⅲb기 : 후반에 원문류 전면시문, 2~3개의 종장연속문 초기형 출현

7세기 3/4(650~675)

후기양식(7세기 4/4~8세기 말) Ⅰ기의 Ⅰa기 : 5~8개의 본격적인 종장연속문 유행

7세기 4/4~ →삼국통일기

尹相悳은 문헌사료에 기록된 북한산성을 아차산성으로 추정하였다. 이 성벽다짐층 출토 신라토기(삼각집선문과 원문류구성)를 절대연대 추정자료로 제시하였다. 이를 근거로 인화문이 발생하는 중기양식의 Ⅱa기를 6세기 말로 설정하였다.

이후 중기양식의 마지막 단계인 IIIb단계는 정림사지 연지와 능산리사지 출토품에 대한 기존 연대관(660년 직후, 7세기 후기 전반)을 적용하였다. IIIb기를 7세기 3/4, 후기양식 I 기의 I a기를 'U'자형 종장연속문의 유행기로 파악하였다. 따라서 尹相悳의 중기양식 IIIb기는 실연대상 宮川禎一의 2a식과 상응한다. 종장연속마제형문의 유행은 신라의 삼국통일 이후로 파악된다.

이상에서 세부적인 연대 차이는 있으나, 인화문토기의 원문류 전면(밀집)시문이 삼국통일 이전인 점이 공통적이다. 본격적인 종장연속마제형문의 유행이 신라의 삼국통일기 이후라는 점도 어느 정도 일치를 보인다. 그러나 인화문토기의 세밀한 시기 구분에 따라 엄격하게 통일신라 개시기의 토기가 어떤 것인가, 문헌기록의 역연대상 어떤 토기군의 유행 시기를 통일신라의 시작으로 보아야 할 것인가는 큰 과제이다. 이에 대해 필자는 구고(李東憲 2008a)를 통해서 원문류에서 변화된 정형화된 마제형종장문(종장문 i 류)이 시문된 인화문토기가 통일신라 개시기에 가깝다는 점을 피력한 바 있다.

따라서 이하의 글에서 기왕의 연구 성과를 토대로 좀 더 구체적으로 이 문제에 접근하여 논지를 펼치고자 한다. 문헌기록을 토대로 신라의 삼국통일 직전에 유입된 것으로 판단해 볼 수 있는 부여지역 출토 인화문토기를 우선적으로 살펴보고자 한다.

2) 전환기의 인화문토기

(1) 부여지역 출토 역연대 자료의 재검토

① 陵山里寺址

능산리사지(國立夫餘博物館 2000; 국립부여박물관 2007; 국립부여문화재연구소 2008a; 국립부여박물관 2010)는 백제 사비기(538~660년)의 왕실 기원 사찰이다. 이 유적은 1992~2008년까지 11차례 발굴조사가 이루어졌다. 1~5차의 발굴조사는 중심 사역과 공방지를 중심으로 실시되었다. 6~8차에서는 배수로 및 도로유구가 확인되었다. 9~11차는 난방시설을 갖춘 대형건물지를 비롯하여 우물지, 집수정 등이 확인되는 외곽지역을 중심으로 발굴이 진행되었다. 조사 결과, 능산리사지는 전형적인 백제사찰 구조인 1탑 1금당 양식의 가람 배치를 보였다. 사역 내 공방지 I 에서 백제금동대향로(국보 제287호)와 목탑지 심초석 상부에서 百濟昌王銘石造舍利龕(국보 제288호)이 출토되었다. 백제토기류, 기와류, 인화문토기류, 금속제품 등 다양한 유물이 확인되었다<도 56>.

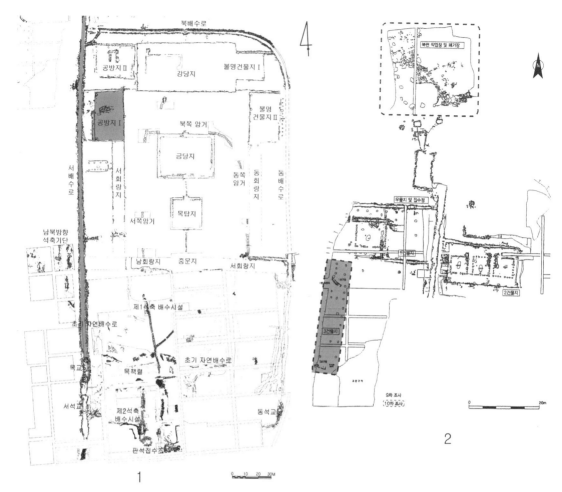

<도 56> 충남 부여 능산리사지(1: 중심사역-공방지 I, 2: 외곽지역-3호 건물지)

　　사찰의 창건 시기는 대략 6세기 중엽이 상한이다. 폐사 시기에 대해서는 660년 백제의 멸망이라는 정치적 상황과 밀접한 관련을 갖고 화재 등으로 폐사가 이루어진 것으로 인식되었다. 그러나 660년 사비성(부소산성) 함락 이후부터 671년 신라가 所夫里州를 설치하여 부여지역에 대한 완전한 지배권을 확보할 때까지 사찰의 명맥이 어느 정도 유지되었을 가능성도 제기되었다(金賢晶 2002).

　　능산리사지에서 출토된 인화문토기는 총 20여 점이 확인되었지만, 기형과 문양을 확인할 수 있는 것에 한해 그 양상을 파악해 보고자 한다. 기형은 개와 완류, 병류에 국한되었다. 세

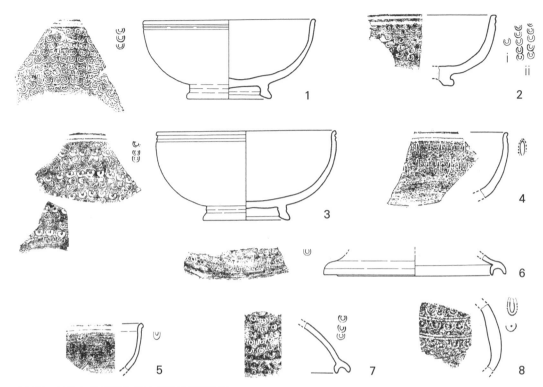

<도 57> 부여 능산리사지 출토 인화문토기(1/3)

부 속성을 알 수 있는 개와 완의 경우, 개구연 속성은 일반적으로 인화문토기의 이른 시기로 이해되는 3식(내·외구연의 돌출도가 크고, 대칭적 배치, 도 57-6·7)이다. 완구연 속성은 직립구연(Ⅰ식: 도 57-1·2·3·4, 도 58-4, Ⅱ식: 도 57-5, 도 58-2)이 확인되었다.

문양의 모티브는 대부분 기하학적 요소를 보이는 반원문류이다. 시문구를 기준으로 단일문 밀집시문(이중반원, 반원점문, 수적형문류 개별시문)과 1열 3개의 종장문(이중반원문, A수법)이 주류이나 다치구의 점열문(A수법)도 확인된다.

그런데 반원문류인 1열 3개 종장문의 경우, 개별 단위문의 縱列이 정연하지 못하다. 상하의 간격 또한 일정하지 않고, 개별문양의 定置가 되지 않는 양상을 보였다(도 57-1, 3, 7). 정연하게 시문되는 정형화된 마제형(U형)의 종장문과는 차이가 있었다. 마치 단일문 시문구로 하나씩 밀집 시문한 효과로써 복잡한 문양 시문대를 보였다.

이러한 문양의 非定列性과 非定置, 1열 3개 이하의 종장문과 함께 원문류 1개의 단일문 시문구(도 57-2- i)로 종장문 효과(유사종장문, 도 57-2- ii)를 보였다. 이와 같이 다소 혼란스런 문양시문은 정형화되고 획일적으로 정렬된 마제형의 종장문(종장연속마제형문, 도 73)으로 이행하는 과도기적 양상이다.

다음으로 발굴보고서를 통해서 사역 내 인화문토기의 출토 양상을 파악해 보고자 한다. 출토지가 기재되어 있고, 그 출토 빈도수가 높은 지역은 대체로 금동대향로가 출토된 공방지 I 과 서대배수로, 3호 건물지가 해당되었다. 공방지 I (도 56-1)에서 1열 3개의 종장문 완(도 57-1)과 단일문 밀집시문 완(도 57-5)이 확인되었다. 서대배수로(도 56-1)에서 단일문(이중반원문, 세타원형점열문) 밀집시문 완(도 57-2, 4, 6)과 1열 3개의 종장문 개(도 57-7)가 출토되었다.

또한, 공방지 I 에서 북서쪽으로 서대배수로를 건너 약 40m 정도 떨어진 외곽지역에 위치한 3호 건물지(도 56-2)도 다수의 인화문토기가 확인되었다. 건물지의 사용 시기에 유입된 것으로 판단되는 단일문(이중반원) 밀집시문 개(도 58-1) 및 완(도 58-4)과 1열 3개의 이중반원 종장

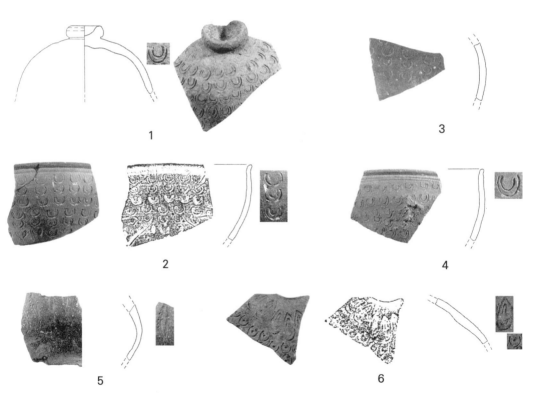

<도 58> 부여 능산리사지 3호 건물지 출토 인화문토기(1/3)

문 동체편(도 58-2, 3)이 출토되었다. 이외 수적형문류
+반원점문(도 58-6)과 세타원형점열문(도 58-5)이 밀집
시문된 개편이 확인되었다.

능산리사지 출토 인화문토기의 문양시문 양상
은 수적형문류+반원문류 문양구성이 존속하고 있
었다. 원문류(이중반원문), 세타원형점열문의 단일문
밀집시문과 1열 3개 이하의 이중반원문류 종장문
이 주류이다. 시문구의 문양제작기법 역시 이른 시
기에 주로 확인되는 양각기법(A')이 대다수를 차지
하였다.

능산리사지의 중심사역에 위치한 공방지 I 은 백
제의 멸망 시점인 660년경의 역사적 배경과 함께
금동대향로와 목탑지 심초석 상부에서 확인된 백

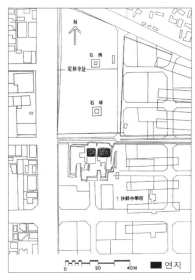

<도 59> 부여 정림사지연지 유적 위치도

제창왕명석조사리감의 유물출토 정황을 통해 일시에 폐기된 것으로 판단되었다. 유적의 층
위도 단일문화층으로 확인되었다. 발굴보고서에 입각한다면 공방지 폐기 이후에 회흑색점
토층과 조선시대 이후에 퇴적된 모래층 등이 유입된 것이다. 백제 이후 통일신라, 고려~조선
시대의 유구는 형성되지 않았다.

3호 건물지가 조성된 지역의 층위도 陵寺 발굴보고서(국립부여문화재연구소 2008a)에 따르면,
3개의 문화층 중 인화문토기가 출토된 문화층은 가장 상면(上面)에 형성된 황갈색점질토층(초
석면)이다. 이 하부에 형성된 2개 문화층은 사비기 문화층과 사비기 이전 문화층에 해당한다.
따라서 출토 위치가 명확한 능산리사지의 공방지 I 과 3호 건물지에서 출토된 인화문토기는
문헌사료에 근거한다면 660년이란 폐기의 상한연대를 지니게 되는 것으로 유추된다.

② 定林寺址蓮池

백제 사비기의 대표적인 사찰인 정림사지(尹武炳 1987; 국립부여문화재연구소 2008b)는 부여의 시
가지 중심부에 위치한다. 사역 내 唐 蘇定方의 勝戰紀功文인 「大唐平百濟國碑」銘이 새겨
진 오층석탑(국보 제9호)과 통일신라~고려시대 石佛坐像(보물 제108호)이 현존하고 있다. 부여 정
림사지는 1942년 조선총독부박물관에 의한 발굴조사를 시초로 2008년까지 7차례에 걸쳐 조
사가 진행되었다. 조사 결과, 1탑 1금당식의 가람배치를 확인하였다. 남북을 기본 축으로 연
지 2개소, 남문, 중문, 석탑, 금당, 강당지가 일직선상에 배치되었다. 회랑이 건물지를 감싸고

있는 것을 확인하였다. 여기에서 검토해 볼 인화문토기는 연지에서 출토된 것이다. 발굴보고서에 제시된 도면상으로는 총 19여 점이 소개되었다. 토기의 기종은 개와 완류가 주류이며, 병편이 소수 확인되었다. 토기의 개별속성을 파악해 볼 수 있는 개와 완의 구연속성이 있다. 개는 2식(도 60-4), 3식(도 60-5), 4식(도 60-6)이며, 완은 모두 Ⅰ식이다.

토기 문양의 모티브는 능산리사지 출토 인화문토기와 극히 유사한 양상을 보이고 있었다. 그중 대부분은 기하학적 요소인 반원문류이고, 단일문의 밀집시문 양상이 다소 혼란스럽다. 시문구를 기준으로 단일문류(이중반원점문, 반원점문, 이중반원문, 수적형문류, 점열화문류)의 밀집시문(도 60-2, 5, 6, 7, 9)과 부분시문(도 60-1)이 확인되었다. 1열 5개 이상의 종장문처럼 시문된 1열 3개의 반원(점)종장문(도 60-3)과 1열 3개의 이중반원종장문(도 60-4, 8)이 관찰되었다.

특히 1열 3개 이하의 종장문은 종렬이 바르지 않고, 단위문 또한 정치되지 못한 것이 마치

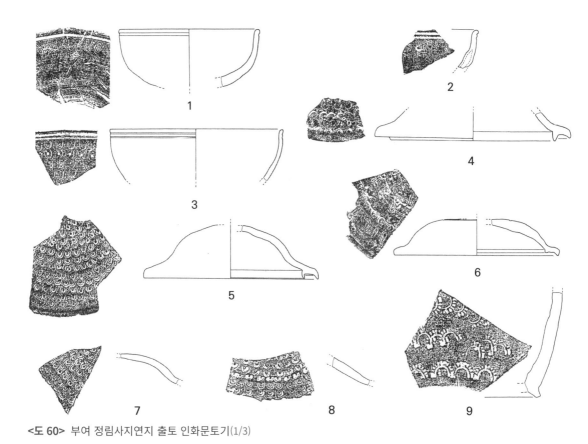

<도 60> 부여 정림사지연지 출토 인화문토기(1/3)

단일문을 밀집시문한 것 같은 혼란을 초래한다. 반면 단일문의 개별밀집시문이 마치 종장문처럼 시문된 양상 등은 앞서 검토한 능산리사지 인화문토기의 양상과 흡사하다. 연지출토의 인화문토기에서 확인되는 문양시문 원리의 주된 요소는 단일문(반원문류)의 밀집시문이 다수를 차지하였다. 1열 3개 이하의 종장문이 확인되며, 시문구의 문양제작기법 또한 양각이고, 음각요소(B')는 확인되지 않았다.

기존의 부여 정림사지 연지 출토 인화문토기는 유물의 폐기 상한연대가 백제의 패망과 관련하여 A.D.660년으로 인식되었다(이희준 1994; 홍보식 2003 · 2007b; 김종만 2004). 물론 이 토기들이 연지 내 바닥층에서 안정되게 출토된 유물은 아니다. 연지가 매몰된 후에 쌓인 층에서 확인되었기 때문에 유물 출토 정황의 불확실성도 일부 있다.

발굴보고서에 수록된 유물 중에는 다소 늦은 시기의 지그재그(C수법) 점열문이나 융대병(주름무늬병)도 부분적으로 혼재되었다. 전체 유물을 일괄유물로 판단하기에는 한계가 있다. 그러나 능산리사지에서 보이는 원문류의 단일문 밀집시문과 문양의 定置 및 縱列이 획일화되지 않은 종장문, 1열 3개 이하의 반원문류 종장문 등은 초기종장문이다. 이러한 토기군이 정림사지 연지에도 다수 확인된 점은 문양의 요소가 660년을 상한연대로 시문되었다는 것을 간접적으로 시사하고 있다.

③ 扶蘇山城

부소산성은 1981년 군창지 발굴조사를 시작으로 2002년에 이르기까지 총 22년간 조사가 진행되었다. 산성 내 · 외부에 있는 평탄지, 성벽, 건물지 등 많은 부분에 걸쳐 조사가 실시되었다. 성벽의 축조방법 및 시기 파악과 함께 성과 관련된 문지, 장대지, 치성, 주거지 등 다양한 유구가 확인되었다. 조사 결과, 부소산성의 외곽을 따라 여러 개의 곡부를 감싸고 축성된 장기 전투에 유리한 포곡식 산성이 백제시대에 초축되었다. 성 내부에 조성되어 단기 전투에 용이한 테뫼식 산성은 통일신라시대와 조선시대 초기에 조성되었다. 이외 각종 유구들도 백제~조선시대에 걸쳐 조성된 것으로 파악되었다.

부소산성은 백제시대 포곡식 산성이 초축된 이후에도 통일신라시대에 들어서 내부에 테뫼식산성이 축조되었다. 내부에 각종 건물지가 조성되어 이 지역이 후대에도 지속적으로 활용되었다. 특히 서북편 테뫼식 산성 내부에서 통일신라시대 초석식 건물지 등이 확인되었다. 이는 백제 멸망 이후에 통일신라시대 定住性의 주요 건물이 조성되었음을 알 수 있었다<도 61>.

부소산성에서 출토된 청동기시대~조선시대의 유물은 약 4,000여 점이 수습되었다. 이 중

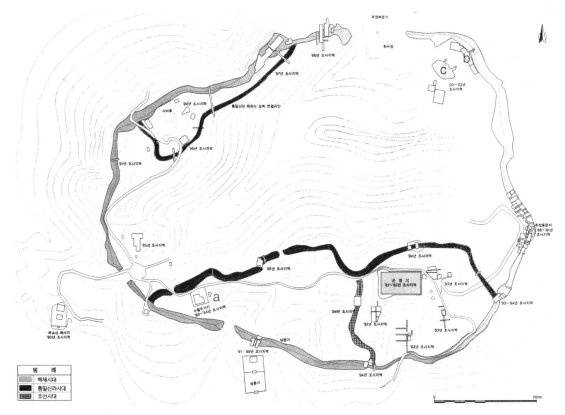

<도 61> 부여 부소산성 발굴 현황도

인화문토기는 약 190여 점에 달한다. 기종은 개와 완이 다수를 차지하고 병류, 호류가 소수
확인되었다. 토기의 기형과 문양 또한 능산리사지와 정림사지에서 출토된 인화문토기가 유
사한 양상이다. 문양은 대부분 원문류(이중반원문, 이중원문, 수적형문류)의 모티브를 가지고 있었
다. 기하학적 요소와 양각 효과를 보이는 문양이 대부분이다.[22]

　문양의 시문구를 기준으로 했을 때 원문류의 단일문 밀집시문과 1열 3개 이하의 유사종
장문, 1열 3개 이하의 초기종장문이 다수이다. 이들 중 원문류의 밀집시문이 대다수를 차지

---

22) 김종만(2006)은 부소산성에서 출토된 각종 시대별 토기를 출토지별로 분류하여 그 양상을 정리한
　　바 있다. 특히 토기 중 인화문토기의 문양은 이중원문과 이중반원문이 다수를 점하고 있다고 파악
　　하였다.

한다. 그러나 이 유물들은 건물지와 더불어 성곽 발굴조사의 특성상 단위별 유구에서 명확한 위치와 층위를 가지고 출토된 유물이 아니다. 대부분 층위유물이므로 개별유구 내부에서 유물출토 정황을 통해 일괄유물로 인식하기는 다소 한계가 있다. 이러한 한계성의 격차를 최대한 축소시키기 위해서 개별 단위별 유구와 유물출토 정황에서 서로 일괄성을 보이는 것을 살펴보고자 한다.

부소산성에는 이례적으로 수혈식 주거지가 산성 내부에서 양호하게 잔존하고 있었다. 부소산성 서남편(남문지 북서편, 3동, 1983년 조사), 군창지 남편대지(4동, 1992년 조사), 북문지 동편일대(8동: 2000년, 3동: 2002년 조사) 등 3개소에서 확인되었다. 발굴보고서에 따르면 대부분 군사적 방호 목적을 위한 일종의 병영시설 건물지로 추정하였다(國立文化財硏究所 1996). 주거지의 크기는 장폭과 단폭이 대부분 4m 내외이고, 평면 형태는 모두 방형에 가깝다. 내부 시설물로 부뚜막시설(난방취사시설)이 설치된 주거지도 확인되었다. 주목되는 점은 이 주거지 중에서 완형에 가까운 인화문토기가 다수 확인되었다. 부소산성 서남편 지역(도 61-a)과 북문지 동편 일대(도 61-b, c)의 수혈식 주거지가 이에 해당된다.

부소산성 서남편 지역에서 확인된 1호 수혈식 주거지(건물지1, 도 62)는 그 바닥 면에서 인화문토기 개 2점(도 62-1, 2)과 완 1점(도 62-3)이 출토되었다. 개의 구연속성은 3식(도 62-1)과 4식(도 62-2)이며, 완의 구연속성은 Ⅱ식에 해당한다. 문양은 개에서 2점 모두 수적형문류의 단일문 밀집시문이 확인되었다. 완의 신부에는 마치 1열 3개 이하의 종장문과 같이 혼란되게 시문(유사종장문)한 단일문(이중반원문류) 밀집시문 양상을 보였다.

다음은 북문지 동편 일대에서 확인된 주거지(도 63, 64)의 예이다. 이 지역은 2개소로 구분되어 조사되었다. 북쪽에 성벽 내측과 연접한 지역이 나지구이며, 그 남서쪽에 있는 지역이 다지구에 해당한다. 우선 나지구 성벽 가까이에서 확인된 나지구-6호 주거지와 7호 주거지의 床面에서 인화문 완(도 63-1)과 개(도 63-2)가 각각 출토되었다. 완의 문양은 반원점문과 수적형문류가 시문되었다. 각각 단일문 시문구 2개를 달리해서 횡으로 밀집시문하였다. 개는 이중반원점문의 단위문이 1열 3개로 연결된 종장문을 2단으로 시문하였다. 완 구연속성은 Ⅱ~Ⅲ식의 과도기에 속하며, 개 구연속성은 내구연이 퇴화된 4식에 해당한다.

다지구의 1호 주거지 床面에도 인화문 완(도 64-1)이 확인되었다. 구연속성은 Ⅱ식이며, 문양은 이중원점문류이다. 문양의 하단부가 약간 말각으로 처리된 단일문으로 밀집시문하였다. 따라서 주거지에서 출토된 인화문토기는 대부분 기하학적 요소가 남아 있는 원문류와 수적형문류가 확인되었다. 1열 3개의 원문류 종장문을 포함한 단일문 밀집시문, 문양의 시문구제작기법상 양각기법이 주류이다. 이 주거지에서 출토된 인화문토기는 부소산성에서

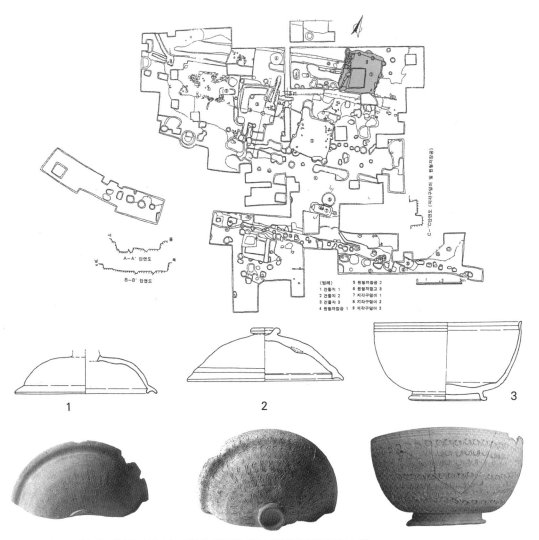

<도 62> 부소산성 내 서남편지역 1호 수혈식 주거지 출토 인화문토기(土器 : 1/3)

수습된 인화문토기 중에서 그나마 잔존 상태가 양호하였다. 주거지의 床面에서 출토 정황이 확실한 점은 해당 주거지의 사용 시기와 직접적으로 연관 지을 수 있다. 그러면 이 주거지들의 성격을 어떻게 볼 것인가?

앞서 언급했지만, 이 주거지들은 군사의 병영지일 가능성이 크다. 인화문토기가 출토된 주거지는 북문지와 연접한 동쪽 성곽 내측 지역과 남문지 일대의 서쪽 곡부를 건너 남쪽 백

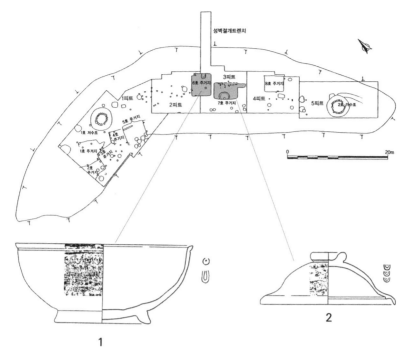

<도 63> 부소산성 북문지 동편일대 나지구 주거지 및 출토유물(1: 나6호, 2: 나7호)

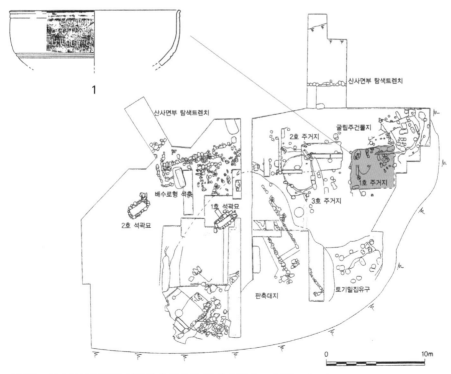

<도 64> 부소산성 북문지 동편일대 다지구 주거지 및 출토유물(1: 다1호)

제성곽의 내측 지역에 각각 조성되었다. 전략적 위치에 자리잡고 있으며, 주거지 구조 면에서 초석식의 정주성 건물지와는 차이가 있다. 주거지의 내부에서 출토되지 않았지만, 남문지 서편지역의 1호 주거지 주변에서 무기류가 출토되었다.

백제지역의 주요 산성 한복판에 신라의 인화문토기를 반출하는 주거지가 조성된 점은 660년경 신라군이 백제를 점령한 직후 부소산성에 주둔하면서 이 주거지를 조성하였을 가능성이 크다. 따라서 부소산성에서 주류를 보이는 인화문토기의 양상 또한 능산리사지나 정림사지의 경우와 동일한 것을 알 수 있다.

(2) 부여지역 인화문토기 양상

앞서 검토한 부여 소재 유적들에서 출토된 인화문토기 양상을 종합하자. 문양과 특정기종(개, 완류)에 대한 기형속성에서 공통적인 유사성을 간취할 수 있다. 인화문토기의 주속성인 문양은 반원문류의 기하학적 요소를 아직 유지하였다. 이중반원문류, 세타원점열문, 수적형문 등의 단일문류를 양각으로 새긴 소형 시문구를 사용하였다. 한 개씩 밀집시켜 찍는 단일문의 개별 밀집시문 원리가 다수를 점했다. 이러한 점은 기존 부여 지역 출토 인화문토기 문양에 대한 기존 인식과는 다소 차이가 있다.

金賢晶(2002)은 기존 연구에서 능산리사지의 중심사역 출토 인화문토기의 문양을 분석하였다. 대다수로 확인되는 문양이 종으로 정렬된 원문류의 종장연속문인 것으로 파악하였다. 이러한 문양 인식에 대한 상이성은 단일문으로 한 개씩 찍은 개별 밀집시문을 1열 2개~5개 원문류의 종장연속문(도 57-2, 6)으로 오인한 점이라 판단된다. 이것은 실제로 1개의 이중반원문이 새겨진 소형 시문구로 마치 1열 3개, 1열 5개의 종장문처럼 시문한 것(유사종장문)에 대한 오해이다. 문양 시문구의 기준으로 단일문의 2~3단 개별 밀집시문 원리로 파악해야 할 것이다. 이러한 양상은 능산리사지 사역 외곽 3호 건물지에서 출토된 인화문토기(도 58-1, 4)에서도 동일하게 확인되었다. 李熙濬(1994)에 의해 재검토된 정림사지연지 출토품(도 60-5, 7)과 부소산성 내 1호 수혈주거지에서 출토된 인화문토기(도 62-3)에도 마치 1열 3개의 종장문처럼 시문된 단일문 개별 밀집시문을 찾아볼 수 있다.

다음은 부여 출토 인화문토기에서 확인되는 종장(연속)문의 시문양상을 재고해 보기로 한다. 앞서 소개한 유적에서 종장문은 원문류 1열 3개의 종장문이 압도적으로 다수 확인되었다. 그러나 일반적으로 종장문에 대한 기존 인식은 관념적으로 단위문이 1열상에 상하·좌우로 정렬 및 정치된 종장문을 연상해 왔다. 부여에서 확인되는 종장문을 통해서 문양의 세밀한 인식이 촉구된다. 즉 1열 3개 원문류의 종장문이 확인되나, 단위문의 종렬상 비정치와 단위문 자체도 정렬되지 않은 비정형적인 종장문(초기종장문)이 모두 확인된다는 점이다.

이러한 문양시문 양상으로 인해 실제 종장문을 시문했지만, 마치 단일문의 개별 밀집시문으로 오인하게 되는 것이다. 따라서 이러한 문양시문의 혼란과 문양인식에 대한 오인은 형식학적 문양변천원리에 입각한다면 체계적으로 정렬된 마제형종장문으로 이행하는 과도기의 양상으로 이해할 수 있다.

또한, 여기에서 재차 언급해야 할 사항 중 부여지역 출토 인화문토기의 공통성은 반원문류 개별 밀집시문과 비정치된 1열 3개 이하의 반원문류 종장문이 확인되었다. 그러나 정연하게 나열된 1열 3개 이상의 마제형(U형)종장문이 시문된 토기는 거의 전무하다는 점이다.

이는 막연히 부여지역 제 유적에서 출토된 유물이 아니라 660년경 백제의 멸망이라는 역사적 사실과 관련된 능산리사지, 정림사지, 부소산성 등의 유적 내 출토위치와 층위관계, 단위별 유구내부에서 출토된 인화문토기를 통하여 세밀하게 점검해 보아도 이러한 공통적인 양상을 인지할 수 있다는 것이다.

이에 반해 경주 신라지역에는 삼국통일기를 전후한 토기 편년연구에 대해서 명확한 공반자료와 절대연대 자료가 드물다. 묘제나 건물지 등에서 출토된 유물 또한 유구의 특성상 안정된 자료로 취급하기에는 어려움이 많다. 그렇다면 역사적 배경을 통하여 당시 토기의 문화양상이 어느 특정 시점에서 일정한 공통성과 응집성을 보인다면 그러한 양상을 충분히 수용할 수 있지 않을까 생각된다.

이러한 차원에서 부여지방에서 출토된 인화문토기는 경주지역에서는 구할 수 없는 많은 정보를 간접적으로 시사해 주는 자료라고 할 수 있다. 그러면 逆으로 경주지역에서 이러한 양상의 토기를 찾아볼 수 있는가를 검토한다.

(3) 경주지역 인화문토기와의 비교

앞서 살펴본 경주지역에서 출토된 인화문 유개완에서 세트 관계에 있는 개와 완의 조합양상을 통해 기형과 문양의 속성공반양상에 따라 유개완의 상대연대를 설정하였다(2장-도 5 참조). 경주산 인화문유개완의 경우, 종장문 출현 이전인 단일문류의 개별 밀집시문은 기형 조합관계에서 그 조합 허용범위가 완은 구연부 I~II식(직립)이며, 개는 구연부 2식~4식에 해당되었다. 이하는 부여지방에서 인화문유개완은 확인되지 않았지만, 개별적으로 출토된 개와 완의 구연부 형태를 비교해 본다.

능산리사지(개: 3식, 완: Ⅰ~Ⅱ식), 정림사지연지(개: 2식~4식, 완: Ⅰ식), 부소산성(개: 3식~4식, 완: Ⅱ식)에서 확인된 것은 구연부 형태에 따른 기형 분류가 경주지역에서 출토된 것과 동일한 범주에 있다. 즉 경주 출토 유개완의 속성 공반양상에 따라 늦은 시기에 조합되는 개구연 5식(내구연이 퇴화가 진행되어 흔적기관화된 것), 단일구연 6식과 완의 구연속성으로 Ⅲ식(구연단 내면에 강한 경사나 단이 형성)~Ⅴ식(외반구연) 등은 확인되지 않는다.

따라서 경주지역 인화문토기와 부여지방에 유입된 인화문토기의 특정 기형의 속성 비교에서도 다소 이른 시기(8세기 이전)에 해당하는 속성만 확인되는 공통성을 간취할 수 있다.

문양시문에서도 원문류(반원점문류), 수적형문류, 세타원형문류, 능형문류 등의 개별 밀집시

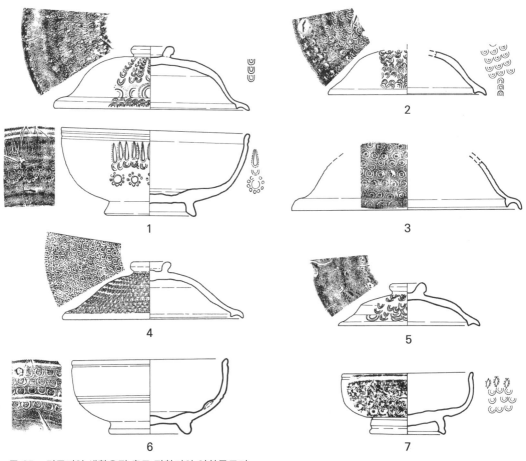

<도 65> 경주지역 생활유적 출토 전환기의 인화문토기
(1~3, 5: 황남동신라건물지, 4: 황남동376, 6: 천관사지, 7: 재매정지 1/3)

문, 1열 3개의 유사종장문 및 초기종장문이 경주시내 왕경유적 및 무덤에서 확인되었다. 이러한 인화문토기들은 주로 월성과 인접한 유적, 즉 재매정지(國立慶州文化財研究所 1996b), 천관사지(國立慶州文化財研究所 2004), 황남동 신라건물지(國立慶州文化財研究所 2003b), 황남동 376번지(東國大學校 慶州캠퍼스博物館 2002), 경주 황룡사지(文化財管理局 文化財研究所 1984) 및 동편지역 왕경유적(國立慶州文化財研究所 2002) 등 신라왕경지역에서 다소 이른 시기의 유물(5세기 말~6세기대)이 확인되는 유적에서 다수로 출토된 경향이 있다. 이 유적들 중 대표적인 황남동 신라건물지에서 출토된 인화문토기에 주목하고자 한다.

황남동 신라건물지 유적은 통일신라시대의 초석식 건물지 6동(1호~6호)과 문지, 담장, 수혈유구 등이 조사되었다. 이 중 1호 건물지는 한 차례 개보수가 이루어졌다. 내부 출토 유물을 통해 건물지의 사용 시기가 대체로 1차는 6세기 말, 2차는 7세기 말~8세기 중엽으로 추정되었다. 이외 건물지들은 대략 8세기 말~9세기 말에 걸쳐 조성되었다(國立慶州文化財研究所 2003b). 건물지 6동에서 모두 진단구가 확인되었다. 이 중 1호 건물지에서 확인된 진단구는 인화문유개완을 매납하였다(도 65-1). 개의 구연형태는 4식이며, 문양은 1열 3개의 마제형 종장문을 마치 1열 8개의 종장문처럼 2단으로 밀집시문하였다.

종장문 하부에는 이중원 외곽에 이중점열이 돌아가는 원문류의 단일문 시문이다. 구연단부 외면의 신부에 시문한 것과 동일한 종장문 시문구를 사용하여 2열을 시문하였다. 완의 경우는 침선 2줄이 있는 I 식 구연이다. 신부에 시문된 문양은 수적형문+이중반원문 문양대 구성 하부에 양각의 다변화문을 함께 시문하였다.

인화문토기의 문양 변천상 다소 이른 시기의 단일문류(수적형문+반원문류, 화문)의 부분시문이다. 1열 3개의 종장문 시문의 공반은 유개완의 기형 조합으로 과도기적 속성이 서로 연결되어 확인되었다. 이러한 양상이 4호 건물지 출토 인화문 개(도 65-2)에서도 확인되었다. 이중반원점문을 하나씩 밀집시문한 것과 1열 3개의 마제형 종장문이 공반되었다. 또한, 1호 건물지 내부에서 출토된 개 2점에서는 원문류 밀집시문(도 65-3)과 1열 3개의 이중반원문류 종장문(도 65-5)이 개별적으로 출토되었다. 이에 따라 신구속성의 공반으로 인한 단일문(원문류)의 밀집시문에서는 1열 3개의 종장문으로 이행되고 있는 인화문의 변화양상이 짐작된다. 1열 3개의 종장문 다음 단계에 예상되는 정형화된 1열 4개 이상의 마제형종장문도 이 유적에서 출토된 인화문 토기편(도 74-3)에서 확인되고 있다.

이외 황남동 신라건물지 유적과 인접해 있는 황남동 376번지 출토의 인화문 개(도 65-4)에는 이중반원점문이 단일시문구로 밀집시문되어 있다. 천관사지 출토의 인화문 완(도 65-6)에도 반원점문이 밀집시문되어 있는 것으로 확인된다. 또한, 재매정지에서 출토된 인화문 완(도

65-7)은 신부 최상부에 능형문이 있고, 하부에는 이중반원문의 단일시문구를 사용하여 마치 1열 3개의 종장문처럼 밀집시문(유사종장문)하였다. 게다가 2개의 시문구로 처리된 밀집시문양상은 충효동 6호 석실분 출토의 인화문유개완(有光敎一 1937)에서도 확인되었다. 최상단은 이

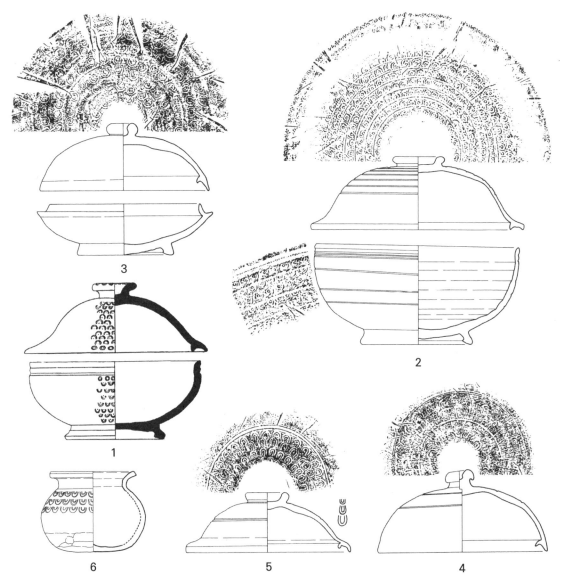

<도 66> 경주지역 무덤출토 전환기의 인화문토기(1: 충효동 6호석실분, 2~4: 건천휴게소신축부지 38호석곽묘, 5: 건천휴게소신축부지 4호석실분, 6: 근화여중고신축부지 2호석실분 1/3)

중원문, 그 하부는 이중반원점문을 밀집시문하였다(도 66-1). 이와 같은 문양대는 이후 원문류가 아닌 정형화된 마제형(U)종장문 시문단계에서 합성일체형의 종장문으로 변화되는 것으로 유추된다. 즉 최상단의 문양과 하부에 연속되는 1열 3개 이상의 마제형문이 합쳐진 합성일체형의 종장문(도 74-1)으로 변화되는 것이다.

이러한 양상의 인화문토기는 경주지역 충효동석실분 이외 고분군에서도 다수 확인되었다. 그 중 방내리 고분군과 접한 건천휴게소 신축부지 유적의 38호 小形石槨墓에서 확인된 인화문토기가 주목된다.

이곳에서는 인화문유개완(도 66-2)과 유개고배류(도 66-3), 半球形蓋(도 66-4)가 출토되었다. 특히 석실분이 아닌 석곽묘라는 점에서 이 유물들은 동시부장의 일괄성이 높다. 인화문유개완에 시문된 문양은 최상단에 소형 이중반원점문을, 이하로 이중반원점문을 밀집시문하였다. 개와 완 모두 동일한 양상으로 시문구 2개를 이용하였다. 이것은 충효동석실분 유개완과 동일한 문양 시문양상이다. 뿐만 아니라 유개고배류의 개에는 이중원문류가 밀집시문되어 있다. 반구형 개에는 이중반원문과 수적형문이 개별 밀집시문되었다. 게다가 원문류의 밀집시문 단계에 수적형문과 원문류 구성의 밀집시문 양상도 확인되었다.

이외 同 유적의 4호 석실분에서 출토된 인화문 개(도 66-5)는 문양의 정치와 획일화가 진행되지 않은 1열 3개의 초기종장문이 시문되었다. 특히 경주 용강동고분(경주 근화여중고 신축부지, 대구 가톨릭대학교 박물관 2010)의 2호 석실분 출토 인화문 小壺(도 66-6)에는 마치 1열 3개의 마제형 종장문처럼 보이는 1열 3개의 이중반원문류 종장문(유사종장문, 단일문 밀집시문)도 찾아볼 수 있다.

이상과 같이 백제 부여지역에 유입된 인화문토기의 양상을 역으로 신라 경주지역에 출토된 인화문토기를 통해 살펴보았다. 상호 동일한 양상이 확인됨을 알 수 있다. 또한, 부여지역에서 확인되지 않았던 1열 3개의 마제형문은 경주지역에서 수적형문, 반원문류 문양대 구성과 단일문(반원문류) 개별 밀집시문기에 함께 출현한 문양의 공반양상을 인지할 수 있다.

그렇다면 부여지역에서 660년이란 상한연대를 가진 인화문토기의 문양양상이 경주에서 훨씬 그 이전 시기부터 이미 나타났다고 가정하자. 그러면 부여지역의 역연대 자료를 경주토기에 그대로 적용할 수 있는가 하는 문제가 상정될 수 있다. 이에 대해서는 앞서 인화문토기의 기존 편년관에서 언급했지만, 경주 출토의 역연대 추정 토기자료 중 월지 서편 임해전지로 추정되는 건물 사이에서 건물이 세워지기 이전의 토층에서 출토된 인화문유개호가 있다. 발굴보고서(文化財管理局 文化財研究所 1977)에 따르면, 이 유개호의 성격을 장골기로 파악하였다. 내부에 개원통보 4점, 유리구슬 4점, 부식된 骨片 등이 포함되어 있었다.

유개호의 개(도 67-7)에는 수적형문이 개신부 상단에 촘촘하게 부분 밀집시문되었다. 월지

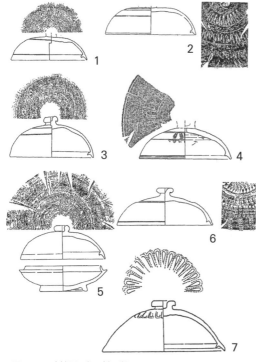

<도 67> 인화문 반구형 개(1,3,5: 건천휴게소부지, 2,6: 황룡사지, 4: 인왕동 556 · 566, 7: 월지 1/6)

의 조성연대(674년)와 호 내부 출토 唐 개원통보의 초출연대(621년)를 비교하였을 때 이 수적형문은 상한 621년~하한 674년 사이 토기에 시문된 것이다.

그런데 이러한 수적형문의 부분 밀집시문은 상기한 백제지역에서 확인이 가능하다. 신라토기의 유입 상한연대를 알 수 있는 부여 부소산성 내 1호 수혈주거지 바닥면 출토 인화문 개(도 62-1)에서 확인할 수 있다. 또한, 수적형문이 전면 밀집시문 처리된 개(도 62-2)와 1열 3개의 유사종장문(도 62-3)도 함께 동반되는 점에서 이러한 인화문 시문양상이 660년경 가까이에 있음을 유추해 볼 수 있다. 또한 그 하한연대도 월지의 유개호를 골호 또는 건물지의 진단구로 파악하더라도 월지 완공 이전의 양상이므로 670년경에 근사할 것으로 판단되었다.

특히 월지 유개호의 수적형문 개는 단추형 꼭지와 반구형의 개신을 가지고 있다. 외구연은 호선상으로 개신과 곧바로 연결되었다. 내구연은 외구연과 연결된 개신에서 직각이 되도록 내면에 돌출된 형태를 가지고 있다. 이러한 반구형 개신과 구연형태의 유사성을 보이는 개는 경주지역에서 다수 출토되었다. 이들도 개별적인 계열을 가지고 있는 것이며, 별도의 기형과 문양의 변천을 예상할 수 있다.

기존 연구 성과를 토대로 문양구성을 서열화해 보면 선각 삼각집선문과 원점문 구성(도 67-1)→수적형문과 이중반원문류 구성(도 67-2, 3, 4)→단일문 개별 부분 및 전면 밀집시문(도 67-5, 7)→마제형종장문(도 67-6)으로 나열할 수 있다. 기형변화는 마제형종장문 반구형 개에서 이전 개와 달리 꼭지 기저부가 높아졌다. 개신고가 낮아지고, 외구연 외면에 단이 생기는 양상도 인지된다. 따라서 이러한 반구형 개도 타 기종으로 별도 구별된다. 기종의 차이는 있으나, 문양대의 구성은 동일하게 시문되어 변천된 것이다.

앞서 언급했듯이 반구형의 개를 가진 단각고배(도 66-3, 67-5)는 원문류 전면에 밀집시문된 인화문유개완(도 66-2)과 석곽묘에서 공반 출토되었다. 월지 출토 개 역시 기형상 단추형 꼭지와 반구형 개신을 가진 인화문 개에서 그 계열을 살펴볼 수 있다. 문양구성으로 볼 때 종장문 출현 이전의 단일문 부분 및 밀집 시문 유행기에 해당하였다.

(4) 전환기의 문양시문 양상

결론적으로 A.D.660년을 상한으로 하는 인화문토기의 문양시문 양상을 간략하게 요약한 다면 아래와 같이 정리할 수 있다<도 68>.

- 수적형문+반원문류 문양구성 존속
- 단일문(반원문류, 수적형문류, 능형문류, 세타원형문 등)의 개별부분 및 전면 밀집시문 우세
- 유사종장문(개별 단위문의 非定列性과 非定置性, 밀집시문, 종장문과 유사)시문
- 초기종장문의 출현: 1열 3개 이하의 반원문류 종장문(非定列性과 非定置性)
  1열 3개 이하의 반원문류 종장문(定列性과 定置性)
- 원문류의 기하학적 모티브 잔존(문양 시문구 제작의 양각기법)

형식학적 유물 변천 원리에 입각해 본다면 전환기 문양 시문 양상 이후 출현할 문양은 결국 정형화된 마제형종장문이다. 즉 개별단위문의 정렬 및 정치, 상부가 열린 말각방형(이중∪형)의 1 열 3개 이상의 종장문이다.[23] 문양의 성립 단계를 형식학적 관점에서 바라볼 때 1열 3개 이하의 원문류 종장문이 체계화되고 정련하게 정리된 문양이다. 가까운 어느 시점에 그 출현을 예고 한다고 판단해 볼 수 있다.

이러한 추론은 단일문 밀집시문 단계보다 다소 이른 시기에 놓일 수 있는 수적형문+반원문류의 문양대 구성이 원문류의 개 별 밀집시문단계(도 66-2, 3, 4)에 아직 존속하고 있다. 또한 단일문 류(원문류, 수적형, 화문)의 개별 밀집시문단계에 1열 3개의 유사종 장문(도 62-3)과 1열 3개의 초기종장문, 마제형종장문이 공반되는 점(도 63-2, 도 65-1, 2)에서 각 문양별 사용 시기가 서로 멀지 않다는 점을 시사한다. 이는 문양변화의 단계적, 단절적 변화보다 형식

단일문
밀집시문

유사종장문시문

초기종장문시문

<도 68> 전환기의 문양
시문 양상

---

23) 이하 정형종장문이라 칭한다.

변화의 연속성을 보이는 사례일 것이다. 이들 문양시문은 서로 근접 시기에 유행되면서 변천된 것이다.

3) 인화문토기로 본 통일신라 개시기

(1) 정형종장문의 출현 시기

앞서 살펴보았듯이 통일신라 전환기에 해당하는 기하학적인 모티브가 잔존한 원문(반원문)류의 밀집시문 단계와 1열 3개 이하의 (유사)종장문 밀집시문 단계에서 다음으로 이행될 정형화된 마제형종장문의 출현은 언제인가?

다시 문헌자료를 검토해 보면『三國史記』新羅本紀의 文武王 11年條(671)에 신라는 부여에 所夫里州를 설치함으로써 백제 영역에서의 지배권을 완전히 확립한다. 즉 백제는 660년 나당연합군에 의해 패망되지만, 백제부흥군의 활동과 백제 지배 세력의 권력 유지는 신라의 행정체제로 완전히 전환되는 671년까지 존속되었을 가능성이 크다.

또한, 능산리사지의 폐사가 660년에 일어난 일시적 폐사라는 견해보다는 어느 정도 사찰이 명맥을 유지하다가 백제지역이 신라 정권으로 귀속되는 671년경에 완전히 폐사되면서 매몰되었을 가능성도 상정된 바 있다(金賢晶 2002).[24] 이 견해를 따른다면 능산리사지뿐만 아니라 정림사지, 부소산성 등에서 확인되는 인화문토기에 대한 양상도 이러한 가능성을 열어 두고자 한다.

그렇다면 능산리사지에서 출토된 인화문토기의 양상, 즉 단일문류(반원문류, 세타원형문류)의 개별 밀집시문, 1열 3개의 유사종장문, 1열 3개의 반원문류 종장문은 660년경부터 671년경 사이 백제의 부여지역에 유입된 인화문토기의 양상으로 추정해 볼 수 있다.

한편 또 다른 중요 문헌기사 중에『三國史記』新羅本紀의 文武王 12년조(672)를 살펴보자. 신라는 唐으로부터 한강유역을 방어하기 위하여 漢山州에 晝長城을 축조한다. 여기서 신라가 한강유역을 장악하고 한산이라고 명명된 지역은 한강 이남의 광주와 하남지역이 해

---

24) 이와 같은 맥락에서 능산리사지의 사역전체가 일시에 폐사되기보다는 중심사역(공방지, 강당지, 서대배수로 등)이 1차 폐기되고, 서북편의 외곽지역(3호 건물지 등)은 지속적으로 유지되다가 7세기 후기 전반경에 2차 폐기된 것으로 추정하고 있다(국립부여문화재연구소 2008a). 이러한 견해들을 수렴하고, 능산리사지의 중심사역과 외곽지역 출토 인화문토기가 서로 동일한 양상인 점을 고려한다면 이곳에 출토된 인화문토기 양상이 7세기 후기 전반경까지 존속했을 가능성도 있다.

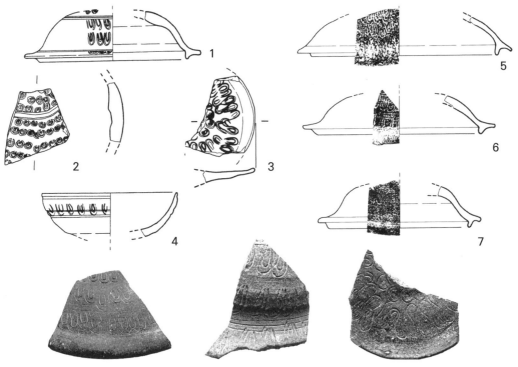

<도 69> 경기도 남한산성 출토 인화문토기(1/3)

당한다.

　당시 한산지역에 잔존한 산성 중 문헌기록의 크기
(둘레 8,109.6m)와 가장 근접한 곳이 남한산성이다. 남
한산성은 1998~2008년까지 총 8차의 발굴조사(한국토
지주택공사 토지주택박물관 2010)를 실시하였다. 신라가 대
당전쟁을 위해 쌓은 주장성이라는 견해가 가장 유력
시되는 곳이다.

　결론적으로 경기도지역 남한산성에도 인화문토기
가 소수 확인되었다는 점이다.

　<도 69>를 참고해 보면 주류는 인화문 개와 완이
고, 병편과 접시형 뚜껑도 확인되었다. 개의 구연 형
태는 대부분 2식(외구연: 수평상으로 돌출, 입면상 내구연 확인)
이며, 완 구연은 Ⅰ식에 포함되었다. 특히 공통으로

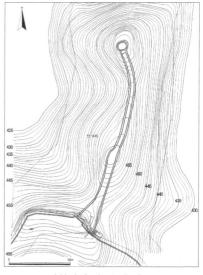

<도 70> 남한산성 연주봉옹성

확인되는 문양은 상부가 약간 열린 세장한 이중타원형의 단일문이 밀집된 것과 원점문류의 밀집시문이 확인되었다.

한편 남한산성 내 연주봉옹성(도 70)의 기단토 내부(한국토지주택공사 토지박물관, 2002)에서 인화문 호 1점(도 71-1)이 확인되었다. 단일문류 시문구 3개를 사용한 문양대가 잔존하였다.

동체 상위부터 세타원점열문을 횡으로 하나씩 찍었다(2단 잔존). 이 하부에는 외원(外圓)이 반원인 이중원문류를 1열 2개의 종장문처럼 횡으로 하나씩 찍어 시문하였다. 또한, 이중원문류 아래로 세타원점열문을 횡으로 1열 재시문하였다. 최하단에는 이중반원문이 새겨진 소

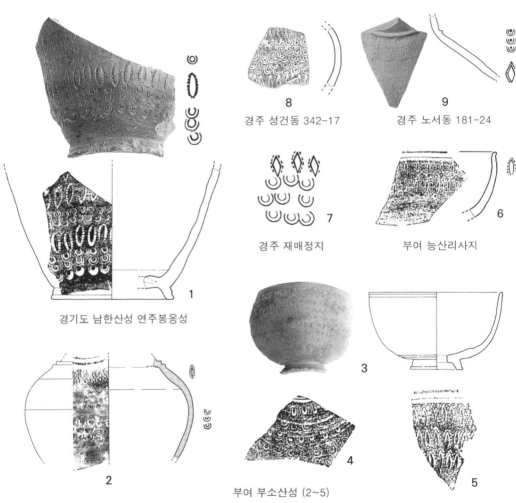

8

경주 성건동 342-17

경주 노서동 181-24

경주 재매정지

부여 능산리사지

경기도 남한산성 연주봉옹성

부여 부소산성 (2~5)

<도 71> 경기도 남한산성 연주봉옹성과 부여 및 경주 출토 인화문토기 비교(1/3)

형시문구를 사용하여 상하로 마치 1열 3개의 종장문처럼 하나씩 찍어 횡으로 밀집시문 처리한 유사종장문이 확인되었다.

더욱이 경주와 부여지역에서 멀리 떨어진 경기도지역에서 이 같은 인화문토기가 확인되는 점은 큰 의미가 있다. 이와 유사한 문양대를 구성하는 것은 부소산성에서 출토된 완(도 71-2, 3)에서 확인되었고, 경주지역 출토품(도 71-7, 8, 9)에서도 비슷한 양상이 인지되었다.

경기도지역에는 남한산성 외 다른 유적에도 신라토기의 공통적인 유입현상이 파악되었다. 대표적으로 남한산성 북쪽으로 약 5km 정도 떨어진 二聖山城이 이에 해당한다. 이곳에

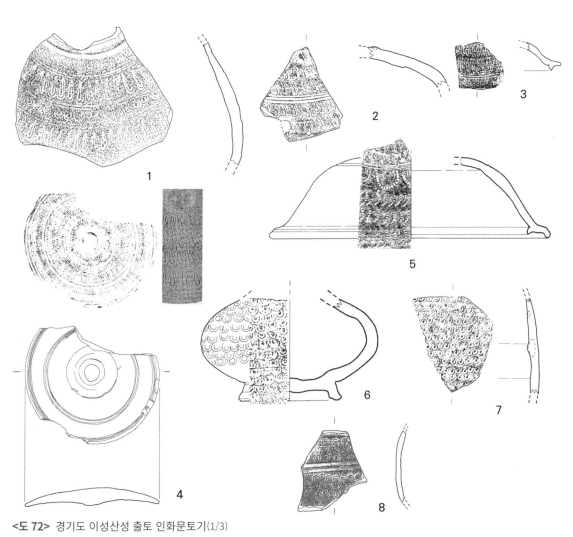

<도 72> 경기도 이성산성 출토 인화문토기(1/3)

서도 인화문토기가 다수 출토되었다. 수적형문과 이중반원문의 문양구성(도 72-1)을 비롯하여 수적형문류의 밀집시문(도 72-2, 3, 4), 수적형문류와 점열반원문류의 밀집시문(도 72-5), 이중반원문류의 밀집시문(도 72-6, 7), 이중반원문류의 1열 3개 유사종장문(도 72-8) 등이 주류로 확인되었다. 이와 같이 672년경에 축조된 경기도 남한산성을 비롯하여 인근의 이성산성에서도 신라의 경주나 백제의 부여지역에서 확인되는 인화문토기가 출토된다는 점은 이러한 물질문화의 공통성을 역사적 사실에 접목시켜야 할 당위성이다.

신라는 대당전쟁의 승리로 676년 삼국을 최종적으로 통일한 것이다. 하지만 실질적으로 그 이전 시기인 고구려 패망기인 668년경부터 한강유역에 당시 신라의 문물유입이 가속화되었을 것이 분명하다. 따라서 남한산성의 축조는 문헌기록상 672년경이나, 이미 그 이전부터 신라토기가 유입되었던 것으로 추정된다. 670년경까지도 단일문류의 밀집시문과 1열 3개의 유사종장문이 존속하고 있다는 의미로 이해된다.

(2) 통일신라 개시기의 인화문토기

결론적으로 단일문 개별 밀집시문의 유행과 1열 3개의 유사종장문, 1열 3개의 원문류 초기종장문 밀집시문은 백제멸망 이후에 유입된 인화문토기의 문양 양상이다.

이것의 상한연대는 660년경으로 인식되며, 경기도 남한산성 출토품을 통해 볼 때 670년경까지도 지속됨을 알 수 있다.[25] 인화문토기의 제1속성인 문양의 형식 변천상에서 그리 멀지 않은 670년경 이후에야 정형화되고 체계화된 마제형의 종장문이 출현할 수 있었던 것으로 유추된다. 이는 달리 말하면 부여와 경주, 경기도지역에서 확인되는 인화문토기의 공통적인 양상을 문헌사료의 역연대에 입각해서 최종적으로 통일신라 개시 이전의 전환기 일시점 양상으로 인식할 수 있다.

---

25) 부언한다면, 이 글의 전제가 문헌사료의 근거와 유물분석의 주 대상인 인화문토기를 통해 삼국통일전쟁의 혼란기와 통일신라 개시기에 해당할 수 있는 토기양상을 살펴보자는 것이다. 부여와 경기도지역에 출토된 모든 신라토기가 반드시 이 과도기에만 국한되어 유입된 것은 아닐 것이다. 예컨대 삼국통일 이전에 신라는 羅濟同盟의 결렬 이후로 백제와 정치적으로 적대적 관계에 있었지만, 『三國遺事』에 의하면 백제의 匠人 阿非知를 초청하여 皇龍寺 九層塔(645년 完成)을 조성하기도 한다. 따라서 정치적 문제와는 별도로 종교와 문화, 민간 차원의 교류 가능성을 완전히 배제하기는 힘들다. 이러한 맥락에서 인화문토기 성립기의 이전 문양(선각 삼각집선문, 컴퍼스 반원문)이 부여정림사지연지와 부여 관북리 백제유적(국립부여문화재연구소 2009) 등에서 확인되는 점은 특정 문양에 대한 존속기간의 장기화(이희준 1994)로 해석될 수 있지만, 과도기 이전의 이른 시기에 유입되었을 가능성도 있다.

전환기(과도기) 양상   통일신라 개시기

<도 73> 전환기에서 개시기의 문양변천

정형종장문 단계의 인화문토기 문양을 살펴보면, 단위문이 원문류에서 탈피한 1열 3~4개 이상의 마제형종장문이 주류이다. 종장문의 상단에는 先頭文으로 능형문, 수적형문, 세타원형문, 원문, 합성문 등이 하나의 시문구에 합성(합성일체형)되어 시문되기도 한다<도 73>.

이와 같은 양상은 전환기의 밀집시문 단계에서 상부 단일문과 하부의 밀집문양이 2개의 시문구에 의해 개별적으로 시문된 양상(도 65-7: 재매정지 완, 도 66-1: 충효동 6호분)이 있다. 이것에서 기술적으로 한 단계 발전된 것으로 파악된다.

또한, 이 단계 문양의 시문구를 복원해 보면, 대부분 세밀하게 새겨진 양각문(A')이다. 종장문의 시문수법 또한 문양이 정교하게 시문되는 A수법이 다수이다. 토기 면의 굴곡과 시문속도에 따라 B수법도 일부 확인되었다. 이 문양의 성행기에는 정형종장문 하부나 상부에 별도로 시문되는 다변화문(도 74-1, 2, 3, 5, 6, 7)이 주로 확인되었다. 이 화문 역시 단위 문양의 세부구성은 원문류에서 비롯되어 꽃잎의 형태가 小圓文이나 말각방형(F1)에 가까운 양각문이 주류이다.

따라서 정형종장문의 등장 시기, 이러한 문양들이 시문된 인화문토기군을 통일신라시대 토기로 명명하고자 한다<도 30, 74>. 이와 함께 이후 전개될 통일신라토기군을 형식의 집합체 개념으로 통일신라양식토기로 총칭한다.

현재까지 연구 성과를 통해 볼 때 통일신라 개시기 이후의 국내 출토 인화문토기에 대한 역연대 추정자료는 극소수에 불과하다. 물론 674년에 완공된 월지 출토품이 다수 연구자들에 의해 신라 삼국통일 이후에 전개되는 토기양식의 기준으로 삼았다. 그러나 월지는 신라 멸망기까지 지속적으로 사용되었다. 월지 조성기에 해당하는 명확한 출토 층위를 가진 자료가 없다는 점에서 다소 아쉬움이 남는다.

다만 국외 출토 역연대 추출자료로 홍보식(2007b)에 의해 제시된 바 있는 일본 규슈 鴻臚館 유적 출토 인화문 개(도 75-1)가 있다. 이 개의 기형속성은 내·외구연의 돌출도가 서로 유

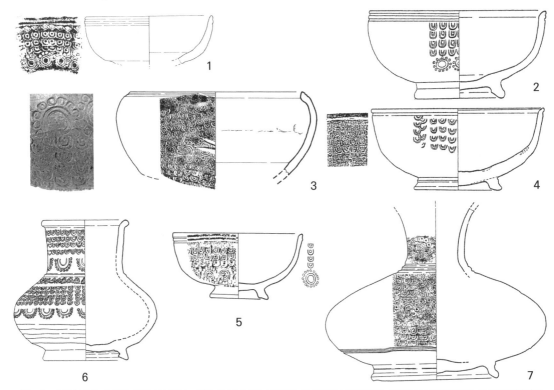

<도 74> 통일신라 개시기 인화문토기(1: 경주 황성동524-1석실분, 2: 월성북서편건물지, 3: 황남동신라건물지, 4: 북문로왕경유적, 5: 용강동1130고분, 6: 용강동고분(근화여중), 7: 경북울릉도출토(1/3))

사한 3식에 가깝다. 개신 외면에 시문된 문양은 1열 4개의 마제형종장문 최상부에 선두문으로 수적형문이 합성되어 있는 합성일체형의 종장문에 해당한다. 또한 마제형의 단위문 형태가 정형화(이중U형, 양각)되어 있고, 시문은 B수법 주류이나 A수법도 확인된다.

이 개의 기형속성과 정형종장문의 문양양상은 이 글에서 다루고 있는 통일신라 개시기의 인화문토기에 해당한다. 이 인화문토기 유입의 상한연대가 7세기 후반~말경이므로 이 무렵 신라에서는 마제형종장문이 성행하고 있었을 것이다.

이후 통일신라 개시기의 정형종장문 유행기를 거친 후 다음 단계의 마제형종장문의 시문 양상은 형식학적으로 문양이 점차 퇴화되는 현상이 나타난다. 즉 단위문의 세부 호선의 상부가 서로 합쳐지는 양상으로 전개되면서 변천된다.

이러한 한 단계 퇴화양상을 엿볼 수 있는 국외 출토 역연대 추출자료는 日本 大阪府南河內郡美原町 所在의 太井遺蹟(大阪府敎育委員會 · (財)大阪府文化財調査センター 1996)에서 출토

된 인화문 완(도 75-2)이 해당된
다.[26] 이 유적은 7세기 후반에
서 8세기 초의 공방지유적이
다. 굴립주 건물군과 여기에
연관된 溝, 우물, 동제품의 주
조 유구 등 다량의 유물이 함
께 출토되었다. 여기서 언급
하고자 하는 인화문 완은 굴
립주 건물군을 구획하는 溝53
에서 출토되었다. 인화문 완
과 함께 飛鳥Ⅲ기에서 飛鳥
Ⅳ(7세기 3/4~7세기 4/4)에 병행하
는 須惠器 蓋 2점과 수막새편
1점이 함께 출토되었다. 대체
로 7세기 후반을 하한으로 설
정하고 있다.

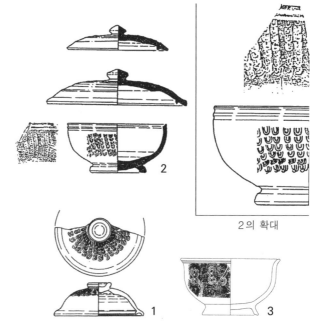

<도 75> 역연대추정 인화문토기(1: 日本 鴻臚館, 2: 日本 太井遺蹟
1/4, 3: 황룡사지 경루지 1/6)

완의 구연속성은 구연단 내면에 단이 형성된 Ⅲ식에 해당한다. 문양은 종래 1열 6개의 마
제형(이중U형)종장문으로 파악되어 왔다. 그러나 기존 인식과는 달리 종장문의 선두문이 하
부 문양과는 차이가 있었다. 보주형의 호선 내부에 종으로 약간 긴 점선으로 이루어져 있었
다. 하부에 연속되는 마제형단위문도 내호선이 정형하지 못하다. 즉 1열 6개의 정형 마제형
종장문보다는 한 단계 퇴화된 1열 7개의 합성일체형 종장문에 해당하였다. 시문수법 또한 B
수법이 주로 사용되었기 때문에 정형의 마제형종장문보다는 차이가 있다. 태정유적의 인화
문 완은 溝에서 출토된 유물이기에 일괄유물의 부여가 모호한 점도 있다. 하지만 공반된 유
물을 통해 볼 때 7세기 후반의 늦은 시기, 즉 鴻臚館 유적 출토 인화문 개보다는 한 단계 후
행하는 시기로 파악된다.

따라서 상기한 국외 출토 역연대 추출자료와 기존 연구성과를 검토해 보아도 통일신라
개시기 직후에는 마제형종장문의 유행기와 변천기가 전개되었다. 부여와 경기도 지역에서

---

26) 太井遺蹟 출토 인화문 완에 대해서 宮川禎一(1993)은 7세기 후반의 연대관을 제시한 바 있다.

확인되는 인화문토기의 공통적인 양상은 신라의 삼국통일 직전에 나타난 신라의 문물 유입 양상인 것을 간접적으로 유추해 볼 수 있다.

이상 서기 660년에서 670년경의 역사적 배경을 토대로 하여 백제의 부여지역과 경기도 지역에 유입된 것으로 보이는 신라의 대표적 소산물인 인화문토기를 살펴보았다. 이를 통해 특정 시기의 신라 경주지역 인화문토기 양상을 간접적으로 파악해 보았다. 현재까지 경주지역에서 구할 수 있는 해당 시기의 인화문토기에 대한 직접적인 절대연대 자료가 있다. 661년 경에 조성된 경주 서악동 고분군에 위치한 武烈王陵(사적 제20호)이다. 이를 학술 조사하지 않는 이상 역연대자료는 전무하다고 하겠다.

인화문토기의 수급 핵심지는 경주의 신라왕경지역이다. 선사시대 이래 통일신라시대와 고려·조선시대를 거쳐 많은 유적이 중첩되거나 결실, 교란됨으로써 유물의 일괄성과 역연대 추정자료를 구하기는 쉽지 않다. 그러나 부여와 경기도지역에 유입된 인화문토기는 역사적 배경 속에 유추되는 일시점의 양상이기 때문에 이러한 공통성을 간취하는 데 더욱 용이한 것이다.

한편 문헌사료상 삼국통일 직전의 백제와 고구려, 당과의 빈번한 전쟁으로 인해 신라 경주지역의 사회적 분위기는 정치적, 문화적으로 큰 혼란기이다. 이와 같은 역사적 배경은 당시인의 정신적 관념에 영향을 미쳤을 것이다. 이러한 관념의 표상이 물질문화로 반영된 것이 바로 형식과 속성이라고 생각된다.

게다가 통일신라 전환기에 나타나는 인화문토기의 문양은 시문 양상이 체계적이지 못하고 문양 인식의 착오나 혼란스러운 밀집시문이 주로 확인되었다. 이 같은 결과는 시문수법의 기술적인 측면으로써 점진적인 발전 과정 속의 과도기적 양상으로 이해되었다. 문양시문의 비규칙성, 비정렬성, 비정치성 등은 격동기의 당시 사회생활상의 표현이다. 즉 이런 현상이 도공을 통해 표출된 것은 아닐까.

이후 전개될 인화문토기의 문양은 개별 단위문양이 정형화되면서, 획일적으로 시문되었다. 단위문이 체계적으로 통일되고, 연속적으로 배열되는 마제형 종장문의 출현과 다변화문 등의 유행은 신라의 삼국통일에 따른 당시 사회상이 토기에 가시적으로 표현된 것은 아닐까 생각된다.

따라서 정형의 마제형 종장문 출현(670년경) 이후의 통일신라시대 토기군은 문헌기록상 통일신라시대에 해당하므로 이제 토기 양식 개념에 시대 개념을 반영하여 통일신라양식토기로 설정해 두고자 한다.

2. 각 단계의 역연대 비정

이상과 같이 신라후기 및 통일신라양식토기는 문양 변화를 기준으로 총 9개 기종에 한해 기종별 기형 속성을 조열하였고, 상대 서열화하였다. 신라토기에 인화문이 본격적으로 등장한 단계에서 신라의 삼국통일 직전 단계에 해당하는 신라후기양식토기의 변화를 Ⅰ~Ⅲ단계로 구분하였다. 이후 통일신라양식토기의 변화를 Ⅳ~Ⅻ단계로 설정하였고, 개별 기종의 전체 변화 양상을 총 12단계(Ⅰ~Ⅻ)로 설정하였다.

여기서는 해당 토기의 절대연대에 대한 편년 근거자료를 시기 순으로 정리하기로 한다.

1) Ⅰ단계

부산 동래 복천동 65호묘 출토 중국청자의 연대를 기준으로 하였다. 이와 공반된 신라 유개고배의 개에 시문된 선각 삼각집선문과 컴퍼스문의 문양대 구성에 대한 기존 연대관[27]을 참조하여 6세기 말~7세기 초로 편년하였다.

경주 동천동 354번지 유적의 13호 석실분(한국문화재보호재단 2013)에서 출토된 찍은 이중원문의 유개완(도 76-2)은 기형의 종류, 크기, 문양구성이 中國 唐代 早期(618~704년)의 강서성 풍성시 홍주요 출토 자기완(北京大學中國考古學研究 2018)과 유사성이 많다. 13호 석실분의 유개완은 기형의 종류가 횡장완, 종장완 2종이며, 홍주요 출토 자기완(도 76-1)과도 동일한 양상이다. 크기에 대해서도 13호 석실분 유개완은 기고 5.5~6cm 내외, 구경 8.8~9.3cm이며, 홍주요 출토 자기완은 기고 5~5.8cm 내외, 구경 10~10.9cm로 서로 유사하다. 문양구성은 동일한 이중원문류가 모두 확인된다.[28]

이중원문을 비롯한 각종 인화문이 시문된 청자는 隋~唐初期에 한정되어 그 시기를 6세기 말~7세기 전반(山本孝文 2007)으로 파악하고 있다. 따라서 홍주요의 자기완(618~704년)의 상한

---

27) 부산 복천동 65호묘 출토 중국청자완의 연대를 기준으로 신라토기에 인화문 발생은 610~630년(홍보식 2001), 6세기 말(윤상덕 2010)로 파악하고 있다.

28) 홍주요는 東漢晚期(2세기 후반~)에서 宋代初期까지 조업한 청자요이다. 그러나 스탬프의 이중원문 시문은 홍주요만의 독특한 장식문양이며, 현저한 지역색과 시대적 특징을 갖추고 있다. 특히 신라에 당대 도자의 유입과 밀접한 관련이 있는 중국 하남성의 낙양과 정주 등지에서 다수 확인되었다(權奎山 2011).

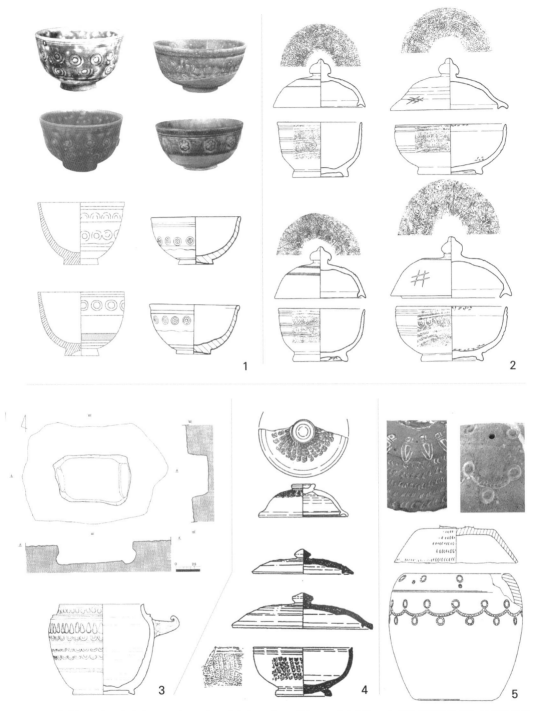

<도 76> 연대추정 비교자료1(1: 중국 홍주요출토 자기완, 2: 경주 동천동 354번지 유적 13호 석실 인화문 유개완, 3: 경주 동천동 동산 표암 화장묘, 4-上: 일본 규슈 鴻臚館 유적 출토 인화문 개(1/4), 4-下: 일본 태정유적 출토 須惠器 개와 인화문 완, 5: 갈항사지 동탑 출토 인화문유개호)

연대를 고려하여 인화문 출현기는 7세기 초, 본격적인 인화문 시문기는 7세기 전엽(I 단계)으로 설정하였다. 이러한 연대추정은 후술할 7세기 초 무렵 일본 나라현 지역에 신라 인화문토기가 초현하는 시기와 상응한다.

2) II단계

수적형문의 유행기를 문양의 편년 기준으로 설정하였다. 경주 황룡사 동금당 1차 건물지의 축조 시기는 구층목탑의 조성 시기(선덕왕 14년, 645)와 관련하여 7세기 중엽을 하한연대로 유추할 수 있다(최병현 1992b). 동금당 1차 건물지에서 수적형문이 시문된 토기류가 다수 출토되었고, 수적형문의 연대를 7세기 중엽으로 설정해 볼 수 있다.

다음으로 경주 월지(안압지) 출토 유개호의 개에 수적형문의 문양대가 확인되었다. 호의 내부에서 개원통보가 출토되었기 때문에 유개호의 상한연대는 개원통보 초주년인 621년에 해당하고, 하한연대는 월지의 조성 연대인 674년 이전에 해당한다. 따라서 유개호의 시문된 수적형문은 621~674년의 연대 범주에 포함된다.

『三國遺事』의 기록에 입각하면, 7세기 전반에 활약한 慈藏은 입적 후 화장을 하고, 石穴 내부에 뼈를 안치했다는 내용이 있다. 자장은 선덕여왕(632~646년)대에 활동하였고, 그의 생몰연도는 590~658년에 해당한다. 따라서 석혈 화장묘 조성은 대략 7세기 중엽에 신라에서 사용되었음을 알 수 있다.

경주지역 내 석혈 화장묘의 사례는 동천동 동산 표암 일원에 자연암반을 굴착한 석혈을 이용한 화장묘가 유일하다(김호상 2003). 이곳 석혈 내부에서 파수부호가 골장기로 출토되었으며, 호의 문양은 수적형문과 이중반원문의 단일문류가 시문되었다(도 76-3). 이 석혈 화장묘가 자장과 관련된 근거는 없지만, 7세기 중엽에는 석혈 화장묘 사용과 토기에 수적형문이 시문되었음을 유추할 수 있다.

경주 황성동 524-1번지 석실분(국립경주박물관·경주시 1993)은 조사 전에 이미 교란이 진행되었고 유물의 출토 위치가 불분명하고 추가장도 고려되지만, 석실의 축조연대는 내부에서 출토된 토용의 복식변화를 통해서 유추할 수 있다. 중국 당의 복식 수용에 대해서 과도기에 해당하였다. 당 복식이 수용된 토용 남자상 頭髮(649년)과 수용 직전의 여자상 복식(664년)의 연대를 고려하였다. 황성동석실분은 649~664년에 조영된 것을 알 수 있다. 석실 내부와 봉토, 묘도 등에서 7세기대 다양한 인화문토기가 혼재되어 있지만, 단일문류의 수적형문도 확인되었다.

따라서 경주 월지 유개호와 표암 파수부호, 황성동 524-1번지 석실분에서 확인된 수적형문의 인화문토기 등을 기준으로 II단계는 7세기 중엽(640~660년)으로 설정하였다.

3) III단계

단일문류의 밀집시문 유행기를 기준으로 한다. 앞서 살펴본 신라의 삼국통일 전환기에 나타난 문양 양상이며, 백제 멸망기(660년경)~고구려 멸망기(670년경)의 토기 문양 양상(밀집시문, 유사종장문 등)을 기준하였다.

4) IV단계

통일신라 개시기(670년경)의 인화문토기 양상인 종장문 i 류 출현기로 설정하였다. 종장문 i 류는 말발굽 모양(U)의 단위문을 종(縱)으로 길게 나열시킨 1열 3개 이상의 정형화된 마제형종장문(馬蹄形縱長文)이 대표적이다.

또한 종장문 i 류의 일본 출토 역연대 추출자료로써 7세기 4/4분기로 설정된 일본 규슈 鴻臚館 유적 출토 인화문 개(도 75-1, 도 76-4-上)[29]가 있다. 이 개의 기형속성은 내·외구연의 돌출도가 서로 유사하며, 개신 외면에 시문된 문양은 1열 4개의 마제형종장문 최상부에 선두문으로 수적형문이 결합되어 있는 합성일체형의 종장문에 해당한다. 또한 마제형의 단위문 형태가 정형화(이중U형, 양각)되어 있고, 시문은 B수법 주류이나 A수법도 확인된다.

5) V단계

종장문 i 류의 한 단계 퇴화형인 종장문 ii 류(7세기 말)를 기준하였다. V단계 종장문 ii 류의 역연대 비교자료는 일본 태정유적 출토 인화문 완(중장문 ii 류)과 飛鳥III기~飛鳥IV(7세기 3/4~4/4)에 병행하는 須惠器 蓋와 대응하였다<도 75-2, 도 76-4-下>.

---

29) 이 蓋는 하한 시기가 8세기 전반으로 추정되는 鴻臚館 제 II 기에 축조된 담장에서 출토되었다. 그러나 I 기 담장 축조 시기를 7세기 후반으로 추정하고 있고, 『日本書紀』에 鴻臚館이 처음 보이는 시기인 688년과 비교하여 개의 역연을 7세기 4/4분기-675~700년으로 설정하고 있다(홍보식 2007b).

6) VI~VII단계

종장문iii~iv류를 기준으로 설정하였다. VI단계 종장문iii류에 대한 명확한 역연대 자료는 아직 확인되지 않았지만, VII단계의 종장문iv류와 VIII단계의 파상종장문 연대를 통해서 유추해 볼 수 있다.

종장문iv류의 역연대 비교자료는 김천 갈항사 동탑 출토 인화문 유개호(사리구 외호, 도 76-5)가 있다. 갈항사는 『三國遺事』의 문헌기록에 따르면 신라 효소왕 1년(692) 중국 당에서 귀국한 華嚴法師 勝詮이 7세기 말~8세기 초에 창건한 사찰로 전한다(문명대 1981; 高正龍 2000).

이곳 갈항사 동탑 탑신부에는 석탑 조성관련 내용이 새겨져 있으며, 天寶 17년(경덕왕 17년, 758)에 두 탑(동탑과 서탑)을 세운 기록이 있다. 갈항사의 탑은 敬信大王(원성왕 785~798년) 外家 3명의 시주로 조성되었으며, 그의 어머니를 비롯한 言寂法師, 照文皇太后이다.

갈항사 동탑 출토 사리구 중에는 인화문토기 유개호(도 76-5)가 확인되었다. 개의 문양은 양각의 매미형문과 종장문iv류를 지그재그수법으로 시문하였다. 호의 문양은 연주호선문과 음각 다변화문을 찍었다. 석탑 조성시기에 입각한다면, 이 유개호의 하한연대가 758년이다. 그러나 개와 호의 구연부가 2차 가공되어 있어서 선대에 제작된 재사용품일 가능성도 배제할 수 없다. 즉 인화문 유개호의 경우는 갈항사의 창건 이후(8세기 초)에 1차 제작되어 석탑 조성 시기(758년)에 다른 사리구들과 함께 안치되었을 가능성이 있다.[30]

따라서 인화문 유개호의 개에 시문된 매미형문과 종장문iv류는 문양의 하한연대가 758년이다. 유개호가 재사용된 점을 감안하여 종장문iv류의 시문 시기를 8세기 전엽으로 파악하며, 종장문iii류 시문기는 8세기 초로 설정한다. 후술할 VIII단계의 파상종장문보다 형식학적으로 선대에 해당하는 종장문iii류와 iv류의 문양 시문 유행기는 8세기 초(VI단계)~8세기 전엽(VII단계)에 위치한다.

---

30) 반면에 석탑의 명문 내용을 검토해 볼 때 석탑에 명문을 기록한 시기인 785~798년 사이에 사리구가 안치되었을 가능성도 있다. 즉 명문에 나타난 敬信大王과 照文皇太后 등은 경신대왕이 원성왕으로 즉위한 후인 785년 이후에서 사망한 798년 이전이 아니면 호명이 불가능하기 때문이다. 그러나 기존 확인된 석탑사리구가 대부분 탑 조성기에 1차 봉안되며, 갈항사지 석탑에서 사리구의 추가 흔적이 확인되지 않은 점에서 사리구들은 석탑 조성시기에 안치되었을 가능성이 크다(홍보식 · 이동헌 외 2013).

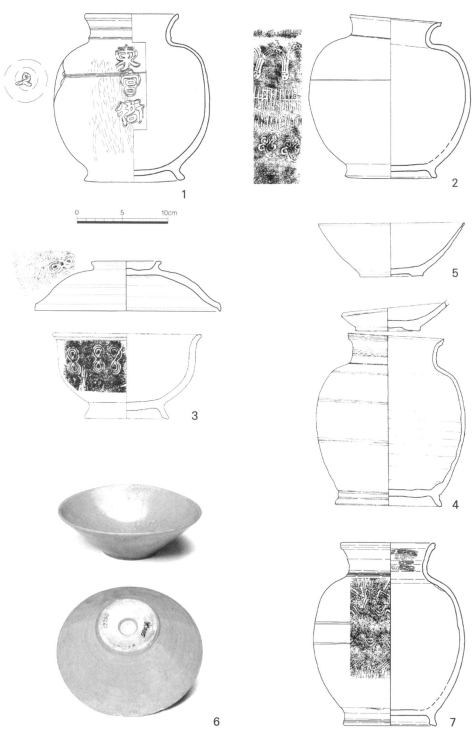

<도 77> 연대추정 비교자료2(1: 경주박물관 남측부지 1호 우물'東宮衙'銘 단경호(대10), 2: 同 유적 1호 우물 파상종장문 단경호(대11), 3: 경주화곡리유적 출토 개 및 황룡사지 경루지 출토 완, 4: 경주석장동동국대 골호(대14), 5: 일본출토 월주요완, 6: 唐 貞元10년(794) 월주요 청자완, 7: 경주화곡리유적 출토 단경호(대15), 1/4)

7) VIII~IX단계

국립경주박물관 남측부지(신라문화유산연구원 2014)에서 출토된 '東宮衙'銘의 단경호(VIII단계)를 기준으로 한다. 『三國史記』에 따르면 동궁아는 관아명으로 752년에 설치된 태장궁을 관리하는 관서에 해당한다.[31]

'동궁아'명 단경호(도 77-1, 大10)는 통일신라양식토기에서 파상종장문 유행기(VIII단계)에 속하며, 기형 속성은 동체부가 말각방형(A1)이다. VIII단계의 단경호(도 36, 도 77-2)는 파상종장문과 호선문 등이 다수 시문된다. 또한 대부분 동체부가 중형과 대형에서 말각방형(A1)과 구형(B1, 대11)이 정형화되어 형식 변천해 나간다. 파상종장문 유행기 동일단계에 '동궁아'명 단경호와 직구호의 리본문이 동일 형식이다. 따라서 VIII단계 단경호에 나타난 파상종장문, 리본문, 말각방형과 구형 동체 속성 등의 유행은 8세기 중엽으로 설정이 가능하다.

VIII단계에 해당하는 역연대자료 중 부산박물관 소장 永泰二年銘(766) 蠟石製 壺(국보 제233호)가 있다. 이 납석제 호와 공반된 것으로 전하는 인화문 단경호(大3)는 기형과 문양 속성이 통일신라양식토기 VI단계(8세기 초)에 해당하였다. 이러한 편년 차이는 납석제 호와 인화문 단경호가 출토 정황[32]으로 볼 때 명확한 공반 유물이 아닌 점에 기인된다. 또한 납석제 호는 2차 가공되어 사용된 용기이며, 동체부와 저부에 새겨진 명문이 서체와 내용이 서로 다른 점에서 시기를 두고 재사용되었다는 견해(한정호 2011)가 있다.

다음 연대 비정자료로써 경주 황룡사지 경루지(문화재관리국 문화재연구소 1984) 출토 인화문 완(도 77-3)이 있다. 완의 구연부는 외반구연(V식)이며 신부에는 단일문이 시문되어 있고, 상·하 대칭적인 8자형의 삼중 타원형문류에 해당한다.[33] 이 완은 경덕왕 13년(754)에 축조된 종루와 함께 동일한 크기 및 시기에 조성된 경루지 1차 건물지의 적심 내부에서 출토된 것으로 토기의 연대는 754년경을 전후한 시기(崔秉鉉 1992b·2011; 重見泰 2005)로 파악된다. 그러므로 황룡사지 경루지 출토 완에 시문된 단순한 단일문양대는 754년경의 문양 양상으로 유추되

---

31) 『三國史記』 卷39 雜誌9 職官中, "東宮衙, 景德王十二年置, 上大舍一人, 次大舍一人"

32) 永泰二年銘(766) 蠟石製 壺는 경남 산청군 지리산 보선암지에서 처음 발견되었다. 이 납석제 호는 보선암지에 산재해 있던 佛像臺座 中臺石의 중앙부 圓形孔에서 수습된 것이다. 인화문 단경호는 이곳 대좌석 인근 지하에서 출토되었다고 전한다(홍보식·이동헌 외 2013).

33) 황룡사지 출토 완과 동일한 문양을 가진 개(도 77-3: I-917)가 경주 화곡리 생산유적 내 자연수로 1의 최상부층인 B둑 V·VI층에서 출토되었다. 경주 인화문 유개완의 기형조합(개: 6식 단일구연, 완: V식 외반구연)과 동일문양 조합이 일치하여 개와 완의 공반관계가 명확해진다.

기종\시기	유개완	고배	단경호	파수부호
0		大 1 2	A1a 1 小 B1b	
I	中 1 大	3	A1b 3 B1b	小 1 Ca
II	2 1	4	5 C1c 中 1 C1a 特大 1 A1a	2 Ca
III	3 2		6 B1 1 B1	大
IV	4 3	中 6	7 B1	4 Db
V	5 5	7 5	8 C2d 中 2 A1d 3 B1b	Ca 6
VI	6 8	小 1 6	大 3 C1d 5 A1b	8 Dc
VII	11	d e	9 A1b	9 Dd
VIII	13	8 9	11 A1 中 6 B2d 8 A1d 7 B1d 10 A1b	15 Dc
IX	17	12	7 A1d 8 A1b 12 A1b	
X	18 20	6 10	13 C2b 10 A2d 11 A2d 18 B2d	
XI			13 A3b 14 A1b 20 B3d	
XII			15 B3d 16 B3b 22 B3d	

<도 78> 신라후기양식 및 통일신라양식토기의 종합편년

기종\시기	부가구연편구병	장경편구호	직구호	연결파수부골호	세장경병
0	中 (1 Ab1) (2 Ba)	2 Ba			
I	(4 Bb1) (11 Cb1)	4 Bb			
II	(17 Cb1) (19 Bc2)	8 Ca			
III	(24 Db2) (27 D)				
IV	(31 Db2) (32 Db3)	9 Cb		**통일신라양식 1기(670-700)**	
V	(35 Db2) (36 Db1)	10 Da			
VI	大 (44 Ed3) (11 E)			**통일신라양식 2기(700-760)** (3 I Ⅱ a)	
VII	大 (12 F)	特大 (1 Aa)	中 (1 I Ⅱ a) (2 I Ⅱ a)		
VIII	中 (51 Fb3) (53 F)	大 (1 Aa) (2 Aa)	(11 Ⅲ b) (4 Ⅲ b) (5 Ⅱ c)		Ca
IX	**통일신라양식 3기(760-800)** (59 F) (62 G)	8 Bb		6 Ⅲ c	11 Da
X	(63 Fb4) (66 G)	(6 Cc) (10 Cb)	15 Ⅱ Ⅲ c	7	14 E
XI	**통일신라양식 4기(800-820)** (64 F)	6 Cb	中 2 Ⅲ c		16
XII					

며, 이후 8세기 후엽(IX단계) 이후 종장연속문의 쇠퇴 및 소멸을 암시해 주고 있다.

8) X단계

이 단계의 토기 양상과 연대는 앞서 언급한 바 있는 경주 석장동 동국대학교 구내 출토 골호와 관련이 있다. 골호는 내합과 외합으로 구성되어 있으며, 내합은 파상선각문 단경호(大 14, 도 77-4)에 중국 당의 월주요 해무리굽 청자완을 뚜껑으로 덮었다. 청자완은 호의 구경에 맞추기 위해 구연 일부를 2차 가공하였다. 이 해무리굽 청자완은 龜正明德(1990)이 분류한 월주요 완 I 류(도 77-5)에 포함되며, 그 사용 시기를 일본에서 출토 예를 기준으로 9세기 중엽 전후로 파악하였다(이희준 1992; 홍보식 2004).

그러나 龜正明德은 8세기 말 중국 출토 역연대 자료인 절강성 제기현 패두의 貞元 10년 (794)묘에서 그가 분류한 완 I 류와 동일 형식이 출토되었다고 언급하고 있다(龜正明德 1990). 또한 중국 당대 월주요 청자의 대량 생산이 이루어진 곳으로 자계지역을 중심으로 한 上林 湖窯址가 있다. 이곳 요지의 생산품이나 절강성 자계시 상림호에서 출토된 貞元 10년(794)의 唐墓에서 출토된 완(浙江省博物館編 2000, 도 77-6)도 완 I 류와 유사하여 청자의 시기를 8세기 후 반까지도 소급할 수 있다(김인규 2006).

경주 석장동 장골기의 내합으로 사용된 파상선각문 단경호는 동체부 속성이 말각방형(VIII 단계)에서 장방형(X단계)으로 형식 변천된 것이다. 인화문이 쇠퇴되었고, 무문이나 파상선문이 존속하는 통일신라양식토기 X단계의 전형적인 양상(도 77-7)이다. 경주 석장동 골호 중 파상 선문 단경호의 형식 변화 양상과 중국청자의 소급 연대를 감안한다면 X단계는 8세기 말로 상정할 수 있다.

경주 석장동 장골기의 외호로 사용된 돌대문 평저호의 개는 보주형꼭지를 가진 인화문 개이다. 개의 구연은 내구연이 확인되며, 문양은 지그재그수법의 종장문iv류와 운문, 합성 문 등이 시문되었다. 개의 문양 양상은 통일신라양식토기의 VII단계에 해당하며, 인화문 개 의 구경에 맞추어 외호의 구경부를 깬 점에서 이 개는 전세품일 가능성을 배제할 수 없다.

9) XI단계

경주 傳 閔哀王陵 주변 출토 '元和十年'銘(815)의 중형 연결파수부골호(도 53, A-中2)를 근거 로 하였다. 815년경에 제작된 연결파수부 골호의 개와 호 외면에 문양이 시문되지 않은 점과 종장방형 개의 신부가 더욱 납작해져 수평화된 것을 기준으로 하였다. 통일신라토기에 무문화가 진행되었고, 인화문의 쇠퇴기에 해당하는 XI단계의 연대를 9세기 초로 설정하였다.

이하는 각 단계별 절대연대 설정을 간략하게 정리하고, 신라 왕계 연대와 비교하면 아래와 같이 상응할 수 있다.

(신라후기)
0 단계 : 7세기 초-선각문, 인화문 출현, 혼용기
Ⅰ단계 : 7세기 전엽(620~640년)-인화문 본격시문
Ⅱ단계 : 7세기 중엽(640~660년)
Ⅲ단계 : 7세기 후엽 전반(660~670년)-신라후기양식 → 문무왕Ⅰ기(661~670년)

(통일신라)
Ⅳ단계 : 7세기 후엽 후반(670~680년)-통일신라양식 1기 → 문무왕Ⅱ기(670~681년)
Ⅴ단계 : 7세기 말(680~700년) → 신문왕기(681~692년), 효소왕기(692~702년)
Ⅵ단계 : 8세기 초(700~720년)-통일신라양식 2기 → 성덕왕Ⅰ기(702~720년)
Ⅶ단계 : 8세기 전엽(720~740년) → 성덕왕Ⅱ기(720~737년)
Ⅷ단계 : 8세기 중엽(740~760년) → 경덕왕기(742~764년)
Ⅸ단계 : 8세기 후엽(760~780년)-통일신라양식 3기 → 혜공왕기(765~780년)
Ⅹ단계 : 8세기 말(780~800년) → 원성왕기(785~798년)
XI단계 : 9세기 초(800~820년)-통일신라양식 4기 → 헌덕왕기(809~826년)
XII단계 : 9세기 전엽(820~840년) → 흥덕왕기(826~836년)

3. 중국 도자를 통한 역연대

중국 당대 문화는 동아시아를 넘어 국제적인 성격의 문화이다. 실크로드를 통한 서역 및 사산 왕조 페르시아 등지의 새롭고 이질적인 외래문물, 북방 胡風文化를 적극 수용하였다. 이를 통해 중국 당은 문화, 예술, 경제의 풍요와 고도성장의 토대를 이룩하였다.

이러한 중국 당의 국제적인 문화는 당대의 무역 도자를 통해서 외국으로 반출되어 나갔다. 각 국의 새로운 도자의 출현, 전개와 변천에 많은 영향을 주었다. 신라에 유입된 중국도자는 주로 북방지역을 대표하는 三彩와 邢窯白磁가 있다. 남방지역에서 생산된 長沙窯靑磁와 越州窯靑磁 등도 다수 출토되었다.

唐三彩의 경우는 중국에서 대략 7세기 중엽에 출현하여 성행하였고, 8세기 중엽~9세기 말에 쇠퇴하였다. 단기적인 시간적 유통범위와 출토지의 제한성으로 인해 그 유통경로의 파악이 매우 용이하다. 신라에는 당삼채의 출토지가 신라왕경지역이라는 제한된 지역을 중심으로 확인되었다. 중국 당도자와 상응한 시대에 제작되었던 통일신라토기는 중국도자와의 영향관계가 확인되었다. 당삼채를 포함한 중국도자는 나당 간의 문물교류 양상과 역연대를 파악하는 데 매우 유용한 고고자료이다.

여기서는 통일신라시대 유적에서 출토된 중국도자 중 경주 신라왕경지역에서 출토된 당삼채를 우선적으로 검토한다. 통일신라 당삼채와 유사한 중국 출토품을 비교하여 당대 제작지 및 유통지 파악, 유입경로 등을 파악한다.

문물 교류의 측면에서 당삼채를 포함한 중국도자의 속성들에 의해 통일신라양식토기에 어떠한 영향과 속성의 수용이 있었는지 밝힌다. 중국도자의 발전과 전개상에서 통일신라양식토기와 시기적으로 어떠한 연동성이 있었는가를 검토한다. 또한 중국도자의 유입과 통일신라토기에 영향을 미쳤던 그 배경에 대해서 살펴보고자 한다.

1) 경주 신라왕경지역 출토 당삼채

화려한 유색을 사용하여 생산된 당삼채는 중국 당의 화려한 귀족문화를 대표하며, 당의 공예를 대변하는 고고자료이다. 대부분 무덤의 부장품으로 사용되었고, 7~8세기경 중국 북방에서 출현 및 성행했다가 이후 쇠퇴기에 들어서 버린 아주 독특하고 이채로운 도자이다. 삼채는 백색에 가까운 태토로 성형하여 고령토가 함유된 백토로 분장한 후 鉛이 함유된 綠釉, 黃釉, 褐釉 등을 주로 시유하였다. 저온(800~900℃)에서 소성한 鉛釉陶器에 해당하며, 소성시 유약이 기면에 흘러내려 유약 자체가 자연스러운 문양으로 나타났다.

중국 고대 수도권지역인 당대 長安, 洛陽과 이곳 인근의 鞏縣, 섬서성의 銅川 黃堡鎭과 하북성의 邢州 內丘, 화남성의 密縣, 登封 등지에서 주로 제작되었다. 국외는 아시아에서부터 중동지역까지 널리 전파되어 성행하였다. 발굴조사를 통해서 한국, 일본, 인도네시아, 이란, 이라크, 이집트, 사마르칸트까지도 당삼채가 출토되어 실크로드와 연계된 무역도자의 대표적인 예이다(국립부여박물관 1998).

통일신라에서 출토된 당삼채 중 중국에서 가장 높은 빈도로 다량 제작되었던 도용은 확인되지 않았다. 대부분 운반에 용이한 일상용기인 점이 특징적이다. 또한, 당삼채는 특이하게 경주 신라왕경 일원에서만 대부분 출토되므로 신라와 당의 대외교류, 문물 교류의 행로를 파악하는 척도로써 유용하게 활용될 수 있는 자료이다. 따라서 기존 연구 성과(김영원 2004; 김인규 2007; 이송란 2009; 김영미 2011; 신준 2011)를 토대로 경주 신라왕경지역에 유입된 중국도자 중 당삼채를 위주로 그 특징을 살펴보고자 한다.

(1) 三足壺

경주지역 출토 당삼채의 표지적인 유물은 朝陽洞 삼족호를 그 예로 들 수 있다. 1973년 경주 조양동 산20번지 구릉에서 최초 발견되었다(홍순창 1973). 화강암 석함 속에 안치되어 골호로 사용된 三彩壺(구경 15cm, 고 16.5cm, 도 79-1)이다. 호의 뚜껑으로 靑銅製 盤이 사용되었다. 동체 최대경에 한 줄의 돌대가 형성되어 있어서 견부와 문양대가 구분되며, 동체중위에는 침선 한 줄이 돌아가서 다리 부착의 경계선을 형성한다. 구연부와 족부에는 갈유로 시유되었다. 견부는 黃釉斑點 중심에 藍釉를 흘러 소성하였고, 동체부는 남유와 황유를 발랐으며, 저부는 시유되지 않았다.

경주 조양동의 삼족호와 유사한 중국 출토 예로는 河南省 鞏義市 黃冶窯에서 제작된 삼족호(도 79-2, 2-1)(獨立行政法人文化財研究所 2006)가 있다. 이 호의 크기는 구경 14.5cm, 고 15.3cm에 해당하여 조양동의 것과 비슷하며, 또한 견부에 반점을 시유한 것이나 동최대경에 돌대가 형성된 점, 삼족의 부착 등 유사점이 많다. 이외 이곳 황야요지에서 동일하게 출토된 하남성 문물고고연구소 소장 삼족호(도 79-3)(奈良文化財研究所 2003)는 견부에 돌선, 동부 중위에 침선, 황유반점 중심에 유약을 흘린 수법이 조양동 출토품과 거의 동일하다. 따라서 조양동 출토 당삼채 삼족호는 중국 하남성 洛陽과 鄭州 사이의 중간지점에 위치한 공의시 황야요지에서 제작되어 신라로 반입된 것으로 판단된다.

慶州 蘿井(中央文化財研究院 2008a) 유적의 八角建物址 북면에서 출토된 三彩壺片(도 79-4, 4-1)은 잔존 기형과 半圓形貼花文 장식을 통해 볼 때 삼채삼족호일 가능성이 크다. 이 호편의 완형을 추정 비교해 볼 수 있는 삼채삼족호는 일본 출광미술관의 소장품(도 79-5)(出光美術館 1976)에서 찾아볼 수 있으며, 견부에 있는 반원형첩화문은 나정 출토품과 매우 유사하다. 또한 이러한 견부와 복부에 花瓣貼花裝飾이 있는 삼채호는 한국의 국립중앙박물관 소장품(구

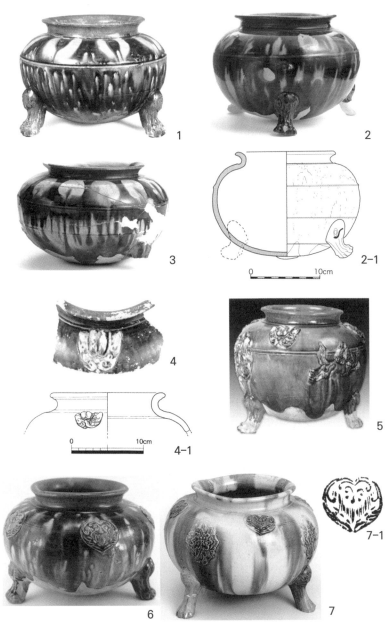

<도 79> 삼족호(경주조양동(1), 중국황야요(2, 2-1: 1/5, 3, 7, 7-1), 경주나정(4, 4-1: 1/5), 출
광미술관(5), 국립중앙박물관(6))

경 11.1cm, 고 12.1cm, 도 79-6)(國立淸州博物館 1989)에서도 찾아볼 수 있다.

특히 이 삼채호에 장식된 하트형 첩화문은 하남성 박물관 소장 삼채삼족호(구경 14.9cm, 동 최대경 21.3cm, 기고 16.3cm, 도 79-7)(中國陶瓷全集編纂委員會 2000)에도 거의 동일한 형식의 첩화문(도 79-7-1)을 확인할 수 있다. 이 삼족호는 1976년 하남성 공의시 황야요에서 출토된 것으로 조양동 삼족호의 제작지역과 동일 지역으로 비정된다.

그러므로 신라왕경지역을 포함한 국내에 반입된 당삼채 삼족호는 중국 하남성 공의시 황야요의 생산품일 가능성이 크다.

한국에서 출토된 당삼채 삼족호는 그 기형은 서로 유사하나, 동체부의 장식기법에 따라 1식과 2식으로 분류할 수 있다. 1식은 동체부에 반점으로 전체 시문효과를 보이는 것이고, 2식은 동체부에 첩화문을 부착 시문한 것이다. 1식→2식으로의 문양 시문 변화에 시간성을 설정한 견해(李姃恩 2011)도 있지만, 1식에 해당하는 조양동 출토품과 2식에 해당하는 나정 출토품을 8세기 중기의 동일시기로 보는 견해(申浚 2011)도 있다. 다만, 첩화문이 장식된 삼채 삼족호 중에는 중국 遼寧省 韓貞墓(天宝三年, 744)에서 출토된 요녕성박물관 소장품(도 88-2 참조)이 있어서 8세기 전반에는 삼채삼족호에 첩화문이 크게 유행한 것으로 이해된다.

(2) 鴨形杯

경주 분황사지의 북서편에 위치한 九黃洞 苑池遺蹟(國立慶州文化財研究所 2008)에서 압형배(도 80-1, 1-1)가 출토되었다. 이 배는 토기 면에 유약이 잔존하고 있지 않아 도자인지 명확하지 않지만, 당삼채에서 이와 유사한 기종이 많다. 손잡이 부분에는 오리형의 새가 머리를 틀어서 자신의 꼬리를 물고 있는 양상이며, 동체부는 평저의 盞에 해당한다. 杯의 외면에는 물새 형태의 陽刻文이 있고, 오리의 몸체부에는 날개와 구슬문이 표현되어 있다. 이 압형배는 고대 유럽의 角杯(Rhyton)에서 그 기원이 있는 것으로 추정되며, 중국을 대상으로 교역하던 중앙아시아의 이란계 소그드인들이 중국에 정착하게 되면서 실크로드 동서교역의 산물로서 유입된 것으로 보인다(李姃恩 2011).

원지 출토 압형배와 가장 유사한 형식의 배는 중국 故宮博物院 소장 삼채압형배(도 80-2)(中國陶瓷全集編纂委員會 2000)를 들 수 있다. 오리의 목 부분에 突帶가 있는 점과 구슬문 등의 표현이 매우 유사하다. 이러한 三彩杯는 주로 중국 서안, 낙양, 정주지역에서 출토되었으며, 손잡이 부분을 오리형태 이외에 이국적인 코끼리 머리를 표현한 서안 南郊唐墓 출토품(도 80-3)(冀東山 2006)이 있고, 불을 뿜는 용으로 표현된 陝西歷史博物館 소장품(도 80-4)(冀東山 2006) 등도 확인된다. 특히 용을 표현한 湖北省 唐李徽墓 출토 삼채배(도 80-5)는 唐 嗣聖元年(684)의 紀年이 있어서 7세기 말경에는 이러한 삼채배의 제작이 널리 성행한 것으로 생각된다. 이후 삼채 압형배의 경우, 압형 손잡이가 부착된 것에서 손잡이 기능이 없어지고, 잔보다는 오리의 형태표현이 많아지며, 사실적으로 형상화된 것으로 변화하는 것으로 추정된다(李姃恩 2011). 이러한 양상을 중국 공의시 박물관 소장의 공의시 芝田二電 출토 삼채배(도 80-6)(北京藝術博物館 2011)를 통해서 유추해 볼 수 있다.

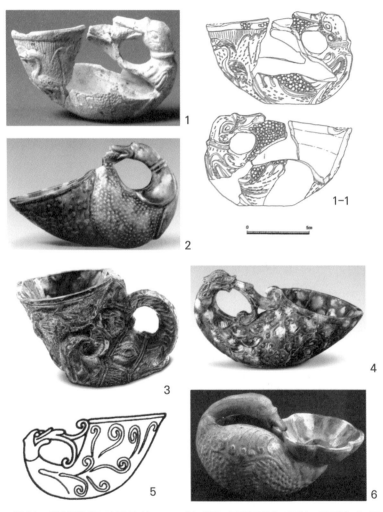

<도 80> 압형배(경주구황동원지(1, 1-1: 1/3), 중국고궁박물원(2), 서안남교당묘(3), 섬서역
사박물관(4), 호북성 당 이휘묘(684년, 5), 공의시 지전이전(6))

(3) 三彩塤

훈은 중국의 신석기시대 유적에서부터 출토되는 전통악기에 해당한다. 일종의 휴대용 호루라기이며, 그 형태는 사람얼굴형, 원숭이얼굴형, 물고기형, 공 모양 등 다양하게 제작되었다. 당대에는 주로 토제이며, 가마에서 생산하였다. 삼채훈은 중국 공의시 황야요(도 81-1, 1-1) (獨立行政法人文化財研究所 2006), 백하요(도 81-2)(北京藝術博物館 2011)에서 주로 제작되었고, 당대의 장안, 낙양, 양주, 요녕성 등지에서 확인되었다.

국내에서는 신라왕경 내 궁성의 월성해자에서 1점(도 81-3, 3-1)(文化財研究所 1990b)이 출토되었다. 사람 얼굴 모양의 球로서 그 크기는 직경 3.6cm에 달한다. 전체적으로 태토에 백유를 칠한 후 갈유와 짙은 녹유를 시유한 것으로 보인다. 얼굴 형태에서 단순하게 처리한 큰 눈과 오똑 선 콧날, 가지런하게 빗은 머리카락 표현 등은 마치 서역인을 연상케 한다. 월성해자 출토 삼채훈과 가장 유사한 예는 하남성 공의시 황야요 출토품 3점(도 81-4)(河南省鞏義市文物保護管理所 2000)을 들 수 있으며, 중국 섬서역사박물관 소장의 서안 西郊 俾失十囊墓에서 출토된 삼채훈 3점(도 81-5)도 이와 유사하다. 특히 비실십낭묘에서 開元二十七年(739)의 기년이 확인되므로, 경주 월성해자 출토 삼채훈은 8세기 전반경에 중국 낙양 주변의 황야요에서 제작되어 신라로 유입되었을 가능성이 크다(국립대구박물관 2004).

이외 월성해자 출토 삼채훈과 유사한 형식의 예는 하남성 낙양박물관 소장품(도 81-6)에서도 확인할 수 있다.

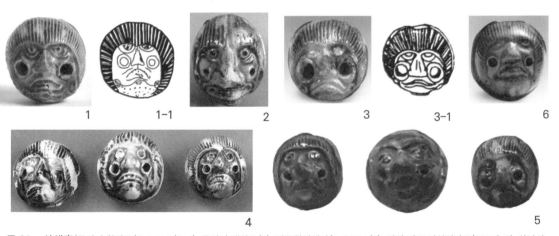

<도 81> 삼채훈(공의시 황야요(1, 1-1: 1/3, 4), 공의시 백하요(2), 경주월성해자(3, 3-1: 1/3), 서안 서교 비실십낭묘(739년, 5), 하남성 낙양박물관(6)

(4) 三彩枕

삼채침은 直六面體形의 四角陶枕이며, 일반적으로 頭枕이나 文鎭 등으로 사용된 것으로 추정하고 있다. 중국에는 서안, 낙양, 공의시 황야요에서 다수 출토되었고, 강소성 일원에서도 확인된 바 있다. 한국에서는 주로 경주 신라왕경 내에서 대부분 출토되었다.

신라왕경의 황룡사지 동편 S1E1지구(국립경주문화재연구소 2002)에서 확인된 삼채침편(도 82-1, 1-1)은 녹유바탕에 인화문이 시문되어 있다. 문양은 單葉의 사변화문(사판화문)으로 분류(1식, 도 82-문양1식)되며, 십자형으로 서로 대칭되어 있고, 꽃잎 두 개씩 백색과 갈유를 따로 교차되게 시유하였다. S1E1지구 출토 삼채침과 거의 동일한 사변화문은 중국 낙양 東岡 출토품(도 82-2)(李妊恩 2011)에서 찾아볼 수 있다.

또한 경주 味呑寺址에도 장방형 삼채침편(도 82-3, 3-1)(국립경주박물관 2007)이 출토되었으며, S1E1지구 출토품의 사변화문과 유사한 형식의 인화문이 확인되었다. 미탄사지 출토 삼채침편은 녹유바탕에 갈유를 흘려 문양을 시문하였다.

삼채침은 중국 서안지역에서도 출토되었는데, 섬서역사박물관 소장의 서안 東郊 韓森寨 唐墓 출토품(도 82-4)의 예를 들 수 있다. 이 삼채침의 인화문은 신라왕경과 낙양 동강 출토품과는 문양이 유사하나, 단판의 꽃잎이 3가지로 分裂되어 있는 三裂瓣의 사변화문 구조(2식, 도 82-문양2식)를 가지고 있는 점이 약간 차이를 보인다. 이러한 2식 사변화문은 서안의 大唐西市博物館 소장품(도 82-5, 5-1)(呂建中 2010)에서 확인되며, 공의시 황야 당삼채요(도 82-6, 6-1)(河南省鞏義市文物保護管理所 2000)에도 출토된 바 있다.

또한, 중국 당대 장안과 경주 신라왕경지역뿐만 아니라 일본의 왕경지역인 平安京(도 82-7)과 平城京(도 82-8)(奈良文化財研究所 2010), 일본 나라시 大安寺(도 82-9)(奈良文化財研究所 2010)에도 2식 사변화문이 시문된 당삼채침편[34]이 다량 출토된 바 있다. 따라서 중국 섬서성과 하남성 지역에서 생산된 당삼채침은 자체 소비를 넘어 경주의 신라왕경을 포함하여 일본 등지로도 다량 수출되었을 가능성이 크며, 나·당·일 3국 간의 동아시아교역권을 대변해 주고 있다.

이상 중국 당에서 신라왕경으로 직접 건너온 중국산 도자 중 당삼채를 중심으로 그 기형과 특징을 살펴보았다. 기형은 삼족호, 삼채훈, 삼채침 등 실생활의 소형 용기에 국한되었고, 생산지는 대부분 하남성 공의시 황야요에서 제작되어 유입된 것이다.

---

34) 일본 대안사 출토 당삼채침의 생산지는 하남성 공의시 황야요에서 제작되어 신라를 경유하여 일본에 수용된 것으로 언급된 바 있다(이송란 2009).

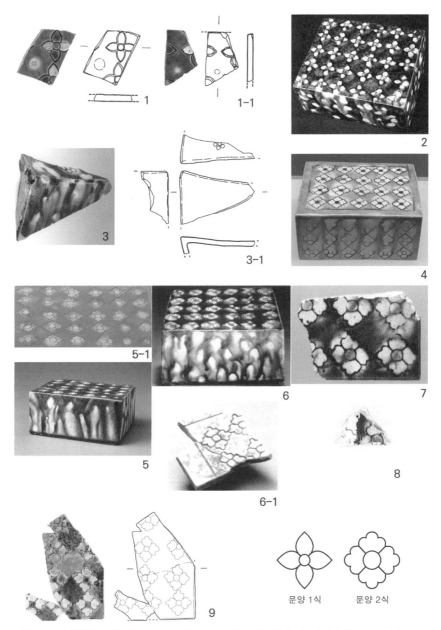

<도 82> 삼채침(경주황룡사지동편S1E1(1, 1-1: 1/3), 낙양동강(2), 경주미탄사지(3, 3-1: 1/3), 서안 동교한삼채(4), 서안 대당서시박물관(5, 5-1), 공의시 황야요(6, 6-1), 일본 평안경(7), 평성경 (8), 나라 대안사(9: 1/3))

그럼 다음으로 당삼채를 포함한 중국도자의 신라왕경지역 유입으로 인해 재래의 신라토기에 어떠한 영향이 있었는지를 검토한다.

2) 중국 당도자의 영향을 받은 통일신라토기

(1) 신라 인화문토기와 중국 도자의 변천 유사성

신라후기 및 통일신라양식 인화문토기가 제작된 7세기 초부터 9세기는 중국이 隋代(581~618년)를 거쳐 唐代(618~906년)에 해당하는 시기이다. 중국도자의 기술적 발전의 전개과정상 아주 획기적인 시기이다. 중국의 북방지역에는 邢窯를 중심으로 白磁를 생산하였고, 남방지역은 越州窯를 중심으로 靑磁를 생산하여 소위 南靑北白의 시대에 해당한다. 貼花文 도자와 당삼채가 제작되어 중국도자의 화려함과 극치를 더해 주는 시기이다(文物出版社 2006).

이 시기 신라왕경지역에는 중국과의 대외교섭을 통해 다양한 문물이 다수 유입되었을 것이다. 이 중에 선진 중국도자의 접촉은 신라인들에게 아주 신선한 영향을 주었을 것이다. 또한, 이러한 관념상의 문화적 영향은 당시 대량 제작되었던 물질적 소산물에도 표출되었을 것이다. 신라의 인화문토기는 도장으로 문양을 찍어 시문하는 인화기법이 주속성이며, 이 속성은 신라의 삼국통일 이전에 이미 고안된 것이다. 초현기 신라 인화문과 그 시문기법은 중국 도자 중에 남조부터 당대까지 기면에 도장을 사용하여 찍어 장식한 洪州窯 생산의 자기와의 유사성을 지적한 바 있다(山本孝文 2007).

앞서 검토한 바 있는 홍주요는 중국 江西省 豊城市 나호 일원에 위치하고, 황갈색의 유색 靑磁盞을 주력으로 생산한 점이 특징이다. 특히 수에서 당 초기에 생산된 홍주요 청자완은 구연부가 직립하고, 구연단과 동체 외면 일부에 침선을 돌렸다. 단순하고 간략한 단일문류의 二重圓文, 圓文, 花文 등을 간격을 두고 찍어 시문한 것이 많다(權奎山 2011). 이러한 양상은 동시기 신라의 초기 인화문토기와 유사한 점이 많다<도 83-1, 2>.

신라 통일기의 인화문토기에 보이는 중국 당도자의 영향은 당삼채를 통해서 가장 잘 살펴볼 수 있다. 당삼채는 北齊의 연유 사용에 영향을 받아 7세기 중엽부터 생산되기 시작하였다. 8세기 전반에 가장 성행하였으며, 이후 8세기 후반에는 安祿山의 亂(755~763년)을 기점으로 급격하게 쇠퇴하였다(金載悅 2001).

따라서 당삼채는 8세기를 전후한 전성기에 통일신라의 인화문토기에 가장 영향을 많이 주었을 것이다. 이 시기 통일신라는 서역 및 盛唐 문화의 원동력으로 불교조각, 공예품 등의 제작과 표현도 그 예술적 미감이 최절정기에 달했다. 이후에는 중국 당삼채의 변천 및 쇠퇴

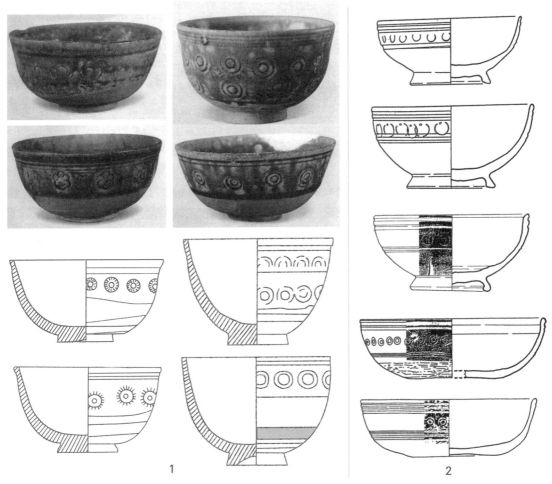

<도 83> 중국 강서성 풍성시 홍주요 출토품(1)과 신라의 초기 인화문토기(2: 1/4)

와 연동하여 신라의 인화문토기의 문양도 서로 쇠퇴하였을 가능성이 있다.

부언한다면, 통일신라양식토기 Ⅷ단계(8세기 중엽)까지 화려했던 인화문토기도 Ⅸ단계(8세기 후엽)부터는 쇠퇴하기 시작하였다. X · Ⅺ단계(8세기 말~9세기 초)에는 무문양의 경향이 더욱 강해진다. 이러한 양상은 중국도자의 변화와 시기적으로 상응한다.

(2) 인화문토기와 당삼채의 문양 비교

인화문토기와 당삼채를 비교할 때 그 유사성이 가장 잘 보이는 속성은 문양이다. 당의 三

彩文 중 통일신라의 인화문에 영향을 주었을 가능성이 있는 대표적인 문양은 雲文, 사변화문, 鳥文 등이 있다. 이 문양들은 대부분 당삼채의 전성기인 8세기에 크게 유행하였다. 운문은 글자 그대로 구름모양을 형상화한 무늬에 해당한다. 사변화문과 조문이 자주 동반 시문되기도 하며, 이는 당삼채도 동일하다.

국립경주박물관 소장 통일신라양식토기 연결파수부골호(도 84-2-上, B-中4)(중앙일보사 1996)와 경주 성동동 383-6번지 신라왕경유적 출토 인화문 盌(도 84-2-下)(嶺南文化財研究院 1999)에는 서로 동일한 형식의 팔메트형(도 84-1)35) 운문(도 84-2-1)이 시문되었다. 동반 시문된 사변화문과 퇴화되어 외곽만 표현된 종장파장문이 지그재그수법으로 시문(도 84-2-3)되었다. 이 문양과 시문수법의 유행시기는 통일신라양식 토기 Ⅷ단계(8세기 중엽)으로 편년된다. 이 팔메트형 운문과 유사한 형식의 운문이 일본 東京 永靑文庫 소장 당삼채 三足盤(도 84-3)(小學館 1979)에서 확인되며, 통일신라 인화문토기와 동일한 시문방법인 스탬프로 찍어 시문하였다. 이 당삼채 삼족반의 팔메트형 운문(도 84-3-1)은 중국 서안 長安城 내 大明宮遺蹟에서 출토된 三彩馬의 안장 障泥部 장식(도 84-4, 4-1)에도 거의 유사한 형식의 문양이 확인되었다.

국립경주박물관 소장 연결파수부골호1(도 84-2-2, B-中4)에는 기존 통일신라의 퇴화된 운문도 같이 시문되고 있는 점이 특이하다. 이것은 재래 문양의 변천과정 속에 외래계의 새롭고 특징적 문양이 당삼채를 통해서 선택적으로 수용된 것이다. 상기 당삼채와 인화문 연결고리호의 유행 시기도 서로 유사한 점에서 이러한 견해의 타당성을 더욱 보충한다.

로제트형36)(도 85-1)의 사변화문은 꽃잎을 표현한 주 문양 수가 4개로 제한된 화문이다. 인화문토기에는 호선문(영락문) 사이에 연결문으로 자주 시문되었다. 국립경주박물관 소장 통일신라양식토기 연결파수부골호2(도 85-2, B-小1)에는 당삼채에 자주 확인되는 조문(鳥文)과 회화적인 운문과 함께 로제트형의 사변화문(도 85-2-1)이 시문되어 있다. 이 사변화문과 유사한 형식의 문양이 중국 서안 동교 王家墳村唐墓에서 출토된 三彩女坐俑의 치마(도 85-3, 3-1)(中國陶瓷全集編纂委員會 2000)에 표현되어 있다. 또한, 상기한 서안 동교 한삼채 출토 삼채침(도 85-4)과 더불어 서안 대당서시박물관 소장 삼채마의 장니(도 85-4)(呂建中 2010)에도 동일 형식의 로제트

---

35) 팔메트(Palmette)는 일반적으로 나선모양의 꽃받침과 아치형 선, 부채꼴 형태로 펼쳐진 꽃으로 이루어져 있으며, 이집트와 서아시아의 대추야자(palm tree)에서 기원한 고대 서역계 식물 문양으로 당초문으로 분류되기도 한다(국립중앙박물관 2013).

36) 로제트(Rosette)는 장미꽃 모양의 장식에 이름 어원이 있으며, 꽃잎 중심 원형에서 꽃잎을 방사상으로 장식한 형태로 고대 인도, 아시리아, 페르시아인들의 종교적, 장식적 모티브로서 태양을 상징하기도 한다(국립중앙박물관 2013).

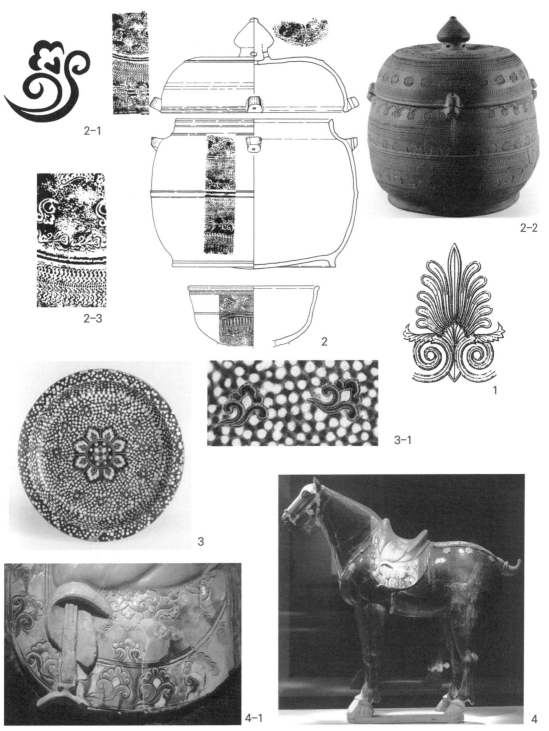

<도 84> 통일신라 인화문토기와 당삼채 문양 비교1(국립경주박물관소장품(2-上: 1/7, 2-2), 경주 성동동 383-6번지 유적(2-下: 1/7), 일본 동경 영청문고 소장품(3, 3-1), 서안 장안성 대명궁유적(4, 4-1))

<도 85> 통일신라 인화문토기와 당삼채 문양 비교2(국립경주박물관 소장품(2, 2-1), 서안 동교왕가 분촌당묘(3, 3-1), 서안 대당서시박물관 소장품(4, 4-1))

형 사변화문(도 85-4-1)이 확인되었다.

이러한 팔메트형 운문과 로제트형 사변화문은 문양 자체가 서역에서 기원한 것이다. 중국 당과 신라의 교류를 한 차원 넘어서 서역 간 문물 교역에 의한 문양의 전파라는 의미도 상정할 수 있다.

(3) 통일신라토기와 당도자의 기형 비교

① 외반구연 완

앞 장에서 살펴본 완은 통일신라양식토기 중 신라왕경지역에서 가장 많이 생산 및 출토되었다. 주로 식기로 사용되었던 기종이다. 원래 완과 뚜껑이 세트 관계(합)에 있는 유개완이 완전한 기형에 해당하나, 개별적으로 출토되는 단독의 완도 많다. 완은 낮은 굽이 부착된 것이 전형적이다. 구연부(입술부)가 초기에는 직립하다가 후기에는 밖으로 휘어지는 외반구연이 크게 유행한다. 통일신라토기 완의 구연부가 외반구연으로 본격 전환되는 시기는 대체로 통일신라양식토기 Ⅴ·Ⅵ단계(7세기 말~8세기 초)로 파악하고 있다<도 86-1, 2>.[37]

8세기 초 이후 통일신라에서 외반구연 완이 유행하는 것과 상응하게 중국 당에서도 이와 유사한 시기에 외반구연의 도자완이 대량 생산되기 시작하였다. 이러한 물질문화의 공통적인 변화 양상은 신라와 당 간의 교류에 따른 국제적인 연동이다.

8세기 초 통일신라의 외반구연 완과 기형을 서로 비교해 볼 수 있는 중국도자가 있다. 이 중에 역연대를 알 수 있는 대표적인 것은 당대 장안에서 북서쪽으로 약 80km 정도 떨어진 陝西省 咸陽市 乾縣 永泰公主墓(唐神龍二年, 706) 第四 小龕 출토 삼채완(구경 17.2cm, 고 7.4cm, 도 86-3)과 綠釉盌(구경 13.5cm, 고 7.8cm, 도 86-4)(冀東山 2006)이 있다.

이 영태공주묘 출토 삼채완은 크기가 신라왕경 출토 통일신라양식토기 전형적인 유개완(대형: 구경 14.5~20cm 이하, 고 6~10cm)과 계량적으로 동일한 범주에 속한다. 구연부의 외반이나 동중위에 돌선으로 신부 구획, 굽 부착 등 기형과 크기에서 유사점이 아주 많다.

영태공주묘 출토품에는 8세기 초의 당삼채완 이외에도 외반구연의 녹유완(도 86-4)이 1점 확인되었다. 그런데 이 녹유완과 기형이 거의 동일한 통일신라토기가 신라왕경유적 내에서도 출토되었다.

---

37) 경주 신라왕경지역 출토 인화문토기에서 외반구연 완의 출현은 통일신라양식토기 Ⅵ단계-8세기 초에 해당한다. 이 완의 출현기를 7세기 4/4분기 이후(윤상덕 2010)로 파악한 견해도 있다.

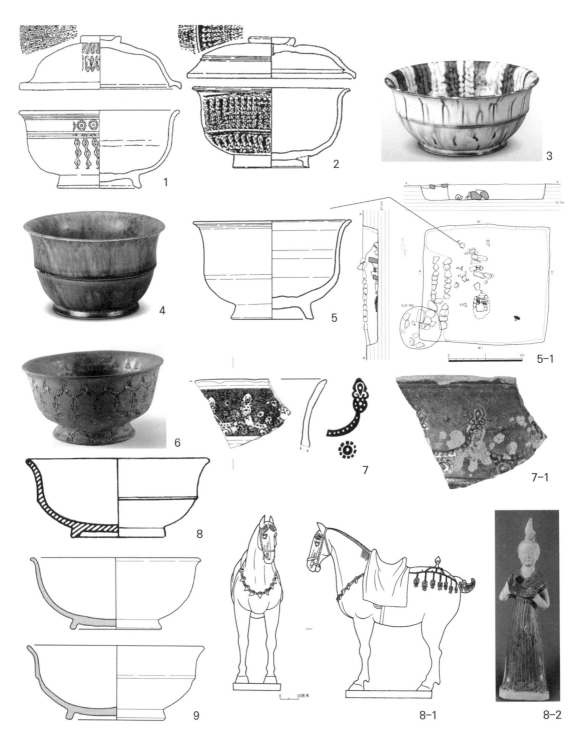

<도 86> 통일신라토기와 당도자의 기형 비교1-완(통일신라 인화문유개완(1, 2: 1/3), 중국 섬서성 영태공주묘(706년, 3, 4), 경주 성건동 305-1번지 유적(5: 1/4, 5-1: 1/130, 7: 1/4, 7-1), 국립중앙박물관 소장품(6), 중국 섬서성 즐민태자 이중준묘(710년, 8: 1/5, 8-1, 8-2), 공의시 황야요(9: 1/5))

경주시내 지역 성건동 350-1번지 유적(東國大學校 慶州캠퍼스博物館 2013b)의 2호 수혈식 주거지(도 86-5-1) 아궁이시설 옆에서 통일신라양식토기 토기 V · VI단계 인화문토기와 함께 무문양의 외반구연 토기완(도 86-5) 1점이 바닥 면에서 안정적으로 출토되었다.

이 외반구연 완은 그 기형과 크기(구경 13cm, 고 7.9cm)가 중국 영태공주묘 출토 녹유 외반구연 완과 거의 동일하다. 녹유완은 동체부가 돌선에 의해 구획되었고, 토기완은 침선이 형성되어 있는 점만 약간 차이가 있다. 경주 성건동 350-1번지 유적의 외반구연 완은 2호 수혈주거지에서 함께 공반된 유물 중에 문양이 화려한 인화문토기가 공반되어 있음에도 불구하고 무문양과 이례적인 기형을 가지고 있다. 이러한 토기완은 중국과의 교류에 의한 당대 도자의 모방품이나 영향에 의해 생긴 번안된 기형일 가능성이 크다.

이러한 관점에서 통일신라토기 자체에 중국의 당삼채의 기형과 색조 일부만을 선택적으로 수용한 것으로 유추되는 국립중앙박물관 소장품인 외반구연의 녹유완(도 86-6)(중앙일보사 1996)이 있다. 8세기 전기의 화려한 영락문이 토기에 시문되어 있으나, 중국 당의 삼채를 그대로 모방하지 않았다. 납이 주성분인 低火度 녹유를 입혀 500~800℃ 정도에서 소성한 것으로 재래의 전통적인 토기 제작기술에 중국 당의 신요소를 일부 수용한 결과물로 생각된다.

이 외반구연 녹유완과 동일한 기형의 녹유완 구연부편(도 86-7, 7-1)이 있다. 공교롭게도 상기한 중국 도자의 기형을 가지고 있는 외반구연 토기완이 출토된 경주 성건동 350-1번지 신라왕경 생활유적에서 함께 출토되었다. 이 녹유완편은 외반구연 일부가 잔존하고 있다. 토기 외면에 연주문 1줄로 이루어진 영락문(호선문 구성)과 서역 문양요소인 팔메트형 운문, 다변화문 등이 시문되었다. 앞서 언급한 국립중앙박물관 소장의 녹유 외반구연 완과 거의 비슷한 시기에 제작한 것으로 판단된다. 이처럼 통일신라시대에는 신라의 전통적인 인화문토기에 녹유 및 갈유 등의 연유를 추가한 것이 많으며, 무덤의 부장품이나, 장골기, 실생활 용기로 널리 사용되었다.

한편 상기한 영태공주묘 출토 외반구연 완 이외 당대 장안지역에서 북동쪽으로 약 66km 이격된 섬서성 富平縣 节愍太子 李重俊墓(710년)(陝西省考古研究所 2004) 출토품이 있다. 영태공주묘 출토품과 동일 기형의 외반구연 백자완(대형: 구경 18.4cm, 고 7.6cm, 도 86-8)이 문물 교류의 상징인 삼채마(도 86-8-1), 삼채용(도 86-8-2) 등 다량의 당삼채와 함께 출토되었다. 8세기 전반경에 당대 장안 일원에서 외반구연완의 제작이 다수 이루어진 것으로 생각된다. 이러한 양상은 당대 대표적인 낙양 인근의 삼채 가마터인 공의시 황야요에서도 확인할 수 있다. 이 요에서는 당삼채와 더불어 출토된 외반구연 백자완들(도 86-9)은 영태공주묘의 삼채완과 비교하여 그 기형과 크기가 거의 유사(도 86-9下)하다. 통일신라양식토기의 전형적인 외반구연 완과도

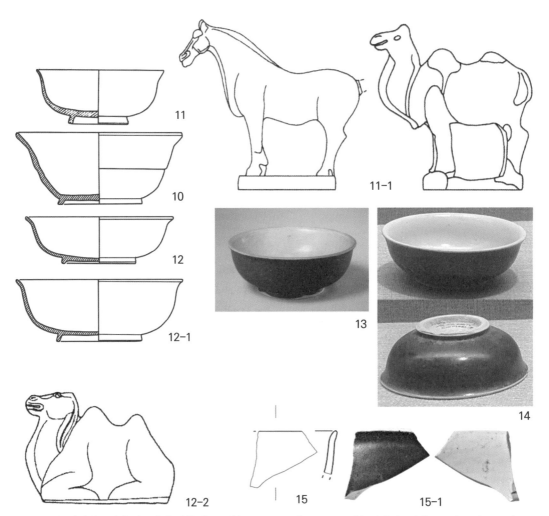

<도 87> 통일신라토기와 당도자의 기형 비교2-완(낙양 애황후묘(676년, 10: 1/5), 낙양 상주자사소도묘(735년, 11: 1/5, 11-1), 낙양 이전례처정부인묘(754년, 12: 1/5, 12-1: 1/5, 12-2), 북경 고궁박물원 소장품(13), 낙양 백거이 고거(14), 경주 노서동 181-24번지 유적(15: 1/4, 15-1))

동일한 형식이다.

　또한 황야 당삼채요가 가까이에 있는 낙양지역의 조성연대를 알 수 있는 무덤에서 출토된 중국도자(王刬純 2013)의 변화에도 동일한 양상이 확인되었다. 상기한 외반구연 도자완이 출현하는 시기는 7세기 후엽 단계에 해당한다. 上元三年(676) 哀皇后墓 출토 외반구연 도자완(구경 17.8cm, 고 8cm, 도 87-10)이 이 시기에 해당하며, 이전 시기는 대부분 직립구연의 도자완이 출토되었다.

낙양지역의 8세기대 기년명이 있는 무덤 중에서 외반구연 완이 출토된 예는 開元二十三年(735) 商州刺史簫設墓 출토 백자완(구경 13.6cm, 도 87-11)과 天宝十三裁(754년) 輾轅府折冲都尉李全礼妻鄭夫人墓 출토 자기완(구경 15.6cm, 도 87-12) 및 삼채완(구경 17.2cm, 도 87-12-1) 등을 들 수 있다. 동반 출토된 유물 중에는 서역의 교류와 비단길 교통수단의 상징인 낙타용(도 87-11-1, 12-2)이 모두 확인되는 점도 교역의 측면을 보여준다.

중국 당대의 외반구연 도자는 삼채완과 백자완, 녹유완이 대표적이지만, 이외에도 內白外黑釉 盌이 있다. 중국 북경 고궁박물원 소장 외반구연 완(구경 13.1cm, 고 5.1cm, 도 87-13)과 같이 완의 내면에 白釉를, 외면에는 黑釉를 시유한 특이한 자기로 섬서성 서안 일원과 하남성 낙양 등지에서 확인되었다.

낙양 지역의 예로는 중국 中唐期 大詩人에 해당하는 白居易故居 출토 내백외흑유 외반구연완(도 87-14)을 들 수 있다. 이 도자완도 중국 당대에 통일신라로 유입되어 근년에 출토된 바 있다. 신라왕경 내 실생활유적에 해당하는 경주 노서동 181-24번지 유적에서 내백외흑유 외반구연의 완편(도 87-15, 15-1)이 처음으로 소개된 바 있다.

② 三足壺

통일신라토기와 중국 당삼채외의 관련성을 언급할 때 가장 많이 주목받는 것은 국립중앙박물관 소장의 인화문토기 삼족호(고 20.7cm, 도 88-1)(중앙일보사 1996)이다. 이 삼족호는 보륜형 꼭지의 개와 세트로 되어 있으며, 개와 호에는 인화문이 화려하게 시문되어 있다. 개에는 單一文類인 변형 매미형문과 약간 퇴화된 연주종장문이 시문되어 있고, 호에는 단일문류인 합성문류, 연주호선문으로 구성된 영락문, 지그재그수법의 점열종장문이 빽빽하게 시문되어 있다. 퇴화된 연주종장문, 지그재그수법의 점열종장문, 영락문 구성 등 인화문의 종류와 시문기법을 통해 볼 때 삼족호의 시기는 크게 통일신라양식 토기 Ⅶ · Ⅷ단계(8세기 전~중엽)으로 상정된다.

이 삼족호와 비교할 수 있는 중국 당삼채의 삼족호는 다수 확인되었다. 요녕성조양현 天宝三年(744) 한정묘 출토품(고 17.7cm, 도 88-2)(小學館 1979)이 그 연대를 알 수 있는 유일한 자료이다. 이 삼족호에는 첩화문이 시문되어 있다. 이러한 형식의 삼족호에는 인화문 삼족호에도 확인되는 보주형 꼭지의 뚜껑이 있는 것이 많다.[38] 특히 낙양지역에서 출토된 보주형 꼭지의

---

38) 앞서 살펴본 통일신라양식토기 연결파수부골호의 보주형 꼭지가 유행한 시기도 Ⅷ단계(8세기 중엽)에 해당한다.

<도 88> 통일신라토기와 당도자의 기형 비교3-삼족호(국립중앙박물관 소장 인화
문삼족호(1), 요녕성 조양현 한정묘(744년, 2), 낙양 정구 주가만촌(3, 4))

개를 가진 寶相花貼花文이 시문된 有蓋三彩三足壺는 낙양 井溝 朱家灣村 출토품(도 88-3, 4)
(국립부여박물관 1998)에서 확인할 수 있다. 신라 인화문 삼족호와 기형에서 관련성이 많다.

따라서 한정묘 삼채삼족호, 낙양 출토 유개삼채삼족호는 有蓋印花文三足壺와도 그 기형
과 시기가 거의 유사한 점에서 8세기 전반대 중국 당과의 문물 교류 양상을 파악해 볼 수 있
다. 인화문삼족호는 재래의 통일신라 인화문토기의 제작 전통을 바탕으로 중국도자의 신기
형 속성을 선택적으로 수용한 것으로 이해할 수 있다.

③ 唾壺

타호는 가래나 침을 뱉어 놓는 실내 위생용구로써 唾盂, 痰盂, 唾痰壺라고도 한다. 타호
는 중국 六朝時代(229~589년) 묘에서 이미 다량으로 출토된 바 있다. 삼국시대와 晋 초기에는
동체부가 球形이 많으며, 당대 초기에 이르러 동최대경이 구경보다 큰 편구병에 가까운 형
식으로 확인되었다. 唐德宗 시기인 8세기 말~9세기 초에 구경부가 접시모양으로 벌어지는
구경이 동최대경보다 큰 형식으로 변천되었다(文物出版社 2006).

당대 장안지역에는 서안시 동교 王家唐墓에서 백자타호(구경 16.5cm, 고 10.5cm, 도 89-1)(冀東

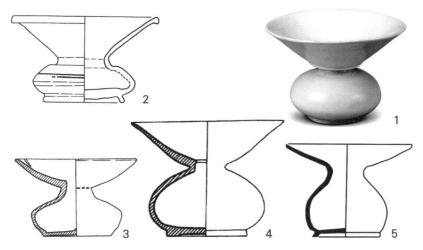

<도 89> 통일신라토기와 당도자의 기형 비교4-타호(서안 동교 왕가당묘(1), 경주 화곡리 생산 유적(2: 1/4), 낙양 정소방묘(814년, 3: 1/4), 낙양 이귀후묘(834년, 4: 1/4), 낙양 서담이여 묘(845년, 5: 1/4))

山 2006)가 출토되었다. 이 백자타호와 크기가 거의 동일하며, 기형도 유사한 토제타호(구경 16.2cm, 고 9.3cm)가 경주 화곡리 유적의 자연수로1 A둑 VI층(도89-2)에서 출토되었다.

화곡리 생산유적은 경주신라왕경지역에 공급할 토기를 직접 생산한 대규모의 수공업단 지이다(최상태 2013). 앞서 언급한 바 있지만, 가마조업과정에서 자연수로에 층위별로 폐기된 통일신라양식토기를 분석하였다. 자연수로1 A둑 VI층은 통일신라양식토기의 문양이 소멸 해 가는 문양 종말기의 양상을 보여주는 표지적 층위이다. 그 시기는 9세기 초로 편년되었 다. 화곡리유적의 자연수로1 A둑 VI층에서 출토된 타호는 무문양의 토제타호로 9세기 초경 중국도자타호의 기형을 수용하여 특별하게 제작된 통일신라토기에 해당한다.

또한 중국 당대 낙양지역에도 9세기 초의 무덤에서부터 도자타호가 확인되었다. 元和九 年(814) 崇陵挽郞滎陽鄭紹方墓에서 출토된 도자타호(구경 13.3cm, 고 8.2cm, 도 89-3)(王刘纯 2013) 는 경주 화곡리 유적 출토 토제타호와 동체부 형식이 매우 유사하며, 시기도 서로 상응하 고 있다. 9세기 초 낙양지역의 도자타호는 동체부가 중하위에서 각이 지고 납작한 편구형태 를 보인다. 이후 9세기 중엽에는 동최대경이 중위로 올라가며, 호선상의 편구형태를 띠는 것 이 특징이다. 이러한 양상은 낙양지역의 大和八年(834) 李歸厚墓 출토 도자타호(구경 11.8cm, 고 8.7cm, 도 89-4)와 會昌五年(845) 徐澹李女墓 출토 도자타호(구경 14cm, 고 7.3cm, 도 89-5)(王刘纯 2013)에서 확인할 수 있다.

이상과 같이 신라와 중국 수당의 교류를 통한 물질문화의 변화 양상과 유사성을 사례 연구의 방식으로 제시하였다. 통일신라양식토기에 시문된 특정 문양은 중국의 수당대 도자에서 문양 모티브가 동일하게 확인되었다. 신라의 전통적인 문양과 함께 중국의 외래 문양도 동반되어 가시화되었다. 특히 통일신라양식토기의 특정 기종에서 외반구연완, 삼족호, 타호 등은 중국 당삼채와 녹유완, 자기류 등의 기형과 크기, 시기 등에서 유사성이 매우 높다. 이러한 물질자료의 양상을 통해 중국 당과 통일신라와의 우호교류와 영향에 대한 물질문화의 증거라고 인식할 수 있다. 앞서 언급한 통일신라양식토기와 비교한 중국도자의 역연대 자료를 간략하게 정리하면 다음 표와 같다.

<표 21> 중국도자 역연대 비교자료

연번	기종	출토지	소장처	역연대	도면번호
1	삼채 삼족호	요녕성 조양현 한정묘	요녕성박물관	天宝三年(744년)	88-2
2	삼채 배	호북성 당 이휘묘	호북성박물관	嗣聖元年(684년)	80-5
3	삼채 훈	서안 서교 비실십낭묘	섬서역사박물관	開元二十七年(739년)	81-5
4	외반구연 삼채완	섬서성 함양시 건현 영태공주묘	중국국가박물관	神龍二年(706년)	86-3
5	외반구연 녹유완	섬서성 함양시 건현 영태공주묘	섬서역사박물관	神龍二年(706년)	86-4
6	외반구연 백자완	섬서성 부평현 절민태자 이중준묘	섬서성고고연구소	并于景云元年(710년)	86-8
7	외반구연 도자완	낙양 애황후묘	하북성박물관	上元三年(676년)	87-10
8	외반구연 백자완	낙양 상주자사소도묘	하북성박물관	開元二十三年(735년)	87-11
9	외반구연 자기완	낙양 이전례처정부인묘	하북성박물관	天宝十三裁(754년)	87-12
10	외반구연 삼채완	낙양 이전례처정부인묘	하북성박물관	天宝十三裁(754년)	87-12-1
11	도자타호	낙양 숭릉만랑형양 정소방묘	하북성박물관	元和九年(814년)	89-3
12	도자타호	낙양 이귀후묘	하북성박물관	大和八年(834년)	89-4
13	도자타호	낙양 서담이여묘	하북성박물관	會昌五年(845년)	89-5

3) 나당교류 양상

앞서 검토했듯이 중국 당도자와 통일신라양식토기의 공통적인 양상을 인식할 수 있었다. 다음은 신라왕경지역에 중국 당도자의 반입과 통일신라양식토기에 영향을 미친 배경을 살펴보고자 한다.

신라는 진평왕 43년(621)에 처음으로 당과 외교관계를 맺고 사절단을 파견하면서 교류가 시작되었다. 그러나 신라의 삼국통일전쟁을 시작으로 문무왕 8년(688) 이후 당의 영토야욕과 신라의 고토 회복, 백제 및 고구려 유민의 흡수정책이 충돌하면서 사실상 당과의 국교 단절 상태가 시작되었다. 이후 나당 양국관계는 효소왕 8년(699) 당에 사신이 파견되면서 진전되기 시작하였다. 특히 성덕왕대(702~737년)에 이르러 양국 간의 친선관계가 이루어져 45회의 활발한 대당교섭이 절정에 달했다. 이 외교 전성기의 나당관계는 단순한 조공이 아니라 다양한 사절의 왕래와 문물 교류가 왕성하였다. 신라는 당문화뿐만 아니라 서역문화까지 접하게 되었다(국사편찬위원회 1998).

이러한 역사적 배경 속에 8세기 전반기의 통일신라는 재래의 전통을 고수하면서 당과 서역 문화요소를 가미하여 화려하고 독특한 인화문토기를 생산하였다. 불교 미술 및 조각, 공예품 제작과 표현의 절정기에 해당한다. 이러한 문화양상은 당시 신라인의 사상 저면에 깔린 불교 문화와 전대에 계승된 기술적이고, 미적인 축척, 국가적 후원이 뒷받침된 것으로 이해된다.

통일신라시대 나당 문화교류를 대변해 주는 표지적인 고고자료는 당삼채가 해당될 것이다. 당삼채는 중국에서 대체로 7세기 중엽~8세기 중엽까지 제작되었고, 주로 8세기대 크게 성행하였다. 이러한 점은 중국의 낙양지역 기년묘의 출토유물양상(王刻純 2013)도 상응한 결과를 보였다. 낙양지역에서 당삼채는 天授二年(691) 屈突李札墓에서 처음 확인되었다. 이후 天宝十三裁(754년) 轘辕府折冲都尉 李全礼 妻鄭夫人墓까지만 출토되었다. 이후 낙양지역에 당대 무덤이 다수 있지만, 당삼채가 확인되지 않는 경향이 있다.

따라서 통일신라시대 왕경유석에서 당삼채가 집중적으로 출토되는 양상은 신라와 당의 교류 성행기와 당삼채의 전성기가 상응한 결과이다. 또한, 당시 국가적 차원의 양국 사절단, 구법승, 무역 상인 등에 의해 당삼채가 유입되었을 가능성이 크며, 양국 간의 교류가 매우 활발했음을 말해 준다.

신라왕경지역에서 출토된 당삼채의 유입경로는 중국 내 당삼채의 주요 분포지와 신라왕경 출토 당삼채의 생산지를 통해서 유추된다. 중국에서 당삼채가 출토된 지역은 매우 광범위하다. 하남, 섬서, 감숙, 하북, 북경, 천진, 요령, 강소, 절강, 호남, 호북, 광동 등 여러 省市에서 확인되었다. 그런데 이 출토지 중에 당삼채의 출토량이 가장 많고, 기종이 풍부하며, 고품질의 삼채는 섬서성 서안과 하남성 낙양, 강소성 양주의 것이다(국립부여박물관 1998).

신라왕경지역에서 출토된 경주 조양동 삼족호와 월성 해자 출토 삼채훈은 중국 하남성 낙양과 정주 사이의 중간지역인 공의시 황야요지에서 제작되었다. 신라왕경 S1E1지구에서 출토된 사변화문의 삼채침은 중국 낙양 동강 출토품과 거의 동일하고, 삼채 압형배의 경우도 중국의 서안, 낙양, 정주지역에서 주로 출토되었다.

신라와 관련되는 당삼채의 주요 분포지는 당대 수도인 장안과 하남성 황야요가 분포하는 낙양과 정주지역, 당대 국제무역도시에 해당하는 양주 일원으로 선정할 수 있다. 낙양과 정주지역에서 대량 생산된 당삼채는 당대의 수도인 장안에 공급되었을 것이다. 동쪽으로 양주 지역을 거쳐 신라에까지 전해진 것으로 그 유입 경로를 유추해 볼 수 있다(李姃恩 2011; 金英美 2011).

　　고대로부터 중국은 다양한 도자를 제작하였다. 신라와 당의 대외 문물 교류에서 대표적인 도자는 당삼채가 해당된다. 실크로드를 통해서 국제적으로 문물 교류가 최절정기에 달했던 당은 아주 독특하고 화려한 삼채를 탄생시켜 전 세계의 도자 발전에 기여하였다. 세계 각국과의 문화 및 경제교류에서 실크로드는 중요한 역할을 담당해 왔지만, 그 속에서 당삼채 교역의 영향도 매우 컸다.

　　신라왕경지역에서 출토된 조양동 당삼채 삼족호와 월성해자 출토 삼채훈, 황룡사지 동편 S1E1지구 출토 삼채침 등은 중국 공의시 황야요를 포함한 낙양과 정주 일원에서 제작되어 삼채로드를 통해 8세기 전반경 통일신라로 전입되었을 가능성이 크다. 이 시기에 신라는 삼국통일 이전부터 재래적으로 제작해 왔던 신라 고유의 화려한 인화문토기를 대량 생산하고 있었다. 신라의 인화문토기는 8세기 전반경에 성행기가 도래하였다. 이 시기에 중국 당을 통한 불교 및 서역 문화의 유입을 토기에 시문된 여러 문양과 기형의 유사성을 통해 밀접했던 그 영향 관계를 유추해 볼 수 있었다.

　　당삼채와 인화문토기로 본 신라의 당대 문화에 대한 수용은 전통적인 신라 고유의 문화를 고수하면서 조화로운 외래문화의 수용일 것이다. 즉 신라는 삼국통일 이전에 이미 컬러의 연유도기 제작 기술을 보유하고 있었다. 그러나 다채의 당삼채보다는 흑백의 인화문토기를 고수한 점은 현재까지 당삼채와 같이 다채 시유한 신라 인화문토기가 아직 출토되지 않은 것에서 유추된다. 즉 당도자의 특정적인 문양과 기형에 한정된 수용, 전통성 유지 등에 기인된 것이다.

　　8세기 중엽 중국 안녹산의 난 이후에는 당삼채 제작의 퇴화기에 접어들었다. 신라의 인화문토기 또한 8세기 후엽부터 화려한 문양이 쇠퇴하고 무문양의 경향이 강해졌다. 이것은 당도자 변천의 국제적 연동성에서 기인되었을 가능성이 상정된다.

　　중국 당삼채는 장안, 낙양, 양주 일원에서 양질의 생산품이 주로 출토되었다. 이곳과 연결된 운하와 수로, 육로 등의 중국 삼채로드를 통해 신라로 유입되었다. 신라와 고대 중국과의 대외문물교류의 행로이다.

　　신라에 건너온 당삼채는 특이하게 신라왕경지역에서 대부분 출토되었기에 신라와 당을 하나의 문화 연결고리로 묶는 도구이다. 특히 나당교류를 통해 신라에 유입된 화려하고 가시적인 당삼채 등은 당시 통치계급이나 귀족층만이 즐겼던 외래문화이다. 그러나 신라의 인화문토기에 확인되는 당도자의 영향과 속성의 한정적 수용은 신라왕경의 일반서민들도 모두 즐겼던 중국 당대의 문화 향유일 것이다.

4. 일본 출토 자료를 통한 역연대

앞서 살펴본 중국도자와 통일신라토기의 비교를 통해 기형과 문양의 유사성을 추출할 수 있었다. 8세기 전반경, 중국의 삼채로드를 통해 통일신라에 반입된 도자는 신라 문화의 황금기에 해당하는 성덕왕~경덕왕대의 통일신라토기에 많은 영향을 미쳤다.

특히 통일신라와 중국 당의 외반구연 완의 비교를 통해 당시 물질문화의 공통적인 변화 양상을 파악해 볼 수 있었다. 이러한 현상은 통일신라와 당의 상호 교류와 전파의 개념 속에 상사[39]의 의미로 접근해 볼 수 있는 것이다.

이러한 맥락에서 추가적으로 신라후기 및 통일신라토기가 다수 출토된 日本 奈良 飛鳥ㆍ藤原地域의 須惠器(西弘海 1978; 川越俊一 2000)에도 중국도자와 같은 상사의 양상을 엿볼 수 있다<도 90>.

이곳 須惠器의 유개완에서 개의 구연 형태에 초점을 두고 살펴보자. 그 형식 배열이 통일신라양식토기 유개완의 개 구연 형식 변화와 동일한 양상을 인지할 수 있다.

外구연이 수평적으로 돌출되고, 内구연이 수직으로 내려와 입면상 내구연이 보이는 단계(上: 杯G-a과 下: 2식)→내구연, 외구연의 대칭적 배치와 돌출도가 큰 단계(上: 杯G-b, 杯B-a과 下: 3

---

39) 형식학의 기본 원리로 적용되고 있는 진화론에는 발생학적인 이론적 증거로 제시되고 있는 相同과 相似의 개념이 있다. 유물에 상대 편년을 시도할 때 이 양자 개념에 대한 구분의 필요성을 제시한 바 있다(마이클 오브라이언ㆍ리 라이맨ㆍ성춘택 2009).

두 개념 모두 유물의 유사함을 의미하지만, 의미는 다르다. 상동은 원형으로부터 분지된 것이고, 닮음의 근원이 공통의 조상에 있다. 특이한 속성들을 공유하여 계보적으로 연관되어 있다는 개념이다. 반면 상사는 어떤 분류군들이 공통의 조상에서 볼 수 없는 단순히 비슷한 형질을 가지고 있는 것이다. 조상을 공유하는 것이 아니고, 다른 영향에 의해 분류군에서 그 형질이 발생한 것이다. 상동과 상사의 구분이 분명하지 않을 수 있고, 그 구분 자체가 실효성이 있는지 의구심이 들 수 있다. 하지만 동일 문화나 계통적으로 서로 연결되어 동일계열에 있는 것(상동)인지, 그렇지 않은지(상사)를 구분하는 것은 중요하다. 형식학적으로 유전적인 계보(전통)를 가지고 있는 것(상동)인지 아니면 외부 영향에 의한 외형의 유사함인지(상사)를 판단할 수 있어야 한다. 특히 유물의 형식 분류와 조열을 시도할 때, 특정 기종의 계열을 세밀하게 분리할 수 있는 유효한 개념이다.

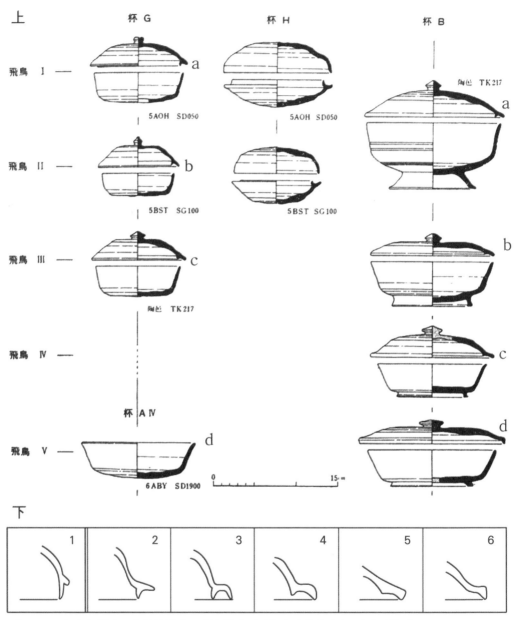

上

杯 G   杯 H   杯 B

飛鳥 Ⅰ —   a   5AOH SD050   5AOH SD050   陶邑 TK217   a

飛鳥 Ⅱ —   b   5BST SG100   5BST SG100

飛鳥 Ⅲ —   c   陶邑 TK217   b

飛鳥 Ⅳ —   c

杯 AⅣ

飛鳥 Ⅴ —   d   6ABY SD1900   0   15㎝   d

下

| 1 | 2 | 3 | 4 | 5 | 6 |

<도 90> 日本 奈良 飛鳥·藤原地域 出土 須惠器와 신라후기 및 통일신라토기의 기형 비교

식)→내구연의 퇴화단계(上: 杯G-c, 杯B-b, c과 下: 4, 5식)→내구연 소멸, 단일구연(杯B-d와 下: 6식)으로의 변화 단계는 상호 유사성이 크다. 특히 須惠器 개의 단일구연 전환기(飛鳥Ⅴ기, 7세기 말~8세기 초)[40]도 상기한 통일신라양식토기 개의 단일구연 전환기와 시기적으로 상통한다. 이러한 양상은 단순한 상사의 의미를 넘어서 당시 일본을 비롯한 중국, 신라 등 동아시아 상호 교류와 영향에 의한 국제적인 연동성도 상정해 볼 수 있다.

상기한 日本 奈良 飛鳥・藤原地域 출토 須惠器의 구연형태는 신라적인 요소가 강하다. 그것은 당시 대외 교류를 통해 일본에 반입되었던 신라토기의 간접적인 영향으로 해석할 수 있다. 신라토기의 제속성 중 개구연 형태를 일부 취사 선택하여 須惠器 제작에 수용했을 가능성이 농후하다.[41] 그러한 배경에는 신라 도래인이 일본 토기 공인조직에 개입되었을 가능성도 열어 두고 싶다.

다음은 상기한 가능성을 방증하기 위한 고대 일본 나라현 출토 통일신라양식토기의 반입 양상과 배경을 부언하고자 한다.

나라현에서 출토된 신라토기는 5세기부터 반입된 것으로 파악되나, 7세기에는 고대 일본의 중심지인 奈良縣 飛鳥・藤原地域에 집중적으로 출토되었다. 이 시기 일본 왕경 지역에 신라토기가 다수 유입된 양상은 신라와 일본의 대외정책에 큰 변화를 통해 유추할 수 있다.

일본은 467년 중국 南朝 宋과의 교섭을 끝으로 이후 600년에 이르기까지 약 120년 동안은 중국의 제왕조와 교류를 단절한 채 백제 일국 외교라는 일관된 정책을 유지하였다. 특히 백제와 신라가 대립하고 있었던 6세기대의 일본은 친백제의 노선을 견고히 유지하며, 신라를 실질적인 적으로 간주하였다. 그러나 610년 일본의 대신라정책에 큰 변화가 일어났다. 그 원인은 일본에 파견된 신라의 遣日本使이다(延敏洙 2004).[42] 신라의 對日本 사절 파견은 국가 상호의 공적 외교이므로 이를 통해 문물의 유입은 자연스럽게 진행되었을 것이다.

---

40) 川越俊一은 飛鳥Ⅰ~Ⅴ기로 알려진 토기의 실연대를 Ⅰ기: 590년대 이후~640년대, Ⅱ기: 640~660년대경, Ⅲ기: 660년대 후반~670년대, Ⅳ기: 일부 670년대를 포함해서 藤原京 遷都까지의 690년대, Ⅴ기는 藤原宮時代(694~710년)로 상정하고 있다(川越俊一 2000). 한편 須惠器의 평저완에 대해서도 구연부(도 90-杯A-d)가 Ⅴ기에 외반도가 극대화되는 양상은 유사한 시기의 통일신라양식토기 완 구연 형태 변화와도 유사한 점이 인지된다.

41) 기왕의 연구에 따르면 나라현 지역 출토 고대 기와에 대해서도 신라기와 속성의 선택적 수용이 있었던 것으로 파악된다(江浦 洋 1988).

42) 『日本書記』권22, 推古18년(610) 冬10월조에 따르면 同年 7월에 築紫에 도착한 新羅使 일행을 9월에 왕경(奈良 飛鳥京)으로 불러들여 일본 조정에서 외교 의례를 갖춘 의식이 이루어졌다.

일본 奈良 飛鳥 · 藤原 지역 출토 신라토기를 집성한 기왕의 연구(重見泰 2005)[43]를 참고하면, 가장 이른 시기의 신라토기는 선각 삼각집선문과 스탬프 반원점문, 점열타원형문 등의 문양 구성을 보인다. 이러한 문양 양상은 신라후기양식토기 0단계(선각문, 인화문 혼용기, 7세기 초)와 상응한다.[44]

이후 신라의 대일 외교관계 추이는 7세기 말까지 강화된 왕권을 바탕으로 활발한 대일교섭이 전개되었다. 특히 문무왕 8년(668) 신라가 일본에 金東嚴[45] 견사를 파견한 이후 매년 신라가 일본에 사신을 파견하였다. 이후 양국은 활발히 교류하여, 신라에서 공식적인 사신을 파견한 마지막 해인 혜공왕 15년(779)까지 신라의 견일본사가 45회, 일본의 견신라사가 25회라는 빈번한 대외교류가 있었다(국사편찬위원회 1998).

7세기 후반 일본은 白鳳문화기에 속한다. 이 시기는 율령국가의 형성기에 해당하며, 국가 차원의 불교 문화, 황족 및 귀족 문화 등이 부흥하였다. 일본은 중국 唐 초기 문화와 신라의 불교 문화의 영향권에 있었으며, 대외적인 문물 전파와 수용의 핵심지였다.

이 시기 문화의 중심지는 일본 奈良縣 藤原京에 있었다. 藤原京은 飛鳥시대 마지막 궁전인 天武天皇의 飛鳥淨御原宮(672년 조성)에서 694년에 천도한 천황의 도읍이다(奈良文化財研究所 2002). 중국식 도성과 유사한 條坊制가 처음 시행되었고, 지배층과 일반민이 함께 거주한 계획 도시이다. 藤原京의 도성 존속 시기는 694년 천도가 완성된 후, 奈良市 북편에 위치한 平城京으로 천도(710년)하기까지 16년 정도의 단기간이다.

藤原京에 속하는 많은 유적이 1959년 이래 연차 발굴조사가 시행되었다. 이곳에서 각종 須惠器, 기와류, 목간 등이 출토되었고, 경 내부에서 통일신라양식토기가 소수 확인되었다. 천왕의 거처와 관련된 藤原京 內裏東官衙(第41次) 유적에서 인화문 개 구연부편(도 91-1)과 인화문 편구병 견부편(도 91-2)이 출토되었다. 개는 구연 형태가 내구연이 약간 퇴화된 4식에 속하며, 문양은 A수법의 마제형종장문ii류이다. 편구병편은 수적형문과 A수법의 마제형종장문i류가 시문되었다. 藤原京 內裏東官衙유적의 인화문 개와 유사한 통일신라토기는 상기

---

43) 奈良 飛鳥 · 藤原 지역에 출토된 신라토기는 신라후기 및 통일신라양식토기 0단계(선각 및 인화문 혼용기, 7세기 초)~V단계(종장문ii류 유행기, 7세기 말)까지 확인되며, 기종은 내외구연의 개, 부가구연편구병, 병류가 주류이다.

44) 홍보식(2004, 2007)도 7세기 초 대륙에서 일본으로 진입하는 關門 지역인 壹岐, 北部九州와 大和지역에 신라토기가 돌연히 나타나는 것은 610년 신라의 대일견사와 관련된 것으로 이해하였다. 이때 신라토기의 공통된 문양 구성은 그은 삼각집선문과 찍은 반원점문, 이중원문류로 파악하였다.

45) 『日本書記』 권27, 天智天皇 7년(668) 9월 癸巳.

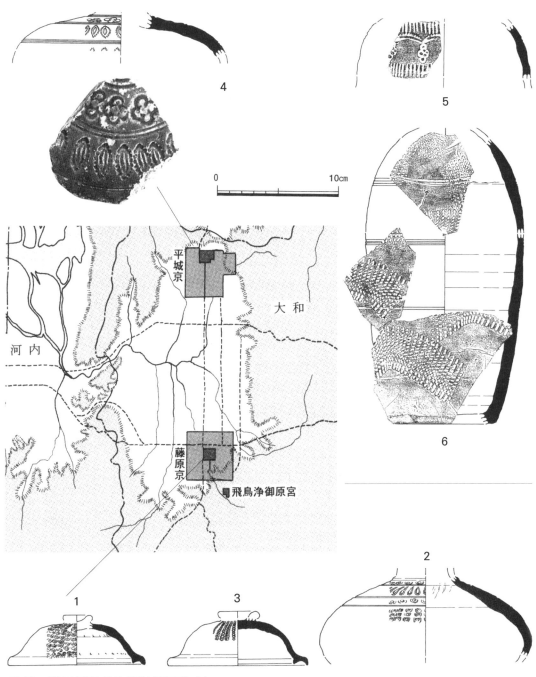

<도 91> 일본 나라현 출토 통일신라토기(1/3)

한 飛鳥京 관련 유적인 飛鳥池에도 출토되었다. 각종 금속 및 유리 공방 유적인 飛鳥池 출토 인화문 개(도 91-3)는 내외구연의 돌출도가 크고, 대칭적인 3식의 구연형태를 가지며, 문양은 A수법의 연주종장문ⅱ류가 시문되었다.

이상과 같이 일본 飛鳥京과 藤原京에 유입된 통일신라토기류는 통일신라양식토기 Ⅳ~Ⅴ단계(7세기 후엽 후반~7세기 말)의 양상에 속한다. 飛鳥淨御原宮(672년)에서 천도 후 藤原京의 존속 시기(694~710년)와 상응하는 결과이다.

다음은 710년에 藤原京으로부터 천도하며 조성된 平城京에 유입된 통일신라양식토기를 살펴보자. 平城京은 奈良市에 소재한 8세기 일본의 도성유적이며, 중국 唐의 도성을 모방하여 건설되었다. 710년 元明天皇에 의해 藤原京에서 平城京으로 천도 후 단기적인 천도가 다수 있었지만, 784년 長岡京으로 천도할 때까지 당시 일본의 중심지 역할을 하였다. 이곳 平城京에도 대외교류에 의해 유입된 통일신라양식토기가 소수 확인되었다.

平城京의 북편 중앙부에는 도성의 핵심 궁성에 해당하는 平城宮이 있다. 이곳의 정원 시설인 平城宮東院유적에서 녹유 인화문병편(도 91-4)이 출토되었다. 잔존 문양은 꽃잎이 단순하게 표현된 사변문(K3)과 점열타원형문이 시문되었다. 사변화문은 통일신라양식토기 Ⅶ·Ⅷ단계(8세기전~중엽)에 유행한 문양이다.

다음은 平城京左京九條三坊十坪유적에서 출토된 인화문 호편(도 91-5)이 있다. 문양은 지그재그(C수법)의 점열종장문, 영락문이 잔존하였다. 영락문은 점열호선문 사이 연결 문양으로 6개 小圓으로 구성된 합성단일문을 사용하였다. 平城京右京八條一坊十四坪유적에도 통일신라양식토기가 출토되었다. 인화문 병편(도 91-6)은 平底瓶으로 추정되며, C수법의 점열종장문을 波狀으로 밀집 시문하였다. 따라서 이곳 平城京 내 유적 출토 인화문토기류는 통일신라양식토기 Ⅶ~Ⅷ단계(8세기 전~중엽)에 해당하는 문양 양상이며, 平城宮東院유적에서 출토된 녹유 인화문병편과도 동일시기이다.

결과론적으로 7세기 후반~8세기 일본 주요 도성관련 유적에서 출토된 통일신라양식토기는 출토 정황 면에서 개인 및 민간 차원의 토기 반입보다는 국가 차원의 사절단, 유학승 등의 교류에 의해 일본에 유입되었을 가능성이 있다. 즉 통일신라로부터 온 사절단의 왕래와 신라로부터 돌아온 일본 사절단이 반입했을 가능성이 유추된다(江浦 洋 1988).

이러한 일본 도성 飛鳥京과 藤原京에서 平城京으로 천도라는 일본 도성 위치 변화와 연동된 통일신라양식토기의 공간적 출토 정황의 변화는 시간성을 담보한다. 7세기 후반의 통일신라양식토기 마제형종장문류 유행, 시문 A수법→8세기대 호선문의 유행, 시문 C수법으로의 변화가 연속적으로 진행되었음을 시사하는 것이다.

活用

5장

── 가마와 토기의 생산

5장
가마와 토기의 생산

　앞서 살펴보았듯이 경주지역 출토품을 중심으로 신라후기 및 통일신라양식토기의 편년을 새롭게 설정하였다. 이 장은 그러한 토기군을 생산한 공급처에 대한 검토이다. 주로 통일

신라양식토기가 생산된 토기 가마를 분류하고 편년한다. 먼저 가마 출토 토기를 기준으로 해당 유구를 시간적 경과에 따라 배열한다. 이후 가마의 구조 변화 양상을 검토할 것이며, 아울러 통일신라시대 토기 생산 체제의 제 양상을 살펴보고자 한다.

　삼국 통일기 이후 신라는 정치·사회적 안정감 속에서 문화의 번영과 경제적 발전을 이룩하였다. 각종 수공업 분야의 많은 기술적 발전은 경제력 고도성장의 토대가 되었다. 이러한 수공업에 관련하여 식량, 음료 등 각종 생필수품을 보관할 수 있는 용기가 토기이다. 토기의 생산은 신라의 영토 확장과 인구증가에 따라 중앙에서 지방으

<도 92> 영남지역 통일신라토기 가마 분포도

로 더욱 증대되었다. 그러나 통일신라양식토기의 핵심 공급처가 신라왕경이 소재한 경주지역이지만, 현재까지 정식으로 발굴된 사례는 극소수이다. 통일신라양식토기 가마는 전국 지방에 분포하지만, 여기서는 신라의 주권역인 영남지방에서 조사된 유적에 한정하여 검토한다<도 92>.

1. 토기 가마의 편년

1) 토기 가마의 분포와 편년

통일신라시대 왕경 내부에 직접적으로 공급되었던 대규모 토기의 생산은 경주 시내의 남서쪽 花谷里 生産遺蹟(경주 화곡리 생산유적 2012)과 북동쪽 花山里 遺蹟(李殷昌 1982)의 양대 요업지에서 주로 이루어졌다. 이들은 신라왕경 내 월성을 중심으로 각각 약 8㎞의 거리를 둔 시내 외곽의 낮은 구릉지에 위치한다. 왕경 중심부와는 원거리이지만, 양질의 점토, 땔감, 풍량, 수계 등을 구하기 위한 최적의 입지 여건을 고려한 것이다.

(1) 경주 화곡리 생산 유적<도 93>

이곳은 신라왕경의 남서쪽 요업지다. 토기제작과 생산, 점토의 채취 및 저장, 폐기, 공인의 주거 등 총체적인 토기 생산시스템이 구축되어 있었던 대규모의 수공업단지이다. 화곡리 생산유적의 조업은 삼국시대에 이미 운용되었지만, 자연수로에 폐기된 유물은 인화문토기가 주력 생산품이다.

발굴조사를 통해서 확인된 가마 8기의 최후 조업 시기는 9세기에 해당한다. 주변 자연수로에 유입된 방대한 수량의 토기들을 볼 때 가마 운영의 중심 시기는 7~9세기대로 보인다. 이곳 발굴지역 외부 북쪽 구릉지역에 7~8세기 토기 가마가 분포할 가능성이 크다. 이 유적의 자연수로에서 인화문토기를 비롯하여 다양한 기종의 실생활 토기류가 출토되었고, 특수 기종인 睡壺와 장골기로 사용되었던 연결파수부 골호도 함께 확인되었다. 또한, 인화문토기 출현 이전부터 제작된 것으로 보이는 녹유의 鉛釉陶器도 출토되었다.

이곳 자연수로에서 출토된 유물은 이른 시기에 퇴적된 하층에서 문양이 화려하게 시문된 통일신라양식 토기류가 출토되었다. 이와 연결된 늦은 시기의 상층으로 갈수록 문양이 없어

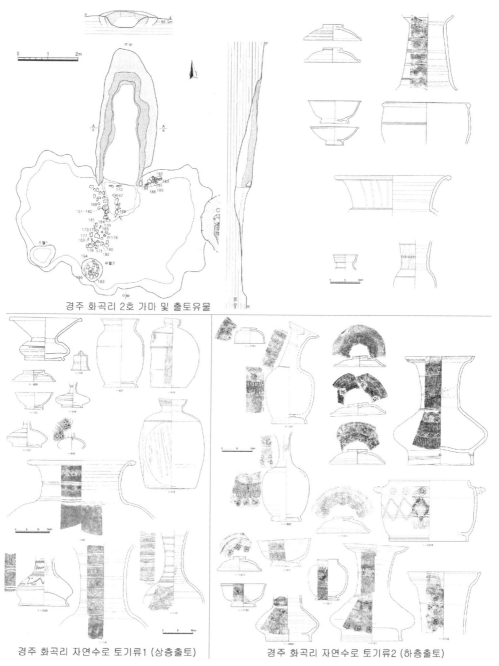

경주 화곡리 2호 가마 및 출토유물

경주 화곡리 자연수로 토기류1 (상층출토)   경주 화곡리 자연수로 토기류2 (하층출토)

<도 93> 경주 화곡리 생산유적 2호 가마(1/120) 및 통일신라양식토기류(1/12)

지거나, 선각의 파상문이 있는 단조로운 문양의 토기와 다양한 병류의 증가 양상을 확인할 수 있다.

이곳에는 월지, 황룡사지, 월성 등의 왕실과 관련된 주요 건물지에서 출토된 것과 유사한 기종이 확인되었을 뿐만 아니라, 토기에 새기거나 도장으로 찍은 명문 등을 통해 볼 때 宮中이나 官營으로 운영되었을 가능성이 있다. 한편 경주 동천동이나 황룡사지동편의 왕경 도시 유적에서 출토된 인화문토기와 동일한 시문구로 찍은 문양(화문, 영락문, 매미형문, 파상종장문 등)을 가진 토기도 다수 확인되는 점에서 일반인이 거주한 왕경지역에도 직접 보급되었다.

이곳 화곡리 2호 가마는 평면형태가 세장방형이며, 연도부에서 급격히 좁아지는 것이 특징적이다. 연소부는 화구(아궁이)와 수평으로 연결되는 수평연소식 구조이다. 가마 내부에서 통일신라양식 토기류가 출토되었으며, 대부분 인화문이 소멸된 늦은 시기의 무문 단계에 해당한다. 단일구연 개, 외반구연 완, 다치구의 파상선각문, 마연기법 등을 기준으로 화곡리 2호 가마의 조업 시기는 통일신라양식 토기 Ⅹ·ⅩⅠ단계(8세기 말~9세기 초)로 편년된다.

(2) 경주 화산리 유적<도 94>

이곳은 신라왕경의 북동쪽 요업지에 해당한다. 경주 화산리 일원은 화산리 산159-4번지 유적의 발굴조사를 통해서 4~5세기의 고식도질토기와 신라토기를 생산한 토기가마 요업지가 있는 곳이다(中央文化財研究院 2008b).

이곳의 통일신라시대 토기의 생산은 화산리 산159-4번지 일원에서 남서쪽으로 약 2km 정도 떨어진 인근 구릉지의 화산리 새터부락요지, 화산리 회유토기 요지에서 주로 이루어졌다. 아직 발굴조사가 시행되지 않았지만, 지표조사를 통해서 신라후기 및 통일신라양식토기를 생산한 요업지로 판단된다. 삼각집선문, 반원점문 등의 초기 인화문 토기를 비롯하여 마제형 종장문류, 영락문 등 주로 7~8세기의 통일신라양식의 각종 인화문토기가 다량으로 확인되었다. 상기한 신라왕경의 북동쪽 화산리 유적 이외 남쪽으로 연접한 동산리 일원에서 신라후기양식토기가 출토된 토기 가마가 처음으로 조사되었다.

(3) 경주 동산리 산36-1번지 유적<도 95>

이 유적(천년문화재연구원 2018)에서 조사된 2호 가마는 瓦陶兼業窯이다. 화구와 연소실의 연결 상태는 수평연소식 구조이다. 연소부과 소성부에 불턱이 없는 무계식이며, 소성실 바닥은 계단시설이 없는 무단식 구조를 보인다. 화구부에는 할석으로 벽체를 구축한 적석시설이 일

<도 94> 경주 화산리 토기 · 와요지Ⅳ(화산리 새터부락요지) 지표채집토기(1/4)

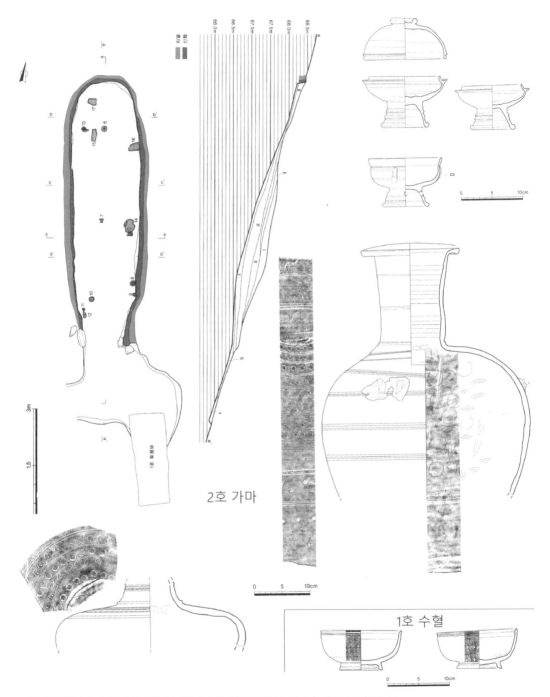

<도 95> 경주 동산리 산36-1번지 유적 2호 가마(1/100)와 1호 수혈 출토 토기류(1/6)

2호 가마

1호 수혈

부 잔존하였다. 가마 내부에서 신라후기양식토기가 다수 출토되었다.

환상 꼭지와 반구형 신부, ㅏ자형 구연을 가진 개, 유개고배, 이부고배, 편구병편, 장경호 편 등이 확인되었다. 병과 호에는 반원점원문, 점열원문 등이 시문되었다. 이러한 문양 구성 은 경주 방내리고분 출토 신라후기양식토기의 단경구형호(小2, 中2), 경주 충효동 9호 석실분 출토 장경편구호(大2)와 동일하다. 동천동고분 343-3번지 유적(금오문화재연구원 2020)의 2호와 24호 석실분에서 출토된 개에도 동일한 문양이 확인되었다. 모두 신라후기양식토기 I단계(7 세기 전엽)에 해당한다.

한편 이곳 2호 가마의 서쪽에 인접하여 폐기장 성격의 1호 수혈유구가 확인되었다. 유구 내부에서 완형의 통일신라양식 토기 대부완 2점이 출토되었다. 직립구연 형태(II식)와 마제형 종장문(i 류)은 IV단계(7세기 후엽 후반)의 양상이다. 이러한 유물의 혼재는 이 유적의 구릉 상부 에 또 다른 통일신라시대 요지가 분포할 가능성이 있다. 신라후기에 본 유적의 조업이 끝난 이후 통일신라시대에 상부 지역으로 조업지를 이동했을 가능성이 타진된다. 상기한 경주 화 산리 유적은 동산리 요지에서 북서쪽으로 인접해 있다. 이곳 동산리 산36-1번지 요지 내부에 서 확인되지 않는 7~8세기대 통일신라양식토기가 화산리 유적에서 다수 채집되고 있는 점 과 무관하지 않다고 판단된다.

이외 지방의 토기 가마 중 金海 龜山洞遺蹟(동아대학교 박물관 1999)의 가마는 상기한 경주 동산 리 가마와 유사한 통일신라 이전 시기에 조업되었다. 大邱 達城 鋤齊里(嶺南文化財硏究院 2006), 永川 沙川里(李東憲 2010)의 가마들은 삼국통일 직후의 시기인 7세기 후엽 이후~8세기 초에 본격적으로 운영되었다.

(4) 김해 구산동 유적<도 96, 97>

총 4기의 삼국시대 토기 가마가 조업되었다. 가마의 크기(연도~화구)가 대부분 7~8m 내외 대형(1호, 3호, 4호)이나, 3m 정도 소형(2호)도 확인되었다. 가마의 평면형태는 세장방형(4호), 세 타원형(전함형, 1호, 3호), 타원형(2호)으로 다양하게 나타난다.

이곳 가마는 모두 소성부의 축조 위치가 지하식 구조이다. 화구와 연소실의 연결 상태는 일반적인 수평 연소식이며, 특별한 요상 시설이 없다. 다만 화구와 연도에서 구조적으로 발 전된 시설물이 다수 확인되었다. 화구의 적석시설(1호, 3호, 4호)과 요전부의 배수시설(1호, 4호) 이다. 연도는 오벽 상부에서 타원형으로 소규모 돌출된 형태가 특징적이다. 가마에서 신라 인화문 출현기에 해당하는 신라후기양식 0 · I단계(7세기 초~전엽)의 토기류가 출토되었다. 1 호와 3호 가마에서 초기 인화문이 확인되었다. ㅏ자형 구연과 반구형 신부를 가진 개, 유개

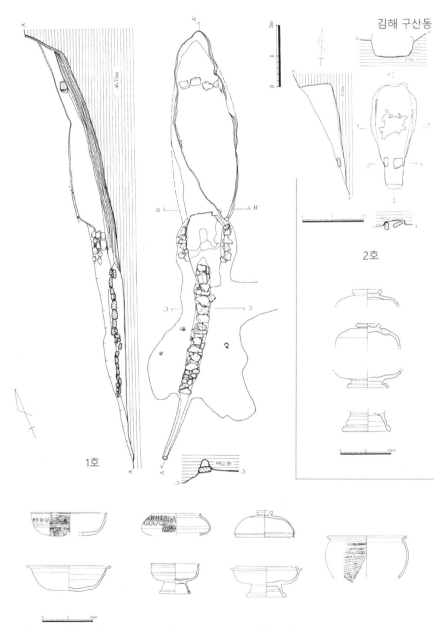

<도 96> 김해 구산동 1호, 2호 가마(1/120)와 출토 토기류(1/7)

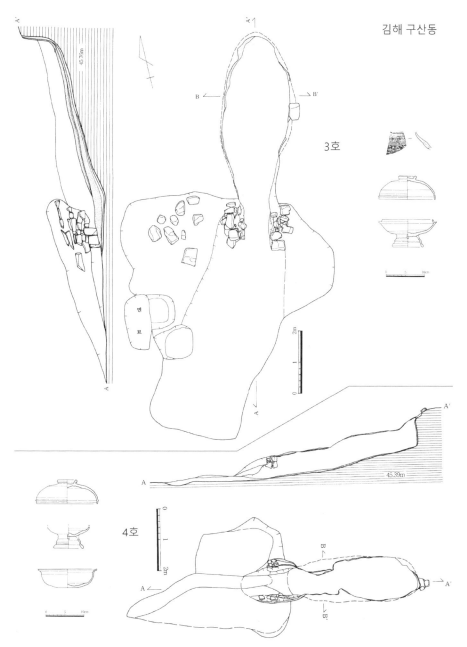

김해 구산동

3호

4호

45.76m

45.39m

<도 97> 김해 구산동 3호, 4호 가마(1/120)와 출토 토기류(1/7)

고배류, 단각고배류, 평저완 등이 다수 확인되었다. 7세기 전반경의 단기 조업 요지로 판단된다.

(5) 대구 서재리 유적<도 98>

이 유적은 토기 가마 2기가 동-서향 일렬로 배치되어 조성된 것이 특징적이다. 발굴보고서에는 가마 배치상 1호 가마가 먼저 조성되었고, 이후 2호 가마가 조성된 것으로 이해하였다. 1호 가마는 평면형태에서 연소부가 소성부에 비해 폭이 다소 축소되었지만, 전체적으로 직선적인 세장방형이 특징적이다. 수평연소식 구조를 보이며, 소성부 바닥에 아무런 시설이 없는 무계 무단식 양상이다. 연도부는 후벽의 중앙에 반타원형으로 수직으로 구축되었고, 후벽 중앙부로 돌출된 형태가 특이하다. 점토로 구축된 수직 굴뚝이며, 연도부에 적석시설이 일부 잔존하였다. 2호 가마는 1호에 비해 평면형태가 세장타원의 유선형(전함 곡선형)이다. 소성부에서 연소부로 연결되는 지점이 급격하게 좁아지는 점이 특징적이다.

1호 가마 내부에서 다수의 통일신라양식 토기가 출토되었다. 인화문토기는 마제형종장문(ⅰ류)과 점열종장문(A수법)이 시문되었다. 2호 가마 내부에도 1호와 동일한 직립구연(Ⅰ·Ⅱ식)과 점열종장문(A수법)이 있는 완편이 출토되었다. 기형과 문양을 통해 볼 때 통일신라양식토기 Ⅳ단계(7세기 후엽 후반)의 양상이다.

(6) 영천 사천리 유적<도 98>

이 유적은 지표조사(李東憲 2010)를 시행하는 과정에서 확인된 통일신라 인화문토기 요지이다. 경북 영천지역에서 최초로 확인되었다. 2기의 가마가 잔존하고 있었고, 회구부 토층에서 다량의 통일신라 인화문토기가 군집해서 단층을 이루고 있었다. 출토유물은 개, 완, 병류의 기종이 대다수로 확인되었다. 통일신라양식토기의 인화문 개는 내구연이 약간 퇴화된 형태(4식)가 주류이며, 종장문ⅱ류가 대다수이다. 완은 직립구연(Ⅱ)과 종장문ⅱ~ⅲ류가 주류이다. 문양 중 단일문류에 해당하는 다변화문은 양각문과 음각문의 과도기에 있는 F2류가 대다수를 차지한다. 종장문의 시문수법은 대부분 A법이며, 일부에 한해 B수법이 혼용되었고, C수법은 전무하였다. 이러한 인화문토기 기형과 문양 양상은 통일신라양식토기 Ⅴ단계(7세기 말)에 해당한다.

다음으로 尙州 九潛里1(嶺南大學校 民族文化硏究所 2001), 金海 三溪洞(부산대학교박물관 1998), 釜山 杜邱洞 林石(부산시립박물관 1990), 尙州 九潛里2(동국문화재연구원 2013), 淸道 新院里(中央僧伽大

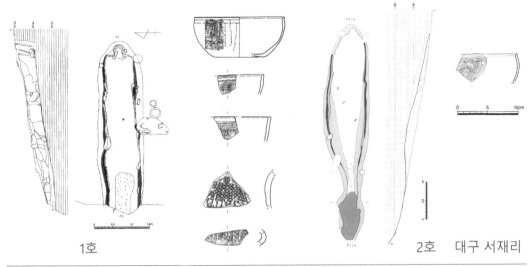

1호   2호   대구 서재리

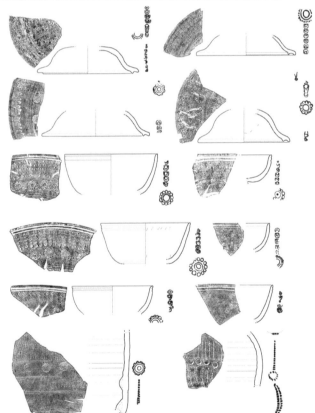

영천 사천리

<도 98> 대구 서재리 가마(1/100) 및 출토 토기류(1/6)와 영천 사천리 유적 출토 토기류(1/6)

學校 佛教史學研究所 1998), 固城 西外里(東西文物研究院 2009), 蔚山 芳里(韓國文化財保護財團 2004),
경주 화곡리 생산유적의 2호 가마 등은 크게 8~9세기에 걸쳐 조성되었으며, 이들의 중심 조
업 시기는 8세기로 보인다. 이후 통일신라말~고려초기의 가마는 釜山 久瑞洞(우리문화재연구원
2016), 金泉 大聖里(경상북도문화재연구원 2002)에서 조사되었다.

(7) 상주 구잠리 유적1<도 99>

이 유적은 소성부와 연도부 일부만 잔존하였다. 요상 시설은 무계 무단식 구조이다. 내부
에 붕괴된 천정 편에는 짚을 섞은 점토가 4~5회 덧발라져 있었다. 여러 차례에 걸쳐 요체를
보수하였다. 요상 면은 한 차례 이상의 바닥 보수가 있었다. 가마 내부와 주변 폐기장에서 통
일신라양식 토기가 출토되었고, 인화문 개가 다수 확인되었다. 개의 구연은 내구연이 퇴화
된 형태(4식, 5식)이다. 문양은 수적형문류, 마제형종장문(iii류), 점열종장문 등이 시문되었다.
점열종장문의 시문수법은 A와 B수법이 소량 확인되나, 지그재그 C수법이 다수를 차지한다.
인화문 대부완편도 소수 확인되었다. 구연부는 단부에서 외반되는 형태(III~IV식)이며, 문양은
점열종장문을 B와 C수법으로 시문하였다. 가마 내부와 폐기장에서 공통적으로 확인되는 인
화문토기를 기준으로 통일신라양식토기 VI단계(8세기 초)가 조업 중심 시기로 파악된다.

(8) 김해 삼계동 유적<도 99>

이곳에서 총 4기의 가마가 조사되었지만, 서로 밀집 및 중첩 조성이 다수 이루어졌다. 잔
존상태가 양호한 1호 가마와 출토 유물을 검토한다. 1호 가마의 요상 시설은 무계 무단식 구
조이다. 소성부는 총 5차에 걸쳐 사용되었다. 연소부와 소성부의 바닥 경계 부분의 폭이 협
소하다. 연도부의 형태는 세타원형의 유선형으로 추정된다.

1호 가마에서 통일신라양식 토기가 다수 출토되었다. 인화문토기 중 개와 완의 크기는 경
주지역 전형유개완이 대형과 중형에 모두 포함된다. 기형에서 개구연은 내구연이 퇴화된 5
식, 완구연은 구연단 내면에 경사면과 단이 형성된 III식이 확인되었고, 대부분 외반구연의
V식이 주류로 확인되었다.

문양은 병류에 호선문(영락문)이 시문되어 있고, 개와 완에는 종장문류의 퇴화문인 종iv류
와 함께 대부분 점열문(J2)이 시문되어 있다. 종장문의 시문수법은 C수법과 함께 2~3줄의 종
장문을 일정한 간격을 두고 시문하는 간격시문이 다수 확인되고 있다. 이러한 특징들을 경
주지역 출토 인화문유개완과 대비할 수 있다. 개구연 5식, 완구연 V식, 종장문의 간격시문,

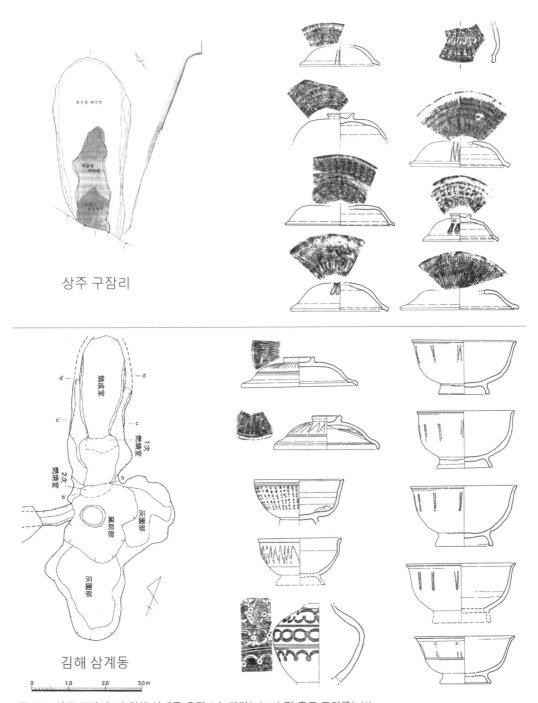

상주 구잠리

김해 삼계동

0   1.0   2.0   3.0m

<도 99> 상주 구잠리1과 김해 삼계동 유적 1호 가마(1/100) 및 출토 토기류(1/6)

영락문시문 등을 근거로 통일신라양식토기 Ⅶ~Ⅷ단계로 파악해 볼 수 있으며, 1호 가마의 조업시기를 8세기 전엽~중엽으로 상정해 볼 수 있다. 특히 종장문의 간격시문은 종장문의 밀집시문 유행기를 거쳐 전환되는 문양시문의 퇴화기의 한 요소로 파악된다. 그리고 종장문이 소멸되고 단일문을 시문하는 유행기로 전환되는 과정이라고도 하겠다. 삼계동 1호 가마는 출토된 인화문토기를 통해 본다면 요의 단기 조업을 상정해 볼 수 있다.

(9) 부산 두구동 임석 유적<도 100>

이 유적의 3호 가마는 지하식 등요이다. 연소부와 소성부의 경계에 경사진 불턱이 있는 유계식 구조가 특징적이다. 연도부의 奧壁은 거의 직립하고, 직경 40cm 정도 타원형으로 돌출되었다. 소성부 북동 모서리에서 적갈색 연질소성의 평저완 10여 점이 중첩되어 출토되었다. 완의 구연부은 단부에서 짧게 외반된 속성이며, 부산 삼계동 가마 출토품과 유사하다. 가마의 조업 시기는 평저완을 기준으로 통일신라양식토기 Ⅶ단계(8세기 전엽)에 속한다.

(10) 상주 구잠리 유적2<도 100>

이 유적에서 총 3기의 토기 가마가 조사되었지만, 보존상태가 비교적 양호한 2호 가마를 살펴본다. 2호 가마는 전체 평면형태에서 연도부가 뾰족한 전함 곡선형이다. 화구는 입구에서 폭이 급격히 좁아져 역제형으로 보인다. 화구의 천정에는 천석을 이용한 적석시설이 확인되었다. 화구와 연소부의 연결상태는 경사연소식이다. 소성부의 요상시설은 무단식이며, 경사변화를 통해 연도부와 구별된다. 요전부에 암거식 수로형태의 배수시설을 마련한 점이 특징적이다. 가마 내부에서 각종 통일신라양식 토기가 출토되었다. 개와 대부완이 다수를 차지하며, 평저완과 병의 구경부편도 확인되었다. 개의 구연부은 내구연이 퇴화된 속성(5식)이며, 완의 구연부는 강하게 외반된 형태(Ⅴ식)이다. 인화문은 지그재그 C수법으로 파상종장문이 대다수로 확인되었다. 개와 대부완의 기형과 문양을 기준으로 가마의 조업 시기는 통일신라양식토기 Ⅷ단계(8세기 중엽)에 해당한다.[46]

---

46) 발굴보고서에 의하면 2호 가마보다 선축된 3호 가마에 대한 고고지자기 연대측정 결과, 720±20년으로 계측되었다. 3호 가마의 최종 조업 시점은 700~740년으로 파악된다. 따라서 후축된 2호 가마에서 출토된 통일신라양식 토기의 편년이 계기적으로 상응하며, 가마의 연속적인 조업 양상을 유추할 수 있다.

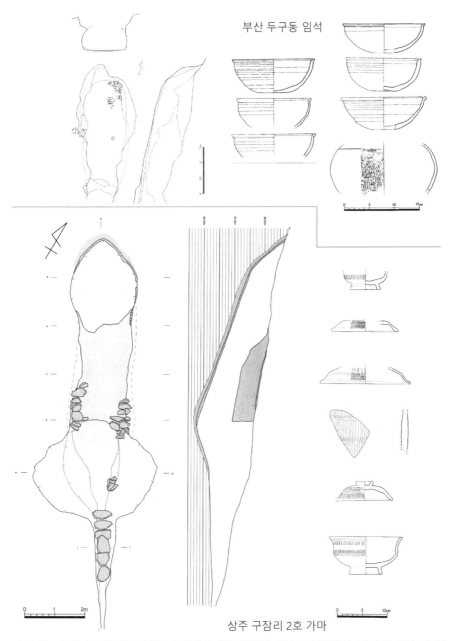

부산 두구동 임석

상주 구잠리 2호 가마

<도 100> 부산 두구동 임석 유적 3호 가마와 상주 구잠리 유적 2호 가마(1/120) 출토 토기류(1/7)

(11) 청도 신원리 유적<도 101>

이 유적에서 가마 1기와 부속시설로 요지 내부의 재를 처리한 폐기장 2기, 석축기단 시설물 1기가 확인되었다. 가마의 전반부는 요상이 잔존하였으나, 소성실 후반과 연도부는 삭평이 진행되었다. 화구와 연소부는 수평연소식 구조이며, 소성부의 바닥은 무계 무단식 구조이다. 화구와 연소부에는 천석을 쌓은 적석시설이 확인되었다.

이곳 모든 유구에서 인화문토기가 출토되었다. 가마와 대부분의 유구에서 종장문의 퇴화문인 파상종장문이 시문된 토기가 빈도수가 가장 높게 출토되었다. 신원리 가마의 조업 시기는 파상종장문 인화문토기를 기준으로 통일신라양식토기 Ⅷ단계(8세기 중엽)[47]에 해당하며, 단기 조업 요지로 이해된다.

(12) 고성 서외리 유적<도 101>

통일신라~조선시대의 생활유적이다. 고상식 건물지와 수혈유구가 다수 분포하는 지역에서 토기 가마 1기가 확인되었다. 서부 경남 지역에서 유일한 통일신라시대 토기 가마이다. 가마의 장축 방향은 대구 서재리와 유사한 동-서향이며, 타 지역 토기 가마의 북-남 장축방향에 비해 이례적이다. 화구와 연소부는 수평연소식 구조로 연결되었다. 요상시설은 무계 무단식 구조이다. 연도부의 말단부가 뾰족하게 말각 처리된 것이 특징적이다. 내부에서 통일신라양식 토기류가 소수 출토되었다. 능형문, 합성문, 종장문 i 류 등의 인화문이 시문된 직구호편은 통일신라양식토기 Ⅳ단계(7세기 후엽 후반)에 해당한다. 이외 외반구연(Ⅴ식)과 지그재그 C 수법의 종장점열문이 시문된 대부완이 있고, 구연 단부가 수평적으로 벌어진 속성(b3)과 단일문류(국화문)이 확인되는 특대형 부가구연편구병편이 있다. 이들은 통일신라양식토기 Ⅷ단계(8세기 중엽)에 해당한다. 가마 바닥 상부에서 출토된 편구병의 동체편은 동최대경이 각진 속성(F)과 파상선각문이 확인된다. 통일신라양식토기 Ⅹ단계(8세기 말)에 해당한다.

고성 서외리 토기가마의 편년은 출토된 토기를 기준으로 통일신라양식토기 Ⅳ~Ⅹ 단계에 걸친다. 그러나 토기편의 잔존 양상과 출토 정황으로 보아 조업 중심 시기는 8세기 중엽에 해당하며, 지방의 소규모 가마로 유추된다.

---

47) 발굴보고서에 기재된 신원리 가마의 고고지자기 연대측정도 A.D.730±20의 결과가 도출되었다.

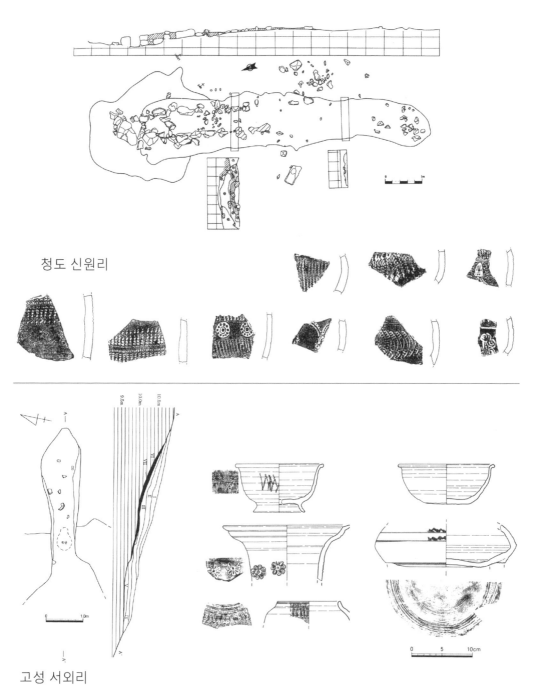

청도 신원리

고성 서외리

<도 101> 청도 신원리 및 고성 서외리 가마(1/100)와 출토 토기류(1/6)

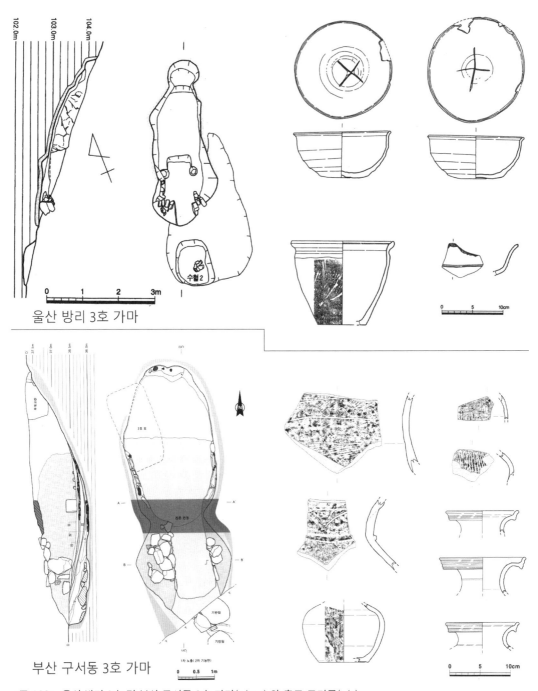

울산 방리 3호 가마

부산 구서동 3호 가마

<도 102> 울산 방리 3호 및 부산 구서동 3호 가마(1/100) 와 출토 토기류(1/6)

(13) 울산 방리 유적<도 102>

토기 가마 총 3기가 조사되었다. 잔존상태가 양호한 3호 가마는 기반암을 굴착하고 조성된 반지하식 구조이다. 화구부는 할석을 쌓아 만든 화구적석식이다. 연소부와 소성부의 연결부는 불턱이 있는 유계식 구조이며, 소성부의 요상은 완만하게 올라가 연도부와 연결된다. 연도부는 오벽 상부에 원형으로 돌출된 형태이며, 직경 64cm 정도의 크기로 하부가 좁아지는 양상이다. 가마 내부에서 통일신라양식 토기류가 출토되었다. 연질의 무문 평저완이 다수 확인되었고, 외반구연(V식)의 대부완 신부편이 출토되었다. 평저완의 기형은 부산 삼계동, 두구동 임석 유적의 가마 출토 평저완과 비교된다. 이곳 3호 가마 출토 평저완은 신부의 깊이가 크고, 구연부의 외반도가 더 높아 후행하는 속성으로 판단된다. 이러한 평저완과 대부완을 기준으로 통일신라양식토기 Ⅷ·Ⅸ단계(8세기 중엽~후엽)로 편년할 수 있다.

(14) 부산 구서동 유적<도 102>

이곳에서 토기 가마 총 3기가 조사되었다. 가마의 보존상태가 모두 나쁘지만, 3호 가마에 한하여 전체 구조를 파악할 수 있다. 화구와 연소부의 평면형태는 타원형이다. 화구와 연소부의 경계 바닥에는 단이 형성되었다. 화구의 양측 벽에 판석과 할석을 이용한 석축시설이 확인되었다. 이러한 시설은 연소부까지 할석을 세우고 점토로 바른 점이 특징적이다. 요상의 최하부에는 이례적인 배수구가 확인되었다. 소성부와 연소부의 경계에서 여러 방향으로 굴착한 구가 연소실에서 하나로 모여서 외부로 빠져나오는 구조이다. 가마에서 출토된 유물은 병류, 호류가 가장 많은 양을 차지한다. 병은 사면편병이 확인되었고, 편병의 부가구연부편이 다수 출토되었다. 종장선문의 주름무늬병편, 지그재그 C수법의 종장점열문, 단순 파상선각문 동체편이 소량 확인되었다. 경부에서 강하게 밖으로 만곡한 부가구연의 편병편, 사면편병의 출현, 주름무늬병, 종장점열문의 존속, 파상선각문 등은 통일신라양식토기 Ⅻ단계(9세기 전엽) 이후의 양상으로 판단된다.

(15) 김천 대성리 유적<도 103>

이 유적에서 토기 가마 4기와 가마 사이 공간에 작업장 유구, 가마 하부로 연결된 폐기장 등으로 구성된 토기 생산의 단일 공방지이다. 3기의 가마(1호~3호)는 일정한 간격으로 나란히 군집하고, 4호 가마는 서북쪽으로 20m 정도 이격되어 단독으로 조성되었다. 1호·3호·4호 가마는 반지하식 구조이나, 2호는 지상식이다.

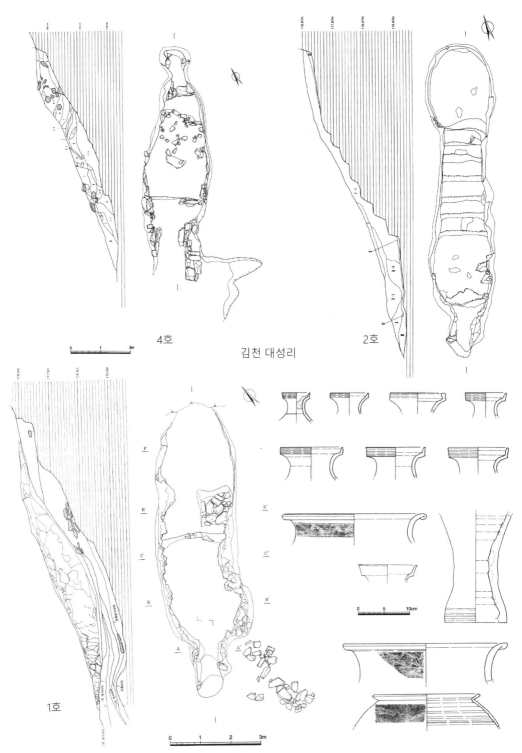

4호

김천 대성리

2호

1호

<도 103> 김천 대성리 1호, 2호, 4호 가마(1/120)와 출토 토기류(1/7)

군집 3기의 가마는 평면 형태가 모두 차이를 보인다. 세타원형(전함형)의 1호, 장방형의 2호, 세타원형에 연도부가 원형으로 돌출된 형태인 3호와 4호로 구분된다.

1호·3호·4호 가마의 화구는 천석과 할석, 점토를 이용하여 석축시설을 조성한 화구적 석식 구조이다. 특히 3호와 4호 가마는 화구에서 연소부까지 양측 벽에 석축시설이 잔존하고 있으며, 부산 구서동 3호 가마의 구조와 유사성을 보인다. 1호와 2호 가마의 화구는 연소부와의 경계부에서 급격하게 협소해지는 점이 특징적이다.

1호와 4호 가마는 연소부와 소성부의 연결 상태에서 불턱이 있는 유계식 구조이다. 2호 가마의 소성부 요상에는 7개의 단으로 구성된 계단시설이 마련된 것이 특징적이다. 연도부는 3호와 4호 가마에서 후벽 중앙부로 돌출된 형태로 확인되었다. 특히 2호 가마의 소성부 후미에 추가된 타원형 시설물은 배연시설 내지 초벌구이용 시설물로 추정되고 있다.

가마의 조업 시기는 가마 내부 출토 유물이 없어서 명확하지 않다. 다만 주변 폐기장에서 출토된 다량의 직립 및 외경의 부가구연 병편, 단순 파상선각문 호편, 梅瓶 평저부편 등으로 보아 통일신라 말기~고려시대까지 조업된 요지로 판단된다.

<표 22> 신라후기 및 통일신라양식토기 가마 속성표

번호	유구명	평면 형태	축조 위치	전체길이 (연도~화구)	연소부		소성부		경사도	구조	편년
					길이	너비	길이	너비	소성부(°)		
1	김해 구산동1호	세타원형 (전함형)	지하식	806	130	120	570	222	19	화구적석 배수구	0~ I
2	김해 구산동 2호	타원형	(지하식)	320	46	40	222	148	10	화구적석	0~ I
3	김해 구산동 3호	세타원형	지하식	700	210	162	508	240	16.5	화구적석	0~ I
4	김해 구산동 4호	세장방형	지하식	700	180	100	570	192	22	원형 연도 돌출형 화구적석	0~ I
5	경주 동산리 2호	세장방형	반지하식	730	125	160	605	195	17	화구적석	I
6	대구 서재리 1호	세장방형	반지하식	(456)	105	87	307	80	13	원형 연도 돌출형	IV
7	대구 서재리 2호	세타원형	반지하식	570	246	38	313	94	13	연소부 상단 협소	IV
8	영천 사천리	·	·	·	·	·	·	·	·		V
9	상주 구잠리 (2001)	타원형	반지하식	(460)	·	132	340	175	18	무계무단식	VI

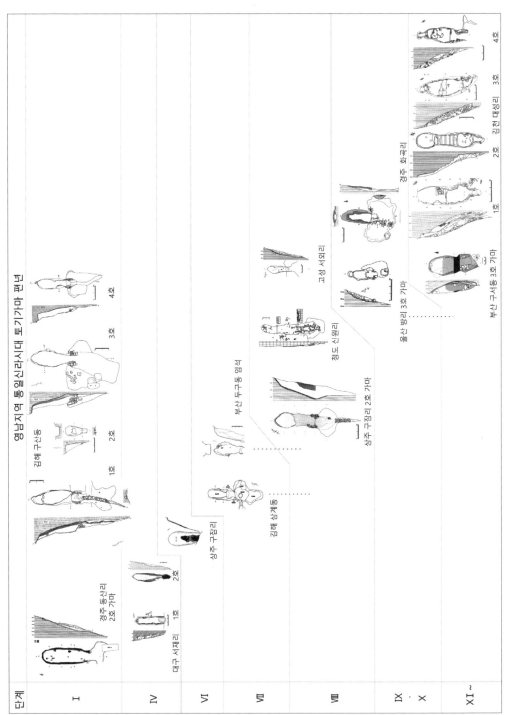

영남지역 통일신라시대 토기가마 편년

단계	
I	경주 동산리 2호 가마 / 대구 서재리 / 김해 구산동 1호 2호 3호 4호
IV	상주 구잠리
VI	김해 삼계동 / 부산 두구동 임석 / 상주 구잠리 2호 가마
VII	청도 신원리
VIII	고성 서외리 / 울산 발리 3호 가마 / 부산 구서동 3호 가마 / 경주 화곡리 1호 2호 3호 4호 김천 대성리
IX · X	
XI ~	

<도 104> 영남지역 신라후기 및 통일신라시대 토기 가마의 편년

번호	유구명	평면형태	축조위치	전체길이(연도~화구)	연소부		소성부		경사도	구조	편년
					길이	너비	길이	너비	소성부(°)		
10	김해 삼계동 1호	타원형	지하식	(390)	(120)	174	(270)	160	16	무계무단식	VII~VIII
11	부산 두구동 3호	타원형	지하식	(445)	·	·	325	192	13	원형 연도 돌출형 요상유단	VII
12	상주 구잠리 2호	세타원형	반지하식	630	300	174	450	190	19	화구적석 배수구	VIII
13	청도 신원리	세타원형	반지하식	750	83	55	710	50	10	화구적석	VIII
14	고성 서외리	세타원형	반지하식	390	70	60	240	104	23	연소부 상단 협소	VIII
15	울산 방리 3호	세장방형	반지하식	450	120	102	186	114	20	원형 연도 돌출형 요상유단	VIII~IX
16	경주 화곡리 2호	세장방형	반지하식	540	98	119	242	142	16	방형 연도 돌출형	X~XI
17	부산 구서동 3호	타원형	지하식	612	150	230	280	2.5	22	화구적석 배수구	XII~
18	김천 대성리 4호	세타원형	반지하식	760	105	160	330	204	17~30	원형 연도 돌출형 화구적석	XII~
19	김천 대성리 3호	세타원형	반지하식	779	250	210	275	225	25	원형 연도 돌출형 연소부~화구 적석	XII~
20	김천 대성리 2호	세장방형	지상식	1000	258	195	257	198	40	타원형 연도(?) 돌출형 요상유계	XII~
21	김천 대성리 1호	세타원형	반지하식	960	312	180	300	240	13~35	요상유단 화구적석	XII~

2. 토기 가마의 구조 변화와 생산 체제

1) 토기 가마의 구조 변화

통일신라시대 가마는 이전 삼국시대 가마의 전통을 지속적으로 유지하였다. 완만한 구릉 사면에 등고선 방향과 직교 내지 사교되게 조성한 남-북향 등요가 대부분이다. 다만, 대구 서재리와 고성 서외리 가마는 장축 방향이 동-서향이다. 화구는 남쪽, 남동쪽을 향하는 가마가 다수이나, 지형적 여건에 따라 서쪽을 향한 예도 있다.

가마의 평면 형태는 신라 인화문이 출현한 7세기 초~전엽에 세장방형과 세타원형(전함형), 타원형이 모두 확인된다.[48] 이 시기 가마의 크기(연도~화구)는 소형도 있지만, 7~8m 이내 대형이 다수를 차지한다. 가마의 크기는 조업 생산량을 의미한다고 생각된다. 신라 왕경지역의 가마와 지방 김해지역의 가마 크기가 유사하게 나타난다.

이후 통일신라시대에도 재래의 전통을 이어 가마의 제 속성이 말기까지 지속적으로 계승되었다. 신라의 삼국 통일 직후 조업한 대구 서재리 유적은 세장방형과 세타원형이 함께 나타난다. 8세기 전반에는 상주 구잠리, 김해 삼계동, 부산 두구동 유적의 가마와 같이 평면 형태가 타원형이 다수이다. 8세기 중엽에는 세타원형과 타원형이 모두 확인되지만, 세타원형이 다수이다. 가마의 크기에 대해서 7세기 후반~8세기 전반에 지방의 가마는 4~6m 내외로 7세기 전반에 비해 축소된 양상이다. 그러나 8세기 중엽에는 7m 내외 가마가 다시 확인된다.

통일신라양식토기 XII단계(9세기 전엽) 이후 지방에는 가마의 평면형태가 초기 단계와 동일하게 장방형, 세타원형, 타원형 등 다양하게 확인되었다. 이 시기에는 가마의 대형화가 특징적이며, 9~11m 크기의 가마가 다수 나타난다.

통일신라시대 영남지역 가마 소성실의 축조위치는 삼국시대와 동일하게 지하식과 반지하식이 공존하나, 반지하식 구조가 중심을 차지한다.

아궁이와 연소실의 연결 형태는 전통적으로 아궁이에서 연료를 수평으로 투입하는 수평연소식이 대다수를 차지한다. 가마의 바닥 면도 단이 없이 경사를 두고 오르는 무계식 요가 다수이나, 연소부와 소성부의 경계에 경사진 불턱이 있는 유계식 구조가 소수 확인된다. 8세기대 부산 두구동 3호와 울산 방리 3호 가마가 해당한다.

특히 소성부의 요상 시설은 삼국시대 이래 무단식 구조가 대다수이나, 통일신라 말기~고려 초기의 김천 대성리 2호 가마의 경우, 계단상으로 바닥 면을 굴착한 유단식 요가 특징적이다.

가마의 화구에 돌을 쌓아 놓는 적석 시설은 삼국시대 이래 지속적으로 확인되고 있다. 7세기 전반 김해 구산동 유적에 4기의 가마 모두 화구 적석시설이 마련되었다. 통일기 8세기 중엽 이후에는 대부분 가마에 적석시설이 확인되었다. 이러한 화구 적석 가마의 등장은 토기 생산 체제의 급격한 변화이며, 토기의 대량생산을 의미한다(이상준 2004).

화구 적석시설과 더불어 가마의 요전부에 설치된 배수구도 가마의 구조적 발전 양상이다.

---

48) 기존 영남지역 삼국~통일신라시대 가마의 평면 형태는 크게 장방형계와 타원형계로 구분되어 분류되었다(김재철 2011).

통일기 이전에 김해 구산동 유적의 1호와 4호 가마에서 확인되었다. 이후 통일신라양식 토기 VIII단계(8세기 중엽)에 상주 구잠리 2호 가마에서 등장하며, 9세기 전엽 이후 부산 구서동 3호 가마에서 설치되었다.

통일신라시대 가마의 여러 속성 중 구조적인 면에서 이전 시기에 비해 현저하게 차이를 보이는 것은 연도부의 다양성이다. 삼국시대 가마는 연도가 오벽을 따라 천장에 설치된 것이 일반적이다. 김해 구산동 2호와 4호 가마가 해당하며, 모두 오벽 상부에 타원형으로 돌출된 형태이다.

통일기 이후 대구 서재리 1호 가마는 오벽 중앙부 전체에 반타원형의 돌출부와 적석시설이 확인되었으며, 점토로 구축된 수직 굴뚝을 마련한 점은 유일하다. 가마의 오벽 상단에 돌출된 연도부는 부산 두구동 3호 가마에서 일부 존속하였다. 그러나 8세기 중엽 이후에는 연도가 오벽 중반부에서 외부로 돌출된 구조로 변화하였다. 울산 방리 3호 가마와 김천 대성리 3호와 4호 가마에서 확인할 수 있다.

영남지역 통일신라시대 토기 가마는 8세기 중엽 이후에 가마의 대형화가 나타나기 시작한다. 또한 가마의 평면형태는 세타원형(전함형)이 유행하고, 화구 적석 가마와 요전부의 배수시설, 원형 돌출 연도 등 삼국시대 전통을 이어받은 가마의 구조적 변화도 관찰된다. 이러한 가마의 대형화와 구조적 발전 양상은 통일신라 말기~고려 초기 단계의 김해 대성리 가마에서 모두 확인할 수 있다. 이 무렵 통일신라에는 중국 월주요계 청자가 수입되어 많은 유적에서 출토되었다. 또한, 자체 시유도기도 제작되었고, 대규모 생산이 가능한 전문 요업지를 토대로 이후 고려시대에 전개된 청자생산의 토대가 되었을 것이다.

2) 토기 생산 체제

경주 신라왕경지역에서 관영적인 수공업 운영은 신라의 삼국통일 이전에 조업이 진행된 경주 손곡동·물천리유적(국립경주문화재연구소 2004a)을 통해서 확인할 수 있다. 이곳은 생산유구, 무덤, 주거지 등 지구별 유구의 조합관계가 확인된 대규모 복합 요업유적이다. 여기에서 조사된 신라의 상위계층 무덤인 積石木槨墓와 瓦葺礎石式建物址는 요업집단의 운영과 관리를 관장했던 신분이 높은 왕경인과 관련되었다. 土壙墓와 주거용 高床式建物址는 요업에 직접 종사했던 공인들과 관련된 유구로 파악되었다. 신분 차이를 유추해 볼 수 있는 무덤과 건물지의 공존은 신라의 요업체계를 암시한다. 소수의 책임자를 통해 요업의 관리와 통제가 진행되었고, 전업적인 생산집단에 의한 대량생산체제로 운영되었을 가능성이 크다. 이곳 가마의 조업 시기는 대체로 5세기 중반에서 7세기 초까지 장기간 운영되었다. 신라후기 및 통일신라양식 토기 출현 이전의 신라 요업 생산체계를 보여주지만, 이후에도 유사한 체제가 적용되었을 것이다.

통일신라시대 토기의 요업체계를 엿볼 수 있는 곳은 서울 사당동 유적이 해당한다. 이곳 통일신라 토기 가마에서 "…縣器村何支爲…"와 "…舍知作…" 등의 명문이 있는 토기가 출토되었다. 토기 생산 관련 마을과 신라의 관등성명이 적힌 명문을 통해 전업적인 토기 생산의 수공업 마을이 존재했을 가능성이 크다. 또한, 신라 왕경의 관등을 가진 공인이 지방에 직접 파견되어 중앙의 토기 제작에 따른 규범과 기술이 전해졌을 가능성도 있다(金元龍·李鐘宣 1977; 宋基豪 1997). 통일신라 전역에서 출토되는 토기는 기형이나 문양, 태토에서 지역별 미세한 특색과 절충식 등이 인지된다. 그러나 통일신라양식의 큰 범주에서 토기의 종류와 세부 형태, 문양에서 공통성을 인식할 수 있다. 이것은 통일 직후 신라의 9주 5소경 지방제도 완비와 연계되어 왕경 중앙지역의 토기 생산체계와 유통망이 지방으로 확산되었을 가능성이 크다.

왕경 주변 지역에는 대규모의 토기 생산지가 조성되었다. 그러나 지방에서 확인된 영남지역의 토기생산유적은 소규모로 축소되며, 단기 조업의 1~4기 이하 가마군으로 분포한다. 이러한 양상은 지방 가마에서 생산된 토기가 인근의 소규모 특정 가옥 및 관할 거주지 전용으로 한정하여 공급되었을 가능성이 있다. 또한 중앙지역의 토기생산조직과 체제에서 나온 토기 생산의 통제와 제한성이 반영된 결과로 추정된다.

상기한 가마들은 토기 소성으로 조업된 것이 다수이나, 신라 통일기 이전부터 보이는 瓦陶兼業의 가마도 다수 확인된다. 한편 김해 삼계동의 가마는 기종별로 소성온도를 조절하여 토기를 구웠다. 여기에서 출토된 인화문 토기는 주로 도질 소성이 다수를 차지하고, 대부완, 개, 병의 기종에 한정하여 문양을 시문하였다. 무문양의 완, 솥, 동이류, 시루 등은 대부분 연질 내지 와질소성으로 생산하였다. 토기의 기능과 사용 목적, 규범에 따라 한 곳의 가마에서 소성온도의 조절을 통한 기종의 선택적인 생산이 있었던 것으로 보인다(이창희 2006). 통일신라시대 대부분 가마에서 이러한 조업이 이루어진 것으로 파악된다. 그러나 울산 방리나 부산 두구동 임석의 가마는 연질 및 와질 소성의 완, 옹, 동이류를 주로 생산하였다. 부산 구서동, 김천 대성리의 가마는 병류와 호, 옹류를 중점적으로 소성하였다.

6장
묘제의 변화와 획기

1. 묘제 변화의 획기

1) 경주 동천동 고분군의 편년과 조영 양상

앞서 살펴본 신라후기 및 통일신라양식토기의 편년 결과를 이제 고분 단위 유적에 적용한다. 경주 동천동 고분군에 한정하여 개별 무덤 유적에서 출토된 토기를 검토하고, 고분군의 편년과 변화 양상을 유추한다.

경주 동천동 고분군 I 은 경주 신라왕경의 북동쪽 외곽 구릉지인 동산에 입지한다. 동산의 북쪽은 동천동과 용강동에 걸쳐 있고, 남북방향으로 세장한 소금강산과 연결되어 있다. 소금강산의 북서쪽 말단부는 용강동 고분군이 조성되어 있다. 이곳 동산을 포함하고 있는 소금강산은 고분 유적과 더불어 신라의 불교 수용에 결정적 계기가 되었던 곳이다. 이차돈의 순교와 연관된 백률사와 동천동 굴불사지, 동천동 마애삼존불좌상 등 불교 유적도 다수 분포하고 있다. 이곳은 신라인들에게 계세적인 묘역인 동시에 불교적 성지와도 같다.

동천동 소금강산 및 동산 일원에는 1906년 경주지역 최초 발굴조사를 통해서 횡혈식석실분이 확인된 동천동 북산고분(朝鮮總督府 1917)이 있다. 1915년에 동천동 와총(朝鮮總督府 1916)에서 횡혈식석실분이 조사되었고, 1960년경 동산의 동남쪽 구릉 표암 일원에서 지표조사를 통해서 수습된 화장묘 관련 인화문 파수부호(金鎬詳 2003, 中2)가 확인되었다.

이후 동천동 동산 일원에 위치한 동천동 고분군 I 에는 5개소의 고분관련 유적이 조사되었다. 정식으로 발굴조사된 유적은 1986년도 동천동 산13번지 유적(국립경주박물관 1994), 2011

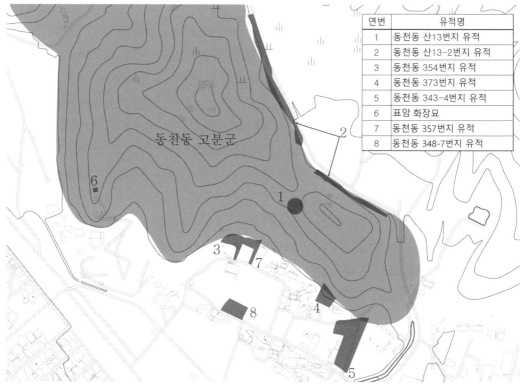

연번	유적명
1	동천동 산13번지 유적
2	동천동 산13-2번지 유적
3	동천동 354번지 유적
4	동천동 373번지 유적
5	동천동 343-4번지 유적
6	표암 화장묘
7	동천동 357번지 유적
8	동천동 348-7번지 유적

<도 105> 경주 동천동 고분군 내 유적 위치도(1/2,500)

년도 동천동 산13-2번지 유적(계림문화재연구원 2013a), 2011년도 동천동 354번지 유적(한국문화재보호재단 2013), 2014년도 동천동 357번지 유적(동국문화재연구원 2016), 2016년도 동천동 343-4번지 유적(금오문화재연구원 2020), 2019년도 동천동 373번지 유적(한국문화재재단 2021a), 2021년도 동천동 348-7번지 유적(한국문화재재단 2021b) 등이 있다<도 105>.

상기 유적 중 신라후기 및 통일신라양식토기가 출토된 유적에 한정하여 분석 대상으로 선정한다. 해당 유적의 무덤에서 출토된 토기류를 중심으로 기종 현황과 양상을 우선적으로 검토한다. 다음 유적별 신라후기 및 통일신라양식토기의 기형과 문양을 기준으로 무덤의 편년 단계를 설정한다. 개별 유적 내 확인된 무덤이 소수인 유적은 해당 무덤별로 토기를 기준으로 단계를 설정하고, 이외 대규모 유적은 토기의 전체 단계를 설정 후 해당 유구를 단계별로 구분한다. 이후 각 유적별로 설정된 토기의 변화 단계를 통해서 단위별 묘제의 변화 양상과 고분의 조영 변화가 어떠한지를 검토한다.

(1) 동천동 고분군의 토기 편년

동천동 고분군의 편년을 위해서 출토된 토기의 기종을 우선적으로 파악하였다.[49]

<표 23>을 참고하면, 근년 조사된 동천동 고분군 내 유적에서 출토된 토기류는 개류, 고배류, 완류, 발, 옹류, 호류, 병류 등이 모두 확인되며, 개의 출토 빈도수가 가장 높다. 개는 고배, 완, 호, 병 등 다양한 기종의 뚜껑으로, 세트 관계에 있었던 것이나 이탈된 것이 많다. 개 다음으로는 고배류, 대부완, 배 순서로 출토 빈도수가 높게 확인되었다.

동천동 고분군 내 다소 이른 시기로 편년되는 유적에서 유개고배의 출현 빈도수가 가장 높다. 상대적으로 통일신라 이후, 늦은 시기의 유적에는 유개대부완의 출현수가 점점 높아진다. 삼국시대에 출현하여 통일신라시대까지 존속하는 기종은 유개대부완과 더불어 고배류, 부가구연편구병, 장경편구호, 단경호, 직구호류, 파수부옹 등이 있으며, 신라후기 및 통일신라양식토기에 해당한다.

① 동천동 산13번지 유적

이 유적에서 화장묘 1기와 횡혈식석실분 1기가 수습 조사되었다. 석실이 축조되기 이전에 화장묘가 조성되었다. 소형석곽으로 구성된 화장묘에서 장골기로 사용된 유개발 1점과 유개고배 5점이 확인되었다(도 106). 석실 추정 묘부에서 무개식고배(유개완) 1점이 출토되었다.

이 유적의 편년 기준 유물은 화장묘의 유개고배가 특징적이다. 개에는 꼭지고가 높은 단추형 꼭지가 부착되었다. 넓은 반구형 개신에 卜자형의 구연 속성을 가지고 단부는 약하게 내경한다(도 106-4, 5). 5점의 개에 모두 침선 1줄을 경계로 선각의 삼각집선문과 반원점문의 문양 구성대가 형성되었다. 이 토기들 중 1점의 개신 드림턱에는 각목문을 종방향으로 시문한 것이 있다(도 106-4). 고배는 모두 뚜껑받이턱이 있는 내·외구연을 가지고 있으며, 내구연이 내경하고 있는 점이 특징적이다. 대각은 상단이 넓어진 형태이며, 돌대가 형성되어 2단 구성을 되어 있고, 축소된 투창이 상단에 배치되었다.

동천동 산13번지 유적(이하 산13번지 유적)의 화장묘 출토 유개고배의 개(도 106-4, 5)를 기준으로 토기의 편년을 살펴본다. 선각 삼각집선문과 반원점문의 문양대 구성, 드림턱에 시문된 각목문 등의 속성들은 동래 복천동 65호묘 출토 중국청자 완(도 106-3)과 공반된 유개고배(도

---

49) 동천동 고분군의 편년은 주로 출토 빈도수가 높고, 문양이 있는 유개고배류, 호류, 병류, 대부완류, 발류 등을 분석 대상으로 취급하였다.

<표 23> 경주 동천동 고분군 출토 토기 현황

기종 ＼ 유적	산13	산13-2	354	373	343-4	계
유개고배	4	16	6	3		29
유개대부완	1	1	7	7		16
유개완(무굽)				1		1
유개배		1				1
유개직구배		2				2
유개대부발		3	1			4
유개장경 편구호		1				1
유개대부 직구호		3	1	1		5
개		46	11	7	61	125
고배류		27	1		37	65
무개식고배(대부완)	1	12	2	2	22	38
대부발		2				2
평저완		7	3		10	20
직구배		16	1		3	20
연질옹		3				3
파수부옹		1	2		2	5
대부직구호		7			3	10
대부장경 편구호		1	1		1	3
대부장경호		1				1
단경호		1	1	2		4
부가구연 편구병			2	3	3	8
소병류		2			4	6

106-1, 2)의 기형과 문양 구성이 동일하다. 기존 편년관을 참조하면 중국청자 완의 유입 시기를 토대로 복천동 65호묘 출토 토기류는 6세기 말~7세기 초의 양상(홍보식 2003; 이동헌 2008a)으로 파악된다. 이러한 선각의 문양 구성은 인화문(스탬프문) 출현 직전의 양상으로 이해할 수 있다.

　한편 산13번지 유적의 화장묘 조성 시기를 상향시켜 보는 견해들도 있다. 먼저 화장묘의 부장품인 유개고배(도 106-4, 5)를 유돌대고배류(A3)에 분류하고, 배신부가 반구형으로 깊어지고, 대각 상단이 넓어진 형식에 포함하였다. 선각의 삼각집선문과 원문류의 문양을 기준으

로 6세기 중엽(윤상덕 2010)[50]의 연대를 부여하였다. 또한 유개식고배류 대각의 직선화, 화장묘의 골호로 사용된 유개합이 개 구경에 비해 완의 동체가 얕아진 단계를 기준으로 6세기 중엽 후반(최병현 2011, 2021)[51]의 편년관도 있다.

② 동천동 산13-2번지 유적

이 유적에서 석실분 21기가 확인되어 다수를 점하며, 이외 횡구식석곽묘 4기, 수혈식 석곽묘 8기가 조사되었다. 개별 유구에서 출토된 토기류를 종합하여 유적의 조성 시기를 단계별로 편년하여 기존 연구와 비교한다.

상기했듯이 이곳 석실분 조성 단계에서 가장 높은 출토 빈도수를 보이는 기종은 개이다. 동천동 산13-2번지 유적(이하 산13-2번지 유적)에서 가장 출토 빈도가 높은 기종인 개 71점을 통해서 기형과 문양의 상관을 검토함으로써 시기 변화를 5~6단계 정도로 구분할 수 있다<표 24>.

<표 24> 동천동 산13-2번지 유적 출토 蓋의 기형과 문양 상관

신부 / 구연	I (半球)	II (八)	문양 형식	선각문 (기하학문)	혼용 (선+스)	스탬프 (기하학문)	밀집문 (스탬프)	마제형 종장문
a (卜)	45 (I a)	× (II a)	I a	13	8	3	×	×
b (入)	18 (I b)	8 (II b)	I b	4	1	5	×	×
계	71		II b	×	2	3	2	1

개의 신부 형태 속성을 반구형(I형), 八자형(II형)으로 분류하고, 개의 구연 형태 속성을 卜자형(a형), 내·외구연으로 구성된 入자형(b형)으로 구분하였다. 그 대응 관계를 검토해 보면 I a식(조합수 45), II a식(0), I b식(18), II b식(8)으로 조합되었다. 반구형 개신+卜자형 구연 개(I a식)의 빈도수가 가장 높고, 八자 개신+卜자형 구연(II a식)의 개는 확인되지 않았다.

다음으로 속성의 조합 빈도수와 형식의 유무를 통해서 개의 형식을 I a식, I b식, II b식으

---

50) 윤상덕의 신라 중기양식의 I a기에 해당한다.
51) 최병현의 신라 후기양식 토기 1기-1b기에 해당한다.

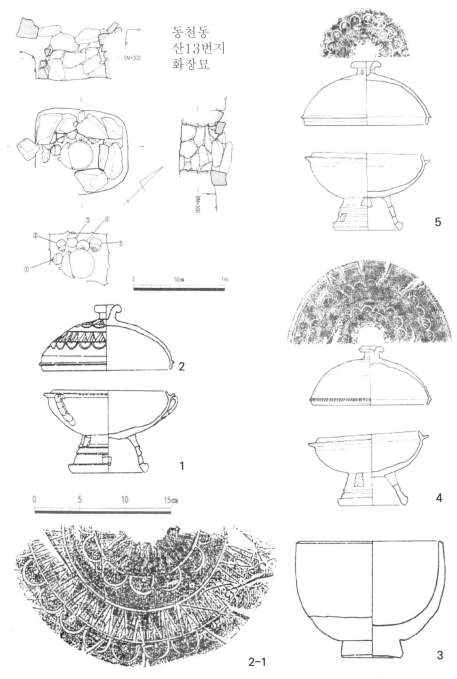

동천동
산13번지
화장묘

<도 106> 부산 동래구 복천동 65호묘(1~3)와 경주 동천동 산13번지 화장묘 출토품(4. 5). 1, 2, 4,
5(1/4), 2-1, 3(1/2)

a

106

232

19

136

20

66

101

108

137

140

<도 107> 경주 동천동 산13-2번지 유적 - Ⅰ단계 토기류(1/4) (a: 동천동 와총 출토 대부직구호)

로 나열하였다. 문양 변화를 선각의 기하학문(삼각집선문, 원문류), 선각+스탬프문의 기하학문, 스탬프의 기하학문, 문양 밀집시문, 마제형종장문으로 나열하여 그 상관을 검토해 보았다.

선각의 기하학문은 Ⅱb식의 개에 시문되지 않았다. 단일문의 밀집시문과 마제형종장문은 Ⅰa식, Ⅰb식의 개에서 확인되지 않았다. 따라서 개의 형식을 Ⅰa식→Ⅱb식으로 나열함에 따라 문양도 선각의 기하학문→마제형 종장문으로 변화되었다. 이러한 변화의 방향성은 시간성을 반영하는 것으로 이해된다.

이 결과를 기반으로 전체 유구와 출토 유물을 상기 검토한 신라후기 및 통일신라양식토기의 변화 단계와 대응시킨다. 산13-2번지 유적의 토기류 변화 단계는 크게 5단계로 구분할 수 있다. 단계 설정 기준과 해당 유구를 정리하면 아래와 같다.

선각문유행기(-Ⅰ단계, 도 107)는 토기의 문양이 선각의 삼각집선문과 컴퍼스 원문류(반원점문, 이중원문)가 주류이다. 단추형 꼭지+반구형 개신+卜자형 구연 속성을 가진 개가 다수 확인되었다. 특히 18호 횡혈식석실분에서 출토된 대부직구호(도 107-106)는 각부에 소형 투창이 있고, 편구형의 신부 견부에 선각의 삼각집선문과 반원점문이 시문되었다. 기형과 문양의 양상은 동천동 와총(國立慶州文化財研究所 2007)에서 출토된 대부직구호(도 107-a)와 동일하다. 산13-2번지 유적의 가장 이른 단계는 동천동 와총 출토 토기 연대와 유사한 시기로 편년된다.

또한, 산13-2번지 유적의 47호 석곽묘 출토 직구배(232)의 개에는 선각의 삼각집선문, 반원점문이 시문되었고, 이와 함께 점열화문의 스탬프문이 처음 출현하였다. 특히 개의 드림턱에 각목문이 돌아가며 시문된 점은 동천동 산12번지의 화장묘, 월성해자, 복천동 65호묘의 유개고배에서 확인되는 각목문과 유사하다(홍보식 2003).

-Ⅰ단계에 해당하는 유물은 5호 횡혈식 석실분, 13호 추정 석실분, 18호 횡혈식 석실분, 26호 석곽묘, 47호 석곽묘 등에서 확인할 수 있다. 기존 연대관과 비교해 본다면 5호 석실분(19, 20), 18호 묘에서 출토된 개(101)와 26호 석곽묘 출토 유개고배(136, 137) 등은 7세기 전엽[52]에 해당한다.

한편 조금 이른 시기의 편년관은 13호 묘의 반구형 개신+入자형 구연 개(66), 18호 묘 출토 유개발의 개(108)는 6세기 후엽[53]의 연대에 포함된다. 상기 개의 양상과 더불어 26호 묘에서

---

52) 홍보식의 신라 후기양식 토기 제Ⅳ양식 H형식(610~630년)에 해당한다.

53) 윤상덕의 신라 중기양식 Ⅰb기에 해당한다.

출토된 평저병(140)은 6세기 후반의 전기[54]에 해당할 수 있다.

산13-2번지 유적의 - I 단계는 대체로 앞서 언급한 동천동 산12번지의 화장묘보다는 한 단계 늦고, 동천동 와총의 토기 연대와 유사하다.

선각문 및 인화문의 혼용기(0단계, 도 108)의 토기는 문양 시문 기법을 기준으로 구분하였다. 선각문 및 인화문(스탬프문)의 혼용이 유행된 시기이다. 여기에 해당하는 토기류는 8호 횡구식 석실분, 10호 횡혈식 석실분, 36호, 37호 횡구식 석곽묘, 39호 묘, 45호 묘 등에서 확인할 수 있다. 39호 묘 출토 고배(195, 196)는 기존 편년관에 대해서 7세기 중엽,[55] 7세기 1/4분기[56]의 연대에 해당한다. 45호 묘 출토 장경편구호(228)[57]는 신라후기양식 0단계(7세기 초)에 해당하며, 산13-2번지 유적의 18호 묘 출토 유개장경편구호와 동일한 형식이다.

I 단계(도 108)는 신라후기양식 토기에서 기하학적 인화문(삼각집선문, 원문류)의 본격 유행기(7세기 전엽)이다. 6호 석곽묘 출토 개(28)와 대부직구호(33)가 해당한다. 10호 묘 출토 대부직구호(51호)는 6호의 직구호(33)와 기형이 유사하며, 인화문이 모두 시문되었다. 45호 묘의 卜자형 구연 개(224)는 이중원문의 인화문 유행기에 속한다.

다음 산13-2번지 유적에는 토기의 문양 중 전형의 수적형문(신라후기양식토기 II단계)이 확인되지 않는 점이 특징적이다.[58]

III단계(도 108)는 27호 석곽묘, 48호 횡혈식 석실분에서 출토된 토기류가 해당한다. 우선 이 토기들의 문양 시문 양상은 원문과 마제형 단일문(∪)의 밀집 시문이다. 27호 묘 출토 개(148)와 대부장경호(149)에는 동일한 원문이 촘촘하게 시문되어 있다. 경주 방내리고분 42호 묘(國立慶州文化財研究所 1996a)에서 출토된 선각의 삼각집선문과 컴퍼스의 반원점문이 시문된 유개대부장경호(대부장경호1)와 비교한다면 경부의 구연부가 강하게 외반되었다. 이곳 48호 묘에서 출토된 八자형 개신+入자형 구연의 개(238)에는 마제형 단일문을 한 개씩 밀집시켜 시문하였고, 入자형 구연 중 내구연은 퇴화된 속성이다. 밀집, 전면 시문의 특징적인 문양 시문

---

54) 최병현의 신라 후기양식 토기 1기-1c기에 해당한다.

55) 홍보식의 신라 후기양식 토기 제IV양식 I 형식(630~650년)에 해당한다.

56) 윤상덕의 신라 중기양식 토기 2b기(600~625년)에 해당한다.

57) 최병현은 선각의 삼각집선문과 인화문의 이중원문이 시문된 점과 외반 구경부, 동체부의 편구도를 기준으로 6세기 후반의 후기(신라 후기양식 토기 2기-2b기)로 편년하였다.

58) 산13-2번지 유적에서 수적형문이 확인되지 않는 점은 수적형문 유행 단계에 토기 부장이 이루어지지 않은 것으로 이해된다. 이와 반대로 후술할 동천동 373번지와 343-4번지 유적에는 수적형문 토기가 다수 확인되므로 수적형문 유행기(II단계)를 설정할 수 있는 근거가 된다.

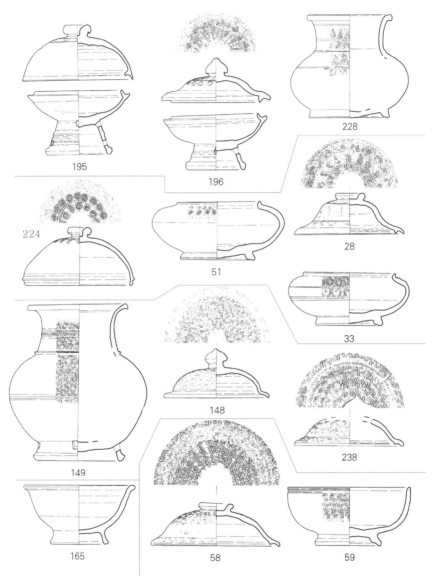

<도 108> 경주 동천동 산13-2번지 유적 0~IV단계 토기류(1/4)(0: 195, 196, 228, Ⅰ: 224, 51, 28, 33, Ⅲ: 148, 149, 238, Ⅴ: 58, 59)

기법은 신라후기양식 토기 III단계(7세기 후엽 전반)에 해당한다.[59]

V단계(도 108)의 산13-2번지 유적 출토 토기는 11호 석곽묘에서 출토된 개(58)와 대부완(59)이 해당한다. 개는 八자형 개신에 入자형의 퇴화된 내·외구연을 가졌다. 통일신라양식토기의 인화문이며, 최상단에 능형문과 1열 5개의 마제형문이 결합된 합성일체형의 종장문이 확인되었다. 대부완은 직립구연에 신부가 낮다. 개에 시문된 종장문은 선두문이 능형문이며, 1열 4개의 마제형문이 결합된 합성일체형 종장문이다. 개와 완에서 확인되는 종장문의 단위문은 약간 퇴화된 형태이다. 하단부를 조금씩 비끼는 시문수법(B수법)이 확인되고, 마제형 종장문 ii류에 속하므로 통일신라양식토기 V단계(7세기 말)에 해당된다.[60]

이외 산13-2번지 유적에서 가장 늦은 시기로 편년되는 토기는 33호 묘 출토 대부완(도 108-165)이 있다. 외반구연과 무문양의 늦은 시기 속성을 가진 완은 통일신라양식토기 유개완 X단계(8세기 말)에 해당한다. 수혈식 석곽묘에서 출토된 것으로 보고되었지만, 유구의 바닥 일부만 잔존하고, 교란이 다수 이루어져 묘제의 구분이 다소 불명확하다. 경주 시내 평지에 조성된 황성동 906-5번지 석실분(國立文化財研究所·慶州市 2005; 차순철 2008)에서 후대 호석 외부에 매납된 외반구연의 대부완이나 경주 신당리 산7번지 유적(계림문화재연구원 2013b)의 석실 내부 출토 대부완, 장산토우총 출토 대부완도 동일한 기형이다.

③ 동천동 354번지 유적<도 109, 110>

이 유적에서 석실분 15기와 석곽묘 2기, 고려시대 석곽묘 1기, 조선시대 토광묘 1기, 시대미상 석곽묘 2기 등이 확인되었다. 이 무덤들 중 5호, 7호, 13호 횡혈식 석실분에 한정되어 신라후기 및 통일신라양식토기가 확인되었다. 여기서는 유구별로 출토 유물의 편년을 검토하여 유적의 조성 시기를 살펴본다.

동천동 354번지 유적(이하 354번지 유적)에서 출토된 토기 기종들은 앞서 언급한 산13-2번지 유적 출토 토기 양상과 유사하다. 양자의 차이점은 부가구연편구병이 이 유적에서 확인되

---

59) 단일문 밀집시문 유행기는 홍보식의 단치의 반원점문 전면 시문기(650~670년, 신라 통일양식 토기의 J형식), 윤상덕의 원문류 전면 시문기(7세기 3/4, 650~675년, 신라 중기양식의 IIIb기), 최병현의 원문류 흩어찍기(7세기 전반의 후기, 625~650년, 신라 후기양식 토기 3기-3a기)와 모두 동일한 시문 기법이다.

60) 단위문의 밀집시문 이후 종장문의 출현에 대한 기존 편년관은 7세기 말(680~700년, 홍보식의 신라 통일양식 토기의 K형식), 7세기 4/4 분기(675~700년, 윤상덕의 신라 후기양식의 I a기), 7세기 후반의 중기(최병현의 신라 후기양식 토기 3기-3c기)에 해당한다.

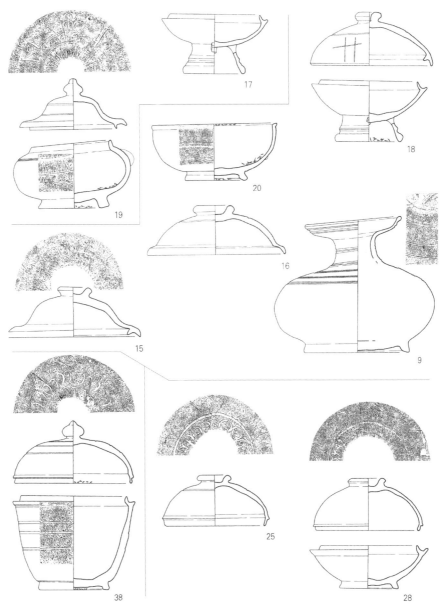

<도 109> 경주 동천동 354번지 유적 5호, 7호 석실분 토기류(1/4) (5호 Ⅰ단계: 17, 19, Ⅱ단계: 20, 9, 18, 15/ 7호 Ⅰ단계: 25, 28, Ⅱ단계: 38)

<도 110> 경주 동천동 354번지 유적 7호, 13호 석실분 토기류(1/4) (7호 III단계: 23, 32-1, 22, 34, IV단계: 27, 32, 33/ 13호 I 단계: 51, 52, 54, 49, 46, II단계: 47/ a, b: 중국 홍주요 자기완)

는 것과 유개완의 출현 빈도가 상대적으로 높은 점이다. 출토 빈도수가 가장 높은 기종은 개이며, 총 24점이 확인되었다. 이 중 반구형 개신+卜자형 구연(Ⅰa식) 8점, 반구형 개신+入자형 구연(Ⅰb식) 7점, 八자형 개신+入자형 구연(Ⅱb식) 9점으로 소량이다. 조합 수는 형식별로 서로 유사하다. Ⅱa식이 확인되지 않는 점은 산13-2번지 유적과 동일하다<표 24>.

이 유적 토기의 문양 중 산13-2번지 유적에는 확인되지 않았던 수적형문이 다수 확인되며, 선각의 삼각집선문과 원문류 구성은 확인되지 않았다. 이것은 석실 조성 시기에서 선각 내지 컴퍼스문 유행기를 벗어나 수적형문 유행기(신라후기양식토기 Ⅱ단계)에 해당하는 것을 유추할 수 있다.

다음은 유구별 토기의 편년 양상을 기존 편년관과 비교해서 검토한다. 편년 단계의 순서는 산13-2번지 유적의 시기와 병행하게 대응시킨다.

5호 석실분(도 109)에 출토된 토기류는 크게 2단계(Ⅰ, Ⅱ)로 구분된다. 앞서 언급한 산13-2번지 유적을 기준으로 선각 및 컴퍼스문(-Ⅰ단계), 선각 및 인화문 혼용기(0단계)의 토기는 확인되지 않는다. 5호 석실분 출토품 중 스탬프의 삼각집선문과 반원점문 유개직구호(19)는 기하학 인화문의 유행기에 해당하며, 신라후기양식토기 Ⅰ단계(7세기 전엽)로 편년된다. 직립구연의 대부완(20), 장타원형의 신부를 가진 부가구연편구병(9), 八자형 개신+入자형 구연(Ⅱb식) 개(15) 등은 기형과 문양을 기준으로 수적형문 유행기인 신라후기양식토기 Ⅱ단계(7세기 중엽)에 해당한다.

고배류(17, 18)는 약간 내경된 내구연과 대각이 수직화된 양상을 확인할 수 있다. 대각의 투창을 기준으로 고배(17)는 신라후기양식토기 Ⅰ단계, 투공 대각의 고배(18)는 Ⅱ단계로 구분할 수 있다.

7호 석실분(도 109, 110)의 토기류는 유개고배와 유개대부완, 유개발, 파수부옹, 편구병 등이 출토되었다. 토기의 변화 양상은 총 4단계(Ⅰ~Ⅳ)로 구분된다. 신라후기양식토기 Ⅰ단계의 기하학 인화문 유행기인 반원점문의 유개고배류(25, 28)가 있다. Ⅱ단계는 수적형문류의 유개대부발(도 109-38)이 있고, 5호 석실분의 Ⅱ단계와 상응하였다.

Ⅲ단계는 단추형 꼭지가 부착된, 얕은 반구형 내지 八자형의 개신과 入자형 구연부를 가진 개(22, 23, 32-1)를 기준하였다. 모두 이중원문의 단일문을 밀집해서 전면 시문하였다. 이러한 양상은 산13-2번지의 Ⅲ단계와 동일하며, 신라후기양식토기Ⅲ단계(7세기 후엽 전반)에 해당한다.

7호 석실분의 Ⅳ단계(도 110) 토기류는 통일신라양식토기 대부완(33)과 유개완의 개(27)과 대부완(32)이 해당한다. 대부완(33)은 직립구연을 가지고 전형의 마제형종장문(종ⅰ류)을 한 번씩 찍어 돌린(A수법) 시문 양상을 보인다. 개(27)와 대부완(32)은 연주종장문(종 i 류)이 시문되었다. 통일신라양식토기 IV단계(7세기 후엽 후반)의 양상을 보이고 있다.[61]

13호 석실분(도 110) 출토된 토기류는 크게 2단계(I, II)로 구분된다.

이곳에서 출토된 유개대부완들은 신라후기양식토기 I단계(7세기 전엽)에 해당하며, 동일한 문양과 선각명문을 통해 모두 동 시기에 제작되었을 가능성이 크다. 구경이 좁고, 기고가 큰 유개대부완(51, 52)(權奎山 2011)[62]은 개에 모두 보륜형 꼭지와 반구형 개신, 入자형의 구연이 있다. 문양은 공통적으로 스탬프의 점열화문과 이중원문이 시문되었다. 대부완에도 스탬프의 이중원문과 반원점문이 모두 확인되었다. 이외에 구경이 넓고, 기고가 낮은 유개대부완(54)은 개에 스탬프의 점열화문과 반원점문이 시문되었다. 선각의 井자명이 확인되었고, 완에도 반원점문이 동일하게 시문되었다. 이러한 문양 구성과 井자명은 유개단각고배(49)에서도 확인할 수 있다. 13호 석실분 출토 유개대부완은 기형과 스탬프의 기하학 단일문 구성을 근거로 모두 신라후기양식토기 I단계에 해당한다. 단추형 꼭지와 八자형 개신, 入자형 구연을 가진 개(46)에 모두 반원점문과 점열세타원형문이 시문되었다.

13호 석실분의 신라후기양식토기 II단계(7세기 중엽)는 단추형 꼭지와 반구형 개신, 卜자형 구연으로 구성된 개(47)가 해당한다. 문양은 스탬프의 반원점문과 수적형문의 구성이다.

④ 동천동 373번지 유적<도 111, 112>

이 유적의 발굴조사를 통해서 확인된 석실분 4기, 석곽묘 1기, 시대 미상 석곽묘 1기와 석조유구 1기 등이 확인되었다. 유적의 남쪽으로 25m 정도 이격되어 동천동 343-4번지 유적이 위치하므로, 입지 여건상 서로 동일한 유적에 해당한다.

동천동 373번지 유적(이하 373번지 유적)에서 확인된 유구들 중 신라후기 및 통일신라양식토기가 확인된 1호~4호 석실분과 1호 석곽묘 출토 토기류를 대상으로 무덤의 편년을 검토하였

---

61) 7호 석실분의 IV단계는 동천동 산13-2번지의 IV단계와 동일한 양상이다. 기존 편년 연구와 비교하면 7세기 말(680~700년, 홍보식: 신라 통일양식 토기의 K형식), 7세기 4/4 분기(675~700년, 윤상덕: 신라 후기 양식의 I a기), 7세기 후반의 중기(최병현: 신라 후기양식 토기 3기-3c기)에 해당한다.

62) 앞서 언급하였지만, 13호 석실분의 대부완(도 110-51, 52, 54)은 기형과 크기, 문양 구성 등이 중국 唐代早期(618~704년)의 강서성 풍성시 홍주요 자기완(도 110-a, b)과 유사하다. 구경이 좁고, 기고가 높은 종장의 대부완(도 110-51, 52)은 자기완(도 110-a)과 대응되며, 구경이 넓고 기고가 낮은 횡장의 대부완(도 110-54)은 자기완(도 110-b)과 동일하게 세분류된다.

다. 373번지 유적의 석실분은 1차, 2차 시상이나 추가장의 흔적이 확인되었다. 부장된 토기류도 기형과 문양에 따라 최소 2단계 이상의 신라후기 및 통일신라양식토기 단계를 설정할 수 있다. 석실분의 조성 시기 순서로 편년을 검토하였다.

먼저 3호 석실분은 신라후기양식 토기 개와 대부완, 편구병 등의 기형과 문양을 기준으로 3단계의 구분이 가능하다. 석실은 선각 및 컴퍼스문 시문기(-Ⅰ단계)에 초축되었다. 보륜형 꼭지와 반구형 신부의 개(36)와 직립구연의 대부완(39)에서 컴퍼스문이 확인된다. 이후 반원점문류의 스탬프 시문기(Ⅰ단계)와 수적형문 사용기(Ⅱ단계)에 추가장이 진행되었다.

Ⅰ단계에 해당하는 유개완(41)은 개와 완에 동일한 반원점문이 시문되었다. Ⅱ단계는 수적형문과 반원점문의 문양 구성이 기준이다. 보륜형 꼭지와 반구형 신부의 개(38), 소형 부가구연편구병(42)이 해당한다.

1호 석곽묘는 공반 부장된 토기류의 기형과 문양 양상을 통해 볼 때 신라후기양식 토기 0단계(선각문과 인화문의 혼용기)에 조성되었다. 석곽묘로 보고되었지만, 북단벽의 축조양상과 유물 출토 양상으로 보아 횡구식 묘제일 가능성이 있다. 선각의 삼각집선문+스탬프의 반원점문이 시문된 소형 부가구연편구병(49)은 0단계에 해당한다.

4호 석실분은 신라후기 및 통일신라양식토기에 해당하는 유개고배류와 부가구연편구병을 기준으로 2단계로 편년할 수 있다. 스탬프의 기하학적 단일문 유행기(Ⅰ단계)에 석실이 조성되었고, 통일신라양식토기 Ⅳ단계(7세기 후엽 후반)에 추가장이 이루어졌다.

Ⅰ단계는 유개단각고배(43)의 문양을 기준으로 한다. 스탬프의 삼각집선문, 반원점문, 점열화문 등이 해당하였다. Ⅳ단계는 특대형의 부가구연 편구병(46)이 포함된다. 세타원형(D식)의 편구화된 동체부와 종장마제형문류(ⅰ류)와 다변화문(F1)은 통일신라양식토기 Ⅳ단계의 특징이다.

2호 석실분은 신라후기양식 토기 개(10)와 유개직구호(11)를 기준으로 2단계(Ⅱ, Ⅲ)의 편년이 가능하다.

개(10)는 신라후기양식 토기 Ⅱ단계에 해당한다. 보륜형 꼭지와 八자형 개신을 가졌고, 내구연이 수직으로 외구연보다 길게 내려온 속성을 보인다. 문양은 스탬프의 반원점문을 개신 상부에 3단으로 시문하였다. 밀집시문기의 과도기로 파악된다.

개(10)와 동일한 문양은 직구호(11)의 개(11-1)에도 나타난다. 직구호의 뚜껑으로 출토된 개(11-1)는 개(10)의 기형과 유사하나, 구연 단부가 入자형 구연이다. 문양은 신부 전면에 이중원문과 반원점문을 6단으로 시문하였다. 이러한 시문 양상은 신라후기양식토기 Ⅲ단계(밀집시문기)에 해당한다.

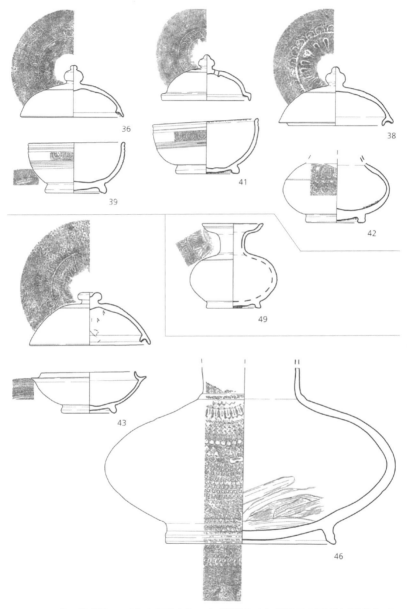

<도 111> 경주 동천동 373번지 유적 3호, 4호 석실분, 1호 석곽묘 토기류(1/4) (3호 - I
단계: 36, 39, I 단계: 41, II 단계: 38, 42/ 1호 석곽 0단계: 49/ 4호 I 단계: 43, IV단
계 46)

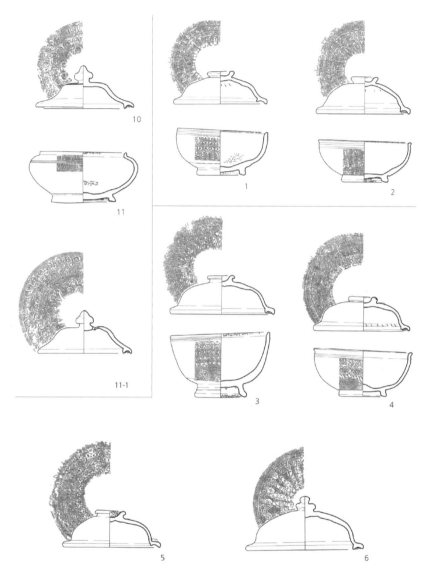

<도 112> 경주 동천동 373번지 유적 1호, 2호 석실분 토기류(1/4) (1호 IV단계: 1, 2, V단계: 3~6/ 2호 II단계: 10, 11, III단계: 11-1)

1호 석실분은 373번지 유적에서 통일신라양식토기의 출토 수가 가장 많은 무덤이다. 토기를 기준으로 볼 때 통일신라시대 직후(IV단계)에 조성되었고, 이후 1차례 추가장(V단계: 7세기 말)이 이루어진 것으로 판단된다.

IV단계는 통일신라양식토기 인화문 유개완(1, 2)을 기준으로 하였다. 개는 환상꼭지와 八자형 개신이고, 入자형 구연으로 내구연이 짧게 퇴화된 속성으로 성형되었다. 대부완은 단부에 모두 침선이 있고, 직립구연을 가지고 있다. 문양은 마제형종장문(종장문ⅰ류)이 시문되었다. 종장문의 구성은 수적형문과 1열 2~3개의 2중 U자형(U) 마제형문이 합성된 합성일체형이다.

V단계는 1호 석실분의 추가장 유물인 인화문유개완(3, 4)과 개(5, 6)가 해당한다. 문양은 통일신라시대 마제형종장문(종장문ⅱ류, B수법)이 모두 확인된다. 종장문의 구성은 마제형문이 약간 퇴화된 1열 5개의 마제형 종장문과 U자형 내부에 점이 있는 1열 8개 이상의 종장문이다.

373번지 유적의 석실분 출토 토기류 중 가장 이른 시기의 토기를 기준으로 석실의 조성 선후관계를 파악하면 아래와 같다.

3호 석실분(-Ⅰ단계: 선각 및 컴퍼스문 시문기)→1호 석곽묘(0단계: 선각 및 스탬프 혼용기)→4호 석실분(Ⅰ단계: 기하학 스탬프문 유행기)→2호 석실분(Ⅱ~Ⅲ단계)→1호 석실분(IV단계, 통일신라시대)으로 축조 순서를 배열할 수 있다.

⑤ 동천동 343-4번지 유적<도 113, 114>

이곳에서 석실분 28기와 소형 석곽묘 1기, 기단시설 1기, 담장시설 1기 등 삼국~통일신라시대의 다양한 유구가 확인되었다. 신라후기 및 통일신라양식토기가 출토된 석실분에 한정하여 편년을 검토한다. 기종과 기형의 특징은 앞서 언급한 유적들과 대부분 상응하며, 특정 기종에서 확인되는 문양을 기준으로 단계별 토기 양상을 살펴본다.

동천동 343-4번지 유적(이하 343-4번지 유적)은 석실분 출토 신라후기 및 통일신라양식토기를 기준으로 선각 및 컴퍼스문 시문 유행 단계(-Ⅰ)에서 V단계(종장문ⅱ류 유행기)까지 총 6단계의 토기 편년이 가능하다. 27호 석실분의 봉토에 후대 장골기로 매납된 통일신라양식 직구호(도 118-5, 特大1)의 기형과 문양 단계(Ⅶ)를 추가하면 총 7단계까지 구분할 수 있다.

이 유적에서 가장 이른 시기에 해당하는 선각의 삼각집선문과 반원점문(컴퍼스문) 유행기(-Ⅰ단계)에 속하는 토기는 16호 석실분 출토 유개평저완(도 113-101, 102)이 있다. 개(101)는 동일 석실분 출토 수적형문이 시문된 Ⅱ단계의 뚜껑보다는 개신고와 단추형 꼭지고가 다소 높은 선대의 형식이다. 동천동 산13번지 유적의 화장묘에 부장된 유개고배와 동일한 단계이다.

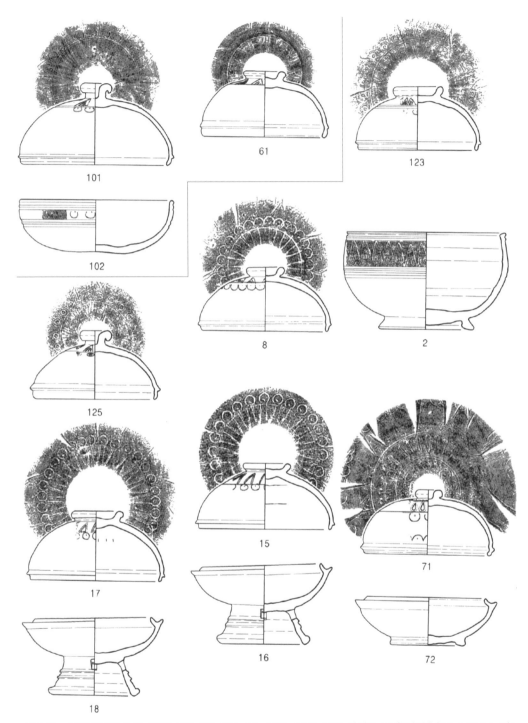

<도 113> 경주 동천동 343-4번지 유적 1호, 2호, 9호, 10호, 16호, 18호 석실분 토기류(1/3) (1호 Ⅰ단계: 2, 8/ 2
호 Ⅰ단계 15~18/ 9호 - Ⅰ단계: 61/ 10호 Ⅱ단계: 71, 72/ 16호 - Ⅰ단계: 101, 102/ 18호 0단계: 123, 125)

9호 석실분 출토 卜자형 구연과 반구형 신부를 가진 개(도 113-61)는 선각의 삼각집선문이 시문되었다. 문양을 기준으로 보면 선각문 유행기(-Ⅰ단계)에 해당한다. 9호 석실분은 출토 유물을 종합적으로 검토할 때 Ⅰ단계에 초축이 이루어진 것으로 판단되므로 개(도 113-61)는 Ⅰ단계까지 문양 속성이 존속한 것으로 이해된다.

0단계는 선각의 삼각집선문과 스탬프의 원문류 등 문양 시문 수법의 혼용기이다. 18호 석실분 출토 개(도 113-123, 125)는 1개체의 유물에서 시문 수법의 혼용이 확인되었다.

-Ⅰ단계와 0단계에 해당하는 토기류는 출토 빈도가 극소량이므로 선대의 형식을 가진 토기가 후대에 존속했을 가능성이 있다. 이곳 343-4번지 유적의 석실분 조성과 토기류의 중심 연대는 Ⅰ단계에 해당한다. Ⅰ단계는 스탬프의 삼각집선문과 원문류 등 기하학적 단일문의 유행기이다. 1호, 2호, 3호, 9호, 13호 석실분 출토품이 대표적이다. 1호분 출토 卜자형 구연과 반구형의 신부를 가진 개(도 113-8)와 대부발(도 113-2)은 스탬프의 삼각집선문과 반원점문 시문 유행 단계에 해당한다. 2호분 출토 유개고배(도 113-15~18)도 Ⅰ단계의 기형과 문양 양상을 보인다.

Ⅱ단계는 수적형문이 본격적으로 등장하고, 반원점문류와 공반 시문된 것이 다수 확인되었다. 10호, 23호, 26호 석실분 등의 출토품이 대표적이다.

10호분 출토품 중 유개고배(도 113-71, 72)는 개의 단추형 꼭지와 반구형 개신, 卜자형 구연 형태가 한 단계 퇴화된 양상이다. 부가구연편구병(도 114-69)은 354번지 유적의 5호 석실분 출토 편구병(도 109-9)과 동일한 Ⅱ단계에 속한다. 구연 형태, 신부의 편구도, 수적형문류와 원문류의 문양 구성 등이 서로 유사하다.

대부완(도 114-74)은 직립 구연과 신부에 강한 침선으로 2단의 문양대를 분할한 양상은 Ⅱ단계의 기형 속성이다. 23호분 출토 유개고배류의 개(도 114-164, 166)는 Ⅱ단계의 문양 특징인 수적형문이 모두 시문되었다.

개에는 납작한 반구형 개신(164)과 함께 八자형으로 만곡된 개신(166)의 속성이 Ⅱ단계에 나타난다. 이러한 八자형 신부를 가진 개는 26호분 출토 유개고배(도 114-185~190)에서 특징적으로 확인되며, 모두 수적형문이 시문되었다. 26호분 출토 토기류는 모두 동일 단계의 양상을 보이므로 Ⅱ단계에 조성되어 단기간 사용되었다.

Ⅲ단계는 원문류의 밀집시문기에 해당한다. 4호, 14호, 20호, 23호 출토품이 대표적이다. 4호분 출토 유개완(도 115-32, 33)은 환상 꼭지와 八자형 신부, 入자형 내·외 구연의 개(32)와 직립구연의 대부완(33)으로 구성된다. 각 신부에는 이중원문류가 밀집 시문되었다. 이 단계의 개는 대체로 八자형 개신과 入자형 구연 형태가 대다수이다. 대부완은 대부분 직립구연

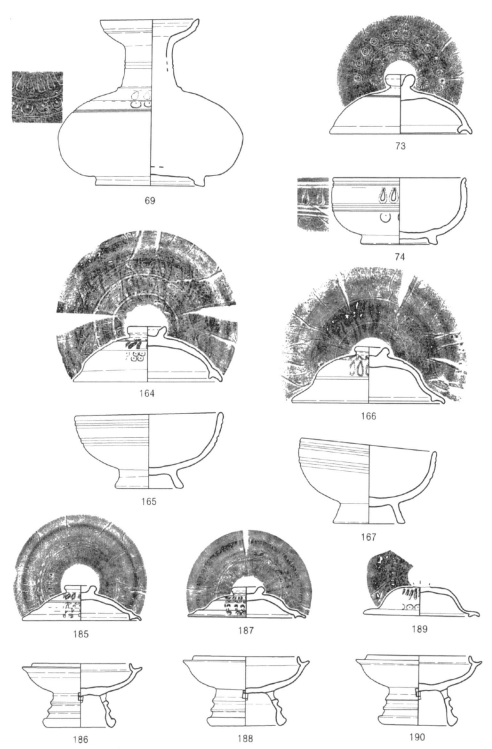

<도 114> 경주 동천동 343-4번지 유적 10호, 23호, 26호 석실분 Ⅱ단계 토기류(1/3) (10호: 69, 73, 74/ 23
호: 164~167/ 26호: 185~190)

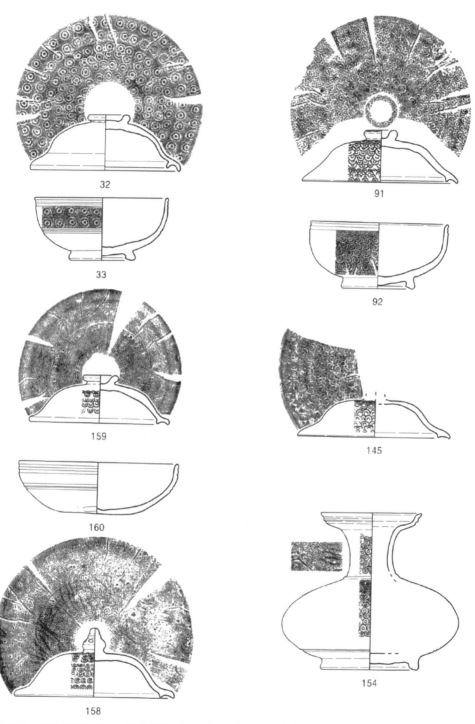

<도 115> 경주 동천동 343-4번지 유적 4호, 14호, 20호, 23호 석실분 III단계 토기류(1/3) (4호: 32, 33/ 14
호: 91, 92/ 20호: 145/ 23호: 154, 158, 159, 160)

을 가지고 있다. 14호 석실분 출토 유개완(도 115-91, 92)과 20호 석실분 출토 개(도 115-145)도 Ⅲ단계에 해당한다.

23호분에서 이중원문이 밀집시문된 Ⅲ단계의 부가구연편구병(도 115-154)이 확인되었다. 이 편구병은 기형과 문양 양상을 통해 354번지 유적의 5호분 출토 부가구연편구병(도 109-9) 다음 단계의 형식에 배열할 수 있다. 또한, 23호분에는 Ⅲ단계와 Ⅳ단계의 과도기적인 토기

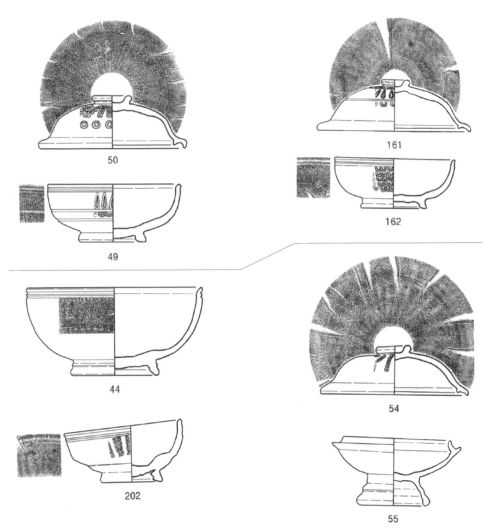

<도 116> 경주 동천동 343-4번지 유적 5호, 9호, 23호, 28호 석실분 토기류(1/3) (5호 Ⅴ단계: 44/ 9호 Ⅳ단계: 49, 50, Ⅴ단계 54, 55/ 23호 Ⅳ단계: 161, 162/ 28호 Ⅴ단계: 202)

가 연속적으로 포함되어 있는 점이 특징적이다. 밀집 시문(III단계) 말기(마제형종장문의 출현 직전)의 양상으로 이해되는 1열 3개의 유사종장문이 시문된 개(도 115-158, 159)가 출토되었다.

통일신라양식토기에 해당하는 IV단계의 토기류는 9호, 23호분에서 확인되었다.

먼저 9호분 출토 유개완의 개(도 116-50)에는 2중 U자형(U) 단위문으로 구성된 1열 6개 마제형종장문(종장문ⅰ류)과 이중원문이 시문되었다. 八자형 신부와 내·외 구연단부의 돌출도가 뚜렷한 入자형 구연부의 기형 속성도 IV단계에 속한다.

23호분 출토 유개완의 완(도 116-162)에는 종장문이 시문되었다. 2중 U자형(U) 마제형 단위문에 내부에 점이 있으며, 1열 5개의 마제형종장문(종장문ⅰ류)으로 구성되었다. 구연부는 직립하며, 단부에 강한 침선 2줄이 형성되었다. 기형과 문양이 IV단계에 해당한다. 9호분의 완(도 116-49)과 23호분의 개(도 116-161)에는 모두 수적형문과 내부에 점이 있는 2중 U자형(U) 마제형 단위문이 시문되었다.

동천동 343-4번지 유적의 석실 내부 출토 유물 중 가장 늦은 단계인 V단계의 통일신라양식토기는 5호, 9호, 28호분에서 확인할 수 있다. 5호분 출토 대부완(도 116-44)과 28호분 출토 완(도 116-202)에는 모두 마제형종장문(종장문ⅱ류)이 시문되었다. 기형도 구연 단부에 강한 침선 2줄과 직립구연의 속성을 가지고 있다.

9호분 출토 유개고배(도 116-54, 55)의 개는 환형 꼭지와 八자형 개신, 내구연이 퇴화된 入자형 구연을 가지고 있다. 문양은 1열 11개의 마제형종장문(종장문ⅱ류)이 시문되어 있어서 V단계로 설정할 수 있다.

이외 동천동 343-4번지 유적에서 가장 늦은 단계로 설정할 수 있는 통일신라양식토기가 있다. 후술하지만, 27호분의 상부 출토 직구호(도 118)는 연주 호선문+사변화문의 영락문 구성, 지그재그문류(C수법) 등의 문양 구성과 시문 수법 등이 보인다. 이러한 속성들은 통일신라양식토기 VII단계(8세기 전엽)의 인화문 토기 양상이다. 이 직구호는 석실의 봉분에서 출토된 점에서 후대 이루어진 골호의 추가장으로 파악된다.

(2) 토기로 본 동천동 고분군의 조영 변화

① 유적별 묘제의 변화

앞서 살펴본 동천동 고분군 출토 신라후기 및 통일신라양식토기의 편년을 통해 이제는 단계별 무덤의 변화양상 및 선후관계 등을 개별 유적별로 검토해 보고자 한다.

먼저 산13-2번지 유적(도 117)의 경우, 무덤 출토품 중 가장 이른 시기로 편년되는 토기를 기준으로 살펴본다.

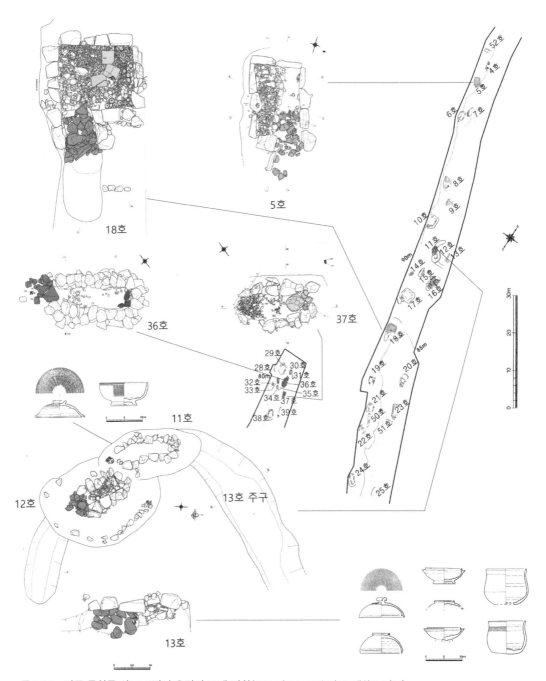

18호

5호

36호

37호

11호

12호

13호 주구

13호

29호
28호   30호
      31호
32호   36호
33호   35호
    34호 37호
38호 39호

52호
4호
5호
6호 7호
8호
9호
10호
11호 2호
14호 3호
15호
16호
17호
18호
19호 20호
21호
50호 23호
22호
51호
24호
25호

<도 117> 경주 동천동 산13-2번지 유적의 묘제 변화(유구 1/100, 토기 1/10, 배치도 1/80)

선각문 및 컴퍼스문 유행기(-Ⅰ단계)에 남-북향 종장방형의 현실을 가진 5호 횡혈식 석실분과 방형 현실의 18호 횡혈식 석실분이 동시기에 조성되었다.[63] 26호 수혈식 석곽묘도 이와 가까운 시기에 축조되었다. 선각문 및 인화문의 혼용기(0단계)에 이르러 36호, 37호 횡구식 석곽묘가 거의 동 시기에 서로 조성되었다. 이후 Ⅲ단계에 남-북향 종장방형 현실의 48호 횡혈식 석실분이 유적 최남단에 축조되었다<도 118>.

이후 통일신라양식토기 Ⅴ단계에 11호 수혈식 석곽묘가 유일하게 7세기 말까지 조성되었다. 이곳 석실분 출토 토기를 기준으로 7세기 말 이후에는 더 이상의 추가장 관련 유물이 확인되지 않는다.

산13-2번지 유적에서 유구의 중첩 관계를 통해서 그 선후 관계를 일부 파악해 볼 수도 있다. 발굴보고서에 입각한다면 13호 석실분의 주구를 파괴하고, 12호 횡구식 석실분이 조성되었다. 이후 12호 석실분을 파괴한 11호 수혈식 석곽묘가 가장 늦게 조영되었다. 따라서 13호 석실분(先)→12호 횡구식 석실분→11호 수혈식 석곽묘(後)로 단위별 묘제 변화양상이 인지되었다.

해당 묘에서 출토된 토기의 문양도 선각의 삼각집선문, 컴퍼스의 반원점문(13호, -Ⅰ단계)→마제형 종장문(11호, Ⅴ단계)의 변화가 확인되었다<도 117>.

다음 동천동 354번지 유적(도 118-3)은 협소한 지역에 다수의 무덤이 확인되었지만, 출토된 유물은 빈약하다. 유적 보고서의 내용을 토대로 석실분의 조성 양상을 간략하게 언급한다. 이 유적은 동천동 고분군의 -Ⅰ, 0단계 유물은 확인되지 않았다. 기하학 인화문의 유행기인 Ⅰ단계에 5호, 7호, 13호분이 모두 조성되었다. 그러나 토기 기종과 문양을 기준으로 무덤의 선후 관계를 세분하고자 한다.

5호와 13호분 출토 토기의 문양 구성은 모두 스탬프의 삼각집선문, 반원점문 구성을 보인다. 이러한 문양 양상을 통해 원형 봉분의 5호와 장방형 봉분의 13호가 거의 동시기에 축조되었다는 점을 알 수 있다. 5호와 13호 묘 사이 중앙부에 원형 봉분의 7호분이 조성되었다. 7호 묘는 Ⅰ단계 이후 통일신라양식토기 Ⅳ단계(7세기 후엽 후반)까지 지속적으로 추가장이 진행

---

63) 신라후기양식토기의 선각문 및 컴퍼스문 유행기에 조성된 경주지역의 보문동 합장묘 남분, 서악동 석침총, 동천동 와총 등 경주지역 초기 횡혈식 석실은 대부분 장방형계 현실로 조성되었다. 선각문 유행기의 이곳 동천동 산13-2번지 유적에는 종장방형과 방형 현실이 동 시기에 혼용되었다. 이러한 양상은 6세기 후반에서 7세기 초에 걸쳐 경주지역에 방형과 장방형계 현실이 축조된다는 기존 인식(강현숙 1996)과 동일하다.

된 것으로 이해된다.

5호와 13호분의 현실은 횡장방형이나, 7호분의 경우는 방형에 가깝다.

동천동 373번지 유적(도 118-4)은 입지 여건상 남동쪽에 인접한 동천동 343-4번지 유적과 거의 동일한 성격의 유적으로 이해된다. 이 유적에서 확인된 석실분은 총 4기이며, 신라후기 및 통일신라양식토기가 모두 출토되었다. 이 토기류를 기준으로 석실분의 축조 양상을 살펴본다.

우선 동천동 고분군의 - I 단계(선각문 유행기)에 방형 현실의 3호 석실분이 먼저 조성되었다. 이후 II단계(수적형문 유행기)에 동쪽 8m 간격을 두고 장방형 현실의 4호 석실분이 축조된다. III단계(밀집시문 유행기)에는 3호, 4호분과 대칭되게 북쪽 중앙부에 4~5m 간격을 두고 장방형 현실의 2호 석실분이 조성되었다. 최종적으로 삼각형의 꼭지점상에 배치된 3호, 4호, 2호 석실분의 중앙 빈 공간에 장방형 현실의 1호 석실분이 통일신라시대 IV단계(7세기 후엽 후반)에 조영되었다.

소규모의 동천동 373번지 유적에만 국한된 양상일 수 있지만, 보고된 내용과 유물을 검토해 볼 때, 이 유적의 석실분은 3호(先)→4호→2호→1호(後) 순서로 조성되었다. 석실분의 구조는 방형의 현실→장방형의 현실로 변화하였다.

동천동 343-4번지 유적(도 118-5)은 발굴보고서에 따르면 총 28기의 석실분이 조사되었다. 석실 구조에서 횡구식이 4기(15호, 19호, 26호, 28호)가 확인되었으나, 횡혈식이 24기가 확인되어 다수를 점한다. 횡혈식 석실분은 현실 평면형태를 기준으로 대체로 동-서향 횡장방형과 남-북향 종장방형으로 분류되었다. 석실분의 봉분 동변에 접해서 적석시설이 다수 확인되는 점이 이례적이다.

동천동 고분군의 전체 단계 설정에 관해 343-4번지 유적 출토 토기류 중 선각문, 컴퍼스문의 유행기(- I 단계)와 선각문과 스탬프문 혼용기(0단계)에 해당하는 토기는 극소량이다. - I 단계에 16호 석실분이 조성되었으며, 연접하여 0단계에 18호, 20호 석실분이 축조되었다. - I 단계 석실분의 현실 평면형태는 모두 동-서향 횡장방형이나, 0단계 석실분에서 동-서향 횡장방형(18호)와 남-북향 종장방형(20호)이 모두 확인되었다.

이 유적 내 석실분의 조영은 I 단계에 본격적으로 시작되었다. I 단계에 횡구식 석실분(19호, 28호)과 횡혈식 석실분(1호, 2호, 3호, 9호, 13호, 24호 등)은 동시기에 조성되기 시작하였다. 횡혈식 석실분의 현실 평면형태에서 I 단계에 동-서향 횡장방형(1호~3호)과 남-북향 종장방형(9호, 13호, 24호)이 함께 확인되었다. I 단계의 석실분은 주로 유적의 상반부에 동-서로 군집하여 조성된 양상을 보인다.

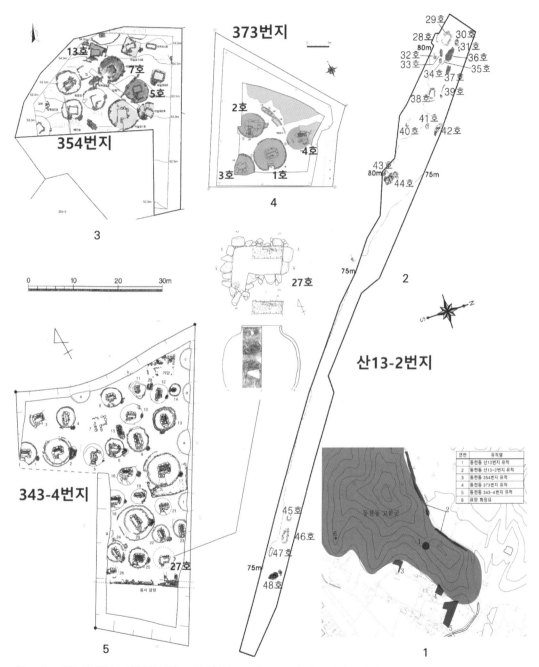

<도 118> 경주 동천동 고분군의 무덤 조영 양상(유구 1/100, 토기 1/10, 배치도 1/80)

Ⅱ단계는 23호 남-북향 종장방형의 현실 석실분과 26호 동-서향 횡장방형의 횡구식 석실분이 해당한다.

Ⅲ단계에는 남-북향 종장방형 현실의 4호 석실분이 마지막으로 조성되었다. 14호, 20호, 23호 석실분에서 확인된 신라후기양식 토기 Ⅲ단계(밀집 시문기)의 인화문토기는 추가장으로 부장된 것이다.

남-북향 종장방형 현실의 9호, 23호 석실분에서 추가장으로 매납된 Ⅳ단계(마제형종장문, 종ⅰ류)의 통일신라양식토기가 출토되었다.

Ⅴ단계(마제형문, 종ⅱ류)의 통일신라양식토기가 출토된 5호, 9호, 28호 석실분에서 석실내부 추가장이 마지막으로 이루어진 것으로 판단되었다.

신라후기 및 통일신라양식토기를 기준으로 343-4번지 유적의 석실분 조성은 유적 내 중앙부를 기점으로 선각문, 컴퍼스문의 유행기(-Ⅰ단계)부터 시작되었다. 이후 인화문 유행기(Ⅰ단계)에 유적 내 상반부를 중심으로 본격적으로 조성되었다. 석실분의 조영은 Ⅲ단계에 이르러 종료되며, Ⅴ단계의 7세기 말까지 추가장이 진행되었다.

이외에 앞서 언급했던 27호 묘의 상부에 출토된 통일신라양식토기 직구호(特大1)는 Ⅶ단계(8세기 전엽) 이후 석실분에 추가된 장골기일 가능성이 크다. 경주 석장동 고분군의 61호 화장묘(東國大學校 慶州캠퍼스博物館 2004)에 부장된 인화문토기 유개직구호와 가까운 시기로 판단된다<도 118-5>.

② 입지에 따른 고분의 조영 변화

앞서 동천동 고분군 출토 신라후기 및 통일신라양식토기의 단계별 변화 양상을 살펴보았다. 이제는 개별 유적의 입지에 따른 고분의 조영 양상을 파악해 보고자 한다<도 119>.

동천동 고분군은 동산(정상부 135m)과 이곳에서 남동쪽으로 내려온 소구릉(정상부 98.5m)을 포함한다. 이 소구릉의 정상부와 가까운 서쪽 구릉 사면에 산13번지 유적(85~88m)이 위치한다. 동천동 고분군에 속한 유적 중 정상부에 가장 가까운 곳에 입지하며, 가장 이른 시기에 조성되었다.

다음 산13-2번지 유적은 동산의 동쪽 구릉 말단부(Ⅰ구역: 95~80m)와 동산의 남동쪽 소구릉 북쪽 구릉 말단부(Ⅱ구역: 80~73.5m)에 각각 위치하며, 구역 모두 배안골과 접해 있다.

동산의 남동쪽 구릉 말단부에는 3개소의 유적이 평지와 가까이에 위치한다. 정상부와 가까운 구릉 사면을 기준으로 나열하면 373번지 유적(60~56m), 354번지 유적(55~53m), 343-4번지 유적(54.5~54m) 순서로 정리할 수 있다.

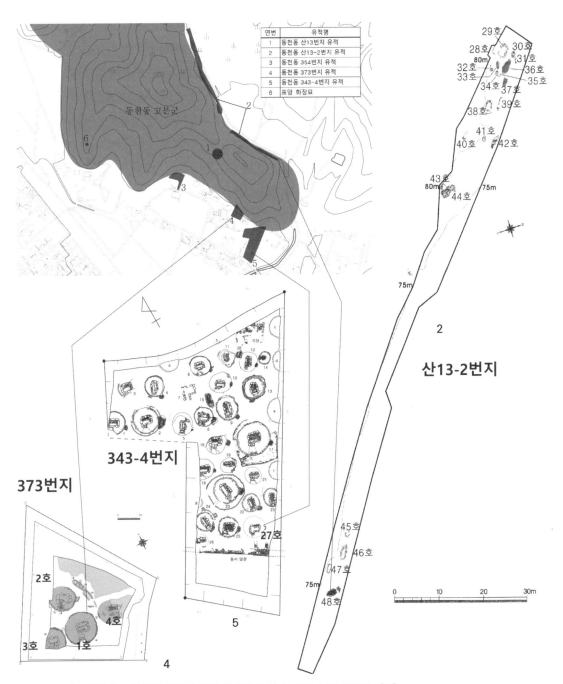

<도 119> 경주 동천동 고분군의 종말기 무덤 양상(유구 1/100, 토기 1/10, 배치도 1/80)

다음 동천동 고분군 내 개별 유적에서 가장 낮은 곳에 조성된 석실분을 살펴보았다. 산 13-2번지 II구역의 유적 최남단 구릉 북쪽 말단부에 48호 횡혈식 석실분이 위치하였다. 이 유적의 석실 중 가장 늦은 단계(III단계)에 조성된 것이다. 373번지 유적은 평지와 가장 가까운 곳에 1호 석실분이 통일신라시대에 조성되었다. 343-4번지 유적은 동천동 고분군에서 구릉 최남단의 가장 낮은 지대에 위치한다. 이 고분군의 남쪽 경계부로 추정되는 석축렬 북쪽에 연접하여 27호 석실분이 조성되었다. 이 석실 상부에서 통일신라양식토기 직구호(도 118-5)가 출토되었다. 석실 내부 추가장 관련 유물은 아니며, 통일신라양식토기 VII단계에 이르러 봉 토에 매납된 골호이다. 이것은 VII단계 이전에 석실분의 축조와 석실 내 추가장이 종료된 것 을 의미한다.

결론적으로 <표 25>를 참조하면 동천동 고분군 석실분의 조영과 활용은 신라후기 양식 토기의 선각문 유행기(- I 단계: 6세기 말)에 석실분 축조가 시작되었다. 통일신라양식 토기 마제 형문 ii류 시문기(IV단계: 7세기 후엽 후반) 이후로 축조가 종료되었다. 이후 석실의 현실 내 재활 용인 추가장은 마제형문 ii류 시문기(V단계: 7세기 말) 이후로 마감되었다.

동천동 고분군의 구릉 정상부를 기준으로 가장 높은 지대에 위치한 산13번지 유적의 석 실과 화장묘는 고분군 내에서 가장 이른 시기(- I 단계: 6세기 말 이전)에 조성되었다. 그러나 이와 동시에 구릉 하단부 유적들에도 - I 단계의 무덤이 확인되기 때문에 동천동 고분군은 - I 단

<표 25> 동천동 고분군 출토 신라후기 및 통일신라양식토기의 변화 단계와 고분 조영 양상

계 이후로 구릉 전체지역이 무덤 공간으로 활용되었다.

다만, 앞서 살펴본 373번지 유적과 343-4번지 유적에서 동천동 고분의 구릉 말단부와 평지로 연결되는 지역에 한해 점차적으로 통일신라시대 석실분이 조성되고, 추가장이 이루어졌다. 이러한 양상은 동천동 고분군과 인접한 평지에 조성된 통일신라시대의 경주 용강동 고분(용강동 1130번지)과 입지 및 시기적으로 서로 연결되는 양상이다.[64]

③ 묘제 변화의 획기

경주 동천동 고분군에서 출토된 신라후기 및 통일신라양식토기류를 기준으로 기형과 문양의 시간적 변화 단계를 크게 7단계(-Ⅰ, 0, Ⅰ~Ⅴ)로 구분할 수 있다. 7단계의 시기 폭은 6세기 말에서 7세기 말에 해당하며, 동천동 동산 일원의 고분 조영은 대략 100년간 진행되었다.

이 고분군은 신라후기양식 토기의 선각문 유행기(-Ⅰ단계: 6세기 말)에 석실분이 처음 축조되기 시작하였다. 산13-2번지 유적의 11호 수혈식 석곽묘는 12호 횡구식 석실분을 파괴하고 7세기 말(Ⅴ단계)에 조성되었지만, 이후 이곳에 무덤의 축조는 마감되었다. 354번지 유적은 삼국 통일기 이전에 석실분 조성은 종료되었고, 7호 석실분에 한해 7세기 후엽 후반(Ⅳ단계)까지 추가장이 진행되었다. 373번지 유적은 장방형 현실을 가진 1호 석실분이 통일신라시대 7세기 후엽 후반까지 조영되었다. 343-4번지 유적은 7세기 후엽 전반(Ⅲ단계)까지 남-북향 종장방형 현실의 석실분(5호, 9호, 23호)이 축조되었고, 석실 내 추가장은 7세기 말까지 이루어졌다.

동천동 고분군 묘역의 활용은 정상부에서 시작하여 전체 구릉 지역을 묘역 공간으로 활용하였다. 통일신라시대 이후는 대체로 구릉 말단부와 평지로 이행되었다.

이곳에 신라 석실분의 신축과 추가장은 통일신라양식토기 Ⅳ단계에 전반적으로 마감되는 것이 대세이며, Ⅴ단계까지 추가장은 일부 존속하였다. Ⅴ단계 이후 동천동 고분군의 신라 묘제(석실, 석곽)는 확인되지 않으며, 8세기 전엽(Ⅶ단계)에 화장묘 관련 장골기가 일부 추가되었다. 동천동 고분군에서 Ⅴ단계 이후에 석실은 확인되지 않고, 화장묘 관련 장골기가 확인된다. 이러한 양상은 통일신라시대 화장묘의 등장을 암시하는 것으로 이해된다.

한편 경주 동천동 고분군의 조영 집단과 부장 토기의 생산지에 대한 규명도 향후 추가적인 연구가 필요하다. 조영 집단에 대해서는 신라왕경의 평지 북동쪽 외곽지역에 인접해 있는

---

64) 경주 용강동 고분의 현실 내부에서 통일신라시대의 마제형 종장문(통일신라양식토기 Ⅳ단계-종장문ⅰ류, 670~680년경)이 시문된 유개대부완이 출토되었고, 동천동 고분군과 북쪽으로 연결된 소금강산의 서쪽 평지에 위치하였다.

동천동 고분군의 입지 여건을 고려해 볼 수 있다. 이 고분군 서쪽으로 가장 근거리에 위치한 경주 동천동 왕경도시유적(987번지 일원)(東國大學校 慶州캠퍼스博物館 2005; 慶州大學校博物館 2009)이 있다. 이곳에서 신라후기양식(6세기 후반~7세기 전반) 토기가 다량 출토된 수혈식 주거지가 확인 되었다. 유적의 입지 여건과 시기적으로 볼 때 이곳 거주인과도 무관하지 않다고 생각된다.

부장 토기의 생산은 상기한 동천동 고분군의 북동쪽 화산리, 동산리 생산 가마유적 등지 에서 진행되었을 것으로 추정된다.

2) 경주지역 제 고분과의 비교

(1) 경주 시내 고분군의 석실분 종말기

앞서 살펴본 동천동 고분군의 석실분 조영은 통일신라양식토기V단계(7세기 말)에 종료된 것으로 파악되었다. 이러한 양상은 동천동 고분군에만 국한된 것은 아니다. 신라의 삼국통 일 이후, 7세기 후반에 이르면 경주지역 전체에 고분 축조가 현저하게 줄어든 공통적인 양 상이 인지된다.[65] 특히 이 시기 이후 석실분은 신라왕경의 왕족과 일부 귀족에 제한되어 축 조되지만, 일반 서민과 지방에서 석실의 축조가 크게 감소하였다(홍보식 2003; 최병현 2012; 이혜정 2013; 김용성 2016; 조성윤 2018; 황종현 2020).

<표 26>은 경주지역 고분군에서 통일신라양식토기가 매납된 석실분 및 석곽묘의 편년과 현황을 정리한 것이다. 여기에 제시된 무덤들은 토기를 기준으로 통일신라시대에 축조되었 거나, 삼국시대 말기에 축조되어 통일신라 이후 추가장이 지속적으로 이루어진 것이다. 석실 분과 소형석곽묘 이외의 다른 형태의 무덤 구조는 확인되지 않으므로 통일신라시대 고분의 종말기에 해당하는 무덤들이다.

우선 용강동 고분군(대구카톨릭대학교박물관 2010)의 양상을 살펴본다. 동천동 고분군이 형성된 소금강산에서 북서쪽에 연접한 동일구릉에 형성된 고분군이다. 용강동 고분군에서 통일신 라양식토기가 출토된 무덤은 총 6기이다. 이 중 석실분이 5기이고, 소형석곽묘가 1기 확인되 었다. 석실분은 대부분 통일신라 이전(0~III단계)에 초축되었고, 통일신라 이후 IV~V단계까지 현실 내부에 추가장이 이루어졌다.[66]

---

65) 경주와 인접한 통일신라권역인 경산지역 석실분의 소멸 시기(김대욱 2007)도 이와 상응한다.
66) 용강동 고분군 석실분의 2호와 4호의 경우, 예외적으로 통일신라양식토기 인화문 발 저부편(VIII, IX단계)이 모두 확인되었다. 이러한 양상은 후대 화장묘 관련 추가장으로 추정된다.

장방형의 소형석곽묘(분구묘 28호)는 신라의 삼국통일 직후 IV단계에 조성되었다. 용강동 고분군의 석실분 및 석곽묘 조성은 통일신라토기양식 IV단계에 모두 마감되며, 석실 내부 추가장은 V단계에 종료되었다. 다만 예외적으로 석실분 2호와 4호에 통일신라 8세기 중·후기 이후 늦은 시기에도 추가장은 존속하였다.

용강동 1130번지 석실분(文化財研究所 1990)은 동천동 고분군과 용강동 고분군이 위치한 소금강산에서 서쪽으로 인접한 평지에 조성되었다. 현실의 평면형태가 방형이며, 연도가 중앙에 설치된 점이 이례적이다. 이곳 석실의 현실내부 출토 토기류를 기준한다면, 통일신라시대 직후 IV단계에 조성되었으며, 추가장은 V단계까지 진행되었다.

다음 황성동 고분군에 대해서 석실분 및 소형 석곽묘의 종말기를 검토하였다. 이곳은 용강동 고분군에서 서쪽으로 약 1.1km 떨어진 형산강의 동편 강변에 위치하며, 신라왕경지역의 북단지역이다. 황성동 고분군에서 통일신라양식토기가 출토된 유적은 강변로 3-A석실분 2호(한국문화재보호재단 2005), 황성동 537-4(한국문화재보호재단 2002)·황성동 575(영남문화재연구원 2010), 황성동 590(신라문화유산연구원 2017a)·황성동 906-5번지 석실분 등이 있다. 이곳에서 확인된 해당 석실분은 총 9기이며, 석곽묘는 2기가 확인되었다.

통일신라양식토기 IV단계에 조성된 석실분은 황성동 575번지 석실분 2호, 황성동 590번지 석실분 31호, 황성동 906-5번지의 석실분이다. 이곳 고분군의 석실분 내부 추가장은 용강동고분군과 동일하게 V단계까지 대부분 종료되었다. 다만 황성동 590의 석실분 2호, 22호는 VI단계까지 추가장이 존속하였고, 석곽묘 45호에 한해 VI단계에 조성되었다. 황성동고분군의 석실분과 석곽묘 조성, 현실 내부에 추가장 등은 모두 VI단계가 하한이다.

다음 충효동 고분군에서 통일신라양식토기가 확인된 석실은 2호, 6호, 10호가 해당한다. 2호는 VIII단계까지 화장묘 관련 추가장이 있었지만, 6호는 III단계, 10호는 IV단계에 추가장이 종료되었다.

서악동 장산 404호분(국립경주문화재연구소 2011)은 1차 시상대와 동벽 사이에 출토된 통일신라양식토기를 기준으로 본다면 VIII단계에 석실이 조성된 것이다. 경주지역에서 유일한 예이며, X단계까지 추가장이 진행된 것으로 추정된다. 장산 404호분의 규모와 내부시설물을 통해 볼 때 일부 특권층에 제한되어 VIII단계까지 석실이 마련된 것으로 추정된다.

다음은 경주시내의 서쪽 외곽지역에 위치한 방내리, 광명동, 사라리 지역의 석실분 중 통일신라양식토기가 출토된 것을 검토한다.

방내리 고분군 전지역에서 확인된 토기에 대해서 가장 늦은 시기로 편년되는 것은 통일신라양식 V단계의 토기이다. 방내리 휴게소 석실분 12호, 26호(경주문화재연구소 1995), 방내리 산

<표 26> 경주지역 신라후기 및 통일신라 고분의 현황과 편년

고분명	석실(현실) 및 석곽			연도위치	토기편년 (기종)	비고
	크기(cm) 길이×너비	평면형태	시상방향			
용강동 I 구간 -분구묘 4호	220×220	정방형	남북	좌편	IX(발)	인화문발 저부(IX, 장골기?)
용강동 I 구간 -분구묘 2호	115×210	장방형	동서	좌편	I~III, V(개), VIII	인화문발 저부(VIII, 장골기?)
용강동 II 구간 -분구묘 1호	.	세장방형	남북	.	0, I~V(완)	3차시상, 추가장(V단계終)
용강동 II 구간 -분구묘 28호	105×50	장방형	북동-남서	.	IV(개)	소형석곽
용강동 II 구간 -분구묘 34호	60×115	횡장방형	동서	좌편	II, IV(호)	장경편구호- 추가장(IV단계終)
용강동 II 구간 -분구묘 60호	115×205	횡장방형	동서	좌편	0, V(개)	추가장(V단계終)
용강동1130 -석실분	260×260	방형	동서	중앙	IV, V(개, 완)	추가장(V단계終)
황성동 강변로3-A 석실묘 2호	(173×46)	.	동서	.	V(개)	추가장(V단계終)
황성동537-4 석실분	250×135	횡장방형	동서	우편	V(완)	추가장(V단계終)
황성동575- 석실분 1호	208×93	횡장방형	동서	우편	V(호)	단경호 추가장(V단계終)
황성동575- 석실분 2호	240×130	횡장방형	동서	좌편	IV(개, 완)	2차시상, 추가장(V단계終)
황성동590- 석실묘 2호	130×215	횡장방형	동서	좌편	I, II, VI(유개완)	추가장(VI단계終)
황성동590- 석실묘 22호	120×203	횡장방형	동서	좌편	I, II, VI(유개완)	2차시상, 추가장(VI단계終)
황성동590- 석실묘 25호	112×205	횡장방형	동서	좌편	II, IV(유개완)	**추가장(IV단계終)**
황성동590- 석실묘 31호	123×237	횡장방형	동서	좌편	IV(완)	2차시상, **추가장(IV단계終)**
황성동590- 석곽묘 42호	115×64	장방형	동서	.	V(병)	소형석곽
황성동590- 석곽묘 45호	115×72	장방형	북동-남서	.	VI(완)	소형석곽
황성동 906-5 석실분	250×150	종장방형	남북	좌편	IV(개)	내부 추가장(IV단계終) 석실외부(VI, X단계 장골기)
충효동2호 석실	220×240	방형	남북	좌편	I, VIII(완)	완(장골기?), 추가장(VIII단계終)

고분명	석실(현실) 및 석곽			연도위치	토기편년 (기종)	비고
	크기(cm) 길이×너비	평면형태	시상방향			
충효동6호 석실	230×250	방형	남북	좌편	III(유개완)	추가장(III단계終)
충효동10호 석실	238×233	방형	남북	중앙	0, IV(유개완)	추가장(IV단계終)
서악동 장산 404호 석실	208×208	방형	동서	중앙	VIII(완), X(유개완)	**추가장(X단계終)**
방내리(휴) 5호 석실	170×120	종장방형	남북	우편	0, I, IV(유개완, 유개고배)	추가장(IV단계終)
방내리(휴) 12호 석실	220×120	횡장방형	동서	좌편	I, II, V(개)	추가장(V단계終)
방내리(휴) 26호 석실	200×100	종장방형	남북	좌편	V(유개완)	추가장(V단계終)
방내리(영) 12호 석실	210×146	횡장방형	동서	좌편	V(유개완)	3차시상, 추가장(V단계終)
방내리(영) 14호 석실	210×126	횡장방형	동서	좌편	0, II, V(개)	추가장(V단계終)
광명동산81-1-2호 석실묘	210×106	횡장방형	동서	좌편	V(개)	추가장(V단계終)
사라리525- 3호 석실분	210×185	장방형	동서	좌편	V(유개완)	추가장(V단계終)
사라리525- 5호 석실분	220×160	장방형	동서	좌편	I, V(완)	추가장(V단계終)
율동산3-19 -5호 석실분	224×166	장방형	북동-남서	좌편	0, IV~VI	**추가장(VI단계終)**
화곡리321-석곽묘	123×45	장방형	동서		V(유개완)	소형석곽
소현리산126-3 석실분	260×189	횡장방형	동서	우편	V(개)	추가장(V단계終)
검단리산38-I-2호 석실묘	170×60	횡장방형	남북	·	IV(유개완)	횡구식, 추가장(IV단계終)
검단리산38-I-3호 석실묘	220×140	횡장방형	동서	좌편	V(유개완)	2차시상, 추가장(V단계終)
명활산성- 석곽묘 1호	(210×74)	장방형	남북	·	V(유개완)	석곽, 석실묘 연접 조성
명활산성-석실묘	282×117	종장방형	남북	·	V(개)	추가장(V단계終)
손곡동·물천리- 석실묘	(300×170)	장방형	남북	·	IV(병, 완)	추가장(IV단계終)

20-2번지 석실분 12호, 14호(영남문화재연구원 2009a)는 모두 V단계가 추가장의 하한연대이다. 이러한 양상은 방내리 고분군 주변에 인접한 광명동 산81-1번지 석실분 2호(울산문화재연구원 2015), 사리리 525번지 석실분 3호, 5호(영남문화재연구원 2005)도 동일한 양상을 보이고 있다. V단계 이후의 통일신라양식토기는 확인되지 않는다.

경주 신라왕경의 북쪽 외곽지역에 위치한 소현리와 검단리지역에도 통일신라양식토기가 출토된 석실분이 소수 조사되었다. 이곳 소현리 산126-3번지 석실분(한울문화재연구원 2015)과 검단리 산38번지 Ⅰ-3호(성림문화재연구원 2012b)도 상기한 석실분들과 동일하게 V단계까지만 추가장이 확인되었다.

경주 신라왕경의 동쪽 외곽지역에 위치한 명활산성에도 석실분 1기이 확인되었다. 이곳에도 V단계까지 추가장이 진행되었고, 석실분에 연접하여 조성된 석곽묘에 V단계의 통일신라토기 유개완이 출토되었다(류환성 2014).

결론적으로 경주 동천동 고분군을 비롯한 주변 용강동 고분군, 황성동 고분군, 충효동 고분군, 서악동 고분군, 방내리 고분군, 사리리 고분군, 검단리 고분군, 명활산성 고분 등 경주지역 제고분군의 석실분 조성 하한 연대는 공통적으로 7세기 말(통일신라양식토기 V단계)에 해당한다.

다만, 극히 일부 황성동 590번지-2호, 3호, 율동 산3-19번지- 5호 석실분의 경우, 8세기 초(통일신라양식토기 Ⅵ단계)까지 석실 내부에 추가장이 간헐적으로 존속하였다. 석실분 이외 통일신라시대 묘제는 소형석곽묘가 지속적으로 조성되었고, 시기적으로 통일신라양식토기 Ⅳ, V단계에 한정되었다.

2. 석실분에서 화장묘로 전환

1) 화장묘의 등장

신라의 삼국통일 이후, 왕경지역이나 지방에 석실분의 조성은 현저하게 줄어들었다. 이러한 석실분의 급감 원인에 대한 기존 연구자들의 공통적인 인식은 불교식 장법에 입각한 화장묘의 유행으로 파악하고 있다. 신라에 화장의 초현 시기는 문헌기록상 527년에 신라의 불교공인이 시행되므로 6세기 초까지 소급될 가능성이 크다.

실물을 통해 화장을 인식할 수 있는 가장 이른 시기의 장골기는 상기한 동천동 산13번지 화장묘이다. 이 화장묘는 횡혈식석실분과 중첩되어 석실이 조성되기 이전에 마련되었다. 소형석곽의 외피시설이 있으며, 그 내부에 장골기로 유개발을 매납하였다. 이 장골기와 공반되어 출토된 유개고배가 있다. 부산 복천동 65호묘 1차 시상의 부장유물인 고배와 동일한 형식이며, 7세기 초로 편년되었다(홍보식 2003).

이러한 양상을 통해 볼 때 신라는 대략 6세기 후반 이후부터는 화장묘와 석실분을 동 시기에 혼용했을 가능성이 농후하다. 이후 화장묘의 급진적인 유행을 통해 석실분이 쇠퇴되었고, 화장묘의 성행기가 도래하는 것이다.

이하는 지금까지 인지하지 못한 통일신라 이후 석실분에서 화장묘로 전환되는 묘제의 변화 양상을 확인할 수 있는 실물 자료를 검토한다.[67]

(1) 석실분 관련 추가 화장묘

신라의 석실분은 통일기 이후에 고분의 수는 급감하고, 통일신라양식토기 V단계(7세기 말)에 이르러 석실 조성은 대부분 종료되었다. 다만, 석실 내부에 행해진 추가장은 한 단계 늦은 VI단계(8세기 초)까지 존속하였다. 이후 일부 석실분에 한해 VIII~IX단계(8세기 중엽~말엽)의 인화문 대부발류가 추가장 유물로 간헐적으로 확인되었다. 이것은 석실에 유물 추가의 연속성을 보이는 추가장보다는 화장과 관련된 장골기가 후대에 추가되었을 가능성이 크다.

이러한 관점에서 7세기 말 이후 통일신라가 석실분 조성과 추가장의 묘제 장법을 종료한 것이 당시 대세적 흐름으로 판단된다. 이후 묘제 전환기의 연속선상에서 인식할 수 있는 새로운 묘제는 석실분 외부에 추가된 화장묘가 해당될 것이다. 이러한 양상을 인지할 수 있는 석실분 3곳을 검토한다.

먼저 앞서 언급한 바 있는 경주 황성동 906-5번지 석실분은 석실 내부에서 출토된 토기와 석실 외부 호석에 연접시켜 후대 매납된 토기류가 있다(차순철 2008). 이들이 매납된 선후관계를 통해 기형 속성과 문양 변화를 용이하게 간취할 수 있다<도 25>.

석실 내 연도 입구에서 출토된 인화문 개를 통해 석실의 조성 시기 및 최후 매장 시기가 통일신라양식토기 IV단계(삼국통일기)에 해당되었다. 이후 석실 외부의 호석 주변 구지표면에

---

67) 통일신라시대 화장묘는 다양하지만, 석실분에서 화장묘로 묘제 전환을 인식할 수 있는 자료에 한정하여 검토하였다. 기존 연구가 진행된 바 있는 개별 구조(외피 시설)를 가지는 통일신라시대 화장묘의 예는 이글에서 생략한다.

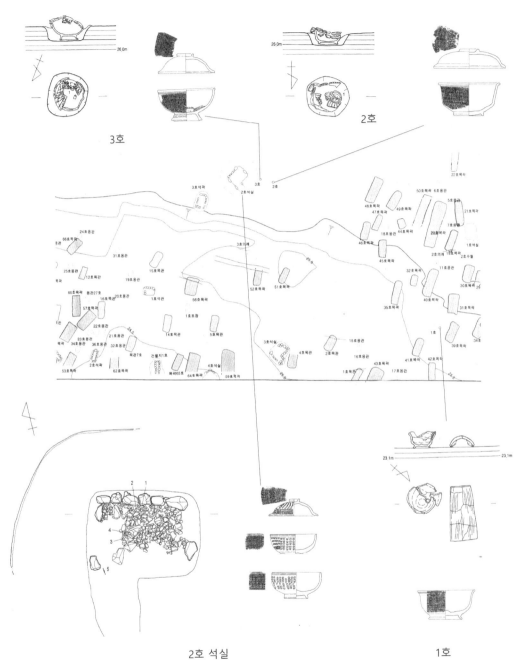

<도 120> 경주 황성동 575번지 유적의 묘제 전환

3호

2호

2호 석실

1호

매납된 인화문유개발(도 25-2)은 화장묘로 판단된다. 이 유개발의 문양을 통해 통일신라양식토기 VI단계(8세기 초)에 매납된 것을 유추할 수 있다. 호석 주변에 호석 보강토를 파고 가장 늦게 매납된 무문양의 유개완(도 25-3, 4)과 골호(A류, 小17, 도 25-5)는 통일신라양식토기 X단계(8세기 말)에 해당하였다.

결론적으로 경주 황성동 906-5번지 석실분은 8세기 초 이후 석실분 외부에 화장묘(장골기)가 등장한 사례이다. 이와 같이 석실분의 추가장 종료 직후, 시기적으로 연속성을 보이는 장법은 화장묘이며, 석실 외부 호석에 연접해서 안치된 장골기인 것이다.

다음 경주 황성동 575번지 고분군(嶺南文化財研究院 2010)에도 상기와 같은 양상을 인지할 수 있다<도 120>. 이곳 고분군에서 확인된 묘제는 1~3세기대의 목관묘, 목곽묘가 주류이다. 이곳에서 확인된 2호 석실분은 고분군의 범위 북단 중앙부에 위치하며, 유구의 확인 빈도수가 낮은 곳이다. 석실분 주변으로 석곽묘 2기가 확인되었지만, 유물은 출토되지 않았다. 석실분의 봉분 범위 남쪽에 인접하여 유개완 2기(2호, 3호)가 확인되었다.

2호 석실분은 한 차례의 추가장이 있었다. 현실 내부에서 출토된 개와 대부완을 기준으로 통일신라양식토기 IV단계(7세기 후엽 후반)에 석실이 조성되었고, V단계에 추가장이 종료되었다. 이후 석실 외부 봉분 남쪽에 인접하여 화장묘 2기가 안치되었다. 인화문유개완은 기형과 문양을 통해 볼 때 통일신라양식토기 VII단계(8세기 전엽)에 해당한다. 석실분의 추가장 종료 후 시기적으로 연속선상에서 있는 묘제는 석실 외부에 안치한 인화문유개완이며, 화장묘의 장골기이다.

다음은 석실의 봉분에 매납된 화장묘의 예이다. 경주 황성동 590번지 유적의 2호 석실분이 해당된다. 이 석실 내부에는 신라후기양식 토기 I, II단계의 토기류가 출토되었다. 석실의 후벽 서쪽 모서리 부근에 원형의 수혈을 파고, 후대 안치된 유개완이 확인되었다. 유개완은 2호 석실분이 축조된 후 봉분에 추가한 통일신라양식토기 VI단계의 장골기이다.

상기 석실과 유사한 양상은 앞서 살펴본 동천동 343-4번지 유적의 27호 석실분에서 찾아볼 수 있다. 석실분 상부 내부토에서 인화문 대부직구호(特大1)가 출토되었다. 이 대부직구호는 석실분의 봉분에 후대 추가 매납된 화장묘로 판단되며, 통일신라양식토기 VII단계에 처음 출현한 장골기이다.

(2) 유적 내 개별 화장묘의 전환

앞서 언급한 석실분에서 화장묘의 전환 양상은 석실 내부에 추가장이 종료되고, 이후 석

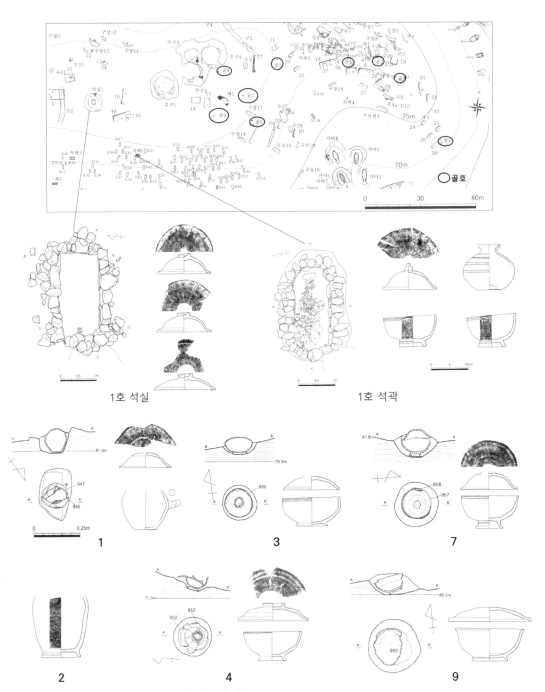

1호 석실

1호 석곽

1

3

7

2

4

9

<도 121> 경주 화천리 산251-1번지 유적의 묘제 전환

실의 봉분 내부나 호석에 인접하여 석실을 의식하고 화장묘를 추가한 것이다. 다음은 석실과 관련 없이 개별적으로 일정 범위의 화장묘군을 형성한 예를 검토하였다.

경주 화천리 산251-1번지 유적(嶺南文化財硏究院 2012)은 청동기시대부터 조선시대에 이르기까지 총 379기의 생산·생활·분묘유구가 확인된 경주지역 최대의 복합유적이다. 이곳에서 확인된 묘제는 원삼국시대의 목관묘, 토광묘, 옹관묘가 확인되었다. 통일신라시대의 무덤은 석실분, 석곽묘, 장골기 등이 보고되었고, 이후 묘제는 고려~조선시대 토광묘가 확인되었다 <도 121>.

통일신라 무덤 중 1호 석실분은 구릉 정상부에 위치하며, 동서향의 장방형 현실을 갖추었다. 봉토분 제거과정에서 인화문 개 3점과 다량의 평기와편이 출토되었다. 인화문 개는 통일신라양식토기 Ⅳ단계(7세기 후엽 후반)에 해당하였다. 1호 석실분의 동남쪽에 인접하여 동서 장타원형의 1호 석곽묘가 확인되었다. 내부에 부장된 토기류는 Ⅴ단계(7세기 말)의 인화문 개와 대부완 등이 확인되었다.

1호 석곽묘에서 동쪽으로 약 50m 이격된 구릉 정상부(해발 85m)와 동쪽 구릉 말단부(해발 70m) 지역 사이의 능선 사면 범위에 다수의 화장묘로 구성된 통일신라시대의 묘역이 형성되었다. 이 묘역에는 소형의 방형, 장방형 석곽묘 3기(3~5호)와 단독으로 안치된 골장기 9기(1~9호)가 확인되었다.

소형 석곽묘의 경우, 석곽의 장축길이가 20~85cm에 해당하며, 내부에 별도의 시상대는 마련하지 않았다. 내부에서 유물은 출토되지 않았지만, 바닥 면에서 인골편이 모두 검출되어 화장묘로 판단되었다. 구릉 하단부에 3호가 위치하고, 이후 구릉 정상부를 따라 4호와 5호가 일렬로 간격을 두고 배치되었다.

단독 골장기는 인화문유개파수부옹(1호), 파수부호(2호), 인화문유개완(3호, 4호, 7호), 평저단경호(5호), 평저완(6호), 평저외경호(8호), 무문유개완(9호)으로 안치되었다. 골장기의 기형과 문양을 기준으로 통일신라양식토기 Ⅴ단계(1호, 3호, 6호)와 Ⅵ단계(7호), Ⅷ단계(2호), Ⅸ단계(4호), Ⅹ단계(9호)로 편년이 가능하였다. 이곳 골장기로 구성된 묘역은 7세기 말~8세기 말, 약 100년간 화장묘로 사용되었다.

경주 화천리 산251-번지 유적의 통일신라시대 묘제는 신라의 삼국통일 직후, 석실분이 조성되었다. 7세기 말까지 석곽묘도 병행해서 사용되었다. 그러나 7세기 말 이후로는 단독 안치 장골기와 소형 석곽의 화장묘로 장법이 변화된 것이다. 통일신라시대 이후는 고려~조선시대 토광묘로 대체되었다.

다음은 경주 검단리 산38번지 일원 유적(성림문화재연구원 2012b)의 석실분(도 122)에서 화장묘

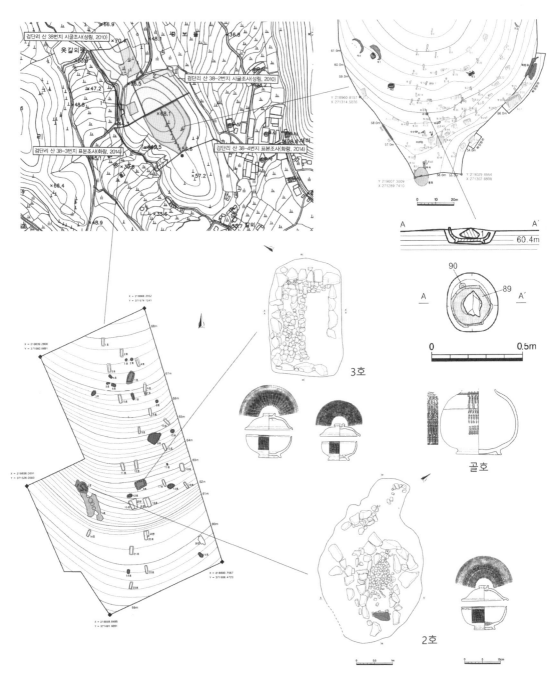

<도 122> 경주 검단리 산38번지 유적의 묘제 전환

의 전환 양상을 파악하였다. 이곳은 2개의 구릉이 연결되어 동남쪽으로 뻗어 내려오는 지형이다. 이 유적은 북쪽 구릉 정상부(해발 70.4m)의 남쪽 아래 능선부에 위치한다. 이곳의 무덤유구로 통일신라시대 석실분과 조선시대 이후 토광묘가 확인되었다. 구릉 능선부(해발 63m)에는 2호와 3호 석실분이 조성되었다. 내부에서 출토된 통일신라양식토기는 IV단계(2호), V단계(3호, 7세기 말)가 확인되었다.

검단리 산38번지 유적에서 남쪽으로 연결된 구릉(해발 68.1m)에는 검단리 산38-3번지 유적(세종문화재연구원 2017)이 위치한다. 이곳에 확인된 무덤은 삼국시대 목곽묘 및 석실분, 통일신라시대 화장묘, 조선시대 토광묘가 조사되었다. 이들 중 구릉 사면 중앙부(해발 61m)에는 장골기를 단독으로 매납한 화장묘 1기가 확인되었다. 장골기는 통일신라양식토기 VI단계(8세기초)에 해당하는 단경호(特大4)가 사용되었다.

이곳의 통일신라시대 무덤의 변화 양상은 석실분 이후 장골기를 안치한 화장묘가 새로이 등장한 것을 인식할 수 있다. 이러한 장법의 연속적인 변화는 앞서 언급한 황성동 906-5번지 석실분 외부에 매납한 유개발과 동일 시기에 연속적으로 이루어진 양상이다.

2) 화장묘 전환의 획기와 배경

4세기 후반 고구려 및 백제는 중국을 통해 불교를 일찍이 수용하였지만, 신라는 다소 늦게 불교를 받아드렸다. 신라는 5세기에 이르러 고구려를 통해 불교와 접촉이 이미 진행되었지만, 법흥왕 15년(528)에 신라의 불교 공인이 공식적으로 이루어졌다. 이후 신라 사회는 불교의 영향 아래 생사관의 변화와 상장 의례의 불교화로 인해 묘제 장법의 변화를 가져왔다. 그 예가 박장이라는 유물 부장의 간소화와 새롭게 수용된 불교식 화장묘가 크게 유행하게 된 것이다.

신라의 석실분은 삼국통일 이후에도 왕경 내 왕족이나 고위층 귀족, 일반민 등에 의해 지속적으로 축조되었으나, 고분의 축조는 현저하게 감소하였다.[68] 이러한 양상의 요인에 대한 기존 연구의 일반적인 인식이 있다. 고분 축조의 종말은 새로운 장법인 화장이 채택되어

---

68) 일반적으로 십이지신상을 가진 왕릉이나 왕릉급 고분 등은 통일신라 석실분으로 추정하고 있다. 따라서 일반 계층의 통일신라 무덤은 대부분 화장묘로 전환되었으나, 최고 귀족과 왕족 등의 일부 무덤은 지속적으로 석실분을 축조하여 매장했다고 볼 수 있다. 또한 신라의 삼국통일 후 일반 계층에서 석실분을 조성하지 않았던 것은 신라의 영토가 된 백제의 고지에서 신라 석실분의 확인이 극히 미미한 점에서 간접적으로 알 수 있다.

불교식 화장묘가 크게 유행하게 되었다는 견해이다(정길자 1989; 홍보식 2007a; 차순철 2008; 최병현 2012 · 2021; 김용성 2016; 황종현 2020).

신라의 묘제 변천에 대해서 석실분에서 화장묘로의 전환 시점은 일반적으로 7세기 말로 파악하고 있다(齊藤忠 1936; 有光敎一 1937; 정길자 1989; 김용성 2016) 이러한 근거는 고고학적인 실물 자료보다는 신라 국왕의 최초 화장기록인 문무왕의 장례 기사를 참고하고 있다.

『三國史記』권 제7 신라본기를 살펴보면 문무왕은 681년 7월 1일에 사망 후, 동월 10일에 화장한 것을 알 수 있다. 삼국통일을 이룩한 문무왕은 노역과 재물을 낭비하는 후장의 능묘 축조를 비판하고 불교식 박장을 강조하였다. 문무왕의 서역식 화장은 7세기 말 이후 신라인들의 상장 의례에 대한 전통적 관념에 큰 변혁을 초래했다. 문무왕의 화장으로 인해 신라인의 불교적 내세관을 대변하게 되었다. 더불어 신라 사회에 화장을 크게 확산 및 보급시키는 계기가 된 것이다. 화장의 성행기에 맞추어 신라왕경에는 화장묘와 산골 및 장골 전용토기도 새롭게 창안되었다.

앞서 살펴본 경주지역의 여러 고분군에서 석실분의 조성은 공통적으로 7세기 말(통일신라양식토기 V단계)에 종료된 것을 확인하였다. 일부 석실분의 경우, 8세기 초(통일신라양식토기 VI단계)까지 석실 내부에 추가장이 시행되었다.

신라 석실분의 축조 종점은 문무왕의 화장 시점과 밀접한 관련성이 있다. 석실분에서 화장묘로의 장법 및 묘제 전환이 이루어진 것이다. 화장묘가 본격화되는 양상을 파악해 볼 수 있는 실물 자료는 화장묘 전용 연결파수부골호가 있다.

통일신라시대 장골기로 사용된 연결파수부골호는 통일신라양식토기 V단계(7세기 말)에 처음으로 출현하였다. 이후 본격적인 유행 시기는 통일신라양식토기 VI단계(8세기 초)이다. 연결파수부골호의 등장은 7세기 말 문무왕의 화장 시행으로 인한 장법 변화의 파급 효과로 새롭게 창안된 통일신라토기인 것이 분명하다.

연결파수부골호는 화장묘 전용의 장골기에 해당하지만, 화장묘에 안치된 실생활 겸용 장골기도 확인되었다. 경주 석장동 고분군의 61호 방형 석곽묘(동국대학교 경주캠퍼스박물관 2004) 내부에 골호로 안치된 통일신라양식토기 유개대부직구호가 있다.

61호 석곽묘는 원형 호석이 확인되어 봉분을 쌓았을 것으로 유추되었다. 석곽 크기와 내부 출토 골호를 통해 유구의 성격은 화장묘가 명확하다. 이곳 골호로 사용된 유개대부직구호는 기형과 문양으로 보아 통일신라양식토기 VIII단계(8세기 중엽)에 해당하였다.

직구호는 신라왕경 내 실생활유적에도 출토 빈도수가 높다. 이 직구호의 가장 이른 형식이 상기한 동천동 고분군 343-4번지 유적의 27호 석실분에 골호로 추가된 직구호(特大1)이다.

이 직구호는 통일신라양식토기 Ⅶ단계(8세기 전엽)에 등장하는 신종으로 연결파수부골호와 함께 화장묘의 유행으로 창출되었을 가능성이 크다.

3. 유아묘의 출현

고고학에서 주 연구 대상으로 삼는 고대인의 물질적 잔존물은 삶과 죽음 문화에 대한 자료로 크게 구분된다. 죽음으로 인해 파생된 고대 무덤의 축조와 부장품의 매납은 죽음의 자체 의미보다는 당시 실생활의 사회상과 귀속되는 순환 관계에 있다. 무덤이 가진 위치적 정황, 크기와 구조, 부장품의 내용, 피장자에 대한 형질인류학적 분석 등은 우리가 인식하지 못한 고대 사회ㆍ문화상을 사실적으로 복원해 줄 수 있는 실마리를 제공해 주고 있다.

무덤 유적은 한반도의 고지 어디에나 분포하지만, 고대 영남지역에 분포하는 무덤은 신라와 가야를 거쳐 통일신라의 정치 체계와 문화에 대한 핵심적인 정보를 제공해 주고 있다. 이러한 고고 자료를 기반으로 시대별 묘제의 종류와 변화, 유물의 편년, 사회상 등 다양한 물질 문화의 양상을 유추할 수 있었고, 어느 정도의 학계 연구성과는 일반적인 양상으로 인식되어 왔다.

그러나 우리가 아는 고대의 일반적인 사실은 불확실성이 포함된 객관성에 기인된 관계이기에, 새롭고 특수한 사실로 인해 사고방식의 전환은 언제든지 일어날 수 있다는 인식이 필요하다.

여기에 소개하는 유아묘[69]는 통일신라시대에 일반적인 묘제로 생각해 왔던 석실분이나 화장묘 이외에 이제까지 확인된 바 없는 묘제이다. 통일신라양식토기를 부장품으로 동반하였고, 무덤 공간이 아닌 실생활 주거 공간에 조성되었다. 선사시대 이래 지속적으로 유아묘는 조성되었다. 그러나 신라왕경 생활유적에서 확인된 유아묘를 기존 장법의 틀 안에서 어떻게 인식해야 할 것인가는 큰 난점이다. 이하는 이러한 문제를 검토하고 해석한다.

---

69) 유아묘는 유아가 주 피장자인 무덤이다. 유아의 사망률이 높았던 고대에 성인이 되지 못하고 죽은 新生兒(생후 1개월까지), 乳兒(1세 미만), 幼兒(1~5세)에 대한 매장시설물이다. 특히 영남지방의 경우, 대체로 옹관묘를 유아묘의 전용 매장시설물로서 인식하였다. 유아묘로 사용된 매장시설물은 옹관묘 외에도 토광묘, 석곽묘, 석실분 등이 있다. 유아묘를 구분하는 기준은 인골의 연령 분석을 통해야 하지만 명확한 예는 드물다.

1) 유아묘 사례 검토

기존 연구(서영남 2003; 최지혜 2010)를 참고하면 삼한·삼국시대의 유아묘는 주로 옹관묘나 성인묘와 같은 묘제(목관묘, 목곽묘, 석곽묘)를 채택하였다. 신전장이 원칙이며, 두향은 삼한시대의 옹관묘 방향이 삼국시대에 비해 동-서향으로 어느 정도 규칙성이 확인되었다. 유아묘에 부장된 유물은 토기류, 철기류와 생태물(어류와 패류 등)이 확인되는 점에서 일반적인 매장 의례가 있었다.

경주 중심지역에 위치하는 월성로유적, 미추왕릉지구유적, 인왕동유적 등 삼국시대 고분군 유적에서 유아묘로 추정되는 옹관묘가 다수 확인되었다. 경주지역 옹관묘는 영남지역의 일반적인 소형 옹관묘와는 달리 특이하게 대형 옹관묘가 사용되었다. 적석목곽묘와 동일하게 옹관묘 상부에 적석시설을 하였고, 내부에는 시상대를 마련하였다. 옹관에 인접하여 부장곽을 마련한 것도 있다. 부장품은 소형토기를 별도로 제작하였고, 타 지역 옹관묘에 비해 부장품이 후장이다.

앞서 언급한 경주 동천동 산13-2번지 일원 고분군(계림문화재연구원 2013a)은 신라후기 및 통일신라양식토기가 부장된 석실분과 석곽묘 등이 분포하였다. 이곳에서 횡치 합구식 옹관묘(49호)가 확인되었고, 옹관 내부에서 영아 또는 유아의 두개골 편이 출토되었다.

정리하자면, 통일신라시대 이전의 유아묘는 무덤군에서 단독묘나 배묘로서 주로 옹관묘, 목관묘, 목곽묘, 석곽묘 등으로 확인되었다. 6~7세기대에는 석실분이 등장하면서 유아도 석실 내에 매장되었던 것으로 추정되었고, 옹관묘의 전통은 지속적으로 유지되었다.

통일신라시대 이후 고려~조선시대에 해당하는 유아묘는 아직 조사된 예가 없다. 그러나 근대 유아묘에 대한 민속학적 조사의 사례와 발굴조사를 통한 일제 강점기 이전의 유아묘가 보고된 바 있다.

2) 통일신라 유아묘의 新例

현재까지 통일신라시대에 조성된 유아묘를 구체적으로 조사 연구한 예는 없다. 그러나 최근 경주시내 평지 한복판에서 통일신라시대 새로운 묘제인 유아묘가 확인되었기에 이 글에서 유구의 형성 입지와 매장시설의 형태, 부장품의 양상 등을 검토한다. 우선 유아묘가 조성된 유적에 대해 간략히 언급하고 유아묘에 대한 세부 사항을 피력한다.

(1) 경주 성건동 350-1번지 유적(東國大學校 慶州캠퍼스博物館 2013b)<도 123>

유적의 지형 여건은 북천과 형산강의 영향을 받았던 선상지의 하상 대지인 선단부(말단지역)에 위치하였다. 하천의 영향을 받아 형성된 충적 평지(해발고도 33.6m)이다. 유적의 자연생토층은 대부분 선상지의 자갈층으로 구성되었다.

유적 주변에는 대부분 삼국~통일신라시대 절터, 건물지 관련 시설물인 적심, 기단 석열, 우물, 도로유구 등이 확인되었다. 이 지역이 통일신라시대 격자식의 도시계획(방리제)이 시행된 통일신라 왕경유적 내에 포함됨을 알 수 있다. 이 유적에서 가장 인접한 고분 지역은 유적에서 남동쪽으로 약 400m 떨어져 삼국시대 노서동 고분군(사적 제39호)이 형성되었다.

성건동 350-1번지 유적은 통일신라~조선시대 실생활 주거유적으로 대부분 건물지 관련 유구 61기가 확인되었으며, 예외적으로 통일신라시대 무덤인 유아묘 2기가 발견된 것이다. 유적의 토층 퇴적양상은 크게 4개의 층으로 구분되었다. 표토층(현대교란 및 복토층) 및 생토층(IV층, 선상지 자갈층)을 제외하면 문화층은 총 3개의 층(I~III층)이 형성되었다.

I층은 회황갈색 내지 암회황색 점토층으로 조선시대 백자편, 와편 등이 출토되는 조선시대 문화층이다. I층에는 적심 시설이 잔존하고 있는 조선시대 초석식 건물지와 주혈 건물지, 암거 배수구, 수혈유구 등이 확인되었다. II층은 암회황갈색 점토층으로 통일신라시대 토기편, 와편 등이 확인되는 통일신라 문화층이다. 초석식 건물지와 진단구 및 저장시설로 사용된 매납유구, 폐와 무지, 담장시설, 기단 석열 등이 확인되었다. 상부에서 고려시대 청자편이 소수 확인되었다. III층은 담황갈색 점토층으로 이루어진 통일신라시대 문화층이다. 부뚜막 시설이 마련된 수혈식 주거지와 마을에서 공동으로 사용한 우물 등이 확인되었다. II~III층 실생활 문화층에서 유아묘가 확인되었다.

유적의 남쪽 말단부에는 동서로 길게 형성된 자연 소하천(湧泉川)이 습지화되어 일부가 확인되었다. 이곳은 유적 생토층에서 지하수의 노출이 빈번한 곳이다. 이러한 자연 지형적 여건으로 유아묘 내 인골이 현존할 수 있었던 이유이다.

(2) 통일신라 유아묘

1호 유아묘는 동일 III층에서 확인된 통일신라시대 수혈식 주거지, 우물과 인접해 있었다. 주거지 서쪽에 5~7m 정도 거리를 두고 단독으로 조성되었다<도 123, 124>.

수혈식 구조이며, 묘광의 평면형태는 타원형이다. 그 크기는 장축 길이 86cm, 단폭 60cm 이다. 타원형의 구덩이를 파고 그 내부에 시신을 보호하기 위한 시설물(내부 장축길이 57cm, 단

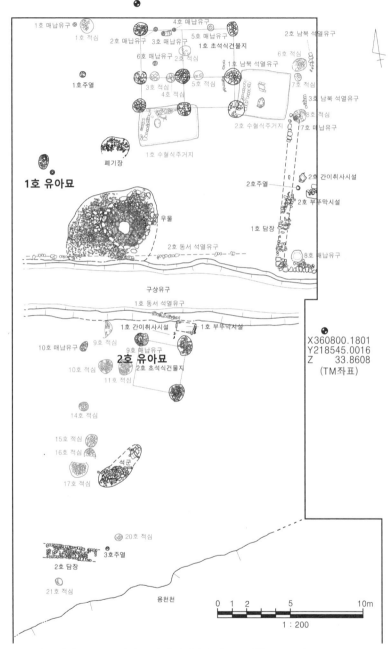

1호 매납유구
1호 적심
4호 매납유구
2호 매납유구 3호 매납유구
5호 매납유구
1호 초석식건물지
2호 남북 석열유구
6호 매납유구
2호 적심
6호 적심
1호주열
1호 남북 석열유구
7호 적심
3호 남북 석열유구
3호 적심
5호 적심
8호 적심
4호 적심
7호 매납유구
폐기장
2호 수혈식주거지
1호 수혈식주거지
1호 유아묘
2호 간이취사시설
2호주열
2호 부뚜막시설
우물
1호 담장
2호 동서 석열유구
8호 매납유구

구상유구
1호 동서 석열유구
1호 간이취사시설
1호 부뚜막시설

X360800.1801
Y218545.0016
Z   33.8608
(TM좌표)

9호 적심
10호 매납유구
2호 유아묘
9호 매납유구
10호 적심
2호 초석식건물지
11호 적심
14호 적심
15호 적심
16호 적심
석군
17호 적심

20호 적심
3호주열
2호 담장
21호 적심
용천천

0 1 2   5   10m

1 : 200

<도 123> 경주 성건동 350-1번지 유적 통일신라시대 유구배치도(1/250)

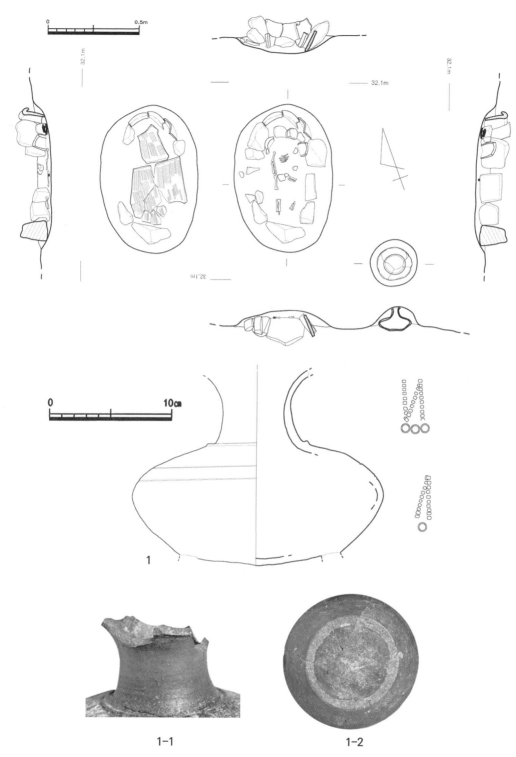

<도 124> 경주 성건동 350-1번지 유적 통일신라 1호 유아묘(1/20)와 부장토기(1/3)

폭 20cm)을 마련하였다. 묘광과 시설물 사이는 점토로 충진하였다. 시신을 보호하기 위해 외곽에 돌린 시설물(廓)은 동서 장벽에 강돌과 암키와를 사용하였다. 남단벽은 강돌 1매를, 북단벽은 승문 타날옹을 이용하여 마감하였다. 이 시설물 내부는 북단벽부 바닥에 두침석으로 사용된 강돌 2매가 확인되었다. 두침석 상부에 두개골편이 확인되었다. 인골의 견부 좌우에 수키와 1점씩을 각각 세워 시신을 고정하였다. 시설물 상부는 뚜껑으로서 암키와(蓋瓦)를 덮어 시신을 보호하였다.

인골은 부분적으로 결실되었지만, 북두향의 신전장이다. 두개골편, 좌하악골편, 쇄골, 우상완골, 우요골, 우척골, 우대퇴골, 우경골, 우비골, 좌경골편, 좌비골편, 족골편 등이 확인되었다. 인골의 연령 추정은 두개골과 족골편까지의 거리(50cm), 우상완골의 길이(5.9cm) 등으로 1세 미만의 乳兒로 추정되었다(서영남 2003; 타니하타 미호 외 2010).

매장 주체부에서 인골 외 유물은 확인되지 않았다. 이례적으로 묘광의 남동쪽 모퉁이에서 30cm 거리를 두고 부장유물이 확인되었다. 직경 26cm, 깊이 15cm의 원형 구덩이에 통일신라양식토기 인화문 부가구연편구병(大11)이 거꾸로 매납되어 있었다. 병의 구연부와 저부의 굽을 의도적으로 파쇄시켜 안치하였다<도 124-1, 1-1, 1-2>. 이 부장유물은 유아묘와 함께 유적의 북서쪽 공터에 매장되었다. 동일한 층위상에서 서로 공반되었고, 매장유물 자체에 의례행위가 관찰되었다.

1호 유아묘의 축조 시기에 대해서 우선 유아묘 주변의 동일 층위(III층)에 형성된 수혈식 주거지와 우물 등에서 출토된 유물을 살펴보았다. 통일신라양식토기 V~VI단계(7세기 말~8세기 초)에 해당하는 인화문 토기류가 확인되었다. 문양은 종장마제형문(종장문 ii~iii류: A, B수법), 종장점열문(B수법), 다변화문(시문구 음각) 등이 주류이다. 유아묘의 묘광 내부 충진토에서 출토된 인화문토기(종장마제형문, 화문시문 등)도 주거지와 우물에서 출토된 유물과 상응하였다. 유아묘의 부장유물인 편구병은 크기가 대형(부가구연편구병 大形11)이다. 동체부 형태 속성은 바둑알과 유사하고, 동최대경이 각진 형태(E형)이다. 문양은 종장점열문(B수법 혼용, 지그재그-C수법 출현기)과 원문류가 시문되었다. 편구병의 기형과 문양으로 통일신라양식토기 VI단계에 해당되었다. 무덤의 덮개와 시신 보호 시설물로 사용된 통일신라시대의 線文瓦 및 繩文 打捺甕 등의 유물도 통일신라시대에 해당하였다.

2호 유아묘(도 125)는 내부에서 인골이 검출되지 않아 발굴보고서에는 매납유구(9호)로 분류되었다. 그러나 유구의 크기와 구조 면에서 유아묘일 가능성이 크다. 2호 유아묘는 이 유적의 통일신라시대 문화층(II층)에서 확인되었다. 2호 초석식건물지의 적심시설(1호)과 중첩되었으며, 2호 유아묘가 후축되었다. 2호 유아묘 내부에서 토기류가 출토되지 않았다. 다만,

II층에서 초석식건물지와 함께 확인된 점, 통일신라시대 선문 평기와 등으로 보아 1호 유아묘에 비해 다소 늦은 8세기 후반~9세기에 조성된 것으로 추정되었다.

2호 유아묘와 중첩된 적심 중앙부에는 초석이 유일하게 잔존하고 있었다. 초석의 동쪽 측면을 인식한 상태에서 암면을 이용하여 의도적으로 유아묘의 외곽시설을 마련한 점이 특이하다. 장타원형의 수혈(직경 76cm)을 굴착한 뒤 암키와 여러 매를 이용하여 수혈 벽면의 외곽시설을 마련하였다. 내부에는 암키와 2매를 바닥시설로 이용하였다. 상부에는 뚜껑으로 암키와(蓋瓦) 2매를 덮었다. 암키와로 수혈 벽면과 바닥에 외곽시설을 설치하고 덮개로 암키와를 사용한 점은 상기 1호 유아묘와 유사하다. 유아묘에 암키와를 사용한 외피시설은 瓦棺으로 분류할 수 있다. 후술하지만, 이러한 구조의 와관은 경주 황오동 244번지 유적의 2호 유아묘(도 126)와 동일한 양상이다.

3) 경주지역 통일신라 묘제의 新認識

통일신라 수도인 경주 시내는 선대에 이미 조영된 신라고분 문화와 도시계획에 입각한 격자상의 도로망을 토대로 이룩되었던 왕경의 실생활 문화를 동시에 엿볼 수 있는 곳이다. 그러나 어떤 면에서는 무덤만이 조성되는 일정한 묘역과 실생활의 거주 공간이 엄격하게 분리된 도시이다.

경주 시내의 평지에 분포하고 있는 황오동 고분군, 노서동 고분군, 인왕동 고분군, 황남동 고분군, 황성동 고분군 등은 대부분 삼한~삼국시대에 조영된 무덤들로, 이외의 경주시내 지역은 고대의 도로유구와 건물지, 우물 등의 실생활 유구가 확인되는 신라왕경유적인 것이다.

이러한 묘역과 거주 공간의 분리는 삼국 말~통일신라시대에 확연하게 구별되었다. 이 시기의 대표적인 묘제인 횡혈식석실분은 경주 시내를 벗어나 왕경의 외곽인 양지바른 구릉에 조성되었다. 일부 지역[70]을 제외하면 대부분 월성을 중심으로 서쪽에 서악동고분군, 충효동 고분군, 석장동 고분군, 북쪽으로 동천동 고분군, 용강동 고분군, 동쪽으로 보문동 고분군 등에 조성된 것을 알 수 있다. 이외의 시내 평지는 격자상의 도시계획에 입각한 실생활 주거와 관련된 통일신라왕경이 시내 전역에 완비되었다.

---

[70] 예외적으로 시내 평지에 위치한 노서동 고분군에서 삼국 말~통일신라시대로 추정되는 석실분 3기가 조사되었다. 노서동 131호(牛塚), 마총, 쌍상총이 그 예이다. 통일신라시대 유아묘가 확인된 성건동350-1번지 유적에서 남동쪽으로 약 400m 정도 이격되었다.

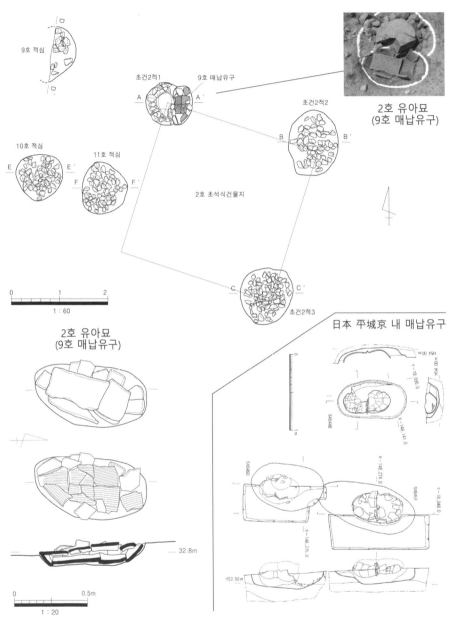

<도 125> 경주 성건동 350-1번지 유적 통일신라 2호 유아묘(1/75)와 일본 평성경 내 매납유구(1/50)

경주 성건동 350-1번지 유적에서 확인된 통일신라 유아묘는 무덤 지역이 아닌 통일신라시대 도시계획에 입각한 왕경의 방리제 내부인 실생활유적에서 확인되었다. 이러한 양상은 통일신라시대 매장 의례를 새롭게 인식할 수 있는 자료이다.

일반적으로 통일신라 이전 삼국시대 유아묘는 그 구조가 옹관묘 내지 소형 석곽묘로서 대부분 무덤군에서 확인되었다. 그러나 이곳의 유아묘는 실생활유적에서 확인된 기존 통일신라시대 묘제 중에서 그 구조가 아직 확인된 바 없는 통일신라시대 최초의 매장유구이다.

국립경주박물관부지 유적(國立慶州博物館 2002)에서 통일신라시대 왕경 관련 실생활유적이 조사되었다. 이곳 우물 내부에 전락하여 사망한 통일신라시대 소아(7~8세)의 인골이 출토된 바 있다. 그러나 경주 성건동 350-1번지 유적에서 확인된 1세 미만의 1호 유아묘는 통일신라시대 일반인이 실생활을 영위했던 수혈주거지와 우물 가까이에 단독으로 떨어져 일정한 묘역을 갖추었다. 일상생활에 사용할 수 있는 토기 옹편, 평기와, 강돌을 이용하여 시신을 보호하기 위한 시설물도 설치하였다. 유아의 머리를 북쪽으로 향하고 신전장으로 안치한 뒤, 무덤의 덮개로 암키와를 사용하였다. 또한, 부장유물까지 별도로 매납하였고 매장의례 행위를 엿볼 수 있었다. 토기병의 구연부와 굽을 의도적으로 깨뜨린 점이다. 이러한 양상은 통일신라시대 매장유구의 아주 특수한 예이다.

이곳 유아묘의 비교자료로써 日本의 왕경유적인 平城京[71] 출토 토기 매납유구가 있다. 평성경의 條坊 도로 면에서 합구식으로 된 옹관묘들(奈良國立文化財研究所 1997)(도 125)이 발견되었다. 그 크기와 내용물 분석을 통해서 소아묘로 판단하였다. 평성경내 실생활 왕경유적 내에서 확인된 점에서 특수한 매장풍습으로 해석하고 있다. 일본에서 확인된 이러한 매장 양상은 타국의 자료이고, 묘제의 형태에서 차이를 보인다. 그러나 시기적으로 평행한 관계에 있고, 唐의 방리제 영향으로 구축된 신라왕경의 생활유적에서 유아묘가 확인된 점에서 공간적 정황이 유사하다.

성건동 350-1번지 통일신라 유아묘의 성격에 대해서는 성인이 되지 못하고 일찍이 죽은 자식을 위해 부모가 주거 공간 가까이 특별하게 조성한 이례적인 무덤일 가능성도 있다.

반면 주변 고분군과 연계되어 통일신라왕경 내 실생활 주거지 가까이에도 일정한 매장의례에 따라 조성된 통일신라시대 묘제의 한 유형이 될 가능성도 있다.

이러한 양상을 방증할 수 있는 자료가 최근 추가로 확보되었다. 최근 경주시내 통일신라

---

71) 唐의 長安의 영향을 받아 설계된 平城京은 A.D.710년에 飛鳥와 인접한 藤原京(奈良縣 橿原市)에서 奈良盆地의 북단으로 도읍을 옮겨간 곳이다.

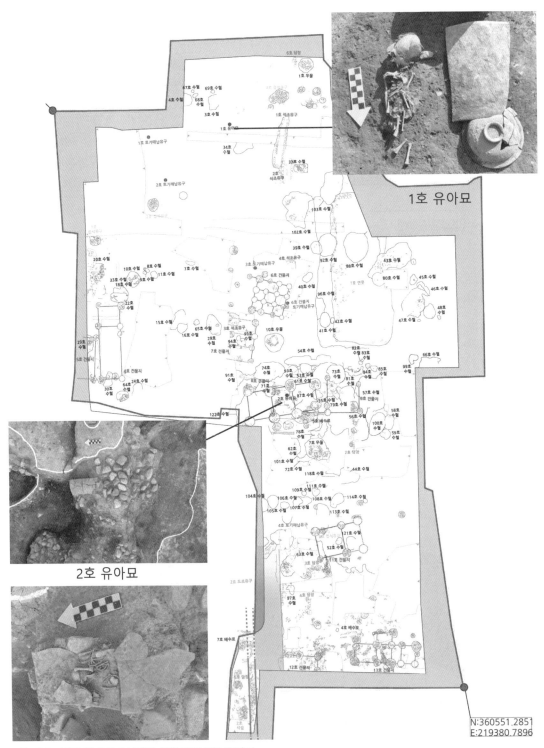

1호 유아묘

2호 유아묘

<도 126> 경주 황오동 244번지 유적 통일신라 유아묘

N:360551.2851
E:219380.7896

왕경 실생활 거주지에서 발굴조사를 통해 유아묘 2기가 확인되었다. 시내 한복판인 황오동 244번지 유적(금오문화재연구원 2021)에서 조사되었다<도 126>.

최초로 유아묘가 확인된 성건동 350-1번지 유적에서 동쪽으로 850m 정도 떨어진 곳이다. 황오동 244번지 유적의 유아묘도 성건동의 유아묘와 유사하게 일정한 부장시설을 갖추고 있었다. 1호 유아묘는 타원형의 수혈(장축길이 62cm, 단폭 19cm)을 파고 유아를 안치하였다. 시신 상부에 암키와와 통일신라양식토기 인화문 개를 뚜껑으로 사용하였다. 인접한 곳에 인화문유개완도 매납되었으며, 부장유물일 가능성이 크다. 이곳 1호 유아묘에서 출토된 인화문토기는 통일신라양식토기 V~VI단계에 해당하였다. 성건동 350-1번지 1호 유아묘의 조성시기와 상응한다.

황오동 244번지 유적의 2호 유아묘는 통일신라 8호 초석식 건물지 내부에 위치하며, 적심시설과 인접해 있다. 2호 유아묘는 1호와는 달리 암키와를 사용한 외피시설인 瓦棺을 설치하였다. 바닥에 암키와 2매를 깔고 시신을 안치 후 다시 2매의 암키와를 蓋瓦로 사용하였다. 앞서 살펴본 성건동 350-1번지 유적의 2호 유아묘와 구조가 동일하다.

이상과 같이 최근 신규 확인된 통일신라 유아묘는 초석식 건물지의 기둥 자리에 접하거나 인근에 매장된 공통된 양상이 인식된다. 별도의 무덤 공간이 아니라, 실생활공간인 건물지 내부에 조성되어 죽음과 삶의 공간이 공존하고 있는 양상이다.

이러한 이례적인 현상을 어떻게 인식할 것인가에 대한 의문이 생긴다. 그러나 이것을 합리적으로 설명해 줄 수 있는 추정자료가 있다. 고려~조선시대에 전해 내려오는 人柱說話[72]이다. 인주설화는 가옥을 지을 때 건물을 견고히 조성하고, 무사히 완성하기 위해 주춧돌(초석) 밑에 어린아이를 희생으로 묻었다는 내용이 골자이다. 고려시대 이후 제의적 성격의 설화이지만, 통일신라의 매장 의례에 대한 재래의 역사적인 현상으로서 살펴볼 수 있는 중요한 사료이다.

---

72) 『高麗史』 「世家」 제36, 忠惠王, 癸未 後 4年(1343) 庚戌日.
　　『高麗史』 「列傳」 제37, 盧英瑞 조.
　　『高麗史』 「列傳」 제129, 崔忠獻 조.
　　『朝鮮王朝實錄』 성종 25년 5월 조.
　　『朝鮮王朝實錄』 성종 23년 7월 조.

7장 ─ 주거변화와 요인

7장
주거 변화와 요인

기존 통일신라시대 주거 연구는 삼국시대의 개별 주거 연구 성과와 달리 주로 경주지역 신라왕경이라는 도시의 주거 공간 개념 속에서 왕경의 구조와 변화 등에 초점을 두었다. 신라왕경 내 지상식 주거지(굴립주건물지, 초석식건물지), 수혈식 주거지 등의 개별 주거에 대한 고고학적 연구는 아직 초보적인 단계이다.

특히 수혈식 주거지에 대해서 그동안 삼국시대의 자료는 다수 확보되어 주거 구조의 특징과 정형성을 파악하는 것에 어느 정도 성과가 있었다. 그러나 통일신라시대 주거의 세부 양상은 아직 그 실체가 명확하지 못하다.

삼국시대 이후 수혈식 주거지에 대한 기존 인식은 경주를 포함한 영남 동부지역은 4세기부터 삼국시대 후기까지는 수혈식 주거지의 평면형태가 방형이 주를 이루었다. 이후 6세기중반 이후는 방형, 원형, 부정형 등 다양한 평면형태의 수혈 주거지가 확인되었다. 그러나 신라화된 영남 서부지역 일대의 주거지도 방형이 많은 점에서 방형의 수혈주거지가 신라의 일반적인 주거 형태로 파악되었다. 주거지의 주혈 배치는 4주식, 벽주식 등이 다수 확인되었으며, 취사와 난방 시설(구들 및 부뚜막시설)이 설치되었다. 이후 통일신라시대에 이르면 대체로 수혈주거지는 평면 방형과 원형이 함께 나타난다. 내부에 석축 구들이 설치된 것이 본격적인 수혈 주거 형태로 정형화되어 유행하게 된다(공봉석 2014).

통일신라시대 수혈주거지 연구는 오히려 경주 중심권역을 벗어나 지방의 통일신라시대 개별 주거에 대한 연구가 다수 진행되었다. 주로 경기, 충청지역의 7~9세기대 수혈주거지에 관련 한정된 연구(이상복 2011)가 이루어졌다. 이 지역 통일신라시대 수혈주거지의 평면형태는 방형과 장방형이 다수를 차지하며, 내부에는 'ㄱ'자형 내지 'T'자형으로 분류된 구들시설이 설치되어 있었다.

　상기와 같이 삼국시대 주거지의 축조방식을 이어받은 통일신라시대 수혈주거지는 평면 형태가 방형계열이 크게 유행하였다. 주거지의 내부시설로써 취사와 난방시설이 갖춘 것이 전형이라고 할 수 있다. 이러한 수혈식 주거는 신라의 폐망기까지 지속적으로 조성되었으나, 이후 실내 주거 공간인 바닥을 지상으로 올리는 축조방식의 큰 변화가 일어났다. 즉 경주 신라왕경 내 수혈식 주거지에서 일반적 가옥 형태의 전환이 생겨난 것이다. 지상가옥[73]이라고 할 수 있는 초석식 건물지로의 전환이다.

　초석식 건물지는 석축 기단건물의 하부구조이며, 지붕 상면에 기와를 덮을 수도 있는 구조이다. 신라왕경지역에서 이러한 건물지의 전환 양상을 실물자료로써 살펴볼 수 있는 몇 가지 경우가 있다.

　수혈식 주거지와 초석식 건물지가 중첩되거나 층위를 통해 선후관계를 확인할 수 있는 것이 있다. 수혈식 주거지 내부에 초석식 건물지와 관련된 적심시설이나 담장시설이 늦게 중첩된 예가 있다. 또한 주거유적의 전체 층위가 상층, 하층으로 분리되어 층위별로 주거지의 변화를 간취할 수 있는 예도 있다.

　주거지의 조성 시기는 내부에서 안정적으로 출토된 통일신라양식토기의 검토를 통해 유추한다. 주거유적의 검토 순서는 경주 월성유적과 연접한 유적에서부터 외부지역의 유적 순으로 검토한다.

1. 신라왕경의 수혈식 주거지 검토

1) 국립경주박물관 내 연결통로부지 유적<도 127>

　이 유적(국립경주박물관 2002)은 경주 월성의 남편에 위치한 인왕동 지역이며, 경주박물관 내 신라역사관의 남쪽지역에 해당한다. 옥외 전시공간의 북쪽을 동에서 서로 가로질러 발굴조사가 진행되었다. 이곳에서 청동기시대 주거지 2동의 선사 유구와 통일신라시대 수혈, 담장,

---

73) 지상가옥에는 6세기 이후에 보이는 고상식(굴립주) 건물지도 포함될 수 있으나, 기둥 기초시설에 해당하는 적심 상부에 초석을 사용하여 바닥을 상부로 올리는 초석식 건물지에 한정한다.

우물, 도로유구, 주혈, 적심 등 다양한 건물지 관련 유구가 확인되었다.

수혈유구 중 2호 수혈은 잔존 방형(장축길이 340cm, 단폭 170cm)의 평면형태를 보이고, 편평한 바닥면에 주혈이 확인되었다. 유구의 형성 층위와 선후 관계에 따라 담장이나 우물보다는 선축되었다. 내부 바닥면에서 부가구연편구병이 안정적으로 정치되어 출토되었다. 2호 수혈의 성격은 방형의 평면형태와 수평으로 정지된 바닥면, 내부 주혈 등이 확인되는 점에서 수혈식 주거지로 사용된 것이다. 담장시설이나 우물, 적심 등 지상식 건물지관련 유구보다 선행되어 조성된 주거시설이다.

주거지 바닥면에서 출토된 중형의 편구병은 마제형종장문(ⅱ류)의 시문과 동체부 형태(D식, 동최대경 18cm) 등 제속성을 기준으로 통일신라양식토기 Ⅴ단계(7세기 말)에 해당한다. 또한, 동일 층에 형성된 1호 수혈에도 통일신라양식토기 Ⅴ단계의 대부완(연주종장문, B수법)이 출토되었다.

월성 남쪽에 인접한 인왕동 지역에는 7세기 말경에 수혈식 주거지가 주요 주거 건물로 조성되었고, 이후 담장과 우물 등이 부속된 초석식 건물지 등이 축조되는 주거 변화 양상을 유추해 볼 수 있다.

2) 인왕동 898-9번지 유적<도 127>

이 유적(신라문화유산연구원 2017b)은 경주 시내의 남단에 위치하며, 경주남산의 북단 왕정곡과 도당산 남단이 인접한 지역이다. 발굴조사를 통해서 통일신라시대 수혈식 주거지와 배수시설, 석군, 수혈 등의 실생활관련 유구가 확인되었다.

수혈식 주거지는 총 5기가 확인되었다. 1~4호는 서로 중첩되어 조성되었고, 5호는 북동쪽에 연접해 있었다. 평면형태가 방형의 1호, 2호, 5호 주거지와 원형의 3호, 4호 주거지가 동일 지역 내 유사한 범위로 중첩되어 공간 활용된 점이 특징적이다. 원형의 수혈식 주거지는 방형의 수혈식 주거지 하부에서 선축되었다.

방형 주거지의 크기는 1호가 장축길이 408cm, 단폭 352cm이며, 2호는 장축길이 328cm, 잔존 단폭 256cm에 달한다. 5호의 크기는 장축길이 268cm, 잔존 단폭 164cm이다. 1호와 2호 주거지의 남벽쪽에 모두 난방 및 취사시설(구들)이 설치되었다.

원형 주거지의 크기는 3호가 직경 300~336cm이며, 4호는 직경 270cm이다. 3호와 4호 주거지 내부에는 구들시설이 아닌 타원형의 노지가 확인되었다.

이곳 수혈식 주거지는 유구의 중첩 선후관계에 따라 주거지의 구조 변화가 인지된다. 평면형태는 원형→방형으로 변화되었고, 내부시설물은 노지→구들시설로 발전되었다. 주거지

경주박물관 부지

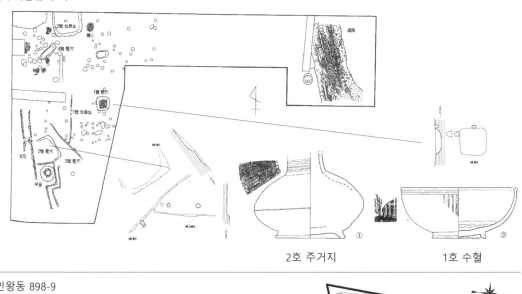

2호 주거지 1호 수혈

인왕동 898-9

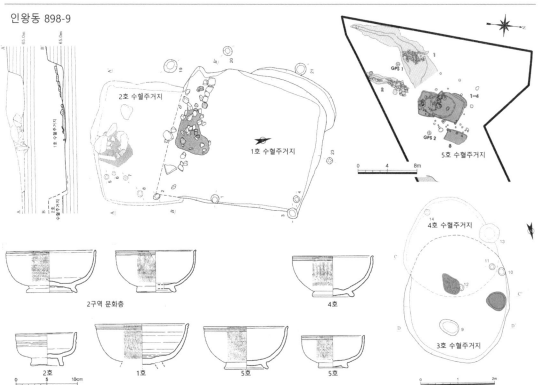

<도 127> 경주 인왕동 지역 수혈식 주거지(1/100)와 출토 유물(1/6)

내부에는 통일신라양식토기 대부완이 다수 출토되었다. 대표적으로 원형의 4호 주거지 출토 대부완은 직립구연(II식)과 마제형종장문(i 류)의 속성을 보이며, 통일신라양식토기 IV단계(7세기 후엽 후반)에 해당한다.

방형 주거지 출토 대부완 중 1호 대부완은 직립구연(III식)과 점열종장문(지그재그문)의 속성을 통해 통일신라양식토기 V 단계(7세기 말)에 해당한다. 5호에는 마제형종장문 ii 류가 시문된 직립구연(II식) 대부완과 더불어 직립구연(III식), 점열종장문(지그재그문)의 속성을 가진 대부완이 함께 확인되었다. 통일신라토기양식 V ~VI단계(7세기 말~8세기 초)에 속한다.

결과적으로 신라왕경의 남단에 위치한 인왕동 898-9번지 유적에서 확인된 수혈식 주거지는 내부 출토된 통일신라양식토기를 통해서 편년이 가능하다. 이곳에서 초석식 건물지는 확인되지 않았지만, 7세기 후엽 후반에 원형의 수혈식 주거지가 조성되었고, 7세기 말~8세기 초까지 방형의 수혈식 주거지로 존속하였다.

3) 사정동 114-12번지 유적<도 128>

이 유적(통일문화유산연구원 2021)은 월성에서 서쪽으로 1.1㎞ 정도 이격된 시내 지역에 위치한다. 발굴조사를 통해서 초석식 건물지 1동과 수혈식 주거지 1동이 확인되었다. 이 주거들은 유적의 토층 단면 층위와 평면 중첩 노출 양상 등으로 주거 조성의 선후관계가 명확하게 파악된다. 상층(III층)에는 초석식 건물지 관련 적심이 형성되었고, 하층(IV층)에서 수혈식 주거지가 조성되었다.

수혈식 주거지는 잔존 평면형태(장축길이 360cm, 잔존 단폭 210cm)가 장방형이다. 유적의 평면상에서도 초석식 건물지의 적심시설이 하층 수혈주거지의 벽면 일부를 파괴하였다. 수혈주거지 내부 편평한 바닥면에서 주혈과 소형 수혈 등이 확인되었고, 통일신라양식토기 V 단계의 인화문 개(종장문 ii 류) 1점이 정치되어 출토되었다.

주거의 층위 관계와 중첩 조성 양상, 출토 유물을 통해 볼 때 월성의 서쪽 경주 시가지 사정동 일원도 7세기 말 이후에 수혈식 주거지에서 초석식 주거지로의 주거 변화가 진행되었다.

4) 성건동 350-1번지 유적<도 129>

앞서 언급한 이 유적은 경주 시내에 위치하며, 신라왕경 내 통일신라~조선시대 실생활 주

사정동 114-12

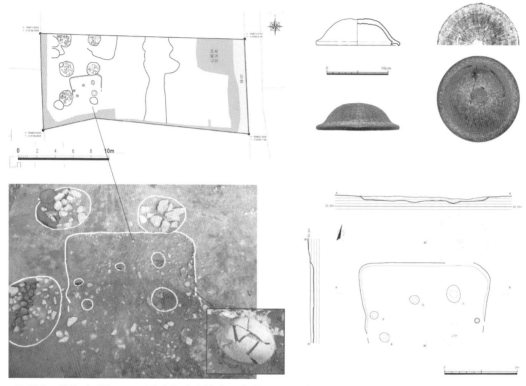

<도 128> 경주 사정동 114-12번지 유적 수혈식 주거지(1/100)와 출토 유물(1/6)

거유적이다. 유적의 토층퇴적 양상은 3개의 문화층(Ⅰ~Ⅲ층)으로 구성되었다. Ⅰ층은 조선시대 건물지관련 유구가 형성된 조선시대 문화층이다. Ⅱ층은 통일신라시대 초석식 건물지와 담장시설, 기단석열, 진단구 등이 확인되었다. Ⅲ층에서 부뚜막시설이 설치된 통일신라시대 수혈식 주거지와 우물, 유아묘 등이 확인되었다.

최하층 문화층(Ⅲ층)에서 2동의 수혈식 주거지가 확인되었다. 주거지의 크기에 대해서 1호 주거지는 장축길이 400cm, 단폭 260cm에 달하며, 평면형태는 장방형이다. 2호 주거지는 1호 주거지의 북서쪽에 연접해 있으며, 크기가 유사하다. 장축길이 340cm, 단폭 314cm이며, 평면형태는 방형에 가깝다.

수혈식 주거지의 내부시설물에는 부뚜막시설 및 노지를 모두 갖추고 있었다. 2동 모두 서쪽 단벽 가까이에 벽체시설 내지 선반관련 시설물로 추정되는 석축시설물이 확인되었다.

주거지의 부뚜막시설 및 노지 주변 바닥면에는 통일신라양식토기류가 안정적으로 다수 노출되었다. 2동의 주거지에서 직립구연의 대부완편, 내·외구연이 있는 개편, 병 구경부편 등이 모두 확인되었다.

토기의 문양은 1호 출토품의 경우, 종장문의 출현기(통일신라양식토기 IV단계)에서 한 단계 퇴화된 마제형종장문ii류(V단계)가 주류이다. 종장문의 시문수법은 A수법이 다수이나, B수법도 혼재되어 있다.

2호 출토품은 주거지의 바닥면에서 통일신라양식토기VI단계에 해당하는 개와 완편 등이 출토되었다. 개는 내·외구연이 모두 확인되나, 내구연이 퇴화된 속성(4식)이다. 문양 시문은 음각기법으로 새긴 마제형종장문iii류의 시문구를 사용하였다. 완편은 직립구연이며, B·C수법의 점열문 종장문과 음각의 단일연주문 등이 시문되어 있다.

주거지의 바닥면 출토품은 대체로 통일신라양식토기의 문양과 기형변천에서 통일신라양식 V~VI단계(7세기 말~8세기 초)의 양상을 보이고 있었다. 이외 상부에 유입된 유물들은 VII~VIII단계(8세기 전엽~중엽)의 유물이 대다수이다.[74]

이 2동의 주거지는 1호 초석(적심)식 건물지에 의해 일부가 파괴되어 있었다. 이 초석식 건물지는 하부에 형성되어 있었던 수혈식 주거지가 완전히 폐기된 후 상부 2층에서 조성된 것이다. 특히 1호 초석식 건물지의 적심 범위 내부에는 5기의 매납유구가 확인되었다. 이 매납유구는 건물지와 관련된 진단구로 추정된다. 2~4호 매납유구의 경우, 3기가 일정한 간격을 두고 군집해 있는 양상을 보인다. 매납유구 내부에는 통일신라양식토기 유개완(2호, 3호)을 주로 안치하였고, 4호는 유개무굽완, 6호는 개가 이탈된 단일문의 고배, 5호는 옹류를 매납하였다. 1호 초석식 건물지 내부에 각종 개별적심과 석열 등이 추가로 있는 점으로 보아 이 매납유물들이 모두 동시에 안치된 것은 아닌 것으로 판단된다.

1호 초석식 건물지 내부의 매납유구에 안치된 통일신라양식토기는 대부분 문양이 퇴화단계에 해당하는 것이다. 유개완의 기형 속성에서도 퇴화단계인 단일구연 개와 외반 구연의 완으로 구성되어 있으며, 토기의 소성 면에서도 와질소성에 가깝다.

유개완의 문양조합과 구성, 통일신라양식토기의 편년을 간략하게 정리하면 다음과 같다.

---

74) 2호 수혈식 주거지의 부뚜막 주변에서 출토된 목탄에 대한 연대측정결과에 따르면 그 연대가 7세기 초~중엽(1σ·2σ 曆年代 範圍: 68.2~95.4%)에 해당되었다. 목탄 시료의 최종 형성연륜이 남아 있지 않아 연대의 보정이 다소 필요하지만, 이 주거지의 부뚜막 사용 시기에 참고가 된다.

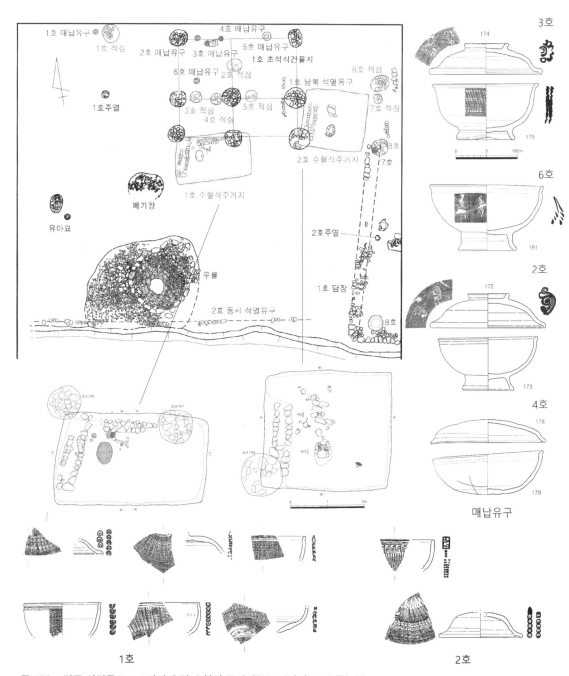

<도 129> 경주 성건동 350-1번지 유적 수혈식 주거지(1/100)와 출토 유물(1/6)

3호:	파상종장문(C수법, 완) + 퇴화 다변화문(단일문 간격시문, 개): Ⅷ단계
6호:	퇴화 단일문(간격시문, 고배): Ⅸ단계
2호:	퇴화 운문(단일문 간격시문, 개) + 무문(완): Ⅸ단계
4호:	+ 무문(개,완): Ⅹ단계

따라서 건물지의 진단구로 매납된 유개완의 문양과 기형, 소성도 등으로 보아 진단구의 편년은 종장문의 퇴화단계인 통일신라양식토기 Ⅷ단계(8세기 중엽, 3호)에서 Ⅸ단계(8세기 후엽, 6호, 2호), 8세기 말~9세기 초(4호)의 양상을 보이고 있다.

결론적으로 성건동 350-1번지 유적에서 통일신라시대 주거의 변화는 부뚜막시설을 갖춘 수혈식 주거지(7세기 말~8세기 초)에서 적심시설과 초석을 마련하여 기둥을 세우는 초석식 건물지(8세기 중엽~9세기 초)로 전환되었음을 층서 관계와 통일신라양식토기를 통해서 명확하게 파악해 볼 수 있다.

5) 노서동 181-24번지 왕경유적<도 130>

이 유적(東國大學校 慶州캠퍼스博物館 2013a)은 신라왕경의 기본 골격인 격자상의 방리제 도로가 확인된 곳이다. 동서 및 남북도로가 확인되었고, 도로변에 접하여 담장시설, 각종 건물지, 우물 등이 확인되었다. 유적의 시기별 변화양상은 크게 4기로 파악하였다. 왕경도로가 형성되기 이전 시기(1기)와 도로유구와 담장, 건물지 등이 축조된 시기(2기), 도로유구의 폭이 축소되고 각종 후대 건물지가 형성되는 시기(3기), 도로유구가 폐기되는 시기(4기)로 구분할 수 있다.

1기는 하층에 부뚜막을 갖춘 수혈식 주거지와 함께 각종 수혈유구가 조성된 시기이며, 7세기대~8세기 초에 해당한다. 이 유적에서 출토된 유물 중 가장 이른 시기인 6세기 후반까지 올려 볼 수 있는 신라후기양식토기의 단각고배류 등이 확인되었지만, 이 시기의 해당 유구는 확인되지 않았다. 2기는 본격적으로 도로유구와 각종 초석식 건물지 등이 축조된 시기로써 8세기 전엽~중엽에 해당하였다. 3기는 도로유구가 축소되고 동서도로 남쪽지역에 각종 건물지가 조성되는 시기이다. 8세기 후엽에 시작되어 건물지의 폐기는 9세기~10세기 초에 이루어졌다. 마지막 4기는 동서도로가 완전히 폐기된 시기이며, 동서도로와 동서담장을 동시에 파괴하고 형성된 유입층에서 14세기경의 청자편이 확인된 점에서 고려시대 이후로 동서도로와 각종 건물지가 폐기된 것으로 판단된다.

이 유적에서 확인된 수혈유구는 그 성격에 대해서 폐기장, 주거지, 공방지로 크게 구분된다. 2~6호 수혈의 경우는 유적의 최하층에서 형성되었고, 폐기장의 기능이 있는 것이다. 내부에서 출토된 유물은 시기별로 유물들이 혼재되어 있으나, 대체로 7세기대 유물의 출토 빈도가 가장 높다.

이곳 7호 수혈은 그 크기가 장축길이 390cm, 단폭 390cm이며, 평면형태는 장방형이다. 2호 초석식 건물지와 2호 동서담장의 하층에서 확인되었으며, 내부에 부뚜막시설을 갖춘 수혈식 주거지에 해당한다. 주거지 바닥면에서 완형의 통일신라양식 토기 인화문유개완이 정치된 상태로 출토되었다. 유개완의 기형 속성에 대해서 먼저 개의 구연은 내구연의 돌출도가 외구연에 비해 낮은 속성(4식)을 가진다. 완의 구연은 직립하며, 구연단부에 경사와 단이 있는 속성(III식)을 보인다. 유개완의 문양은 마제형종장문ⅱ류(V단계)가 시문되었다. 이곳 수혈식 주거지의 사용 시기는 유개완을 기준으로 통일신라양식토기 V 단계(7세기 말)로 편년된다.

앞서 살펴본 경주 성건동 350-1번지 유적의 수혈주거지와 조성 시기 및 구조 면에서 그 양상이 서로 유사하다. 유구의 중첩 선후관계에서 수혈식 주거지는 초석식 건물지보다 이른 시기에 조성되었다. 노서동 181-24번지 유적 내 주거의 변화는 층위상, 유구의 중첩관계에서 수혈식 주거지에서 초석식 건물지로 이행되는 과정을 명확하게 알 수 있다.[75]

6) 경주 북문로 왕경유적<도 130>

이 유적(한국문화재보호재단 2003)은 경주 북천의 남쪽에 인접한 시내 지역인 성동동 228-4번지 일원에 위치한다. 경주 읍성의 북동쪽 모서리에 형성된 도로 지역이다. 발굴조사를 통해서 신라왕경의 표지적인 유구인 통일신라시대 동서 및 남북도로가 확인되었다. 건물지 관련 담장, 초석식 건물지, 수혈식 주거지, 우물, 석조 유구, 수혈 유구 등 삼국~통일신라 각종 실생활 관련 유구가 조사되었다. 이 유적 하층에서 확인된 수혈 4-3호와 50-1호는 수혈식 주거지에 해당한다. 수혈 4-3호의 크기는 장축길이 294cm, 단폭 290cm에 달하며, 방형이다. 바닥면은 전체적으로 편평하고, 타원형의 노지가 확인되었다. 주거지의 바닥면 출토유물은 통일신라양식토기 개와 완편이 확인되었다. 개의 구연부 모두가 내구연의 돌출도가 외구연에 비해 낮은 속성(4식)을 가지고 있다. 완의 구연부는 직립하며, 단부의 폭이 좁아진 속성(II식)을

---

[75] 경주 노서동 일원에 최근 발굴조사가 진행된 노서동 176-32번지 유적에도 통일신라시대 수혈식 주거지가 확인되었다. 이 유적의 상층은 8세기대 초석식 건물지가 조성되었고, 하층은 7세기 중엽~말경의 수혈식 주거지가 형성된 것으로 보고되었다. 이곳 방형의 4호 수혈주거지 내부에서 통일신라양식토기 V단계의 완(직립 구연, B수법 점열종장문)이 출토되었다(덕난문화유산연구원 2020).

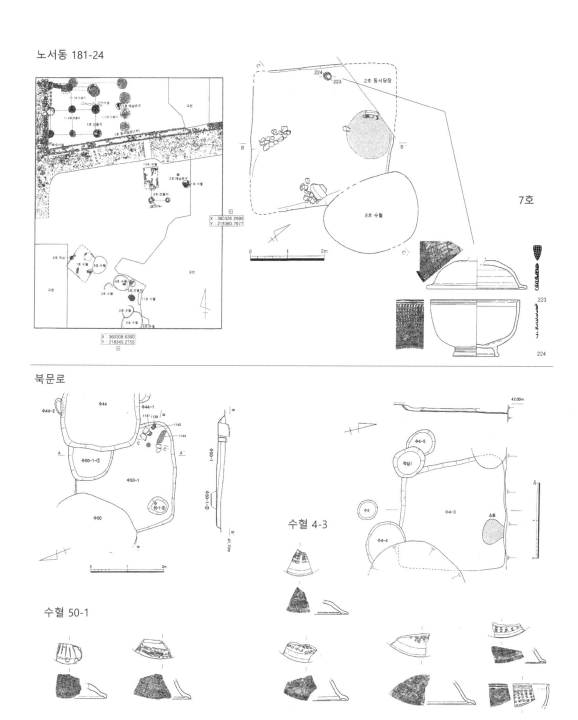

<도 130> 경주 노서동 및 성동동 지역 수혈식 주거지(1/100)와 출토 유물(1/6)

보인다. 문양은 개와 완편 모두 통일신라양식 V단계(7세기 말)의 마제형종장문 ii 류가 확인되었다.

수혈 50-1호는 크기가 장축길이 272cm, 단폭 270cm이며, 방형이다. 주거지 내부의 동남편 모퉁이 부분에는 석축시설과 수직으로 세운 수키와, 무문전으로 구성된 부뚜막 시설물이 확인되었다. 주거지 바닥면에서 통일신라양식토기 개편 2점이 확인되었다. 개의 구연부는 내구연이 축소된 속성(4식)이며, 문양은 모두 통일신라양식토기 V단계의 종장문 ii 류가 확인되었다.

경주 성동동 일원 북문로 유적에서 확인된 수혈식 주거지의 조성 시기는 상기한 인왕동, 사정동, 성건동, 노서동 지역 주거지와 동일하다. 초석식 건물지의 하층에서 통일신라양식토기 V단계의 수혈식 주거지가 형성되었다.

7) 동천동 793번지 유적<도 131>

경주 시내 북천을 건너 신라왕경의 북단에 위치한 유적(嶺南文化財研究院 2004a)이다. 발굴조사를 통해서 통일신라시대 초석식 건물지와 수혈식 주거지, 배수로, 우물 등 다양한 실생활 관련 유구가 확인되었다. 이 유적의 1호 수혈식 주거지는 4호 초석식 건물지와 중복되어 있어서 이곳 동천동지역의 주거 변화 양상을 유추할 수 있다.

1호 수혈식 주거지의 평면형태는 장방형이며, 장축길이 550cm, 단폭 310cm의 대형 규모이다. 주거지의 북동편에는 구들시설이 남북향으로 벽면을 따라가며 설치되어 있다. 주거지 서편 바닥면에는 원형의 노지시설도 함께 확인되었다. 주거지의 출토 유물은 북단벽 구들시설 가까이에서 인화문 유개옹이 노출되었다. 개의 문양은 호선문, 화문, 지그재그수법의 세타원형문 등이 시문되어 있고, 통일신라양식토기 VII단계(8세기 전엽)의 문양 양상이다. 4호 초석식 건물지는 1호 수혈식 주거지 내부에 적심 시설 2기가 중첩된 양상이다. 이곳 남쪽 적심의 북쪽에 인접한 곳에서 인화문 개가 출토되어 진단구로 사용된 것으로 보고되었다. 개의 구연부는 내구연이 퇴화되어 흔적화된 속성(5식)이며, 개신이 납작하다. 개의 문양은 퇴화되어 단순화된 호선문이 시문되었다. 개의 기형 속성과 문양은 통일신라양식토기 IX단계(8세기 후엽)에 해당한다.

이 유적은 주거의 중첩 조성 관계를 통해 난방 및 취사 시설을 갖춘 수혈식 주거지는 8세기 전엽까지 존속한 것을 알 수 있었다. 이후 늦어도 8세기 후엽 이전에는 적심과 기단을 사용하는 초석식 건물지로 변천되었다.

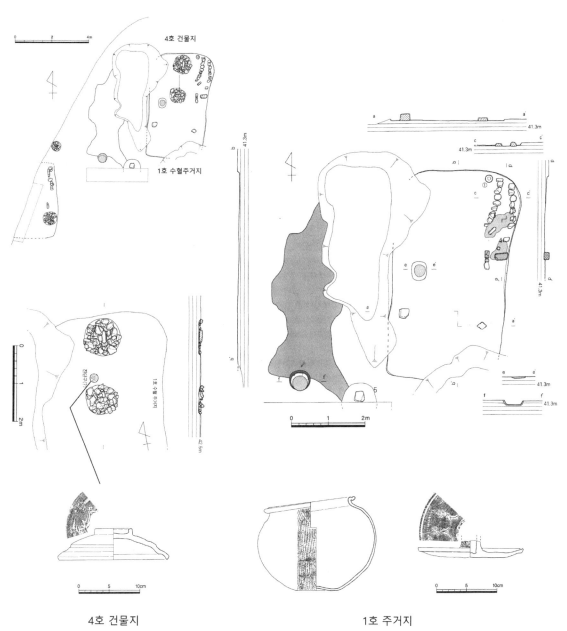

4호 건물지   1호 주거지

<도 131> 경주 동천동 793번지 유적 수혈식 주거지(1/100)와 출토 유물(1/6)

2. 신라왕경의 주거 변화와 요인

황룡사의 창건기(553년) 전후, 6세기 중엽에 신라는 월성을 둘러싼 도성의 중심부에 방리제를 기초로 한 도시 건설계획을 진행하여 본격적인 왕경을 정비하기 시작하였다. 7세기대에는 삼국 통일기 이전까지 삼랑사, 분황사, 영묘사 등 사찰 건설이 대규모로 진행되었다.

신라의 삼국통일 이후는 통일왕국의 강력한 왕권을 토대로 신라의 왕성과 왕경에 대한 대규모 재정비가 있었다. 왕궁 시설인 월지 건설(674년경)을 비롯하여 궁궐을 장려하게 중수하고, 동궁을 새롭게 창건(679년)하였다. 동 시기에 월지와 인접한 월성의 석축해자도 본격적인 정비사업이 이루어졌다. 월성의 외곽인 계림 북편지역도 대규모 초석식 건물지가 조영되기 시작하였다.

월성을 비롯한 주변 인왕동 일원 유적들과 탑동의 나정, 경주 시내에서 '儀鳳四年皆土'(679)銘 평기와가 다수 출토되었다. 이러한 양상은 통일 직후 신라왕경에는 국가가 주도하여 대규모 건축 및 토목사업이 진행되었음을 짐작할 수 있다. 또한, 달구벌(대구)지역의 수도 천도가 무산(689년)된 후, 西市와 南市의 설치(693년) 등 문헌상의 기록은 7세기 말에 이르러 왕경 지역에 2차적인 왕경의 확장과 대규모 재정비가 이루어진 것을 암시하고 있다.

6세기 중엽부터 신라의 삼국 통일 직후까지 왕실 관련 대규모 사원이나 왕궁 및 관청 관련 대형 건물지 등은 초석식 건물지에 석축기단을 갖춘 구조가 보편적이고 일반적인 건물 양식인 것으로 이해하였다. 그러나 7세기대 경주 시가지 신라왕경 내 일반적인 주거 건축물의 구조와 수준은 사찰, 왕궁 및 관아 관련 특수한 건물지의 구조와는 동일하지 않았다.

7세기대 대규모 사찰과 궁궐 및 관아 등 특수 건물들은 초석식 건물지가 기본적인 구조이지만, 신라왕경 내 일반적인 주거건축은 수혈식 주거지가 더 보편화되었던 것으로 이해된다.[76]

앞서 경주 시내 신라왕경의 전역에서 확인된 수혈식 주거지에 대한 실물 자료를 처음으로 검토하였다. 유적 내 주거 형태의 층위 관계에서 수혈식 주거지는 대부분 최하층에 조성되어 있었다. 또한 수혈식 주거지의 상층이나 내부에 초석식 건물지가 곧바로 중첩되어 조성된 양

---

[76] 이러한 양상에 대해서 이은석(2016)은 김유신의 종택으로 알려진 경주 재매정지의 발굴조사 결과, 7세기대 석축 적심 구조의 주거용 초석식 건물지가 확인되지 않은 점에 착안하였다. 7세기대 신라 주거 건축의 특징은 초석 건물이 아닌 굴립주 혹은 수혈 주거지의 축조 방식을 유지하였고, 초석 건물은 8~9세기대에 성행한 것으로 파악한 바 있다.

상은 선후관계에 따른 주거의 연속적인 변화를 나타낸다.

신라왕경에서 확인된 수혈식 주거지 내부에서 출토 정황이 안정적이고 명확한 통일신라 양식토기의 편년을 검토한 결과, 경주 월성과 인접한 인왕동 및 사정동 지역은 7세기 말 이후에야 방형 및 장방형의 수혈식 주거지에서 초석식 건물지로의 전환이 있었던 것으로 유추되었다. 경주 중심지역인 성건동, 노서동, 성동동 지역은 7세기 말~8세기 초에 수혈식 주거지가 조성되었고, 8세기 중엽 이후에 초석식 건물지가 전환되었음을 알 수 있었다. 경주 북천을 지나 신라왕경의 북단지역에 위치한 동천동은 신라왕경의 남단지역보다 조금 늦은 8세기 전엽까지 수혈식 주거지가 존속하였고, 늦어도 8세기 후엽 이전에 초석식 건물지로 전환되었다.

7세기 말, 통일신라 신문왕대(681~692년)에는 중앙 집권 체제로 제도를 재정비하여 전제 왕권을 구축하였다. 귀족과 지방 세력을 통제하기 위해 중앙과 지방의 여러 군사 및 행정 조직을 체계적으로 정비하였다. 지방의 행정 조직은 9州 5小京 체제로 정비하여 지방의 균형 있는 발전과 행정적 기능을 강화하였다.

통일신라시대 지방 도시인 상주지역은 영남지역의 서북편에 위치하며, 통일신라의 9주5소경 중 하나인 沙伐州가 설치되어 운영되었다. 또한, 이곳은 중국 당과 신라왕경의 고대도시 구획방식인 坊里制가 적용된 곳이다. 특히 상주 복룡동 유적(嶺南文化財研究院 2009)은 통일신라 왕경의 경주와 유사한 도시설계와 구획방식을 엿볼 수 있는 통일신라시대 도시유적이다. 이곳에서 통일신라시대 수혈식 주거지, 초석식 건물지가 다수 조사되었다. 수혈식 주거지는 방형, 장방형, 타원형의 평면 형태를 보이고, 내부에 취사난방시설을 갖추고 있었다. 신라왕경의 수혈식 주거지와 구조가 서로 동일하다. 특히 이곳의 초석식 건물지는 방리제가 시행된 후 취락 내 동시기의 수혈식 주거지를 파괴하고 조성되었다. 주거지 내부에서 출토된 통일신라양식토기를 통해 볼 때 7세기 중엽~후엽 이후에 수혈식 주거지가 조성되었고, 이후 7세기 후엽~8세기 초엽에 초석식 건물지가 축조되었다(朴達錫 2012).

이러한 양상은 신라왕경 경주의 취락 구조와 변화가 시기적으로 서로 상응하고 있는 것이다. 통일신라의 중앙지역인 신라왕경에서 체계적인 지방 행정 조직을 통해 상주지역 도시계획에 직접적으로 영향을 준 결과로 이해할 수 있다.

8장

결론

이 글은 주로 경주 신라왕경지역에서 출토된 통일신라토기를 중심으로 총체적인 기종별 변천상과 실체를 규명하고, 새롭게 마련된 편년 기준을 통해 통일신라 물질문화의 변화 양상을 파악하기 위한 연구이다.

우선 특정 기종인 인화문유개완의 기형 조열을 통해 문양의 시간적 변화 양상을 1차적으로 파악하였다. 이러한 문양의 서열 결과를 층위 및 유구의 선후관계와 평행관계를 통해 검증하였다. 그 결과를 다시 타 기종의 편년 기준으로 환원하여 문양을 기준으로 기종별 기형 속성을 조열하였다. 형식 조열에 대해서는 주관적이고 단순한 형식의 나열이 아니다. 기형 속성, 문양 속성, 동체 장식문, 제작기법 등을 시간적 변화 방향성에 따라 객관적으로 속성 및 형식 조열하였다. 신라후기 및 통일신라양식토기 총 9개 기종의 형식이 서로 속성의 연결 고리를 형성하며 변천하였다.

문양 변화에 따른 개별 기종의 변화 양상을 총 12단계(Ⅰ~Ⅻ)로 구분하였다. 신라의 삼국통일을 전후하여 신라후기양식토기(Ⅰ~Ⅲ단계)와 시대 개념을 반영한 통일신라양식토기를 설정하였다. 통일신라양식토기의 변화를 1기~4기(Ⅳ~Ⅻ단계)로 구분하였다. 신라토기의 인화문 출현기부터 문양이 전반적으로 쇠퇴하고 단경호가 장경화되는 시기로 구분되었다.

토기의 큰 변화 단계는 Ⅰ단계(7세기 전엽)에 기하학적 단일문류의 인화문이 본격적으로 유행하였다. 말각방형의 전형적인 마제형문(종장문 ⅰ류)이 Ⅳ단계(통일신라양식토기 1기, 7세기 후엽 후반)에 출현하였다. Ⅴ단계(통일신라양식토기 2기, 7세기 말) 이후로 장경편구호가 소멸하였다. 이후 화장묘의 유행에 따른 연결파수부골호와 직구호의 출현과 세장경병 등 신기종이 등장하였다. Ⅷ단계(통일신라양식토기 3기, 8세기 중엽)에는 신라 문화의 황금기(경덕왕대)에 걸맞게 기종의 다양성과 문양의 화려함이 극대화되었다. 반면 IX단계(통일신라양식 3기, 8세기 후엽, 혜공왕대)는 종장문의 급격한 쇠퇴 및 소멸 양상이 인지되었다. XI단계(통일신라양식토기 4기, 9세기 초) 이후는 무문양 토기가 유행하였다. 단경호의 장동화, 세장경병의 유선형 장동화, 골호 개신의 수평화, 고구려계토기의 영향인 마연 및 다치구긁기의 토기 정면기법 등이 특징적으로 확인되었다.

신라후기 및 통일신라양식토기에 해당하는 유개완, 고배, 단경호, 파수부호, 부가구연편구병 등은 신라후기에서 통일신라시대까지 지속적으로 사용되었다. 통일신라시대로 본격접어들어서 장경편구호가 소멸하였다. 직구호, 연결파수부골호, 세장경병 등의 신기종이 등장하여 유행하였다.

기존 통일신라토기의 다양한 양식 개념을 통한 시대구분론에 반하여 통일신라시대 토기를 규정하였다. 660년경 백제의 멸망기에 부여지역의 능산리사지, 정림사지 등과 670년경 경기도지역 유적에 유입된 신라 인화문토기의 양상을 근거로 하였다. 1열 3개 이상의 정형화된 마제형종장문 출현기를 본격적인 통일신라시대 인화문토기가 출현한 시기로 제안하였다. 또한, 이러한 토기의 형식 집합체를 양식으로 규정하고, 시대명을 부여한 통일신라양식토기로 규정하였다.

역연대 설정에 대해서는 신규자료를 제시하였고, 기존 연대자료를 활용하거나, 재검토하였다. 대외교섭 문물에 해당하는 중국도자와 일본출토 신라토기를 역연대 자료로써 비교, 검토하였다.

신라왕경지역에서 출토된 당삼채는 중국 낙양과 정주 일원에서 제작되어 삼채로드를 통해 8세기 전반경 통일신라의 중심부로 유입되었다. 이 무렵 신라는 인화문토기의 성행기가 도래하였다. 당도자의 특정적인 문양(운문, 사변화문 등)과 기형(외반구연완)의 한정된 수용은 전통적인 신라 고유 문화를 유지하면서 조화로운 외래문화의 수용일 것이다.

7세기 후반~8세기대 일본 奈良 飛鳥 · 藤原의 주요 도성 관련 유적에서 출토된 통일신라양식토기는 양 국가 차원의 사절단 왕래를 통해 반입되었다. 飛鳥京과 藤原京에서 平城京으로의 천도에 따른 도성 위치 변화와 통일신라양식토기의 공간적 출토 정황에 따른 토기의 변화는 서로 연동하였다. 7세기 후반의 통일신라양식토기 마제형종장문류 유행, 시문 A수법→8세기대 호선문(영락문)의 유행, 시문 C수법으로의 변화가 연속적으로 진행되었음을 시사하였다.

다음으로 새롭게 구축한 통일신라양식토기의 편년 결과를 토기의 생산과 소비 측면에서 물질문화의 변화 양상 파악에 활용하였다. 먼저 토기의 생산 관련이다. 신라후기 및 통일신라양식토기를 생산한 가마는 재래 삼국시대 전통을 지속적으로 유지하였다. 가마의 평면형태는 신라 인화문의 출현기 I 단계에 세장방형과 전함형의 세타원형, 타원형이 모두 확인되었다. 이후 나말여초기까지도 동일하게 조성하였다. 통일신라 가마의 가장 큰 특징은 Ⅷ단계(8세기 중엽) 이후에 기능적으로 발달된 화구 적석시설을 모두 갖추었다. 또한, 가마 오벽 상부에 타원형 돌출 연도부를 마련한 점도 특징적이다. 지방의 토기 요지를 기준으로 Ⅷ단계와 나말여초기에 가마의 크기가 대형화되었다. 통일신라토기의 생산 체제는 신라왕경의 관등을 가진 공인이 지방에 파견되어 생산에 관여하였다. 전업적인 토기 생산의 수공업 마을이 존재했을 것으로 유추되었다.

다음 편년의 활용으로 통일신라 묘제 변화와 획기를 제시하였다. 경주 동천동 고분군의 출토 유물에 적용하여 유적의 편년과 묘제 변화 양상을 파악하였다. 이곳 단위 유적 내 신라의 석실분 축조와 추가장은 통일신라양식토기 Ⅳ단계(7세기 후엽 후반)에 전반적으로 종료되었다. 추가장은 Ⅴ단계까지 일부 존속하였다. 이후 신라의 석실분은 거의 확인되지 않으며, Ⅶ단계(8세기 전엽)에 화장묘 관련 장골기가 추가되었다. 이러한 양상을 토대로 경주 신라왕경 전역에 분포하는 석실분 고분군을 점검하였다. 그 결과, 석실분의 조성은 공통적으로 Ⅴ단계(7세기 말)에 이르러 대부분 종료되었다. 이후 묘제 전환의 연속선상에서 인식할 수 있는 통일신라의 주 묘제는 화장묘이다. 석실분의 봉분이나 주변 인접한 곳에 화장묘 관련 장골기가 추가되거나 동일 유적 내 석실분 조성 이후 화장묘군으로 대체되었다. 주로 통일신라양식토기 Ⅴ단계 이후의 인화문유개완, 유개발, 유개직구호 등이 장골기로 사용되었다. 신라 석실분의 축조 종료 시기는 문무왕의 화장 시점(681년) 이후이며, 전국적으로 화장이 확산된 것과 연관되었다. 이 무렵 장골기 전용으로 새롭게 창안된 통일신라양식토기는 연결파수부골호가 있으며, 실생활용기로 겸용한 유개직구호도 있다.

통일신라의 새로운 묘제 유형으로 인식할 수 있는 유아묘가 이례적으로 확인되었다. 통일신라토기를 부장품으로 사용하였고, 석곽이나 瓦棺 등의 일정한 매장시설을 갖추었다. 무엇보다도 무덤 지역이 아닌 통일신라시대 왕경 내 실생활유적에서 유아묘가 확인된 점은 통일신라 매장 의례에 시사하는 바가 크다. 특히 건물지의 초석 가까이에 매장한 유아묘의 성격에 대해서 고려~조선시대 문헌기록에 등장한 재래의 민속관련 人柱說話와의 관련성을 제시하였다.

마지막으로 통일신라토기의 편년을 통해서 주거의 변화를 인식할 수 있었다. 통일신라왕경의 일반 생활 가옥에는 수혈식 주거지가 있다. 이 주거지의 상층과 내부에 초석식 건물지가 중첩 조성되는 양상은 주거의 연속적인 변화이다. 내부에서 출토된 통일신라양식토기로 볼 때 Ⅴ~Ⅵ단계 이후에 주거 변화의 공통적인 획기를 구할 수 있다. 이것은 문헌기록상 7세기 말에 진행된 국가 주도의 대규모 신라왕경 도시 정비사업과 관련된 것으로 이해하였다.

참고문헌

1. 국문 도록 · 단행본

慶北大學校博物館, 1988, 『慶北大學校博物館圖錄』.

國立慶州博物館, 2002, 『文字로 본 新羅』.

국립대구박물관, 2004, 『우리 문화속의 中國 陶磁器』.

국립부여문화재연구소, 2008b, 『백제문화를 찾아서』.

국립부여박물관, 1998, 『중국낙양문물명품전』.

국립중앙박물관, 2013, 『이슬람의 보물』.

國立淸州博物館, 1989, 『韓國出土中國磁器特別展』.

국사편찬위원회, 1998, 『한국사9 통일신라』.

權悳永, 1997, 『古代韓中外交史-遣唐使研究-』.

김종만, 2004, 『사비시대 백제토기 연구』, 서경.

동국대학교 경주캠퍼스박물관, 1992, 『東國大學校 慶州캠퍼스 博物館圖錄』.

동국대학교박물관, 2006, 『소장품도록』.

마이클 오브라이언 · 리 라이맨 · 성춘택, 2009, 『다윈 진화고고학』, 나남.

朴方龍, 2013, 『新羅 都城』, 학연문화사.

숭실대학교, 2004, 『숭실대학교 한국기독교박물관』.

정현숙, 2016, 『신라의 서예』, 도서출판 다운샘.

주보돈, 2020, 『신라왕경의 이해』, 주류성.

중앙일보사, 1996, 『韓國의 美』⑤.

찰스 다윈 · 홍성표, 2007, 『종의 기원』, 홍신문화사.

崔秉鉉, 1992b, 『新羅古墳硏究』, 一志社.

최병현, 2021, 『신라6부의 고분연구』, 사회평론아카데미.

타니하타 미호 · 스즈키 타카오 · 김수환, 2010, 『고고학을 위한 고인골조사연구법』.

홍보식, 2003, 『新羅 後期 古墳文化 硏究』.

홍보식 · 이동헌 · 박달석 · 이인숙 · 문지원, 2013, 『통일신라시대 역연대 자료집』, 학연문화사.

『高麗史』.

『法苑珠林』.

『三國史記』.

『三國遺事』.

『朝鮮王朝實錄』.

2. 국문 논문

강경숙, 2000, 「2. 경주배동출토〈拜洞土器骨壺〉」, 『한국도자사의 연구』.

康昌和, 1999, 「統一新羅土器의 變遷에 대한 연구」, 『인류학연구』 제9집.

강현숙, 1996, 「경주에서 횡혈식 석실의 등장에 대하여」, 『신라고고학의 제문제』, 제25회 한국고
　　　고학전국대회, 韓國考古學會.

공봉석, 2014, 「신라의 주거와 취락」, 『신라고고학개론』 上.

龜井明德, 1990, 「越州窯 靑磁의 編年的 考察」, 『韓國 磁器 發生에 關한 諸問題』, 第1會 東垣紀念
　　　學術大會.

김대욱, 2007, 「6~7세기 경산지역 석실묘의 전개 양상」, 『嶺南考古學』 41, 嶺南考古學會.

김영원, 2004, 「한반도 출토 중국 도자」, 『우리 문화속의 中國 陶磁器』, 국립대구박물관.

김인규, 2006, 「한국출토의 당대도자기(唐代陶磁器)에 대한 고찰」, 『한국도자학연구』 3권2호.

金斗喆, 2015, 「編年 · 分期에서의 型式學的 접근 사례에 대한 비판적 검토」, 『考古廣場』 17, 釜山
　　　考古學硏究會.

金斗喆, 2017, 「三國時代 地域樣式 土器 硏究의 사례 검토 -型式學的 屬性分析法의 비판에 대한
　　　반론에 답함」, 『考古廣場』 17, 釜山考古學硏究會.

金文經, 1969, 「在唐 新羅人의 集落과 그 構造 -入唐求法巡禮行記를 중심으로」, 『李弘稙博士回甲
　　　紀念韓國史學論叢』, 신국문화사.

김석기, 2013, 『慶州 出土 統一新羅 後期 壺에 關한 연구』, 경주대학교 대학원 석사학위논문.

김영원, 2004, 「한반도 출토 중국 도자」, 『우리 문화속의 中國 陶磁器』, 국립대구박물관.

金元龍·李鍾宣, 1977, 「舍堂洞 新羅土器窯址 調査 略報」, 『文化財』 11號, 文化財管理局.

김원룡, 1985, 「統一新羅土器」, 『韓國史論』 15.

김용성, 2016, 「제4장 중고기·통일기의 유적과 유물, 2. 고분」, 『신라의 유적과 유물』 제20권, 경상북도.

김인규, 2007, 「한국출토의 당대도자기(唐代陶磁器)에 대한 고찰」, 『한국도자학연구3』, 한국도자학회.

金載悅, 2001, 「통일신라 도자기의 대외교섭」, 『統一新羅 美術의 對外交涉』, 第7回 全國美術史學大會, 한국미술사학회.

김재철, 2007, 「경상도의 고대토기가마연구」, 『啓明史學』 第十五輯, 啓明史學會·啓明大史學科.

김재철, 2011, 「韓國 古代 土器窯 變遷 研究」, 慶北大學校 文學碩士學位論文.

김주호, 2018, 「新羅 印花文土器의 發生 背景」, 『문물』 제8호.

김종만, 2006, 「부소산성의 토기」, 『扶蘇山城을 다시본다』, 부여군백제신서, 주류성출판사.

金賢晶, 2002, 「陵山里寺址 出土 印花文土器에 대한 檢討」, 『國立公州博物館紀要』 2輯.

金鎬詳, 2003, 「慶州李氏 始祖誕降址의 再檢討」, 『慶州文化』 제9호.

郭種喆, 1988, 「編年標作成을 위한 방법적 사례의 정의」, 『古代研究』 第1輯.

류기정, 2007, 「土器 生産遺蹟의 調査 現況과 研究 方向」, 『선사·고대 수공업 생산유적』, 第50回 全國歷史學大會 考古學部 發表資料集, 韓國考古學會.

류환성, 2014, 「경주 명활성의 발굴성과와 향후과제」, 『韓國城郭學會』.

朴廣春, 1997, 「數理 形式學의 摸索」, 『嶺南考古學』 20, 嶺南考古學會.

朴達錫, 2012, 『統一新羅時代 沙伐州 伏龍洞聚落과 地方都市構造 研究』, 釜山大學校 碩士學位論文.

박미현, 2019, 『경주지역 신라 병 연구』, 부산대학교 대학원 석사학위논문.

박미현, 2021, 「경주지역 삼국~통일신라시대 瓶 편년과 전개 양상」, 『嶺南考古學』 90, 嶺南考古學會.

朴淳發, 1998, 「遺物에 대한 考察(土器·磁器)」, 『聖住寺』, 保寧市·忠南大學校博物館.

朴淳發, 2000, 「羅末麗初 土器 編年 豫考」, 『韓國 古代史와 考古學』, 學研文化社.

박주영, 2014, 『경주지역 신라 부가구연병 편년과 전개』, 동국대학교 대학원 석사학위논문.

박진혜, 2014, 「경주지역 횡혈식석실묘 연구」, 『考古廣場』 15, 釜山考古學研究會.

변영환, 2007a, 『羅末麗初土器 研究』, 忠南大學校 大學院 碩士學位論文.

변영환, 2007b, 「주름문병에 대한 試考」, 『研究論文集』 第3號, 中央文化財研究院.

文明大, 1981, 「金泉 葛項寺 石佛坐像의 考察」, 『東國史學』 15 · 16.

山本孝文, 2007, 「印花文土器의 發生과 系譜에 대한 試論」, 『嶺南考古學』 41, 嶺南考古學會.

신경철, 1985, 「고찰」, 『金海禮安里古墳群 I』.

서영남, 2003, 『嶺南地域 三韓 · 三國時代 幼兒墓 研究』, 경북대학교 대학원 문학석사학위 논문.

성춘택, 2003, 「다위니즘과 진화고고학의 원칙」, 『湖南考古學報』 17, 湖南考古學會.

宋基豪, 1997, 「舍堂洞 窯址 출토 銘文資料와 통일신라 지방사회」, 『韓國史研究』 99.

安在晧, 2006, 「彌生 前期 中型壺의 編年」, 『石軒 鄭澄元教授 停年退任記念論叢』, 釜山考古學研究會 · 論叢刊行委員會.

安在晧, 2016, 「型式學的屬性分析法의 理解」, 『考古廣場』 18, 釜山考古學研究會.

梁時恩, 2003, 「한강유역 출토 고구려토기의 제작기법」, 『韓國考古學報』 49, 韓國考古學會.

尹武炳, 1978, 『扶餘定林寺址蓮池遺蹟發掘報告書』, 忠南大學校博物館.

尹相悳, 2001, 『6~7世紀 新羅土器 相對編年 試論』, 서울大學校 碩士學位論文.

尹相悳, 2004, 「통일신라시대 토기의 연구현황과 과제」, 『통일신라시대고고학』, 韓國考古學會, 제28회 한국고고학전국대회.

윤상덕, 2010, 「6~7세기 경주지역 신라토기 편년」, 『한반도 고대문화속의 울릉도-토기문화』, 동북아역사재단연구총서.

李東憲, 2005, 「雲文이 施文된 統一新羅 印花文土器 檢討」, 『佛教考古學』 第5號.

李東憲, 2008a, 『印花文 有蓋盌 研究 -慶州地域 出土遺物을 中心으로-』, 釜山大學校 碩士學位論文.

李東憲, 2008b, 「印花文 有蓋盌 相對編年」, 『考古廣場』 2, 釜山考古學研究會.

李東憲, 2010, 『永川 沙川里窯址 出土 印花文土器』, 釜山大學校 考古學科 創設20周年 記念論文集.

李東憲, 2011, 「統一新羅 開始期의 印花文土器 -曆年代 資料 確保를 위하여」, 『韓國考古學報』 81, 韓國考古學會.

李東憲, 2013, 「경주 화곡리 생산유적과 신라왕경의 요업 신라토기 연구의 새 지평을 열다」, 『경주 화곡리 출토 통일양식토기 문양 도상의 변화』, 성림문화재연구원 개원 10주년기념 학술대회.

이동헌, 2016, 「영암도기박물관 소장 통일신라 인화문연결파수부골호」, 『原禪 김대환 컬렉션』, 영암군.

이동헌, 2018, 「통일신라토기와 형식학적 연구」, 『형식학의 문제』 제27회 정기학술발표회, 영남고고학회.

이동헌, 2019a, 「통일신라토기와 당도자로 본 나당교류」, 『新羅文化』 제54輯.

이동헌, 2019b,「토기로 본 동천동 고분군의 편년과 제양상」,『경주 동천동 고분군의 조사 성과와 과제』, 한국문화재재단.

이동헌, 2020,「후기양식토기와 통일신라양식토기의 편년」,『가야토기와 신라토기 편년 & 분포』, 국립김해박물관 · 부산대학교박물관.

이상복, 2011,「중서부지역 통일신라시대 수혈주거지의 분류와 편년」,『中央考古硏究』第9號, 中央文化財硏究院.

李相俊, 2000,「嶺南地方의 土器窯」,『도자(陶瓷)고고학을 향하여』, 제29회 한국상고사학회 학술발표대회자료집.

이상준, 2004,「통일신라시대의 생산유적-토기, 기와, 철 · 철기, 유리」,『통일신라시대의 고고학』, 제28회 한국고고학전국대회, 한국고고학회.

이성주, 2008,『토기연구법』, 도서출판 考古.

이송란, 2009,「통일신라에 수입된 중국도자의 성격」,『신라사학보』15, 신라사학회.

이은석, 2016,「7세기대 신라 가옥구조에 대한 고찰」,『신라사학보』37, 신라사학회.

李殷昌, 1982,『新羅伽倻土器窯址』學術調査報告 第1冊, 曉星女子大學校博物館.

李姃恩, 2011,「慶州地域 出土 唐三彩 小考」,『新羅文物研究』5.

李知禧, 2014,『統一新羅時代 鉛釉陶器 研究』, 忠北大學校 大學院 碩士學位論.

이창희, 2006,「三溪洞遺蹟 統一新羅時代 窯址 出土 土器에 대한 小考」,『金海 三溪洞 遺蹟』.

이혜정, 2013,「경주지역 횡혈식 석실의 등장과 전개」,『嶺南考古學報』67, 嶺南考古學會.

李熙濬, 1983,「形式學的 方法의 問題點과 順序配列法의 檢討」,『韓國考古學報』14 · 15, 韓國考古學會.

이희준, 1992,「경주 錫杖洞 東國大 構內 出土 骨壺 -중국청자가 반출된 예-」,『嶺南考古學』11, 嶺南考古學會.

이희준, 1994,「부여 정림사지 蓮池 유적 출토의 신라 인화문토기」,『韓國考古學報』31, 韓國考古學會.

이희준, 2010,「신라왕경(안압지 동편) 발굴조사」,『年報』제21호, 국립경주문화재연구소.

林永周, 1983,「韓國 美術 樣式의 흐름」,『韓國紋樣史』, 미진사.

鄭吉子, 1989,『新羅時代의 火葬骨藏用土器 研究』, 崇實大學校 大學院 博士學位論文.

廷敏洙, 2004,「7世紀 東아시아 정세와 倭國의 對韓政策」,『新羅文化』제24輯.

重見泰, 2004,「新羅 印花文土器 研究의 文樣論 再考」,『한 · 일 교류의 고고학』, 영남고고학회 · 구주고고학회, 제6회 합동고고학대회.

조성윤, 2018,「고고자료로 본 신라육부(新羅六部)의 범위와 성격」,『신라문화유산연구』제2호.

차순철, 2008, 「통일신라시대의 화장과 불교와의 상호관련성에 대한 고찰」, 『문화재』 제41권, 국립경주문화재연구소.

崔孟植, 1991, 「統一新羅 줄무늬 및 덧띠무늬 토기병에 관한 小考」, 『文化財』 第二十四號, 文化財管理局.

최상태, 2013, 「경주 화곡리 유적의 조사 개요와 성과」, 『경주 화곡리 생산유적과 신라왕경의 요업 신라토기 연구의 새 지평을 열다』, 성림문화재연구원 개원 10주년기념 학술대회.

崔秉鉉, 1987, 「新羅後期樣式土器의 成立 試論」, 『三佛金元龍敎授停年任記念論叢』 I, 考古學 篇.

崔秉鉉, 1992a, 「新羅·伽倻의 考古學-研究史的 檢討」, 『國史館論叢』 第33輯.

최병현, 2011, 「신라후기양식토기의 편년」, 『嶺南考古學報』 59, 嶺南考古學會.

崔秉鉉, 2012, 「경주지역 신라 횡혈식석실분의 계층성과 고분 구조의 변천」, 『韓國考古學報』 83, 韓國考古學會.

崔盛洛, 1984, 「韓國考古學에 있어서 型式學的 方法의 檢討」, 『韓國考古學報』 16, 韓國考古學會.

최지혜, 2010, 『영남지역 고대 유아묘를 통해 본 사회적 위계화』, 영남대학교 대학원 문학석사학위논문.

최철희, 2003, 『고려시대 질그릇의 형식분류와 변천과정 -병·호·대옹을 중심으로-』, 한신대학교 대학원 석사학위논문.

韓道植, 2009, 「慶州 花谷里 火葬墓」, 『新羅文物研究』 3, 국립경주박물관.

황인호, 2016, 「6~8세기 新羅 都城의 都市計劃과 陵墓域의 변천 연구」, 『한국고고학보』 101, 한국고고학회.

한정호, 2011, 「통일신라시대 蠟石製舍利壺의 발생과 전개에 대한 고찰」, 『古文化』 77.

韓惠先, 2014, 『高麗時代 陶器 研究』, 梨花女子大學校 大學院 博士學位論文.

洪潽植, 2001, 『6~7世紀代 新羅古墳 研究』, 釜山大學校 史學科 博士學位論文.

홍보식, 2004, 「統一新羅土器의 上限과 下限-연구사 검토를 중심으로-」, 『嶺南考古學』 34, 嶺南考古學會.

홍보식, 2005, 「통일신라 연결고리유개호의 발생과 전개」, 『韓國上古史學報』 第50.

洪潽植, 2007a, 「新羅의 火葬墓 受容과 展開」, 『韓國上古史學報』 58, 韓國上古史學會.

洪潽植, 2007b, 「日本 出土 新羅土器의 曆年代 -7세기대 신라토기와 須惠器의 竝行關係」, 『한일 삼국·고분시대의 연대관(II)日韓古墳·三國時代의 年代II)』, 釜山大學校博物館.

홍순창, 1973, 「새로 發掘發見된 遺蹟과 遺物」, 『嶺南史學』 3, 영남대학교 사학과.

황종현, 2020, 『신라 횡혈식석실묘의 수용과 전개』, 계명대학교 대학원 박사학위논문.

3. 국문 보고서

국립경주박물관, 1985, 『傳閔哀王陵周邊整備報告』.

國立慶州博物館, 1990, 『慶州月城路古墳群』.

國立慶州博物館·慶州市, 1993, 『慶州 隍城洞 石室墳』.

국립경주박물관, 1994, 「경주 동천동 수습조사 보고」, 『국립경주박물관연보』.

國立慶州博物館, 2002, 『國立慶州博物館敷地內 發掘調査報告書-美術館敷地 및 連結通路敷地』.

國立慶州博物館, 2003, 『慶州仁旺洞遺蹟-협성주유소부지』.

국립경주박물관, 2007, 『味呑寺址』.

國立中央博物館, 2008, 『鬱陵島』.

慶尙北道文化財研究院, 2002, 『金泉 大聖里窯址 發掘調査報告書』.

경상북도문화재연구원, 2016, 『영천 녹전동 유적Ⅱ-B~E구역』.

慶州大學校博物館, 2009, 『慶州 東川洞 古代 都市遺蹟-慶州市 宅地造成地區 內 7B/L-』.

慶州文化財研究所, 1995, 『乾川休憩所新築敷地 發掘調査報告書』.

慶州文化財研究所, 1998, 「慶州 芳內·棗田里 古墳群」, 『文化遺蹟發掘調査報告(緊急發掘調査報告書Ⅲ)』.

계림문화재연구원, 2013a, 『경주 동천동 산13-2번지 유적』.

계림문화재연구원, 2013b, 『경주 신당리 산7번지 내 1호 석실분』.

國立慶州文化財研究所, 1996a, 『慶州芳內里古墳群』.

國立慶州文化財研究所, 1996b, 『財買井址發掘調査報告書』.

國立慶州文化財研究所, 2002, 『新羅王京 皇龍寺址 東便 S1E1地區』.

國立慶州文化財研究所, 2003a, 『慶州月山里古墳群』.

國立慶州文化財研究所, 2003b, 『慶州 皇南洞 新羅建物址-194-11·12番地 大陵園化粧室 新築敷地-』.

國立慶州文化財研究所, 2004a, 『慶州蓀谷洞·勿川里遺蹟』.

國立慶州文化財研究所, 2004b, 『慶州 天官寺址』.

國立慶州文化財研究所·慶州市, 2005, 『慶州隍城洞石室墳 906-5番地』.

國立慶州文化財研究所, 2006, 『月城垓字』發掘調査報告書Ⅱ.

國立慶州文化財研究所, 2007, 『新羅古墳 基礎學術調査研究Ⅲ』.

國立慶州文化財研究所·慶州市, 2008, 『慶州 九黃洞 皇龍寺址展示館 建立敷地內 遺蹟[九黃洞苑池 遺蹟]』.

國立慶州文化財研究所·慶州市, 2009, 『慶州 皇南洞 大形建物地-皇南洞 123-2番地 遺蹟』.

國立慶州文化財研究所, 2011, 『慶州 獐山古墳群 分布 및 測量調査報告書』.

國立文化財研究所, 1996,『扶蘇山城發掘調査報告書』.

國立夫餘文化財研究所, 1997,『扶蘇山城-發掘調査 中間報告Ⅱ』.

國立夫餘文化財研究所, 1999a,『扶蘇山城』.

國立夫餘文化財研究所, 1999b,『扶蘇山城-發掘中間報告書Ⅲ』.

國立夫餘文化財研究所, 2000,『扶蘇山城-發掘中間報告書Ⅳ』.

國立夫餘文化財研究所, 2003,『扶蘇山城-發掘調査報告書Ⅴ』.

국립부여문화재연구소, 2008a,『陵寺-부여능산리사지 10차 발굴조사보고서』.

국립부여문화재연구소, 2009,『夫餘 官北里百濟遺蹟 發掘報告Ⅳ-2008年 調査區域-』.

國立夫餘博物館, 2000,『陵寺』.

국립부여박물관, 2007,『陵寺』.

국립부여박물관, 2010,『백제 중흥을 꿈꾸다 능산리사지』.

금오문화재연구원, 2020,『경주 동천동 343-4번지 유적』.

금오문화재연구원, 2021,「경주 중심상가 주차타워 건립공사부지 내 유적 매장문화재 정밀발굴
　　　조사 약식보고서」.

대구카톨릭대학교박물관, 2010a,『경주 근화여중고 신축부지 내 慶州 龍江洞 古墳Ⅰ(第1區間)』.

대구카톨릭대학교박물관, 2010b,『경주 근화여중고 신축부지 내 慶州 龍江洞 古墳Ⅱ(第2區間)』.

덕난문화유산연구원, 2020,『경주 노서동 176-32번지 외 2필지 공동주택신축부지 내 유적』.

東國大學校 慶州캠퍼스博物館, 2002,『慶州 皇南洞376統一新羅時代 遺蹟』.

東國大學校 慶州캠퍼스博物館, 2004,『錫杖洞遺蹟Ⅳ』.

東國大學校 慶州캠퍼스博物館, 2005,『王京遺蹟Ⅲ-慶州市 東川洞 7B/L遺蹟』.

東國大學校 慶州캠퍼스博物館, 2013a,『慶州 路西洞 181-4番地 遺蹟』.

東國大學校 慶州캠퍼스博物館, 2013b,『慶州 城乾洞 350-1番地 遺蹟』.

동국문화재연구원, 2013,『상주 구잠리 토기요지』.

동국문화재연구원, 2016,「3. 경주 동천동 357번지 유적」,『2014년 소규모 발굴조사 보고서ⅩⅣ-
　　　경북2-』, 한국문화재재단.

東西文物研究院, 2009,『固城 西外里 遺蹟』.

東亞大學校 博物館, 1999,『金海龜山洞遺蹟』.

文化財管理局 文化財研究所, 1977,『雁鴨池 發掘調査報告書』.

文化財管理局 文化財研究所, 1984,『皇龍寺 遺蹟發掘調査報告書Ⅰ』.

文化財管理局 文化財研究所, 1985,『皇南大塚 北墳發掘調査報告書』.

文化財管理局 文化財研究所, 1993,『皇南大塚 南墳發掘調査報告書』.

文化財研究所·慶州古蹟發掘調査團, 1990a,『慶州龍江洞古墳』.

文化財研究所·慶州古蹟發掘調査團, 1990b,『月城垓字 發掘調査報告書Ⅰ』.

釜山大學校博物館, 1983,『蔚州華山里古墳群』.

釜山大學校博物館, 2006,『金海三溪洞遺蹟』.

釜山直轄市立博物館, 1990,『釜山 杜邱洞 林石遺蹟』.

夫餘文化財研究所, 1995,『扶蘇山城-發掘調査中間報告』.

嶺南文化財研究院·韓國通信, 1999,『慶州 城東洞 386-6番地 生活遺蹟』.

嶺南文化財研究院, 2004a,『慶州 東川洞 793番地遺蹟』.

嶺南文化財研究院, 2004b,『慶州 城乾洞342-17番地遺蹟』.

嶺南文化財研究院, 2005,『慶州 舍羅里525遺蹟』.

嶺南文化財研究院, 2006,『達成 鋤齊里遺蹟』.

嶺南文化財研究院, 2009a,『慶州 芳內里 古墳群』.

嶺南文化財研究院, 2009b,『尙州 伏龍洞 230-3番地 遺蹟』.

嶺南文化財研究院, 2010,『慶州 隍城洞 575番地 古墳群』.

嶺南文化財研究院, 2012,『慶州 花川里 山251-1遺蹟 Ⅲ』.

嶺南大學校 民族文化研究所, 2001,『尙州 九潛里 토기가마』.

蔚山文化財研究院, 2015,『慶州光明洞山81-1遺蹟』.

聖林文化財研究院, 2012a,『慶州 花谷里 生産遺蹟』.

聖林文化財研究院, 2012b,『慶州 檢丹里 山38番地 遺蹟』.

小田裕樹(오다 유키), 2010,「한일 고대火葬墓의 비교연구 -일본 고대火葬墓의 系譜를 둘러싸고-」,
    『韓日文化財論集Ⅱ』, 국립경주문화재연구소·나라문화재연구소.

신라문화유산연구원, 2014,『경주 인왕동 왕경유적Ⅱ-국립경주박물관 남측부지(2차) 발굴조사』.

신라문화유산연구원, 2017a,『경주 황성동 590번지 유적Ⅴ』.

신라문화유산연구원, 2017b,『경주 인왕동 898-9번지 유적』.

세종문화재연구원, 2017,『慶州 檢丹里 山38-3番地 遺蹟』.

尹武炳, 1987,『夫餘定林寺址蓮池遺蹟發掘報告書』, 忠南大學校博物館.

梨花女子大學校博物館, 1988,『靈岩 鳩林里土器窯址發掘調査』.

우리문화재연구원, 2016,『2016年度 小規模 發掘調査 報告書 釜山 久瑞洞 土器가마 遺蹟』.

中央文化財研究院, 慶州市, 2008,『慶州 蘿井』.

中央文化財研究院, 2008b,『慶州 花山里遺蹟』.

천년문화재연구원, 2018,『경주 동산리 산36-1번지 유적』.

清道郡·中央僧伽大學校 佛教史學研究所·東國大學校 慶州캠퍼스 博物館, 1998,『清道 新院里
    土器窯址』.

忠南大學校博物館, 1998,『聖住寺』.

통일문화유산연구원, 2021, 「경주 사정동 114-21번지 단독주택 신축공사 부지 내 문화재 정밀발
　　　굴조사 약보고서」.

韓國文化財保護財團・慶州市, 2002,『慶州 隍城洞 遺蹟-537-4蕃地 發掘調査 報告書-』.

한국문화재보호재단, 2003,『慶州 北門路 王京遺蹟』試・發掘調査報告書.

韓國文化財保護財團, 2004a,『慶州 蓀谷洞・勿川里遺蹟-慶州 競馬場豫定敷地 C-Ⅰ地區』.

韓國文化財保護財團, 2004b,『蔚山 芳里遺蹟(Ⅱ)』.

韓國文化財保護財團・慶州市, 2005,『慶州 隍城洞 遺蹟Ⅲ-江邊路3-A工區開設區間內 發掘調査
　　　報告書-』.

韓國文化財保護財團, 2008,『浦項 院洞 2地區 遺蹟』.

韓國文化財保護財團, 2009,『慶州 栗洞 1108番地 古墳群 發掘調査 報告書』.

한국문화재보호재단, 2013, 「4. 경주 동천동 354번지 유적」,『2011년 소규모 발굴조사 보고서Ⅶ-
　　　경북2-』.

한국문화재재단, 2018, 「56. 경주 율동 산3-19번지 유적」,『2018년 소규모 발굴조사 보고서』.

한국문화재재단, 2021a, 「48. 경주 동천동 373번지 유적」,『2019년 소규모 발굴조사 보고서』.

한국문화재재단, 2021b, 「소규모 국비지원 발굴조사 약식보고서 -경주 동천동 348-7번지 단독주
　　　택 신축부지 내 유적-」.

한국토지주택공사 토지주택박물관 경기문화재단, 2010,『南漢行宮址 第7・8次調査報告書』.

한국토지주택공사 토지박물관 경기도, 2002,『南漢山城 發掘調査報告書』.

漢陽大學校・河南市, 1998,『二聖山城 <五次發掘調査報告書>』.

漢陽大學校博物館・河南市, 2000a,『二聖山城 7次發掘調査報告書』.

漢陽大學校博物館・河南市, 2000b,『二聖山城 第8次發掘調査報告書』.

漢陽大學校博物館・河南市, 2002,『二聖山城 9次發掘調査報告書』.

漢陽大學校博物館・河南市, 2003,『二聖山城 10次發掘調査報告書』.

漢陽大學校博物館・河南市, 2006,『二聖山城 11次發掘調査報告書』.

한울문화재연구원, 2015,『경주소현리유적Ⅰ』.

한빛문화재연구원, 2018,『경주 조전리~율동유적Ⅰ-방내리고분군』.

4. 일문 문헌

江浦 洋, 1988, 「日本出土の統一新羅系土器とその背景」,『考古學雜誌』第74卷, 第2号.

高正龍, 2000,「葛項寺石塔と舍利容器 -8世紀中葉の新羅印花文土器-」,『朝鮮古代研究』第2号, 朝鮮古代研究刊行會.

宮川禎一, 1988a,「新羅陶質土器研究の一觀點 -7世紀代を中心として-」,『古代文化』40-6.

宮川禎一, 1988b,「文樣からみた新羅印花文陶器の變遷」,『高井悌三郎先生喜壽記念論集, 歷史學と考古學』, 高井悌三郎先生喜壽記念事業會.

宮川禎一, 1991,「宗像市相原2号墳出土新羅土器の再檢討 -初期印花文陶器の文樣系譜-」,『地域相研究』第20号上卷.

宮川禎一, 1993,「新羅印花文陶器變遷の 劃期」,『古文化談叢』第30集(中).

宮川禎一, 2000,「新羅印花文土器の文樣分析 -慶州雁鴨池出土土器の檢討-」,『朝鮮古代研究』第2号, 朝鮮古代研究刊行會.

宮川禎一, 1989,「新羅連結把手付骨壺の變遷」,『古文化談叢』, 第20 集發刊記念論集(中), 九州古文化研究會.

奈良國立文化財研究所, 1997,『平城京左京七條一坊十五・十六坪 發掘調査報告』.

奈良文化財研究所, 2002,『日中古代都城圖錄』.

奈良文化財研究所, 2003,『鞏義黄冶唐三彩』, 奈良文化財研究所史料 61.

奈良文化財研究所, 2010,『河南省鞏義市黄冶窯跡の發掘調査概報』, 奈良文化財研究所研究報告 2.

大阪府教育委員會・(財)大阪府文化財調査研究センター, 1996,『太井遺蹟』.

獨立行政法人文化財研究所, 2006,『黄冶唐三彩窯の考古新發見』, 奈良文化財研究所史料 73.

白井克也, 1995,「九州大學考古學研究室所藏新羅土器・綠釉陶器 -九州帝國大學國史學研究室の慶州における採集資料(1)-」,『九州考古學』第70号, 九州考古學會.

五島美術館, 1998,『日本の三彩と綠釉』.

有光敎一, 1937,『慶州忠孝里石室古墳調査報告』, 昭和七年度 古蹟調査報告 第二冊.

山田 隆文, 2010,「日本の都城制と新羅金京研究」,『韓國의 都城』, 국립경주문화재연구소 외.

西弘海, 1978,「7世紀の土器の時期區分と型式變化」,『飛鳥・藤原宮發掘調査報告Ⅱ』.

小田富士雄, 1978,「對馬・北部九州發見の新羅系陶質土器」, 古文化談叢, 第5輯.

小學館, 1979,『世界陶磁全集』11.

田中琢, 1978,「型式學の問題」,『日本考古學を學ぶ』1, 有斐閣選書.

川越俊一, 2000,『藤原京條坊年代考』.

齋藤忠, 1936,「新羅火葬骨壺考」,『考古學論叢』第二輯(吉川弘文館,『新羅古文化論攷』, 1973年修正所收).

重見泰, 2005,「7~8世紀新羅土器研究の課題と大和出土資料の檢討」,『研究紀要』第10集.

重見泰, 2012,『新羅土器からみた日本古代の國家形成』, 學生社.

朝鮮總督府, 1916,『朝鮮古蹟圖譜』三.

朝鮮總督府, 1917,『朝鮮古蹟圖譜』五.

出光美術館, 1976,『開館10周年記念圖錄』.

韓炳三, 1979,「統一新羅時代の土器」,『世界陶磁全集』17, 韓國古代, 小學館.

5. 중문 문헌

權奎山, 2011,「江西豊城洪州窯瓷器的裝飾技法與內容」,『陳昌蔚紀念論文集』5.

冀东山, 2006,『神韵与辉煌 陝西歷史博物館國寶鉴赏』, 三秦出版社.

金英美, 2011,「芙于韓國出土的唐三彩的性質」,『中國鞏義窯』, 北京藝術博物館.

文物出版社, 2006,『中國陶瓷史』.

北京大學中國考古學硏究, 2018,『丰城洪州窑址』, 文物出版社.

陝西省考古研究所, 2004,『唐节愍太子發掘報告』.

申浚, 2011,「韓國出土唐三彩」,『中國鞏義窯』, 北京藝術博物館.

呂建中, 2010,『西安大唐西市博物館』.

王刘纯, 2013,『洛阳祈年墓研究』, 大象出版社.

浙江省博物馆编, 2000,『浙江紀年瓷』.

中國陶瓷全集編纂委員會, 2000,『中國陶瓷全集6 唐 五代』, 上海人民美術出版社.

河南省鞏義市文物保護管理所, 2000,『黃冶唐三彩窯』, 彩版46.

부록

인화문토기 문양 공반 분석 대상과
신라후기 및 통일신라양식 토기류 출처표

<부록-표 1> 다변화문(F)과 공반문양 속성표

기종	유적	문양 (F/종)	보고서 도면(유물) 번호	기종	유적	문양 (F/종/P/단1,2)	출처 도면(유물) 번호
완	북문로	F1a/M1	355	개	재매정지	F5/N4b	51-6
개/완	숭실대학교 박물관 소장	F1a/M1	150p-161	개	북문로	F3/P	850
완	북문로	F1a/W1	1063	완	황룡사지동편 S1E1	F4/P	102
개	황남동 신라건물지	F1a/W1	6-2	개	동천동7B/L	F4/P	178p-2-34
개	재매정지	F1b/N1	51-7	개	동천동793	F4/P	6-5
완	북문로	F1b/N1b	1064	완	용강동고분	F1a/M1	37-5
개	황남대총북분	F1b/N2	44-2	완	황성동석실분	F1b/N1b	20-1
개	황성동906-5	F1b/N1b	15-1	완		F1b/M1	20-11
완	북문로	F1b/N2b	1112	개		F1b/M1	24-1
완		F1b/N2	1113	개		F1b/M1	24-2
완		F1b/W2	284	개	성건동342-17	F1b/N1	16-4

기종	유적	문양 (F/종)	보고서 도면(유물) 번호	기종	유적	문양 (F/종/P/단1,2)	출처 도면(유물) 번호
개	황룡사지동편 S1E1	F1b/N2	20	개	황오동소방도로	F1b/M2	115
개		F1b/N2b	60	완		F1b/M2	213
완	북문로	F2/N2	1255	완		F1b/N2b	214
완	황룡사지동편 S1E1	F3/N2b	18	완		F2/W2	157
개		F2/N2b	237	완	월성해자Ⅱ	F1a/M1	279-6
완		F2/N2	34	개	황성초등학교	F1b/M1	37
개	북문로	F2/N3b	1598	개	인왕동556·566	F1b/N1	26-7
개		F2/N3	401	완	황오동118-6	F1b/N2b	29-12
완	황룡사지동편 S1E1	F2/N3b	20	완		F2/N2	8-3
개	북문로	F3/W2	1595	완		F3/N3b	8-4
개	동국대학교 박물관 소장	F3/W2b	(이동헌, 2008)- 125P, 도54-2	개	경주박물관부지	F2/N3	93-4
완	북문로	F3/N2	1301	완	황룡사지동편 S1E1	단2(F4)	115
개		F3/N3	661	완		단2(F4)	112
개	황룡사지동편 S1E1	F3/N3b	238	완		단2(F5)	113
완	황남대총북분	F3/N4b	44-6	완		단2(F5)	114
완	북문로	F3/N4b	1323	완	동천동7B/L	단2(F5)	253p-2-56 이동헌(2008)- 125P, 도54-2

<부록-표 2> 매미형문(C)과 공반문양 속성표

기종	유적	구연속성	문양 (C/종, 호, 단O, 단2)	출처 도면(유물)번호
유개완	숭실대학교박물관	II 3	C1/M1	150p-161
개	북문로	?	C2/N2	654
완	황룡사지동편S1E1	III	C3/N3b	81
완	황오동330	III	C4/N3b	25-1
개	북문로	4	C4/O3	279
완	동천동793	V	C5/O4b	7-14
완	북문로	V	C4/호OO	445
개	황룡사지동편S1E1	6	C5/호JJ	265
개	성동동386-6	6	C5/호	138-4
개	북문로	6	C5/호OJ	913
개	북문로	4	C2/단O2	21
개	동천동791	6	C3/J2	115
완	북문로	IV	C3/J2	163
완	서부동4-1	IV	C3/J2	9-2
완	안압지	V	C5/J2	142
완	안압지	II	C3/J2b	28
호	용강동원지	·	C5/P	73-9
병	황남동376	·	C3/호OS	103
병	황룡사지동편S1E1	·	C5/P/호JJ	537
호	동천동7B/L	·	C5/P	275p-87
완	동천동7B/L	·	C5(단2)	272p-60
호	국립경주박물관부지	·	C5/p/호JS	35-2
Ⅲ	황성초등학교강당부지	·	C5/단2	43
호	안압지	·	C4/N3b	143
병	안압지	·	C4/J2,O3	134
병	서부동4-1	·	C4/J2	19-12
파수부완	분황사	·	C5/N4b	1126

<부록-표 3> 운문(Q)과 공반문양 속성표

기종/구연속성	유적	문양(Q/종,호,단2)	보고서 도면(유물) 번호	기종	유적	문양(Q/종,호,단2)	출처 도면(유물) 번호
개/4	황룡사지동편(녹유개)	Q1	984	호	동천동7B/L	Q3/J2	266-3-21
개	황남동211-4	Q1a/N3b	8-9	병	안압지	Q2b/O3b/J2	134
개/4	석장동골호(보주형꼭지개)	Q2/Q3/O4	3-1	호	북문로	Q2b/J2	1437
개/5	천관사지	Q3(단2)	51-6	병	황룡사지동편 S1E1	Q3/J2b/S/호	543
개/6	황남동 신라건물지	Q3/P	34-3	병	북문로	Q3/J2b/호	1462
개/6	황성초등학교(보주형꼭지개)	Q2a/J2	34	병	석장사지	Q3/J2b	52-2
개/6	황룡사지동편 S1E1	Q2a/호(JJ)	265	병	서부동19	Q3/J2b	108-15
개/6	황룡사지동편 S1E1	Q4(단2)	39	병	황룡사지동편 S1E1	Q1/호(OJ)	532
개/6	동천동7B/L	Q4(단2)	179p-3-42 이동헌(2008) 도54-4	병	안압지	Q2/P/J2/호	144-5
개/4	북문로	Q2b/O3	279	골호	關西大學소장	Q2a/J2b/O3b	宮川1989(도5)
완/III	동천동791	Q2a/J2	21	골호	東京大學소장	Q1a/J2b/호	宮川1989(도6)
완/IV	황룡사지동편 S1E1	Q3/S	33	골호	慶北大學소장	Q1b/O3/호	151p-147
완/IV	성동동386-6	Q②a/P	126-11	발	慶北大學소장	Q3/P/호	153p-151
완/V	동천동7B/L	Q3/P	177p-1-21	호	국립중앙박물관	Q1a/S/J2b	정길자(도62)
완/V	동천동7B/L	Q3(단2)	178p-2-25	병	북문로	Q2b/호	1603
완/V	황룡사지	Q2b(단2)	26	병	동천동7B/L	Q3/호	279p-16-134
완/V	안압지	Q2a(단2)	20	골호	국립경주박물관	Q②a/P/Q3	宮川1989(도7-1)
완/V	경주박물관부지	Q2a/J2b/S	30-2	골호	大和文華館소장	Q2b/P	宮川1993(도5)
완/V	안압지	Q2a(단2)	141-(2)	호	동천동7B/L	Q3/P	276p-13-102
완/V	안압지	Q2a(단2)	141-(2)	호	동천동7B/L	Q3/P	273p-10-72
완/V	안압지	Q4(단2)	142-(3)	골호	국립중앙박물관	Q2a/P	小學館 245p-202
완/V	황룡사지동편 S1E1	Q3(단2)	111	皿	서부동19	Q4(단2)	58-4
완/V	황룡사지동편 S1E1	Q3(단2), F4	112	皿	안압지	Q2a	65
완/V	북문로	Q4(단2)	1599	완	동천동7B/L	Q4(단2)	179p-3-38
완/V	안압지	Q2b(단2)	141-(2)	병	안압지	Q2a(단2)	143-(4)
병	동천동7B/L	Q1b/N3b	181p-5-63	병	국립경주박물관	Q①b/N3b	韓國의 美 土器122
호	서부동4-1	Q1b/J2	25-13	병개	안압지	Q1b/호	140-(1)

<부록-표 4> 단일연주문(단O)과 공반문양 속성표

기종/구연속성	유적	문양 (단O/종,호,단2)	출처 도면(유물)번호
개/4	황룡사지동편S1E1	단O1/종X	984
개/4	북문로	단O2/C2	21
개/5	동천동791	단O2/종X/N3b	104
개/6	황룡사	단O3-1/종X	50
완/V	황남대총북분	단O3-2/J2	44-5
완/V	북문로	단O3-2/N2b	1468
완/V	동천동530-534	단O3-2/N3b	9-1
완/V	용강동원지	단O3-2/J2	72-11
완/V		단O3-2/N3b	74-2
완/V	황룡사지동편S1E1	단O3-2/J2	103
완/V		단O3-2/J2	104
완/V	동국대학교소장	단O3-1/W2b	102p-91
완/V	서부동19	단O3-2/J2	107-10
완/V		단O2/O3	107-8
완/V	동천동793	단O2/O3b	6-7
완/V	북문로	단O2/J2	1175
개/IV	황룡사지동편S1E1	단O2/N2b	235
개/4	황룡사지동편S1E1	단O2/N2b	215
개(보주형꼭지)	황남동211-4	단O1/Q1a/종X/N3b	8-9
개(단추형꼭지)	황룡사	단O3-1/N3b	32
개(발형합)	황성동906-5석실분	단O3-1/N3b	28-3
호	국립경주박물관소장	단O3-2/N3b	정길자(도44B②)
호	경주박물관부지	단O3-2/N3b/(N4b)	98-7
병	동천동792-3	단O3-2/N3b	19-1
완/V	북문로	단O3-1/M2b	1050+1202
완/V		단O3-1/?	72

<부록-표 5> 합성문(Hb)과 공반문양 속성표

기종/구연속성	유적	문양 (Hb/종, F, 단1·2)	출처 도면(유물)번호
개/3	황남동376	Hb1/M1	이동헌(2008)- 125P, 도54-1
개/4	인왕동556·566	Hb2/N1	54-7
개/3	동천동791	Hb2/N2	107
완/I	북문로	Hb1(단1)	94
완/II	인왕동556·566	Hb3/N3	26-9
완/I	북문로	Hb3/N3b	645
완/III		Hb3/N3b	663
완/IV	월성해자II	Hb4/N4b	158-3
완/V	북문로	Hb3/M2b	1050+1202
완/II	황남대총북분	Hb3/N2b	44-3
완/V	황룡사지동편S1E1	Hb5(단2)	170
완/III	황성동906-5석실분	Hb4(단2)	11-6
개/5	분황사	Hb4/F3(단2)	1091
개(보주형꼭지)/6	서부동4-1	Hb4/J2b	25-1
완/III	황룡사지동편S1E1	Hb2/N2b	18
병		Hb2/N3b	557
병	서부동4-1	Hb3/N2b	19-4
발	황룡사지동편S1E1	Hb2/N1b	89
병	손곡동·물천리유적	Hb3/N3b	361-5
호	국립경주박물관소장	Hb3/N3b	정길자(삽도53)
발		Hb3/N3b	정길자(삽도55)
병	북문로	Hb3/N3b	665
병		Hb2/N2	1291
병		Hb3/F3(단2)	172
벼루	경주박물관부지	Hb3/U2/F3	118-1

<부록-표 6> 사변화문(K)과 공반문양 속성표

기종/구연속성	유적	문양 (K/종, 호, 단2)	출처 도면(유물)번호
개/4	동천동7B/L	K1/호(JS)/J2	이동헌(2008), 도54-3
개/4	황남대총남분	K2/J2	202-3
개/6	경주박물관부지	K2/호(JJ?)/J2/T	117-1
개/6	동천동792-3	K3/호(JS)/J2/S	10-1
완/IV	황룡사지동편S1E1	K3/호(SS)/T	26
완/V	황남동신라건물지	K3/호(SSJ)/J2	34-6
완/V	서악동장산토우총	K3/J2	10-3
완/V	동천동792-3	K4/호(JS)/J2/T	10-1
완/V	북문로	K4(단2)	855
완	동천동7B/L	K4(단2)	271p-8-52
III		K4(단2)	271p-8-57
완		K4(단2)	264p-1-2

<부록-표 7> 小形 · 中形 · 大形 有蓋盌의 속성(1)-2장 분석대상 유개완 출처

유개완	유적	구연형식	문양(개/완)	종장문의 시문수법		시문구문양 제작기법	
				개	완	개	완
小1	용강동고분	II 3	M1a/M1a	A	A	A'	A'
小2	건천휴게소신축부지	I 4	W2a/W2a	B	A	A'	A'
小3	건천휴게소신축부지	I 4	J1a/O2a	B	A	A'	A'
小4	건천휴게소신축부지	II 4	J1a/N2b	B	A	A'	A'
小5	화곡리유적	II 4	W2a/W2a	B	A	A'	A'
小6	재매정지	II 4	U3a/M3b	B	B	B'	B'
小7	황남대총남분	III4	J1a/J1a	A	A	A'	A'
小8	황룡사지동편S1E1	III4	N3b/N3b	C	B	B'	B'
小9	경도대학소장	III4	J2a/J1a	C	C	·	A'
小10	동국대학교 경주캠퍼스소장	V 4	W3b/W3b	B	B	B'	B'
中1	방내리고분	I 1	A, Uo/Uo	·	·	A'	A'
中2	건천휴게소신축부지	I 2	A, Wo/B	·	·	A'	A'
中3	건천휴게소신축부지	I 2	A, Wo/B	·	·	A'	A'
中4	충효동고분	II 3	Mo/Mo	·	·	A'	A'
中5	건천휴게소신축부지	I 4	W2a/W1a	A	A	A'	A'
中6	사라리525	I 4	W2a/W2a	B	B	A'	A'
中7	황남대총북분	II 4	J2/H3, N3b	B	B	·	B'
中8	분황사	III4	N4b/N4b	C	C	C'	C'
大1	방내리고분	I 2	A, Uo/B, Uo	·	·	A'	A'
大2	건천휴게소신축부지	I 3	종Wo/Wo	·	·	A'	A' ·
大3	황남동신라건물지	II 3	종W1a, F(J)/B+M1, F1a	A	A	A'	A'
大4	황남대총남분	I 4	W1a/W1a	A	A	A'	A'
大5	황남대총북분	II 4	N2b, F1b/N3b	B	B	A'	B'
大6	황남대총남분	III3	N2b/M3b	B	C	A'	A'
大7	황룡사지동편S1E1	III4	N2a, F1b/N3b, F2	B	B	A'	B'
大8	동부동159-1	III4	N3b/N3b	B	B	B'	B'
大9	황남대총북분	III4	U2b/U2b	B	B	A'	A'

<부록-표 8> 大形 有蓋盌의 속성(2)-2장 분석대상 유개완 출처

유개완	유적	구연형식	문양(개/완)	종장문의 시문수법		시문구문양 제작기법	
				개	완	개	완
大10	황룡사지동편S1E1	III4	N3b/N3b	B	B	B'	B'
大11	동천동791	III4	J1/N3b	C	B	A'	B'
大12	황룡사지동편S1E1	III4	N4a/N4a	B	B	C'	C'
大13	경도대학소장	III4	J2/J2	B	B	·	·
大14	황룡사지동편S1E1	III4	S/S	C	C	·	·
大15	황남대총북분	IV4	J2/U3b	B	B	·	B'
大16	동천동791	IV5	N3b/N3b	B	C	B'	
大17	분황사	V4	N2b+H2a/N3b, H2a	B	B	A'	B'
大18	황남대총북분	V4	N3b/단O3-2, J2	B	B	B'	B'
大19	경도대학소장	V4	U3b, H2a/U3b, H2a	C	C	B'	B'
大20	황남대총북분	V4	無文/I, N4b, F3	·	C	·	B', C'
大21	황남대총남분	V4	J2+K2/J2	B	C	·	·
大22	황룡사지동편S1E1	IV6	S, 호/T, 호+K3	C	C	·	B'
大23	성건동342-17	V5	M4b/M4b	B	B	C'	C'
大24	황남대총남분	V6	J2/J2	C	B	·	·
大25	동천동792-3	V6	J2, 호+K3, S/T, 호+K4, J2	C	C	B', C'	B', C'
大26	동천동792-3	V6	호, S/P	C	C	B', C'	B', C'
大27	황룡사지동편S1E1	V6	J2/P	C	C	·	C'
大28	황성동강변로3-A	V6	J2/P	C	C	·	C'
大29	황룡사지동편S1E1	V6	P/J+S	C	C	C'	C'
大30	황룡사지동편S1E1	V6	호/P	·	C	·	C'
大31	황룡사지동편S1E1	V6	P/無文	·	C	C'	·
大32	황룡사지동편S1E1	V6	J2/단2류(K2)	C	·	C'	B'
大33	황룡사지동편S1E1	V5	J2/無文	C		·	·
大34	황룡사지동편S1E1	V6	단2류(H5a)/無文	·	·	C'	·
大35	황룡사지동편S1E1	V6	無文/O4b(단일시문)	·	C	·	C'
大36	황룡사지동편S1E1	VI6	단2류(Q4)/無文	·	·	C'	·
大①	북문로 II	II4	U3/N3b,D	A	B	B'	B'
大②	황룡사지동편S1E1	III4	J1(사종), W0/W0, F	A	·	A'	A'
大③	경주박물관부지	V4	O3, H4/F, (H)	B	B	B'/C'	B'
大④	황성동강변로3-A	V5	J2/호(JS)	C	·	B'	B', C'
大⑤	북문로 II	V5	J2/J2	C	C	B'	B'
大⑥	동천동7B/L	V6	호(JJ), F3~F4/F5(단일시문)	·	C	B'	C'

<부록-표 9> 신라후기 및 통일신라양식토기1-3장 분석대상 토기 출처

고배	유구/보고서 유물 번호	유적, 보고서연도	고배	유구/보고서 유물 번호	유적, 보고서연도	단경호	유구/보고서 유물 번호	유적, 보고서연도
小1	삽도44-⑦	월성해자Ⅰ, 1990	準大5	첨성대남편	경주월성해자Ⅱ, 2004	小4	7호석실-3084	경주황성동590(Ⅴ), 2017
小2	황오 소방도로	왕경유적Ⅱ, 2004	準大6	2호요	김해삼계동, 2006	小5	3구역-20호석곽	울산화산리, 2018
小3	Ⅰ-1760	경주화곡리(생산유적), 2012	大1	2호석곽	건천모량리산8-4, 2018	小6	도104	경주황남동376
小4	Ⅱ-2499	경주화곡리, 2012	大2	Ⅱ-1458	경주화곡리생산유적, 2012	小7	도122-⑩	경주황성동유적Ⅰ, 2000
小5	Ⅱ-2210	경주화곡리, 2012	大3	B-8석곽	경주월산리, 2003	小8	1호석실	경주황성동575, 2010
中1	10호석실	포항남성리고분, 2019	大4		안압지, 1978	小9	도144-⑥	경주동천동 고대도시, 2009
中2	Ⅰ-1호석실	양산물금가촌리, 2006	大5	첨성대남편	경주월성해자Ⅱ, 2004	小10	도144-⑦	경주동천동 고대도시, 2009
中3	19-3호석곽	영천화남리, 2013	大6	Ⅰ-2576	경주화곡리, 2012	小11	1호건물지	경주노서동181-24, 2013
中4	Ⅰ-3286	경주화곡리, 2012	大7	Ⅰ-2577	경주화곡리, 2012	小12	496	신라왕경S1E1, 2002
中5	첨성대남편	경주월성해자Ⅱ, 2004	大8	Ⅰ-2076	경주화곡리, 2012	小13	C구역지표	경주장항리331-2, 2014
中6	29호석실	울산화삼정고분군	大9	1호진단구	경주서부동4-1, 2002	小14	5호건물지	경주동천동696-2, 2010
中7	1호매납유구	경주신당리산7, 2013	大10	281	천관사지(3차), 2015	中1	70-2호	영천화남리 신라묘군, 2013
中8	Ⅰ-3287	경주화곡리, 2012	a	7호석곽	경주방내리고분, 2009	中2	43	이화여자대학박물관 소장품
中9	Ⅱ-942	경주화곡리, 2012	b	7호석곽	경주방내리고분, 2009	中3	21호 건물지	경주동천동696-2, 2010
中10	Ⅰ-2075	경주화곡리, 2012	c	1126	분황사, 2005	中4	31호우물-773	경주동천동696-2, 2010
中11	Ⅰ-2826	경주화곡리, 2012	d	Ⅰ-1768	경주화곡리, 2012	中5	도4-1	경주황남동99,98-1, 1992
中12	Ⅰ-2073	경주화곡리, 2012	e	Ⅰ-2202	경주화곡리, 2012	中6	도90-2	천관사지, 2004
準大1	Ⅱ-723	경주화곡리, 2012	**단경호** / **유구/보고서 유물 번호** / **유적, 보고서연도** 小1	30호석과	울산효문동율동Ⅲ, 2006	中7	3방-1호우물	경주인왕동왕경유적Ⅱ, 2014
準大2	9호석실	경주방내리고분군, 2000	小2	39호석실-3250	경주황성동590(Ⅴ), 2017	中8	340	경주노동동12, 2016
準大3	131	신라왕경S1E1, 2002	小3	13호석실-57	경주동천동354, 2013	中9	1195	황룡사 광장과 도시Ⅰ, 2018
準大4	첨성대남편	경주월성해자Ⅱ, 2004				中10	346	경주노동동12, 2016

단경호	유구/보고서 유물 번호	유적, 보고서연도
中11	348	경주노동동12, 2016
中12	31호우물-774	경주동천동696-2, 2010
中13	도53-81	경주노서동169-15·16, 2014
中14	도55-88	경주노서동169-15·16, 2014
中15	도176-527	경주동천동696-2, 2010
中16	도34-17	경주탑동719-1, 2016
大1	190	경주모량리530, 2011
大2	도5-10	동경국립박물관소장
大3	도13	산청석남암사지
大4	도98-⑦우물지	국립경주박물관부지, 2002
大5		국립경주박물관소장
大6		국립경주박물관소장
大7	287	동궁과 월지Ⅰ, 2012
大8	41p	경주노서동136-4, 2017
大9	도36-①우물지	국립경주박물관부지, 2002
大10	3방 1호우물-333	경주인왕동왕경유적Ⅱ, 2014
大11	3방 1호우물-334	경주인왕동왕경유적Ⅱ, 2014
大12	3호우물-543	경주재매정지, 2016
大13	347	노동동12, 2016
大14	도3	국립경주박물관소장(석장동)
大15	Ⅰ-2738	경주화곡리생산유적, 2012
大16	590	신라왕경S1E1, 2002

단경호	유구/보고서 유물 번호	유적, 보고서연도
大17	우물-22	경주탑동640-4, 2010
大18	Ⅰ-1364	경주화곡리, 2012
大19	Ⅰ-3232	경주화곡리, 2012
大20	Ⅰ-907	경주화곡리, 2012
大21	도144-⑩	경주동천동고대도시, 2009
大22	542	경주재매정지, 2016
大23	349	경주노동동12, 2016
特大1	1호유로	울산서하리서하, 2006
特大2	3호우물-286	포항성곡리유적Ⅱ, 2017
特大3	1호우물	대구시지의문화유적Ⅷ, 1999
特大4	화장묘	경주검단리산38-3, 2017
特大5	3호우물-290	포항성곡리유적Ⅱ, 2012
特大6	286	경주동궁과월지Ⅰ, 2012
特大7	591	신라왕경S1E1, 2002
特大8	288	경주동궁과월지Ⅰ, 2012
特大9	175	경주천관사지(3차), 2015

부가구연편구병	유구/보고서 유물 번호	유적, 보고서연도
小1	4호석곽	포항오도리, 2008
小2	6호석실	경주방내리고분군, 2009
小3	5호석곽	경주방내리고분군, 2009
小4	4-1호석곽	경주방내리고분군, 2009
小5	37호묘	건천휴게소신축부지, 1995

부가구연편구병	유구/보고서 유물 번호	유적, 보고서연도
小6	4호석곽	경주방내리고분군, 2009
小7	29호묘	건천휴게소신축부지, 1995
小8	46호석실	경주황성동590(Ⅴ), 2017
小9	21호석실	경주황성동590(Ⅴ), 2017
小10	6호석실	경주방내리고분군, 2009
小11	37호분	경주방내리고분, 1996
小12	26호석실	경주황성동590(Ⅴ), 2017
小13	1호우물	경주재매정지, 2016
小14	1호우물	경주재매정지, 2016
小15	42호석곽	경주황성동590(Ⅳ), 2017
小16	3호우물	경주노서동26, 2009
小17	9호수혈	경주성동동82-2, 2011
小18	507	신라왕경S1E1, 2002
小19	도59-7	천관사지, 2004
小20		안압지, 1978
小21		안압지, 1978
小22	도8-4	노서동132-32, 2014
小23	529	신라왕경S1E1, 2002
小24	Ⅰ-3225	경주화곡리, 2012
小25	524	신라왕경S1E1, 2002
小26	528	신라왕경S1E1, 2002

<부록-표 10> 신라후기 및 통일신라양식토기2-3장 분석대상 토기 출처

파수 부호	유구/보고서 유물 번호	유적, 보고서연도	부가구연 편구병	유구/보고서 유물 번호	유적, 보고서연도	부가구연 편구병	유구/보고서 유물 번호	유적, 보고서연도
小1	3083	경주황성동590(Ⅴ), 2017	特大1	Ⅱ-1919	경주화곡리, 2012	中8	6호묘	건천휴게소 신축부지, 1995
中1	48p	이화여대박물관 소장	特大2	Ⅱ-1920	경주화곡리, 2012	中9	40호묘	건천휴게소 신축부지, 1995
中2	도2	광임대(경주 동천동표암일원)	特大3	544	신라왕경S1E1, 2002	中10	6호석실	경주황성동590번지, 2017
中3	C-1-97호 -2215	울산송정동 복합유적, 2015	特大4	도98	경주황남동376, 2002	中11	25호묘	건천휴게소 신축부지, 1995
中4	338	포항세계리, 2010	特大5	Ⅶ-6호	손곡동·물천리, 2004	中12	21호석실	경주방내리고분군, 2009
中5	도4-7	일본천리대학교소장	特大6	2호원형 석군	경주탑동 (355-6일원), 2008	中13	22호묘	건천휴게소 신축부지, 1995
中6	도16	경주충효동고분	特大7	Ⅰ-2706	경주화곡리, 2012	中14	도45-59	경주황남동227-38, 2018
大1	사진16	일본관서대학교소장	特大8	Ⅰ-2142	경주화곡리, 2012	中15	21호묘	경주근화여중, 2010
大2	공475	국립공주박물관소장	特大9	Ⅰ-1357	경주화곡리, 2012	中16	1호우물-61	경주재매정지, 2016
大3		조선고적도보5	特大 10	삽도141	안압지, 1978	中17	23호묘	경주근화여중, 2010
大4	도59-2	천관사지, 2004	特大 11	Ⅰ-2352	경주화곡리, 2012	中18	2호석실	경주황성동590번지, 2017
大5	603	신라왕경S1E1, 2002	特大 12	542	신라왕경S1E1, 2002	中19	5호석실	동천동354번지, 2013
大6	도4-8	일본동경대학교 소장	中1	250	동천동산13-2, 2013	中20	15호묘	경주근화여중, 2010
大7	도4-9	일본동경국립박물관 소장	中2	7호묘	경주방내리고분 (긴급Ⅲ), 1998	中21	Ⅱ-733	경주화곡리, 2012
大8	149	경북대학교박물관 소장	中3	7호묘	경주방내리고분, 1996	中22	Ⅱ-1411	경주화곡리, 2012
大9	도57-①	경주재매정지, 1996	中4	19호석실	경주방내리고분군, 2009	中23	Ⅱ-715	경주화곡리, 2012
大10	도57-②	경주재매정지, 1996	中5	10호묘	건천휴게소 신축부지, 1995	中24	3호석실	양산물금가촌리, 2006
大11		계명대학교소장	中6	21호석곽	경주제내리 신라묘군, 2013	中25	1호우물-63	경주재매정지, 2016
特大1	우물지- 도35-③	국립경주박물관 부지, 2002	中7	7호묘	건천휴게소 신축부지, 1995	中26	도88-2	경주황남동376, 2002

부가구연 편구병	유구/보고서 유물 번호	유적, 보고서연도	부가구연 편구병	유구/보고서 유물 번호	유적, 보고서연도	부가구연 편구병	유구/보고서 유물 번호	유적, 보고서연도
中27	23호 석실-154	동천동343-4, 2020	中47	2호석실	양산물금가촌리, 2006	中67	33호수혈	성동동386-6, 1999
中28	석실	경주손곡동, 물천리, 2014	中48		월성해자 II, 2004	中68	1호우물	포항원동2지구, 2008
中29	삽도1	일본대화문화관 소장품	中49	1호석실	양산신기동68, 2016	中69	18호수혈	성동동386-6, 1999
中30	6호석실	울주화산리고분, 1983	中50	도4-⑤	황남99,98-1, 1992	大1	I -6호석실	울산화봉동유적, 2008
中31	29호석실	울산화삼정고분군, 2014	中51	건물지	동천동835-12, 2010	大2	54호수혈	경주신당리유적, 2009
中32	10-1호 석실	영천화남리신라묘군 II, 2013	中52	도150-②	동천동왕경 (경주대)	大3	73-5호수혈	경주북문로 I, 2003
中33	15호석실	영천화남리신라묘군 II, 2013	中53	구2호	경주성동동386-6, 1999	大4	539	신라왕경S1E1, 2002
中34	85호묘	울진덕천리신라묘군 II, 2015	中54	538	신라왕경S1E1, 2002	大5	도123-①	경주황성동유적 I, 2000
中35	3호석실	울주덕신리572-6, 2011	中55	207	동천동696-2, 2010	大6	6호우물-550	경주재매정지, 2016
中36	3호석실	울주덕신리572-6, 2011	中56	도4-②	황남99,98-1 (긴급 I), 1992	大7	도40-1	천관사지, 2004
中37	석실	양산주진동55-15, 2020	中57	구2	경주성동동386-6, 1999	大8	318	경주노동동12, 2016
中38	12호묘	울주화산리고분, 1983	中58	3호건물지	노서동169-13, 2010	大9	9호수혈	경주북문로 II, 2007
中39	4호 건물지	경주탑동유적, 2008	中59	3호건물지	경주광명동산81-1, 2015	大10	공방지	경주성건동641-12, 2011
中40	5호우물 (855)	경주모량 · 방내리 유적, 2015	中60	도151-54	경주천관사지(3차), 2015	大11	유아묘	경주성건동350-1, 2013
中41	도19-1	김해삼계동, 2006	中61	도4-③	황남99,98-1 (긴급 I), 1992	大12	5호우물	경주재매정지, 2016
中42	II -1815	경주화곡리, 2012	中62	도12-83	사정동436-2번지, 2007	大13	537	신라왕경S1E1, 2002
中43	수혈49호	동천동고대도시, 2009	中63	석조시설	천관사지, 2004	大14	I -2703	경주화곡리, 2012
中44	84호묘 (2030)	울산송정동 복합유적, 2015	中64	9호수혈-320	경주모량, 방내리 도시유적, 2015	大15	I -2697	경주화곡리, 2012
中45	II -735	경주화곡리, 2012	中65	9호수혈	경주북문로 II, 2007	大16	I -2698	경주화곡리, 2012
中46	II -1761	경주화곡리, 2012	中66	540	신라왕경S1E1, 2002	大17	I -2705	경주화곡리, 2012

<부록-표 11> 신라후기 및 통일신라양식토기2-3장 분석대상 토기 출처

장경편구호	유구/보고서 유물 번호	유적, 보고서연도	장경편구호	유구/보고서 유물 번호	유적, 보고서연도	직구호	유구/보고서 유물 번호	유적, 보고서연도
小1	18호묘	경주동천동산13-2, 2013	大2	9호	경주충효리고분	中2	I-1867	경주화곡리, 2012
小2	1호분구묘	경주근화여중, 2010	大3	7호우물	경주배반동1106-1, 2010	中3	II-1419	경주화곡리, 2012
小3	42호분	경주방내리고분군, 1996	**단경구형호**	**유구/보고서 유물 번호**	**유적, 보고서연도**	中4	I-2362	경주화곡리, 2012
小4	13호석실	경주동천동354, 2013	小1	49호분	경주방내리고분군, 1996	中5	341	경주노동동12, 2016
小5	22호분	경주방내리, 2018	小2	5호석실분	경주방내리고분군, 2009	中6	2호우물	경주황남동95-4번지, 2018
小6	41호분	경주방내리고분군, 1996	中1	41호분	경주방내리고분군, 1996	大1	우물지	경주박물관부지, 2002
小7	40호분	경주방내리고분군, 1996	中2	19호석실분	경주방내리고분군, 2009	大2	2호우물	경주재매정지, 2016
小8	41호분	경주방내리고분군, 1996	大1	49호석실	영천화남리, 2013	大3	21호우물	동천동696-2, 2010
小9	34호묘	경주근화여중, 2010	大2	2호분	경주방내리고분군, 1996	大4	I-1622	경주화곡리, 2012
小10	II-1979	경주화곡리, 2012	**부가구연편구호 1-1030**		울주화산리, 2018	大5	I-2736	경주화곡리, 2012
中1	1호석실	경주방내리174-2, 2011	**부가구연편구호 2-I-1호 화장묘**		울산천상리평천, 2005	大6	진단구	경주노서동26, 2009
中2	1호우물-56	경주재매정지, 2016	**대부장경호-42호**		경주방내리고분군, 1996	大7	구2호	경주성동동386-6, 1999
中3	19호석실	경주방내리고분군, 2009	**부가구연장경호**		경주동천동696-2, 2010	大8	1호우물	경주인왕동유적II, 2014
中4	19호석실	경주방내리고분군, 2009,	**직구호**	**유구/보고서 유물 번호**	**유적, 보고서연도**	大9	1호우물	경주인왕동유적II, 2014
中5	6호분-100	경주방내리, 2018	小1	498	신라왕경S1E1, 2002	大10	1호우물-336	경주인왕동유적II, 2014
中6	6호분-101	경주방내리, 2018	小2	4호건물지	경주인왕동왕경유적III, 2014	特大1	27호석실분	경주동천동343-4, 2020
中7	7호분-117	경주방내리, 2018	小3	삽도114	안압지, 1978	特大2	61호화장묘	석장동유적IV, 2004
中8	19호석실-3139	경주황성동590, 2017	小4	494	신라왕경S1E1, 2002	特大3	342	경주노동동12, 2016
中9	2호분	경주동천동343-4, 2020	小5	493	신라왕경S1E1, 2002	特大4	5호 화장묘	경주광명동산81-1, 2015
中10		한국의 미⑤, 1996	小6	934	경주북문로왕경유적, 2003	特大5	삽도107	안압지, 1978
大1	80호묘	울진덕천리, 2015	中1	I-2845	경주화곡리, 2012	特大6	우물	경주박물관부지, 2002

신라후기양식

세장경병	유구/보고서 유물 번호	유적, 보고서연도
小1	4호석실-692	울주화산리, 2018
小2	I-585	경주화곡리, 2012
小3	I-504	경주화곡리, 2012
小4	5호석실	울진부구리, 2019
小5	1호석실	울산구어리대암, 2009
中1	9호묘	경주근화여중, 2010
中2	7호묘	경주근화여중, 2010
中3	2호건물지	천관사지, 2004
中4	9호수혈	모량, 방내리도시, 2015
中5	II-1416	경주화곡리, 2012

통일신라양식

세장경병	유구/보고서 유물 번호	유적, 보고서연도
中1	I-2150	경주화곡리, 2012
中2	I-2718	경주화곡리, 2012
中3	II-945	경주화곡리, 2012
中4	I-2145	경주화곡리, 2012
中5	도144	안압지, 1978
中6	I-2721	경주화곡리, 2012
中7	I-1862	경주화곡리, 2012
中8	삽도47	경주왕경지구 가스관, 1996
中9	2호우물	경주황남동95-4, 2018

세장경병	유구/보고서 유물 번호	유적, 보고서연도
中10	1530	경주북문로왕경, 2003
中11	I-1360	경주화곡리, 2012
中12	34	경주노서동136-4, 2012
中13	도8-5	경주노서동132-32, 2014
中14	II-842	경주화곡리, 2012
中15	도50-65	경주노서동 176-29 · 40, 2011
中16	I-2214	경주화곡리, 2012
中17	3호건물지	경주모량 · 방내리, 2015
中18	1호우물	포항원동2지구, 2008
大1	I-3230	경주화곡리, 2012
大2	1호우물	경주노서동169-13, 2010
大3	I-2716	경주화곡리, 2012
大4	1호우물	포항원동2지구, 2008

종장방형(A)

연결파수 부골호	유구/보고서 유물 번호	유적, 보고서연도
小1	사진(1762)	조선고적도보5
小2	사진(640)	조선유적유물도감9
小3		경북대학교박물관 소장
小4		국립경주박물관소장
小5		국립경주박물관소장
小6		일본관서대학교소장

연결파수 부골호	유구/보고서 유물 번호	유적, 보고서연도
小7	사진(76)	경주박물관소장
小8		일본동경대학소장
小9	208p	국립중앙박물관 (한국의 미⑤)
小10		국립경주박물관소장
小11		일본대화문화관소장
小12	사진(1761)	조선고적도보5
小13	사진(1760)	조선고적도보5
小14	경주1796	국립경주박물관소장 (라원리)
小15	화곡리 화장묘	신라문물연구, 2009
小16	도127	동국대학교박물관 소장
小17	골호	경주황성동906-5, 2005
中1		일본관서대학소장
中2	골호	망성리 전민애왕릉, 원화10년명
大1		동경국립박물관소장
大2		新羅文化論攷, 齋藤忠

횡장방형(B)

연결파수 부골호	유구/보고서 유물 번호	유적, 보고서연도
小1		국립경주박물관소장
小2	사진(35)	이화여자대학교 박물관
小3		국립경주박물관소장
小4		국립경주박물관소장
小5	사진(220)	국립경주박물관 도록, 1984

연결파수 부골호	유구/보고서 유물 번호	유적, 보고서연도	연결파수 부골호	유구/보고서 유물 번호	유적, 보고서연도	연결파수 부골호	유구/보고서 유물 번호	유적, 보고서연도
小6	264	천관사지(3차), 2015	中5	Ⅰ-1878	경주화곡리, 2012	中10	사진(100)	안압지 (문자로 본 신라)
中1	사진(34)	이화여자대학교 박물관	中6		국립경주박물관소장	中11		조선유적유물도감9
中2		국립경주박물관소장	中7	외골호	경주배동삼릉	大1	사진(75)	경주박물관소장 (문자로 본 신라)
中3	사진(1737)	조선고적도보5	中8	Ⅰ-1058(蓋)	경주화곡리, 2012	大2	Ⅰ-1871(蓋)	경주화곡리, 2012
中4		국립경주박물관소장	中9	Ⅰ-19	경주화곡리, 2012	大3	도116	新羅文化論攷, 齋藤忠

• 이동헌 李東憲

경상남도 고성에서 태어났다. 중고교 시절은 진주에서 교육받았다. 동국대학교 경주캠퍼스 고고미술사학과를 졸업하였고, 부산대학교 고고학과에서 석·박사학위를 취득하였다. 1999년 12월부터 2004년 5월까지 한국문화재보호재단, 2004년 7월부터 2006년 12월까지 울산문화재연구원에서 연구원으로 근무하였다. 2006년 12월부터 동국대학교경주캠퍼스박물관 조교, 2008년 9월부터 현재까지 동국대학교 고고미술사학전공 강사, 동국대학교WISE캠퍼스박물관 전임연구원으로 재직하고 있다.

주요논문으로는 「인화문 유개완 연구」, 「통일신라 개시기의 인화문토기」, 「경주 화곡리 출토 통일양식토기 문양 도상의 변화」, 「통일신라토기와 형식학적 연구」, 「통일신라토기와 당도자로 본 나당교류」, 「경주 석장동 암각화의 주변 환경과 편년」, 「토기로 본 동천동 고분군의 편년과 제양상」, 「후기양식토기와 통일신라양식토기의 편년」, 「신라 사찰 출토 매납토기의 용도와 특징」 등 다수가 있다.

부산대학교 대학원 우수논문상 수상, 2008

통일신라토기 편년과 활용

초판발행일	2023년 03월 22일
2쇄발행일	2024년 10월 20일
편 저 자	이동헌
발 행 인	김선경
책 임 편 집	김소라
발 행 처	서경문화사
	주소 : 서울시 종로구 이화장길 70-14(204호)
	전화 : 02-743-8203, 8205 / 팩스 : 02-743-8210
	메일 : sk7438203@naver.com
신 고 번 호	제1994-000041호
ISBN	978-89-6062-250-0 93910

ⓒ 이동헌·서경문화사, 2023